가상 면접 사례로 배우는
대규모 시스템 설계 기초 2
System Design Interview
Volume 2

System Design Interview - An Insider's Guide : Volume 2

가상 면접 사례로 배우는 대규모 시스템 설계 기초 2

초판 1쇄 발행 2024년 1월 2일 **3쇄 발행** 2024년 8월 23일 **지은이** 알렉스 쉬, 산 람 **옮긴이** 이병준 **펴낸이** 한기성 **펴낸곳** (주)도서출판인사이트 **편집** 백혜영 **영업마케팅** 김진불 **제작·관리** 이유현 **용지** 월드페이퍼 **출력·인쇄** 예림인쇄 **제본** 예림바인딩 **등록번호** 제2002-000049호 **등록일자** 2002년 2월 19일 **주소** 서울특별시 마포구 연남로5길 19-5 **전화** 02-322-5143 **팩스** 02-3143-5579 **이메일** insight@insightbook.co.kr **ISBN** 978-89-6626-425-4 책값은 뒤표지에 있습니다. 잘못 만들어진 책은 바꾸어 드립니다. 이 책의 정오표는 https://blog.insightbook.co.kr에서 확인하실 수 있습니다.

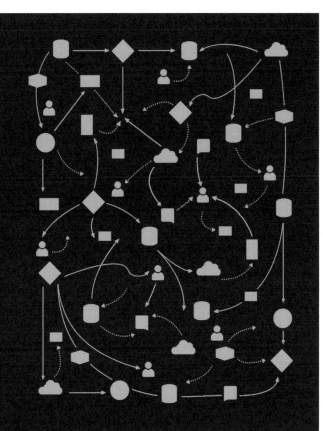

가상 면접 사례로 배우는

대규모 시스템 설계 기초 2

알렉스 쉬 · 산 람 지음 | 이병준 옮김

인사이트

차례

옮긴이의 글

2권은 1권에서 다루지 못했던 많은 다양한 시스템들을 다룬다. 1장부터 3장까지는 지리적 위치 기반의 관계성 데이터를 저장하고 서비스할 때 발생하는 문제에 초점을 맞춘다. 4장과 5장은 메시지 큐에 기반한 느슨하게 결합된 아키텍처가 실무에서 어떻게 활용될 수 있는지를 깊이 있게 설명한다. 6장은 다량의 이벤트를 제때 정확히 처리하기 위해서는 무엇을 고려해야 하는지 살핀다. 7장은 예약 시스템 전반에 내재된 재미있는 문제들을 푸는 데 집중하며, 8장은 이메일처럼 역사가 오래된 기술을 대규모 서비스로 확장하는 것이 얼마나 도전적인 문제인지를 알려 준다. 9장은 단순하게 시작한 클라우드 서비스가 어떻게 다양한 쓰임을 지원하는 복잡한 서비스로 발전할 수 있었는지 보여 주고, 10장은 온라인 게임 서비스의 핵심 기술이 어떻게 구현되는지 설명한다. 그리고 11장부터 13장까지는 인터넷 생태계의 가장 핵심적 부분이라고 할 수 있는 자금 흐름의 무결성을 어떻게 보장할 수 있는지에 초점을 맞춘다.

이렇게 다양한 시스템을 살펴보며 얻은 소견을 공유하자면, 시스템 설계에 있어 정답은 없는 것 같다. 특히 13장에서 다루는 증권 거래소 시스템의 내부 구조는 응답 지연 시간을 낮춘다는 한 가지 목표를 깊이 추구하면 어떤 형태의 시스템이 만들어질 수 있는지를 보여 준다. 아마 거래소 이외의 업계에는 적용하기 까다로울 것이다. 하지만 여기서 우리는 사업적 목표에 부응하는 설계가 좋은 설계라는 교훈을 얻는다. 어떤 설계안도 맹신할 필요가 없다는 뜻이기도 하다. 이 단순한 교훈은 이 책 곳곳에서 수시로 반복된다. 특히 7장에서 설명하는 예약 시스템의 경우, 고객의 쓰임새만 제대로 지원할 수 있다면 배후의 시스템이 그렇게 복잡할 필요는 없다는 사실을 깨우쳐 준다. 고객에게 동일한 가치를 전달할 수 있다면, 가장 단순한 시스템이 최고로 좋은 시스템인 것이다.

　　인생의 많은 문제가 그렇듯이 좋은 설계는 하루 아침에 만들어지지 않으며 운영 관리 편의성, 비용, 개선 및 개발 용이성 등의 다양한 주제를 오랜 시간 동안 고단하게 탐구한 끝에 탄생한다. 이 책이 그런 수고로움을 조금이나마 줄여 줄 수 있기를 기대해 본다.

시애틀에서
이병준 드림

서문

시스템 설계 면접 기법을 배우기로 결정한 여러분, 환영한다. 설계 면접에 나오는 문제들은 기술 면접 문제 가운데서도 가장 까다롭다. 지원자는 어떤 소프트웨어 시스템의 아키텍처를 설계해야 한다. 이 시스템은 뉴스 피드일 수도 있고, 구글 검색 시스템일 수도 있고, 채팅 시스템일 수도 있다. 무섭게 느껴질 수있을 법한 질문들이고, 공략 방법에도 정해진 패턴은 없다. 질문 범위도 보통아주 넓고 모호하다. 정해진 결론(open-ended)이나 완벽한 답안이 없는 경우가 많다.

기업들은 시스템 설계 면접을 광범위하게 시행하고 있는데 이런 면접에서드러나는 의사소통 및 문제 해결 기술이 소프트웨어 엔지니어가 업무에 일상적으로 사용하는 능력과 비슷하기 때문이다. 지원자를 평가할 때는 모호한 문제를 어떻게 분석하고 단계적으로 해결하는지를 살펴보게 된다.

시스템 설계 면접 문제에는 정해진 결론이 없다고 말했다. 우리의 현실이 그렇듯 하나의 설계에는 여러 가지 변종이 있을 수 있다. 우리가 원하는 것은 서로 합의한 설계 목표에 부합하는 아키텍처다. 면접관에 따라 토론도 다른 방향으로 흘러갈 수 있다. 시스템의 거의 모든 측면을 다루는 개략적(high-level) 아키텍처를 요구하는 면접관도 있고, 특정 영역에만 집중하라고 요구하는 면접관도 있다. 어느 쪽이건, 매끄러운 토론이 이루어지기 위해서는 시스템 요구사항, 제약사항, 그리고 성능 병목 지점을 잘 이해해야 한다.

이 책의 목적은 시스템 설계 면접 문제를 푸는 데 안정적으로 적용할 수 있는전략과 지식 토대를 제시하는 것이다. 면접을 성공적으로 마치려면 올바른 전략과 지식을 갖추는 것이 무엇보다 중요하다.

또한 이 책은 시스템 설계 면접 문제들을 공략하는 단계적 프레임워크도 제공한다. 그 프레임워크를 적용하려면 어떻게 해야 하는지, 실제로 따라하면서 배울 수 있는 많은 예제를 상세한 설명과 함께 제공한다. 이 예제들과 함께 꾸준히 연습하다 보면, 시스템 설계 면접을 성공적으로 치를 준비가 끝나 있을 것이다.

이 책은 《가상 면접 사례로 배우는 대규모 시스템 설계 기초》[1]의 후속편이다. 1편도 읽으면 좋긴 하겠지만, 설사 읽지 않았어도 이 책을 읽는 데는 아무 무리가 없다. 분산 시스템에 대한 기본적 이해를 갖춘 독자라면 누구나 편안히 읽을 수 있을 것이다. 그럼 시작해 보자!

추가 자료

각 장(chapter) 말미에는 참고 자료에 대한 링크가 수록되어 있다. 아래 깃허브(GitHub) 저장소에 가면 그 모든 링크를 실제로 클릭하여 방문해 볼 수 있을 것이다.

https://bit.ly/systemDesignLinks

저자 알렉스와 직접 소통하고 싶은 독자는 아래 링크도 방문해 보기 바란다. 매일 새로운 시스템 인터뷰 팁이 올라온다.

twitter.com/alexxubyte

bit.ly/linkedinaxu

---

1 (옮긴이) 원제는 *System Design Interview - An insider's guide*. 알렉스 쉬 지음, 이병준 옮김, 인사이트, 2021년.

감사의 글

이 책의 모든 설계가 필자의 창작물이면 좋았겠으나, 사실 대부분의 아이디어는 엔지니어링 블로그, 연구 논문, 코드, 기술 발표 등 다른 많은 곳에서도 찾을 수 있는 것들이다. 우리가 한 일은 이 아이디어들을 모아 검토한 다음 개인적 경험을 더하여 알기 쉽게 정리한 것이다. 아울러, 이 책을 내기까지 많은 엔지니어와 매니저가 다양한 도움을 주었음을 밝히고 싶다. 결정적인 의견과 꼼꼼한 리뷰를 통해 도왔을 뿐 아니라, 그들 가운데 일부는 몇몇 장의 많은 부분을 직접 쓰기도 하였다. 이 자리를 빌려 깊은 감사를 드린다.

- 근접성 서비스(Proximity Service; 멍 돤(Meng Duan); 텐센트(Tencent))
- 주변 친구(Nearby Friends; 옌 궈(Yan Guo); 아마존(Amazon))
- 구글 맵(Google Maps; 알리 아미니안(Ali Aminian); 어도비(Adobe), 구글(Google))
- 분산 메시지 큐(Distributed Message Queue; 리오넬 리우(Lionel Liu); 이베이(eBay))
- 분산 메시지 큐(탄메이 데시판드(Tanmay Deshpande); 슐럼버거(Schlumberger))
- 광고 클릭 이벤트 집계(Ad Click Event Aggregation; 친다 비안(Xinda BIan); 앤트 그룹(Ant Group))
- 실시간 게임 리더보드(Real-time Gaming Leaderboard; 조쉬 헤인스(Jossie Haines); 틸(Tile))
- 분산 이메일 시스템(케빈 헨릭슨(Kevin Henrikson), 제이제이 쟝(JJ Jhuang); 인스타카트(Instacart))

- S3와 유사한 객체 저장소(S3-like Object Store; 즈텅 황(Zhiteng Huang); 이베이(eBay))

이 책의 초고에 많은 의견을 준 다음 분들에게도 특별히 깊은 감사의 뜻을 표하고 싶다.

- 다싯 데이브(Darshit Dave; 블룸버그(Bloomberg))
- 드와라크나스 박시(Dwaraknath Bakshi; 트위터(Twitter))
- 페이 난(Fei Nan; 구스토(Gusto), 에어비앤비(Airbnb))
- 리처드 수(Richard Hsu; 아마존(Amazon))
- 사이먼 가오(Simon Gao; 구글(Google))
- 스탠리 매튜 토마스(Standly Mattew Thomas; 마이크로소프트(Microsoft))
- 원한 왕(Wenhan Wang; 틱톡(Tiktok))
- 시와칸트 바티(Shiwakant Bharti; 아마존(Amazon))

편집을 맡아 많은 귀중한 의견을 제시한 도미닉 가버(Dominic Gover)와 덕 워렌(Doug Warren)에게도 감사드린다.

  그리고 마지막으로, 이 책에 너무나 중요한 공헌을 한 엘비스 렌(Elvis Ren)과 화 리(Hua Li)에게 아주 특별한 감사의 마음을 전하고 싶다. 이들이 없었다면 이 책은 지금 모습으로 세상에 나올 수 없었을 것이다.

1장

S y s t e m   D e s i g n   I n t e r v i e w   V o l u m e   2

근접성 서비스

이번 장에서는 근접성 서비스(proximity service)를 설계한다. 근접성 서비스는 음식점, 호텔, 극장, 박물관 등 현재 위치에서 가까운 시설을 찾는 데 이용되며, 옐프(Yelp) 앱의 경우에는 주변에 있는 좋은 식당 검색, 구글 맵의 경우에는 가까운 k개 주유소 검색 등의 기능 구현에 이용된다. 그림 1.1은 옐프의 '주변 식당 검색' 기능의 사용자 인터페이스다.[1]

이 책에 실린 지도 타일(tile)은 스테이먼 디자인(Stamen Design)[2] 사가 만든 것이고, 지도 데이터로는 OpenStreetMap[3]이 제공한 것을 이용하였다.

그림 1.1 옐프의 주변 검색 기능

1단계: 문제 이해 및 설계 범위 확정

옐프가 제공하는 모든 기능을 인터뷰 시간 내에 설계할 수는 없다. 그러니 질문을 던져 설계 범위를 좁혀야 한다. 다음은 면접관과 지원자의 대화 사례다.

지원자: 사용자가 검색 반경(radius)을 지정할 수 있어야 하나요? 검색 반경 내에 표시할 사업장이 충분치 않은 경우에는 검색 반경을 시스템이 알아서 넓혀도 괜찮을까요?

면접관: 좋은 질문입니다. 일단은 주어진 반경 내의 사업장만 대상으로 한다고 하죠. 시간이 남으면 주어진 범위 안에 사업장이 많지 않은 경우를 어떻게 처리할지 이야기해 볼 수 있겠네요.

지원자: 최대 허용 반경은 얼마입니까? 20km(12.5mile)로 가정해도 괜찮을까요?

면접관: 네, 괜찮은 가정인 것 같습니다.

지원자: 사용자가 UI에서 검색 반경을 변경할 수 있어야 하나요?

면접관: 네. 다음과 같은 선택지가 주어져야 합니다. 0.5km(0.31mile), 1km(0.62mile), 2km(1.24mile), 5km(3.1mile) 그리고 20km(12.42mile)입니다.

지원자: 사업장 정보는 어떻게 시스템에 추가되고, 삭제되고, 갱신됩니까? 사업장 정보에 대한 작업 결과가 사용자에게 실시간으로 보여져야 할까요?

면접관: 사업장 소유주가 사업장 정보를 시스템에 추가·삭제·갱신할 수 있어야 합니다. 새로 추가하거나 갱신한 정보는 다음날까지 반영되어야 한다고 계약서에 명시되어 있다고 가정하죠.

지원자: 사용자가 이동 중에 앱이나 웹사이트를 이용한다면 검색 결과는 시간이 흐름에 따라 달라져야 할 텐데요. 검색 결과를 항상 현재 위치 기준으로 유지하기 위해 화면을 자동 갱신해야 할까요?

면접관: 사용자의 이동 속도가 그리 빠르지 않아서 상시적으로 페이지를 갱신할 필요는 없다고 칩시다.

기능 요구사항

이 대화에 근거하여, 다음 세 가지 핵심 기능에 집중할 것이다.

- 사용자의 위치(경도와 위도 쌍)와 검색 반경 정보에 매치되는 사업장 목록을 반환
- 사업장 소유주가 사업장 정보를 추가·삭제·갱신할 수 있도록 하되, 그 정보가 검색 결과에 실시간으로 반영될 필요는 없다고 가정
- 고객은 사업장의 상세 정보를 살필 수 있어야 함

비기능 요구사항

방금 살펴본 사업 요구사항으로부터 다음과 같은 비기능 요구사항(non-functional requirements)을 도출할 수 있다. 이 각각을 면접관과 확인해야 한다.

- 낮은 응답 지연(latency): 사용자는 주변 사업장을 신속히 검색할 수 있어야 한다.
- 데이터 보호(data privacy): 사용자 위치는 민감한 정보다. 위치 기반 서비스(Location-Based Service, LBS)를 설계할 때는 언제나 사용자의 정보를 보호할 방법을 고려해야 한다. GDPR(General Data Protection Regulation)[4]이나 CCPA(California Consumer Privacy Act)[5] 같은 데이터 사생활 보호 법안을 준수하도록 해야 한다.
- 고가용성(high availability) 및 규모 확장성(scalability) 요구사항: 인구 밀집 지역에서 이용자가 집중되는 시간에 트래픽이 급증해도 감당할 수 있도록 시스템을 설계해야 한다.

개략적 규모 추정

시스템의 규모가 대략 어느 정도이며 어떤 수준의 도전적 과제를 해결해야 하는지 결정하기 위해, 개략적인 추정(back-of-the-envelope calculation)을 해 보도록 하자. 일간 능동 사용자(Daily Active User, DAU)는 1억 명(100million)이며 등록된 사업장 수는 2억(200million)이라고 하자.

> **QPS (Query per Second) 계산**
>
> - 1일 = 24시간×60분×60초 = 86,400초. 계산을 쉽게 하기 위해 대략 100000, 즉 10^5로 올림하여 쓰도록 하겠다. 이 책 전반에서 하루는 10^5초라고 가정할 것이다.
> - 한 사용자는 하루에 5회 검색을 시도한다고 가정한다.
> - 따라서 QPS = (1억×5) / 10^5 = 5,000

2단계: 개략적 설계안 제시 및 동의 구하기

이번 절에서는 다음 내용을 논의할 것이다.

- API 설계
- 개략적 설계안
- 주변 사업장 검색 알고리즘
- 데이터 모델

API 설계

RESTful API 관례를 따르는 간단한 API를 만들어 보도록 하겠다.

GET /v1/search/nearby

이 API는 특정 검색 기준에 맞는 사업장 목록을 반환한다. 실제로 사용되는 애플리케이션의 경우, 검색 결과는 보통 페이지 단위로 나눠 반환한다. 이번 장에서는 페이지 분할(pagination)[6]에 초점을 맞추지는 않을 것이나, 면접장에서는 언급하면 좋을 수 있다.

API 호출 시에 전달할 인자(parameter)는 다음과 같다.

필드	설명	자료형
latitude	검색할 위도	decimal
longitude	검색할 경도	decimal
radius	선택적 인자(optional). 생략할 경우 기본값은 5000m(대략 3마일)이다.	int

표 1.1 호출 인자

반환되는 결과는 다음과 같은 형태를 띤다.

```
{
  "total": 10,
  "businesses":[{business object}]
}
```

위 코드에서 'business object', 즉 각 사업장을 표현하는 객체는 검색 결과 페이지에 표시될 모든 정보를 포함한다. 하지만 사업장 상세 정보 페이지에서는 사업장의 사진, 리뷰, 별점 등의 추가 정보가 필요할 수 있다. 그러므로 사용자가 사업장 상세 정보 페이지를 클릭하면 또 다른 API를 호출하여 사업장의 상세 정보를 가져올 필요가 있다.

사업장 관련 API

표 1.2는 사업장 객체 관련 API 목록이다.

APi	설명
GET /v1/businesses/:id	특정 사업장의 상세 정보 반환
POST /v1/businesses	새로운 사업장 추가
PUT /v1/businesses/:id	사업장 상세 정보 갱신
DELETE /v1/businesses/:id	특정 사업장 정보 삭제

표 1.2 사업장 관련 API

장소나 업장 검색과 관련하여 실제로 사용되는 API가 궁금하다면 구글의 장소 API(Google Places API)[7]와 옐프의 사업장 API(Yelp business endpoints)[8]를 참고하기 바란다.

데이터 모델

이번 절에서는 읽기/쓰기 비율(read/write ratio) 및 스키마 설계(schema design)에 대해 알아본다. 데이터베이스의 규모 확장성에 대해서는 "상세 설계" 절에서 자세히 살펴보겠다.

읽기/쓰기 비율

읽기 연산은 굉장히 자주 수행되는데, 다음 두 기능의 이용 빈도가 높기 때문이다.

- 주변 사업장 검색
- 사업장 정보 확인

한편 쓰기 연산 실행 빈도는 낮은데, 사업장 정보를 추가하거나 삭제, 편집하는 행위는 빈번하지 않기 때문이다.

읽기 연산이 압도적인 시스템에는 MySQL 같은 관계형 데이터베이스가 바람직할 수 있다. 이제 스키마 설계에 대해 좀 더 자세히 알아보자.

데이터 스키마

이 시스템의 핵심이 되는 테이블은 business 테이블과 지리적 위치 색인 테이블(geospatial index table)이다.

business 테이블

business 테이블은 사업장 상세 정보를 담는다. 표 1.3을 참고하라. 이 테이블의 기본 키(primary key)는 business_id다.

business	
business_id	PK
address	
city	
state	
country	
latitude	
longtitude	

표 1.3 business 테이블

지리적 위치 색인 테이블

지리적 위치 색인 테이블은 위치 정보 관련 연산의 효율성을 높이는 데 쓰인다. 지오해시(geohash)에 대한 지식이 필요하므로, "데이터베이스의 규모 확장" 절에서 다시 논의하도록 하겠다.

개략적 설계

그림 1.2는 개략적 설계안의 다이어그램이다. 이 시스템은 위치 기반 서비스(location-based service, LBS)와 사업장 관련 서비스 두 부분으로 구성된다. 각각의 컴포넌트를 좀 더 자세히 살펴보자.

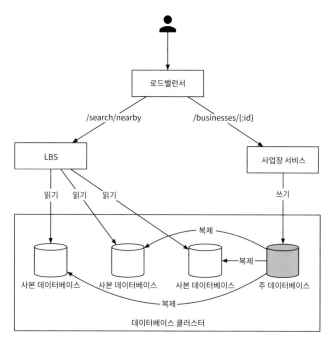

그림 1.2 개략적 설계안

로드밸런서

로드밸런서(load balancer)는 유입 트래픽을 자동으로 여러 서비스에 분산시키는 컴포넌트다. 통상적으로 로드밸런서를 사용하는 회사는 로드밸런서에 단일 DNS 진입점(entry point)을 지정하고, URL 경로를 분석하여 어느 서비스에 트래픽을 전달할지 결정한다.

위치 기반 서비스(LBS)

LBS는 시스템의 핵심 부분으로, 주어진 위치와 반경 정보를 이용해 주변 사업장을 검색한다. 다음과 같은 특징을 갖는다.

- 쓰기 요청이 없는, 읽기 요청만 빈번하게 발생하는 서비스이다.
- QPS가 높다. 특히 특정 시간대의 인구 밀집 지역일수록 그 경향이 심하다.
- 무상태(stateless) 서비스이므로 수평적 규모 확장이 쉽다.

사업장 서비스

사업장 서비스는 주로 다음 두 종류의 요청을 처리한다.

- 사업장 소유주가 사업장 정보를 생성, 갱신, 삭제한다. 기본적으로 쓰기 요청이며, QPS는 높지 않다.
- 고객이 사업장 정보를 조회한다. 특정 시간대에 QPS가 높아진다.

데이터베이스 클러스터

데이터베이스 클러스터는 주-부(primary-secondary) 데이터베이스 형태로 구성할 수 있다. 해당 구성에서 주 데이터베이스는 쓰기 요청을 처리하며, 부 데이터베이스, 즉 사본 데이터베이스는 읽기 요청을 처리한다. 데이터는 일단 주 데이터베이스에 기록된 다음에 사본 데이터베이스로 복사된다. 복제에 걸리는 시간 지연(delay) 때문에 주 데이터베이스 데이터와 사본 데이터베이스 데이터 사이에는 차이가 있을 수 있다. 보통은 그렇더라도 문제가 되지는 않는데, 사업장 정보는 실시간으로 갱신될 필요가 없기 때문이다.

사업장 서비스와 LBS의 규모 확장성

사업장 서비스와 LBS는 둘 다 무상태 서비스이므로 점심시간 등의 특정 시간대에 집중적으로 몰리는 트래픽에는 자동으로 서버를 추가하여 대응하고, 야간 등 유휴 시간 대에는 서버를 삭제하도록 구성할 수 있다. 시스템을 클라우드에 둔다면 여러 지역, 여러 가용성 구역(availability zone)에 서버를 두어 시스템 가용성을 높일 수 있다.[9] 이에 대해서는 상세 설계를 진행할 때 좀 더 논의하겠다.

주변 사업장 검색 알고리즘

실제로는 많은 회사가 레디스 지오해시(Geohash in Redis)[10]나 PostGIS 확장(extension)[11]을 설치한 포스트그레스(Postgres) 데이터베이스를 활용한다. 면접관은 여러분이 이런 데이터베이스의 내부 구조를 알 거라고 기대하지 않는다. 그러니 그런 데이터베이스의 이름을 나열하기보다는 지리적 위치 색인이 어떻게 동작하는지 설명함으로써 문제 풀이 능력과 기술적 지식을 갖추었음을 보이는 것이 좋다.

이제 다음 순서로는 주변 사업장 검색 방법들을 살펴볼 것이다. 몇 가지 방안을 훑어보고 그 이면의 사고 프로세스(thought process)를 검토한 다음, 각 방안에 어떤 타협적 측면(trade-off)이 존재하는지 논의할 것이다.

방안 1: 2차원 검색

주어진 반경으로 그린 원 안에 놓인 사업장을 검색하는 방법이다.(그림 1.3) 가장 직관적이지만 지나치게 단순하다는 문제가 있다.

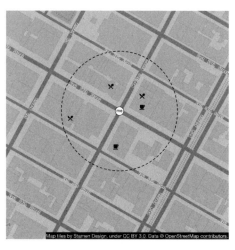

그림 1.3 2차원 검색

이 절차를 유사(pseudo) SQL 질의문으로 옮기면 다음과 같다.

```
SELECT business_id, latitude, longitude,
FROM business
WHERE (latitude BETWEEN {:my_lat} - radius AND {:my_lat} + radius)
AND
  (longitude BETWEEN {:my_long} - radius AND {:my_long} + radius)
```

이 질의는 테이블 전부를 읽어야 하므로 효율적이지 않다. 위도와 경도 칼럼 (column)에 색인을 만들어 두면 어떨까? 그렇게 하면 효율이 개선될까? 그래도 썩 좋아지지 않는다. 데이터가 2차원적이므로 칼럼별로 가져온 결과도 여전히 엄청난 양이다. 예를 들어 그림 1.4를 보자. 위도 칼럼과 경도 칼럼에 색인을 만들어 놓으면 데이터 집합 1과 데이터 집합 2는 신속히 추출할 수 있을 것이다. 하지만 주어진 반경 내 사업장을 얻으려면 이 두 집합의 교집합을 구해야 한다. 이 연산은 각 집합에 속한 데이터의 양 때문에 효율적일 수 없다.

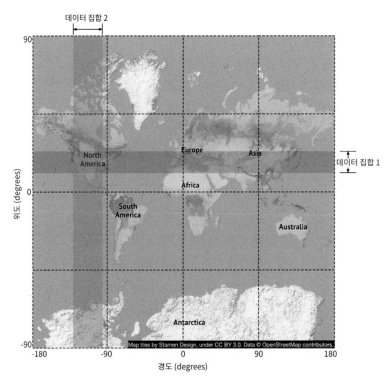

그림 1.4 두 데이터 집합의 교집합

이 방안의 문제는 데이터베이스 색인으로는 오직 한 차원의 검색 속도만 개선할 수 있다는 것이다. 그러니 자연스럽게 이어지는 다음 질문은 2차원 데이터를 한 차원에 대응시킬 방법이 있을까 하는 것이다. 있다.

그 방법을 살펴보기에 앞서, 우선 색인을 만드는 방법들부터 살펴보자.

크게 보자면 지리적 정보에 색인을 만드는 방법은 두 종류다.(그림 1.5) 그 가운데 강조 표시한 알고리즘은 업계에서 널리 사용되는 것들로, 이번 장에서 상세히 살펴보겠다.

- 해시 기반 방안: 균등 격자(even grid), 지오해시(geohash), 카르테시안 계층(cartesian tiers)[12] 등
- 트리 기반 방안: 쿼드트리(quadtree), 구글 S2, R 트리(R-tree)[13] 등

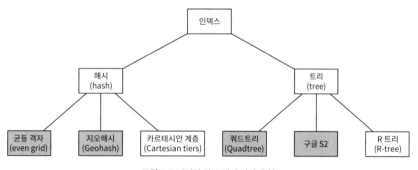

그림 1.5 지리적 정보 색인 방안 유형

각 색인법의 구현 방법은 서로 다르지만 개략적 아이디어는 같다. 즉, **지도를 작은 영역으로 분할하고 고속 검색이 가능하도록 색인을 만드는 것이다.** 그 가운데 지오해시, 쿼드트리, 구글 S2는 실제로 가장 널리 사용되는 방안이다. 하나씩 좀 더 상세히 살펴보자.

유의사항

보통 면접 시에는 각 인덱스 방안의 구현 세부까지 설명할 필요는 없다. 하지만 그에 관한 기본적인 지식은 갖추어 두어야 한다. 개략적으로 어떻게 동작하고, 제약사항이 무엇인지 정도는 파악하고 있어야 한다.

방안 2: 균등 격자

지도를 그림 1.6과 같이 작은 격자 또는 구획으로 나누는 단순한 접근법이다. 이렇게 하면 하나의 격자는 여러 사업장을 담을 수 있고, 하나의 사업장은 오직 한 격자 안에만 속하게 된다.

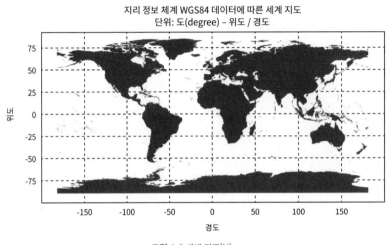

지리 정보 체계 WGS84 데이터에 따른 세계 지도
단위: 도(degree) – 위도 / 경도

그림 1.6 세계 지도[14]

이 방법은 동작은 하지만 중요한 문제가 있다. 사업장 분포가 균등하지 않다는 것이다. 뉴욕 다운타운에는 많은 사업장이 있겠지만 사막이나 바다 한가운데는 사업장이 있을 턱이 없다. 그러니 전 세계를 동일한 크기의 격자로 나누면 데이터 분포는 전혀 균등하지 않다. 이상적이기로는 인구 밀집 지역에는 작은 격자를, 그렇지 않은 지역에는 큰 격자를 사용할 수 있다면 좋을 것이다. 또 한 가지 문제점은 주어진 격자의 인접 격자를 찾기가 까다로울 수 있다는 것이다.[1]

---

1 (옮긴이) 다른 방안과는 달리 격자 식별자 할당에 명확한 체계가 없기 때문이다.

방안 3: 지오해시(Geohash)

지오해시는 균등 격자보다 나은 방안이다. 지오해시는 2차원의 위도 경도 데이터를 1차원의 문자열로 변환한다. 지오해시 알고리즘은 비트를 하나씩 늘려가면서 재귀적으로 세계를 더 작은 격자로 분할해 나간다. 그 과정을 개략적으로 살펴보자.

우선, 전 세계를 본초 자오선과 적도 기준 사분면으로 나눈다.

- 위도 범위 [−90, 0]은 0에 대응
- 위도 범위 [0, 90]은 1에 대응
- 경도 범위 [−180, 0]은 0에 대응
- 경도 범위 [0, 180]은 1에 대응

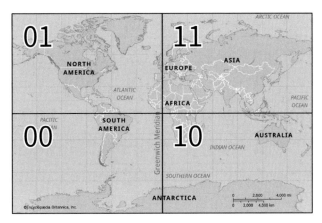

그림 1.7 지오해시

그 각각의 격자를 또다시 사분면으로 나눈다. 이때 각 격자는 경도와 위도 비트를 앞서 살펴본 순서대로 반복하여 표현한다.

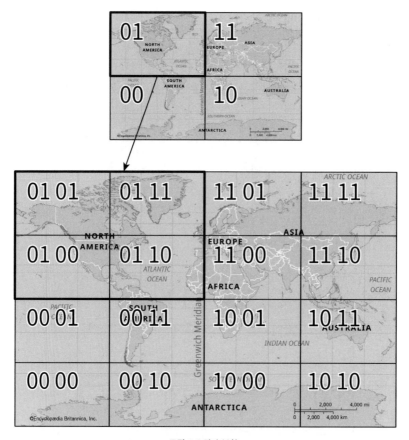

그림 1.8 격자 분할

이 절차를 원하는 정밀도(precision)를 얻을 때까지 반복한다. 지오해시는 통상적으로 base32 표현법[15]을 사용한다. 다음 두 예제를 살펴보자.

- 구글 본사 지오해시 (길이＝6)

  1001 10110 01001 10000 11011 11010 (base32 이진 표기) →

  9q9hvu (base32)

- 메타(구 페이스북) 본사 지오해시 (길이＝6)

  1001 10110 01001 10001 10000 10111 (base32 이진 표기) →

  9q9jhr (base32)

지오해시는 12단계(level) 정밀도를 갖는다.(표 1.4) 이 정밀도가 격자 크기를 결정한다. 우리가 원하는 지오해시는 길이가 4에서 6 사이인데, 6보다 길어지면 한 격자가 너무 작아지기 때문이다. 4보다 작으면 반대로 격자가 너무 커진다.(표 1.4)

지오해시 길이	격자 너비 × 높이
1	5,009.4km × 4,992.6km (지구 전체)
2	1,252.3km × 624.1km
3	156.5km × 156km
4	39.1km × 19.5km
5	4.9km × 4.9km
6	1.2km × 609.4m
7	152.9m × 152.4m
8	38.2m × 19m
9	4.8m × 4.8m
10	1.2m × 59.5cm
11	14.9cm × 14.9cm
12	3.7cm × 1.9cm

표 1.4 지오해시 길이와 격자 크기[16]

그렇다면 최적 정밀도는 어떻게 정하는가? 사용자가 지정한 반경으로 그린 원을 덮는 최소 크기 격자를 만드는 지오해시 길이를 구해야 한다. 표 1.5는 반경과 지오해시 사이의 관계를 보여 준다.

반경 (킬로미터)	지오해시 길이
0.5km (0.31마일)	6
1km (0.62마일)	5
2km (1.24마일)	5
5km (3.1마일)	4
20km (12.42마일)	4

표 1.5 검색 반경과 지오해시 길이

이 접근법은 대체로 잘 동작하지만 격자 가장자리 처리 방식에 관한 경계 조건 (edge case)이 몇 가지 있다. 이에 대해서는 면접관과 상의해야 한다.

격자 가장자리 관련 이슈

지오해시는 해시값의 공통 접두어(prefix)가 긴 격자들이 서로 더 가깝게 놓이 도록 보장한다. 그림 1.9를 보면 인접한 모든 격자가 공통 접두어 9q8zn을 갖 고 있음을 확인할 수 있다.

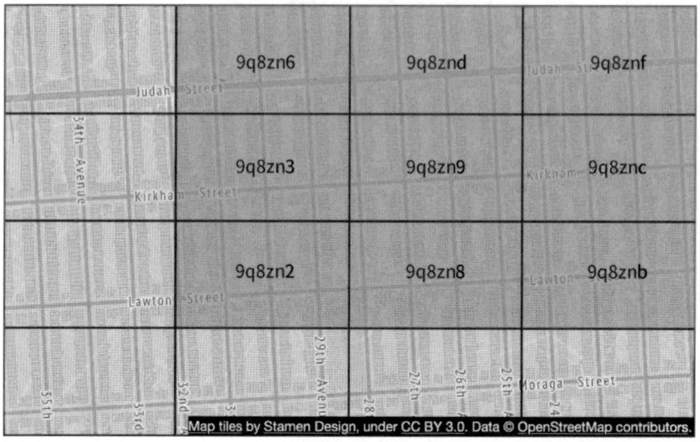

그림 1.9 공통 접두어

격자 가장자리 이슈 1

하지만 그 역은 참이 아니다. 가령 아주 가까운 두 위치가 어떤 공통 접두어 도 갖지 않는 일이 발생할 수 있다. 두 지점이 적도의 다른 쪽에 놓이거나, 자오선상의 다른 반쪽에 놓이는 경우다. 예를 들어 프랑스 라 호슈 샬레(La Roche-Chalais)라는 곳은 지오해시 u000으로 표현되는데, 이 위치는 지오해시 ezzz 값을 갖는 포메홀(Pomerol)이라는 지역에서 불과 30km 떨어져 있다. 이 두 지오해시 사이에는 어떤 공통 접두어도 없다. [17]

그림 1.10 공통 접두어가 없는 두 지역

이 문제점 때문에 아래와 같이 단순한 접두어 기반 SQL 질의문을 사용하면 주변 모든 사업장을 가져올 수 없다.

```
SELECT * FROM geohash_index WHERE geohash LIKE '9q8zn%'
```

격자 가장자리 이슈 2

또 다른 문제점은 두 지점이 공통 접두어 길이는 길지만 서로 다른 격자에 놓이는 경우다.(그림 1.11)

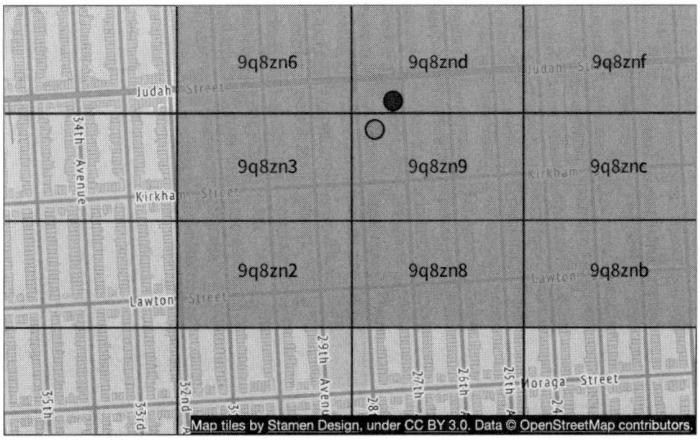

![격자 가장자리 이슈를 보여주는 지도로, 9q8zn6, 9q8znd, 9q8znf, 9q8zn3, 9q8zn9, 9q8znc, 9q8zn2, 9q8zn8, 9q8znb 격자가 표시되어 있다]

그림 1.11 격자 가장자리 이슈

가장 흔히 사용되는 해결책은 현재 격자를 비롯한 인접한 모든 격자의 모든 사업장 정보를 가져오는 것이다. 특정 지오해시의 주변 지오해시를 찾는 것은 상수 시간(constant time)에 가능한 연산이며 그에 대한 상세한 내용은 [17]을 참고하기 바란다.

표시할 사업장이 충분하지 않은 경우

이제 보너스 문제 하나를 더 살펴보자. 현재 격자와 주변 격자를 다 살펴보아도 표시할 사업장을 충분히 발견할 수 없는 경우에는 어떻게 해야 하는가?

선택지 1: 주어진 반경 내 사업장만 반환한다. 이 방안은 구현하기 쉽지만 단점도 분명하다. 사용자의 욕구를 만족하기 충분한 수의 사업장 정보를 반환하지 못한다.

선택지 2: 검색 반경을 키운다. 지오해시 값의 마지막 비트를 삭제하여 얻은 새 지오해시 값을 사용해 주변 사업장을 검색하는 것이다. 그래도 충분한 사업장이 없을 경우 또 한 비트를 지워서 범위를 다시 확장한다. 이를 반복하면 원하는 수 이상의 사업장을 얻을 때까지 격자 크기는 확장된다. 그림 1.12는 이 과정을 개념적으로 요약한 다이어그램이다.

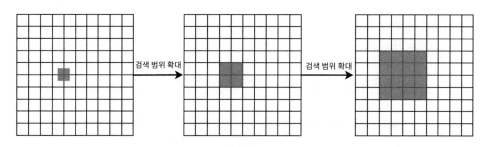

그림 1.12 검색 범위 확장

방안 4: 쿼드트리

또 한 가지 널리 사용되는 해결책은 쿼드트리(quadtree)다. 쿼드트리[18]는 격자의 내용이 특정 기준을 만족할 때까지 2차원 공간을 재귀적으로 사분면 분할하는 데 흔히 사용되는 자료 구조다. 예를 들자면 격자에 담긴 사업장 수가 100

이하가 될 때까지 분할하는 것이다. 여기서 제시한 100이라는 숫자는 예일 뿐이며, 실제 수치는 사업적 필요에 따라 결정하면 된다. 쿼드트리를 사용한다는 것은 결국 질의에 답하는 데 사용될 트리 구조를 메모리 안에 만드는 것이다. 쿼드트리는 메모리 안에 놓이는 자료 구조일 뿐 데이터베이스가 아니라는 것에 유의하자. 이 자료 구조는 각각의 LBS 서버에 존재해야 하며, 서버가 시작하는 시점에 구축된다.

아래 그림은 세계를 쿼드트리를 사용해 분할하는 과정을 개념적으로 요약한 것이다. 전 세계에 $200m$(m＝million, 즉 백만)개의 사업장이 있다고 가정했다.

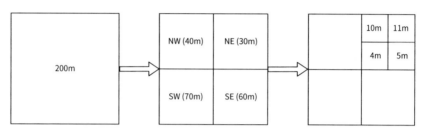

그림 1.13 쿼드트리

그 과정을 좀 더 자세하게 시각화한 것이 그림 1.14다. 이 트리의 루트 노드(root node)는 세계 전체 지도를 나타낸다. 이 루트 노드를 사분면 각각을 나타

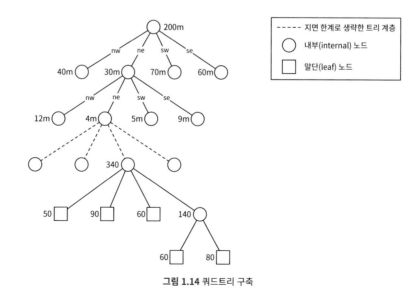

그림 1.14 쿼드트리 구축

내는 하위 노드로, 어떤 노드의 사업장도 100개를 넘지 않을 때까지 재귀적으로 분할한다.

그 과정을 의사 코드(pseudocode)로 나타내면 다음과 같다.

```
public void buildQuadtree(TreeNode node) {
  if (countNumberOfBusinessesInCurrentGrid(node) > 100) {
    node.subdivide();
    for (TreeNode child : node.getChildren()) {
      buildQuadtree(child);
    }
  }
}
```

쿼드트리 전부를 저장하는 데 얼마나 많은 메모리가 필요한가?

이 질문에 답하려면 어떤 데이터가 쿼드트리에 보관되는지 살펴봐야 한다.

말단 노드에 수록되는 데이터

이름	크기
격자를 식별하는 데 사용될 좌상단과 우하단 꼭짓점 좌표	32바이트 (8바이트 × 4)
격자 내부 사업장 ID 목록	ID당 8바이트 × 100 (한 격자에 허용되는 사업장 수의 최댓값)
합계	832바이트

표 1.6 말단 노드

내부 노드에 수록되는 데이터

이름	크기
격자를 식별하는 데 사용될 좌상단과 우하단 꼭짓점 좌표	32바이트 (8바이트 × 4)
하위 노드 4개를 가리킬 포인터	32바이트 (8바이트 × 4)
합계	64바이트

표 1.7 내부 노드

트리 구축 프로세스가 한 격자에 허용되는 사업장 수의 최댓값에 좌우되기는 하지만 그 값은 트리 안에 저장하지 않아도 된다. 데이터베이스 레코드가 이미

그 최댓값을 고려하여 분할되어 있기 때문이다.

이제 각 노드가 어떤 데이터를 가질지 알았으니, 메모리 사용량을 살펴보자.

- 격자 안에는 최대 100개 사업장이 있을 수 있다.
- 말단 노드의 수 $=\sim \frac{200m}{100} =\sim 2m$(2백만)
- 내부 노드의 수 $= 2m \times \frac{1}{3} =\sim 0.67m$
  내부 노드의 수가 왜 말단 노드 수의 $\frac{1}{3}$인지 모르겠다면 [19]를 읽어 보기 바란다.
- 총 메모리 요구량 $= 2m \times 832$바이트 $+ 0.67m \times 64$바이트 $=\sim 1.71$GB. 트리를 구축하는 데 드는 부가적인 메모리 요구량을 감안하더라도, 총 메모리 요구량이 꽤 작다는 것은 알 수 있다.

실제 면접장에서는 이 정도로 구체적인 계산이 필요하지는 않을 것이다. 쿼드트리 인덱스가 메모리를 많이 잡아먹지 않으므로 서버 한 대에 충분히 올릴 수 있다는 점만 확실히 알아 두면 된다. 그렇다면 한 대 서버만 써야 할까? 그렇지 않다. 읽기 연산 양이 많아지면 서버 한 대의 CPU나 네트워크 대역폭으로는 감당하기 어려워진다. 그런 상황이 실제로 닥치면 읽기 연산을 여러 대 쿼드트리 서버로 분산시켜야 할 것이다.

전체 쿼드트리 구축에 소요되는 시간은?

각 말단 노드에는 대략 100개 사업장 ID가 저장된다. 전체 사업장 수를 n이라고 하였을 때 트리를 구축하는 시간 복잡도는 $\frac{n}{100} \log \frac{n}{100}$이다. 200m개의 사업장 정보를 인덱싱하는 쿼드트리 구축에는 몇 분 정도가 소요될 수 있다.

쿼드트리로 주변 사업장을 검색하려면?

1. 메모리에 쿼드트리 인덱스를 구축한다.
2. 검색 시작점이 포함된 말단 노드를 만날 때까지, 트리의 루트 노드부터 탐색한다. 해당 노드에 100개 사업장이 있는 경우에는 해당 노드만 반환한다. 그렇지 않은 경우에는 충분한 사업장 수가 확보될 때까지 인접 노드도 추가한다.

쿼드트리 운영 시 고려사항

앞서 설명한 대로, $200m$개 사업장을 갖는 쿼드트리를 구축하는 데는 몇 분이 소요된다. 따라서 서버를 시작하는 순간에 트리를 구축하면 서버 시작 시간이 길어질 수 있다는 점을 따져 봐야 한다. 이것은 운영상 중요한 문제다. 쿼드트리를 만들고 있는 동안 서버는 트래픽을 처리할 수 없기 때문이다. 따라서 새로운 버전의 서버 소프트웨어를 릴리스 할 때는 동시에 너무 많은 서버에 배포하지 않도록 조심해야 한다. 그렇게 해야만 서버 클러스터의 상당 부분이 동시에 꺼져서 서비스 품질이 저하되는 일을 막을 수 있다. 청/녹 배포(blue/green deployment)[20] 방안, 즉 프로덕션 환경의 절반가량을 항상 실제 서비스가 아닌 신규 이미지 테스트에만 사용하고, 테스트에 통과한 경우 네트워크 설정을 조정하여 테스트 환경과 실제 서비스 환경을 맞바꾸는 배포 전략을 택하는 경우에는 새 서버 소프트웨어를 테스트 환경의 모든 서버에 동시 배포하면 $200m$개 사업장 정보를 데이터베이스에서 동시에 읽게 되어 시스템에 큰 부하가 가해질 수 있다는 점을 유의해야 한다. 사용 불가능한 배포 방안은 아니지만 설계가 복잡해질 수 있다. 면접 시에 반드시 그 사실을 언급하도록 하자.

운영에 고려할 또 한 가지는 시간이 흘러 사업장이 추가/삭제되었을 때 쿼드트리를 갱신하는 문제다. 가장 쉬운 방법은 점진적으로 갱신하는 것이다. 다시 말해 클러스터 내에 모든 서버를 한 번에 갱신하는 대신 점진적으로 몇 개씩만 갱신하는 것이다. 하지만 그러다 보면 짧은 시간 동안이지만 낡은 데이터가 반환될 수 있다. 그러나 요구사항이 엄격하지 않다면 그 정도는 일반적으로 용인할 수 있다. 새로 추가하거나 갱신한 사업장 정보는 다음날 반영된다는 식의 협약을 맺어 놓으면 더욱 사소한 문제가 된다. 밤 사이에 캐시를 일괄 갱신하면 된다는 뜻이다. 이 접근법의 한 가지 문제는 수많은 키(key)가 한 번에 무효화되어 캐시 서버에 막대한 부하가 가해질 수 있다는 점이다.

쿼드트리를 실시간으로 갱신하는 것도 가능하다. 하지만 그러면 설계는 복잡해진다. 여러 스레드가 쿼드트리 자료 구조를 동시 접근하는 경우에는 더욱 그렇다. 그런 상황을 처리하려면 모종의 락(lock) 메커니즘을 사용해야 하기 때문이다.

실제로 쓰이는 쿼드트리 사례

엑스트(Yext)가 제공한 덴버(Denver) 인근 쿼드트리 구축 사례[21]를 보자.(그림 1.15) 인구 밀집 지역에는 작은 격자를, 그렇지 않은 지역에는 큰 격자를 사용하고 있다.

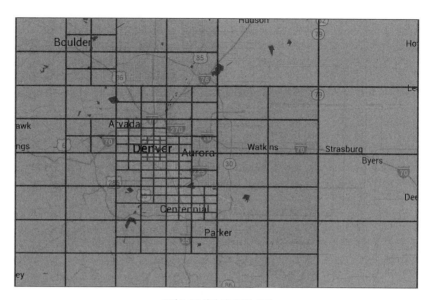

그림 1.15 실제 쿼드트리 사례

방안 5: 구글 S2

구글 S2 기하(geometry) 라이브러리[22]는 이 분야에서 아주 유명한 솔루션이다. 쿼드트리와 마찬가지로, 이 해법도 메모리 기반(in-memory)이다. 지구(sphere)를 힐베르트 곡선(Hilbert curve)이라는 공간 채움 곡선(space-filling curve)[23]을 사용하여 1차원 색인화(indexing)하는 방안이다. 힐베르트 곡선에는 아주 유명한 특성이 하나 있는데, 힐베르트 곡선 상에서 인접한 두 지점은 색인화 이후 1차원 공간 내에서도 인접한 위치에 있다는 것이다.(그림 1.16) 이 1차원 공간 내에서의 검색은 2차원 공간에서의 검색보다 훨씬 더 효율적이다. 관심 있는 독자는 힐베르트 곡선을 체험할 수 있는 온라인 도구를 활용해 보기 바란다.[24]

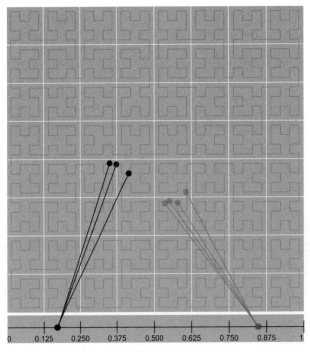

그림 1.16 힐베르트 곡선[23][24]

S2는 복잡한 라이브러리라 면접 중에 내부 구조 설명을 요청 받을 일은 없을 것이다. 하지만 구글이나 틴더(Tinder) 같은 회사에서 널리 쓰이고 있으므로 장점은 간단히 짚어보자.

- S2는 지오펜스(geofence) 구현에 그만인데, 임의 지역에 다양한 수준의 영역 지정이 가능해서다.(그림 1.17) 영문 위키피디아에 따르면 "지오펜스는 실세계 지리적 영역에 설정한 가상의 경계(perimeter)다. 지오펜스는 '특정 지점 반경 몇 km 이내' 같은 식으로 동적으로 지정할 수도 있고, 스쿨 존이나 동네 경계처럼 이미 존재하는 경계선들을 묶어 설정할 수도 있다."[25] 지오펜스를 활용하면 관심 있는 영역의 경계를 정한 다음 해당 경계를 벗어난 사용자에게 알림을 보낼 수도 있다. 따라서 단순히 주변 사업장을 검색할 때보다 훨씬 풍부한 기능을 제공할 수 있다.

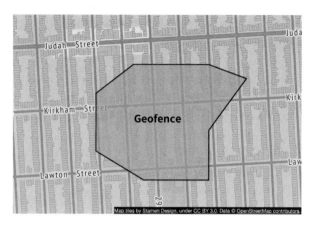

그림 1.17 지오펜스

- 또 한 가지 장점은 S2가 제공하는 영역 지정 알고리즘(Region Cover Algorithm)이다.[26] 지오해시처럼 고정된 정밀도를 사용하는 대신 최소 수준(min level), 최고 수준(max level) 그리고 최대 셀 개수(max cells) 등을 지정할 수 있다. 셀 크기를 유연하게 조정할 수 있으므로 S2가 반환하는 결과가 좀 더 상세하다. 이에 대해 더 자세히 알고 싶다면 S2 도구들을 살펴보기 바란다.[26]

추천

주변 사업장을 효과적으로 검색하는 데 사용할 수 있는 솔루션 몇 가지를 지금까지 살펴보았다. 지오해시, 쿼드트리, S2 등이다. 표 1.8에 어느 회사가 어떤 기술을 택했는지 요약하였다.

색인 방법	회사
지오해시	빙(Bing) 지도[27], 레디스(Redis)[10], 몽고DB(MongoDB)[28], 리프트(Lyft)[29]
쿼드트리	엑스트(Yext)[21]
지오해시 + 쿼드트리	일래스틱서치(Elasticsearch)[30]
S2	구글 맵(Google Maps), 틴더(Tinder)[31]

표 1.8 지리 정보 색인 기술 사용 현황

면접 시에는 지오해시나 쿼드트리 가운데 하나를 선택하길 추천한다. S2는 면접 시간 동안에 분명하게 설명하기에는 까다롭기 때문이다.

지오해시 vs 쿼드트리

이번 절을 마무리하기 전에 지오해시와 쿼드트리를 가볍게 비교해 보도록 하자.

지오해시

- 구현과 사용이 쉽다. 트리를 구축할 필요가 없다.
- 지정 반경 이내 사업장 검색을 지원한다.
- 정밀도를 고정하면 격자 크기도 고정된다. 인구 밀도에 따라 동적으로 격자 크기를 조정할 수는 없다. 그러려면 더욱 복잡한 논리를 적용해야 한다.
- 색인 갱신이 쉽다. 예를 들어 색인에서 사업장 하나를 삭제하려면, 지오해시 값과 사업장 식별자가 같은 열 하나를 제거하기만 하면 된다. 그림 1.18과 같이 하면 된다.

geohash	business_id
9q8zn	3
~~9q8zn~~	~~8~~
9q8zn	4

그림 1.18 사업장 정보 삭제

쿼드트리

- 구현하기가 살짝 더 까다롭다. 트리 구축이 필요해서다.
- k번째로 가까운 사업장까지의 목록을 구할 수 있다. 때로 사용자는 검색 반경에 상관없이 내 위치에서 가까운 사업장 k개를 찾기를 원한다. 예를 들어 여행 도중에 차량 연료가 떨어져 간다면 거리에 상관없이 가까운 주유소를 찾아야 한다. 비록 가까이에 있지 않더라도, 가장 근거리의 k개의 주유소만 찾으면 된다. 그런 연산에는 쿼드트리가 적당한데 하위 노드 분할 과정이

숫자 k에 기반하는 데다 k개 사업장을 찾을 때까지 검색 범위를 자동으로 조정할 수 있기 때문이다.

- 인구 밀도에 따라 격자 크기를 동적으로 조정할 수 있다(그림 1.15의 덴버 지역 사례 참조).

- 지오해시보다 색인 갱신은 까다롭다. 쿼드트리는 말 그대로 트리 형태 자료구조다. 사업장 정보를 삭제하려면 루트 노드부터 말단 노드까지 트리를 순회해야 한다. 예를 들어 ID = 2인 사업장을 삭제하려면 그림 1.19와 같이 루트 노드부터 말단까지 탐색해야 한다. 따라서 색인 갱신 시간 복잡도는 $O(\log n)$이다. 한편 다중 스레드(multi-thread)를 지원해야 하는 경우에는 그 구현은 더욱 복잡해질 수 있다. 락(lock)을 사용해야 하기 때문이다. 또한 트리의 균형을 다시 맞추는 소위 리밸런싱(rebalancing)이 필요하다면 구현은 더욱 복잡해진다. 가령 말단 노드에 새로운 사업장을 추가할 수 없는 경우에는 리밸런싱을 해야 한다. 한 가지 해결책은 말단 노드가 담당해야 하는 구간의 크기를 필요한 양보다 크게 잡는 것이다.

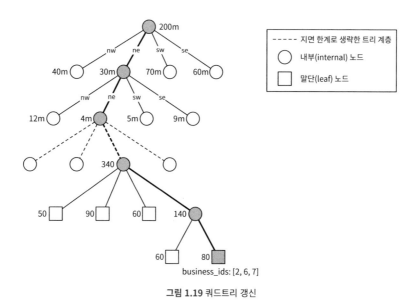

그림 1.19 쿼드트리 갱신

3단계: 상세 설계

시스템의 전반적인 형태를 파악하였으니, 이제 그 가운데 몇 부분을 좀 더 상세히 살펴보자.

- 데이터베이스 규모 확장
- 캐시(cache)
- 지역(region) 및 가용성 구역(availability zone)
- 시간대 또는 사업장 유형에 따른 검색
- 최종 아키텍처 다이어그램

데이터베이스의 규모 확장성

먼저 본 설계에서 가장 중요한 두 가지 테이블인 사업장(business) 테이블과 지리 정보 색인(geospatial index) 테이블의 규모 확장성을 살펴보겠다.

사업장 테이블

사업장(business) 테이블 데이터는 한 서버에 담을 수 없을 수도 있다. 따라서 샤딩(sharding)을 적용하기 좋은 후보다. 이 테이블을 샤딩하는 가장 간단한 방법은 사업장 ID를 기준으로 하는 것이다. 모든 샤드에 부하를 고르게 분산할 수 있을 뿐 아니라 운영적 측면에서 보자면 관리하기도 쉽다.

지리 정보 색인 테이블

지오해시나 쿼드트리 둘 다 널리 사용되지만 본 설계안에서는 좀 더 단순한 지오해시를 사용하도록 하겠다. 지오해시 테이블 구성 방법은 두 가지다.

방안 1: 각각의 지오해시에 연결되는 모든 사업장 ID를 JSON 배열로 만들어 같은 열에 저장하는 방안이다. 따라서 특정한 지오해시에 속한 모든 사업장 ID가 한 열에 보관된다.

geospatial_index
geohash
list_of_business_ids

표 1.9 list_of_business_ids 칼럼 자료형은 JSON 배열

방안 2: 같은 지오해시에 속한 사업장 ID 각각을 별도 열로 저장하는 방안이다. 따라서 사업장마다 한 개 레코드가 필요하다.

geospatial_index
geohash
business_id

표 1.10 business_id 칼럼에는 1개 ID만 저장

다음 표는 이 테이블에 지오해시와 사업장 ID를 저장한 사례다.

geohash	business_id
32feac	343
32feac	347
f3lcad	112
f3lcad	113

표 1.11 지리 정보 색인 테이블 사례

추천: 우리는 두 번째 방안을 추천하는데 그 이유는 다음과 같다.

방안 1의 경우 사업장 정보를 갱신하려면 일단 JSON 배열을 읽은 다음 갱신할 사업장 ID를 찾아내야 한다. 새 사업장을 등록해야 하는 경우에도 같은 사업장 정보가 이미 있는지 확인을 위해 데이터를 전부 살펴야 한다. 또한 병렬적으로 실행되는 갱신 연산 결과로 데이터가 소실되는 경우를 막기 위해 락을 사용해야 한다. 따져야 할 경계 조건이 너무 많다.

하지만 방안 2의 경우에는 지오해시와 사업장 ID 칼럼을 합친 (geohash, business_id)를 복합 키(compound key)로 사용하면 사업장 정보를 추가하고 삭제하기가 쉽다. 락을 사용할 필요가 없기 때문이다.

지리 정보 색인의 규모 확장

지리 정보 색인의 규모를 확장할 때 테이블에 보관되는 데이터의 실제 크기를 고려하지 않고 성급하게 샤딩 방법을 결정하는 실수를 흔히 저지르곤 한다. 지금 살펴보는 설계안의 경우 지리 정보 색인 테이블 구축에 필요한 전체 데이터 양은 많지 않다(쿼드트리 색인 전부를 보관하는데 불과 1.71G의 메모리가 필요하며 지오해시의 경우도 비슷하다). 따라서 색인 전부를 최신 데이터베이스 서버 한 대에 충분히 수용할 수 있다. 하지만 읽기 연산의 빈도가 높다면 서버 한 대의 CPU와 네트워크 대역폭으로는 요청 전부를 감당하지 못할 수도 있다. 그런 상황에서는 여러 데이터베이스 서버로 부하를 분산해야 한다.

관계형 데이터베이스 서버의 경우 부하 분산에는 두 가지 전략이 흔히 사용된다. 하나는 읽기 연산을 지원할 사본 데이터베이스 서버를 늘리는 것이고, 다른 하나는 샤딩을 적용하는 것이다.

많은 엔지니어가 면접 시에 샤딩을 이야기하고 싶어 한다. 하지만 지오해시 테이블은 샤딩이 까다로우므로, 이야기하지 않는 것이 좋다. 샤딩 로직을 애플리케이션 계층(application layer)에 구현해야 하기 때문이다. 물론 샤딩이 유일한 선택지인 경우도 있다. 하지만 이번 설계안의 경우에는 데이터 전부를 서버 한 대에 담을 수 있으므로 여러 서버로 샤딩해야 할 강한 기술적 필요성은 없다.

따라서 이번 설계안에서는 읽기 부하를 나눌 사본 데이터베이스 서버를 두는 방법이 더 좋을 것이다. 개발도 쉽고 관리도 간편하다. 이런 이유에서 지리 정보 색인 테이블의 규모를 확장할 때는 사본 데이터베이스 활용을 추천한다.

캐시

캐시 계층 도입 전에는 이런 질문을 먼저 던져야 한다. 정말 필요한가? 정말 좋은 결과로 이어지리라는 결론을 쉽게 내리기는 어려울 것이다.

- 처리 부하가 읽기 중심이고 데이터베이스 크기는 상대적으로 작아서 모든 데이터는 한 대 데이터베이스 서버에 수용 가능하다. 이 경우 질의문 처리 성능은 I/O에 좌우되지 않으므로 메모리 캐시를 사용할 때와 비슷하다.

- 읽기 성능이 병목이라면 사본 데이터베이스를 증설해서 읽기 대역폭을 늘릴 수 있다.

면접관과 캐시 도입을 의논할 때는 벤치마킹과 비용 분석에 각별히 주의해야 한다는 사실을 유념하자. 캐시가 사업적 요구사항을 만족하는 데 중요한 역할을 하리라는 확신이 들면 실제 캐시 전략 논의를 진행해도 좋다.

캐시 키

가장 직관적인 캐시 키는 사용자 위치의 위도 경도 정보다. 하지만 여기에는 몇 가지 문제가 있다.

- 사용자의 전화기에서 반환되는 위치 정보는 추정치일 뿐 아주 정확하진 않다.[32] 설사 전혀 움직이지 않는다고 해도, 그 정보는 측정할 때마다 조금씩 달라질 것이다.
- 사용자가 이동하면 해당 위도 및 경도 정보도 미세하게 변경된다. 대부분의 애플리케이션에 이 변화는 아무런 의미가 없다.

따라서 사용자 위치 정보는 캐시 키로는 적절치 않다. 위치가 조금 달라지더라도 변화가 없어야 이상적이다. 지오해시나 쿼드트리는 이 문제를 효과적으로 해결한다. 같은 격자 내 모든 사업장이 같은 해시 값을 갖도록 만들 수 있기 때문이다.

캐시 데이터 유형

표 1.12의 데이터는 캐시에 보관하면 시스템의 성능을 전반적으로 향상시킬 수 있다.

키	값
지오해시	해당 격자 내의 사업장 ID 목록
사업장 ID	사업장 정보 객체

표 1.12 캐시에 보관하는 키-값 쌍

격자 내 사업장 ID

사업장 정보는 상대적으로 안정적이라 자주 변경되지 않는다. 따라서 특정 지
오해시에 해당하는 사업장 ID 목록을 미리 계산한 다음 레디스(Redis) 같은 키-
값 저장소에 캐시할 수 있다. 캐시를 활용하여 주변 사업장을 검색하는 구체적
사례를 한 번 살펴보자.

1. 주어진 지오해시에 대응되는 사업장 목록은 다음 질의를 통해 구할 수 있다.

```
SELECT business_id FROM geohash_index WHERE geohash LIKE
`{: geohash}%`
```

2. 주어진 지오해시에 대응되는 사업장 목록을 요청 받으면 일단 캐시를 먼저
   조회한다. 캐시에 없는 경우에는 위의 질의를 사용하여 사업장 목록을 데
   이터베이스에서 가져온 다음 캐시에 보관한다.

```
public List<String> getNearbyBusinessIds(String geohash) {
  String cacheKey = hash(geohash);
  List<string> listOfBusinessIds = Redis.get(cacheKey);
  if (listOfBusinessIDs == null) {
    listOfBusinessIds = 위 SQL 질의를 실행하여 구한다;
    Cache.set(cacheKey, listOfBusinessIds, "1d");
  }
  return listOfBusinessIds;
}
```

새로운 사업장을 추가하거나, 기존 사업장 정보를 편집하거나, 아예 삭제하는
경우에는 데이터베이스를 갱신하고 캐시에 보관된 항목은 무효화(invalidate)
한다. 이 연산의 빈도는 상대적으로 낮아서 락을 사용할 필요가 없으므로, 사
업장 정보 갱신은 구현하기 쉽다.

주어진 요구사항에 따르면 사용자는 다음 네 가지 검색 반경 가운데 하나를
고를 수 있다. 500m, 1km, 2km 그리고 5km. 이 검색 반경은 각각 지오해시 길
이 4, 5, 5, 6에 해당한다. 이 각각에 대한 주변 사업장 검색 결과를 신속하게 제
공하려면 이 세 가지 정밀도(4, 5, 6) 전부에 대한 검색 결과를 레디스에 캐시해
두어야 한다.

앞서 언급한 대로, 사업장 개수는 $200m$이고 각각의 사업장은 주어진 정밀도의 격자 하나에 대응될 것이다. 따라서 필요한 메모리 요구량은 다음과 같다.

- 레디스 저장소에 값(value)을 저장하기 위한 필요 공간: 8바이트 × $200m$ × 3가지 정밀도 =~ 5GB
- 레디스 저장소에 키(key)를 저장하기 위한 필요 공간: 무시할 만한 수준
- 따라서 전체 메모리 요구량은 대략 5GB

메모리 요구량으로만 보면 서버 한 대로도 충분할 것 같다. 하지만 고가용성(high availability)을 보장하고 대륙 경계를 넘는 트래픽의 전송지연(latency)을 방지하기 위해서는 레디스 클러스터를 전 세계에 각 지역별로 두고, 동일한 데이터를 각 지역에 중복해서 저장해 두어야 한다. 이런 종류의 레디스 캐시를 최종 설계 도면에서는 지오해시(Geohash)라고 지칭한다.(그림 1.21)

클라이언트 애플리케이션에 표시할 사업장 정보

이 유형의 데이터는 쉽게 캐시할 수 있다. 키는 `business_id`이고 값은 사업장 이름, 주소, 사진 등의 정보를 담은 객체다. 이 데이터를 보관할 레디스 캐시를 최종 설계 도면에서는 '사업장 정보(business info)'라고 지칭한다.(그림 1.21)

지역 및 가용성 구역

지금까지 살펴본 위치 기반 서비스는 여러 지역과 가용성 구역에 설치한다.(그림 1.20) 기대 효과는 다음과 같다.

- 사용자와 시스템 사이의 물리적 거리를 최소한으로 줄일 수 있다. 미국 서부(US West) 사용자는 해당 지역 데이터센터로 연결될 것이고, 유럽 사용자는 유럽 데이터센터로 연결될 것이다.
- 트래픽을 인구에 따라 고르게 분산하는 유연성을 확보할 수 있다. 일본과 한국 같은 지역은 인구 밀도가 아주 높다. 그런 국가는 별도 지역으로 빼거나, 아예 한 지역 안에서도 여러 가용성 구역을 활용하여 부하를 분산시키는 것이 바람직할 수 있다.

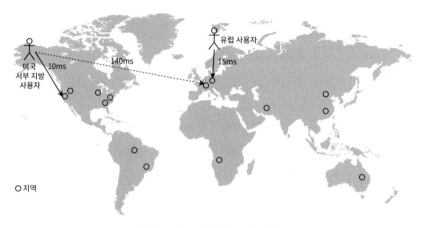

그림 1.20 LBS의 사용자 근거리 배치

- 그 지역의 사생활 보호법(privacy law)에 맞는 운영이 가능하다. 어떤 국가는 사용자 데이터를 해당 국가 이외의 지역으로 전송하지 못하도록 한다. 그런 경우에는 해당 국가를 별도 지역으로 빼고, 해당 국가에서 발생하는 모든 트래픽은 DNS 라우팅을 통해 해당 지역 내 서비스가 처리하도록 해야 한다.

추가 질문: 시간대, 혹은 사업장 유형별 검색

면접관이 이런 추가 질문을 던질 수도 있다. 지금 영업 중인 사업장, 혹은 식당 정보만 받아오고 싶다면 어떻게 해야 하겠는가?

지원자: 지오해시나 쿼드트리 같은 메커니즘을 통해 전 세계를 작은 격자들로 분할하면 검색 결과로 얻어지는 사업장 수는 상대적으로 적습니다. 그러니 일단은 근처 사업장 ID부터 전부 확보한 다음 그 사업장 정보를 전부 추출해서 영업시간이나 사업장 유형에 따라 필터링하면 되겠죠. 물론 그러려면 영업시간이나 사업장 유형 같은 정보는 사업장 정보 테이블에 이미 보관되어 있어야 합니다.

최종 설계도

이 모두를 한 도면(design diagram)에 정리하면 다음과 같다.

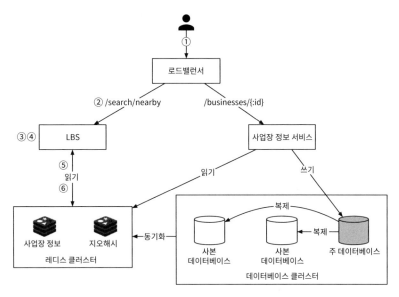

그림 1.21 최종 설계도

주변 사업장 검색

1. 옐프에서 주변 반경 500미터 내 모든 식당을 찾는 경우를 생각해 보자. 우선 클라이언트 앱은 사용자의 위치(위도와 경도 정보)와 검색 반경(500미터)을 로드밸런서로 전송한다.

2. 로드밸런서는 해당 요청을 LBS로 보낸다.

3. 주어진 사용자 위치와 반경 정보에 의거하여, LBS는 검색 요건을 만족할 지오해시 길이를 계산한다. 표 1.5에 따르면 500미터 정밀도의 지오해시 길이는 6이다.

4. LBS는 인접한 지오해시를 계산한 다음 목록에 추가한다. 결과는 아래와 같을 것이다.

```
list_of_geohashes = [my_geohash, neighbor1_geohash, neighbor2_
geohash, …, neighbor8_geohash]
```

5. `list_of_geohashes` 내에 있는 지오해시 각각에 대해 LBS는 '지오해시' 레디스 서버를 호출하여 해당 지오해시에 대응하는 모든 사업장 ID를 추출한다. 지오해시별로 사업장 ID 목록을 가져오는 연산을 병렬적으로 수행하면 검색 결과를 내는 지연시간을 줄일 수 있다.

6. 반환된 사업장 ID들을 가지고 '사업장 정보' 레디스 서버를 조회하여 각 사업장의 상세 정보를 취득한다. 해당 상세 정보에 의거하여 사업장과 사용자 간 거리를 확실하게 계산하고, 우선순위를 매긴 다음 클라이언트 앱에 반환한다.

사업장 정보 조회, 갱신, 추가 그리고 삭제

모든 사업장 정보 관련 API는 LBS와는 분리되어 있다. 사업장 상세 정보를 확인하기 위해 사업장 정보 서비스는 우선 해당 데이터가 '사업장 정보' 레디스 서버에 기록되어 있는지 살핀다. 캐시되어 있는 경우에는 해당 데이터를 읽어 클라이언트로 반환한다. 캐시에 없는 경우에는 데이터베이스 클러스터에서 사업장 정보를 읽어 캐시에 저장한 다음 반환한다. 뒤이은 요청은 캐시로 처리할 수 있도록 하기 위함이다.

새로 추가하거나 갱신한 정보는 다음날 반영된다는 것을 사업장과 합의하였으므로, 캐시에 보관된 정보 갱신은 밤사이 작업을 돌려서 처리할 수 있다.

4단계: 마무리

이번 장에서 우리는 주변 검색 기능의 핵심인 근접성 서비스를 설계해 보았다. 지리 정보 색인 기법을 활용하는 전형적인 LBS 서비스다. 이번 장에서는 다음 몇 가지 색인 방안을 살펴보았다.

- 2차원 검색
- 균등 분할 격자
- 지오해시
- 쿼드트리
- 구글 S2

IT 기업에서 널리 쓰이는 기술은 지오해시, 쿼드트리, 그리고 S2이다. 본 설계안에서는 지오해시를 사용하여 지리 정보 색인의 동작 원리를 설명하였다.

상세 설계를 진행하면서는 캐시를 활용한 지연 시간 감소 방법, 캐시 대상 정보, 빠르게 주변 사업장을 검색하기 위한 캐시 활용법 등을 알아보았다. 복제와 샤딩을 통한 데이터베이스 규모 확장법도 살펴보았다.

LBS를 여러 지역과 가용성 구역에 설치하여 가용성을 높이고, 사용자와 서버 사이 통신 지연을 줄이고, 각 지역에 고유한 사생활 보호법을 준수하는 방법도 살펴보았다.

여기까지 성공적으로 마친 여러분, 축하한다. 멋지게 마무리한 스스로를 마음껏 격려하도록 하자!

1장 요약

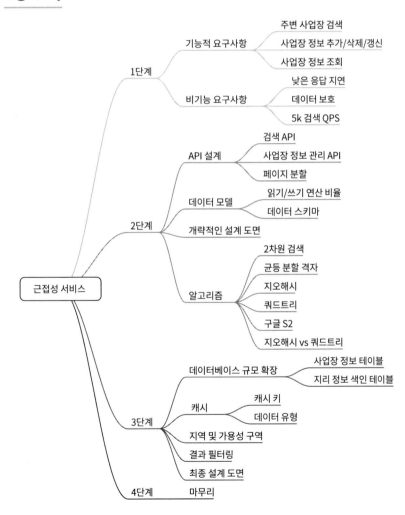

참고 문헌

[1] 옐프(Yelp): *https://www.yelp.com/*

[2] 스테이먼 디자인 사의 지도 타일(Map tiles by Stamen Design): *http://maps.stamen.com/*

[3] OpenStreetMap: *https://www.openstreetmap.org*

[4] GDPR: *https://en.wikipedia.org/wiki/General_Data_Protection_Regulation*

[5] CCPA: *https://en.wikipedia.org/wiki/California_Consumer_Privacy_Act*

[6] REST API에서의 페이지 분할(Pagination in the REST API): *https://developer.atlassian.com/server/confluence/pagination-in-the-rest-api/*

[7] 구글 장소 API(Google places API): *https://developers.google.com/maps/documentation/places/web-service/search*

[8] 옐프 사업장 API(Yelp business endpoints): *https://docs.developer.yelp.com/reference/v3_business_search*

[9] 지역 및 가용성 구역(Regions and Zones): *https://docs.aws.amazon.com/AWSEC2/latest/UserGuide/using-regions-availability-zones.html*

[10] 레디스 지오해시(Redis GEOHASH): *https://redis.io/commands/GEOHASH*

[11] POSTGIS: *https://postgis.net/*

[12] 카르테시안 계층(Cartesian tiers): *http://www.nsshutdown.com/projects/lucene/whitepaper/locallucene_v2.html*

[13] R 트리(R-tree): *https://en.wikipedia.org/wiki/R-tree*

[14] 지리 정보 참조 체계에 따른 세계 지도(Global map in a Geographic Coordinate Reference System): *https://bit.ly/3DsjAwg*

[15] Base32: *https://en.wikipedia.org/wiki/Base32*

[16] 지오해시에서의 격자 병합(Geohash grid aggregation): *https://bit.ly/3kKl4e6*

[17] 지오해시(Geohash): *https://www.movable-type.co.uk/scripts/geohash.html*

[18] 쿼드트리(Quadtree): *https://en.wikipedia.org/wiki/Quadtree*

[19] 쿼드트리에는 얼마나 많은 단말 노드가 있는가(How many leaves has a quadtree): *https://stackoverflow.com/questions/35976444/how-many-*

leaves-has-a-quadtree

[20] 청/녹 배포(Blue green deployment): *https://martinfowler.com/bliki/Blue GreenDeployment.html*

[21] 쿼드트리를 활용한 위치 정보 캐시 개선안(Improved Location Caching with Quadtrees): *https://www.educative.io/answers/what-is-a-quadtree-how-is-it-used-in-location-based-services*

[22] S2: *https://s2geometry.io/*

[23] 힐베르트 곡선(Hilbert curve): *https://en.wikipedia.org/wiki/Hilbert_curve*

[24] 힐베르트 곡선 상의 위치 대응(Hilbert mapping): *http://bit-player.org/extras/hilbert/hilbert-mapping.html*

[25] 지오펜스(Geo-fence): *https://en.wikipedia.org/wiki/Geo-fence*

[26] 영역 지정(Region coverer): *https://s2.inair.space*

[27] 빙 지도(Bing map): *https://bit.ly/30ytSfG*

[28] MongoDB: *https://docs.mongodb.com/manual/tutorial/build-a-2d-index/*

[29] 지리 정보 색인: 리프트 사업을 지탱하는 천만 QPS 지원 레디스 아키텍처 (Geospatial Indexing: The 10 Million QPS Redis Architecture Powering Lyft): *https://www.youtube.com/watch?v=cSFWlF96Sds&t=2155s*

[30] 지리 공간 형태 유형(Geo Shape Type): *https://www.elastic.co/guide/en/elasticsearch/reference/1.6/mapping-geo-shape-type.html*

[31] 지리 공간 샤딩 권고안 1 부: 샤딩 접근법(Geosharded Recommendations Part 1: Sharding Approach): *https://medium.com/tinder/geosharded-recommendations-part-1-sharding-approach-d5d54e0ec77a*

[32] 마지막으로 확인된 위치 구하기(Get the last known location): *https://developer.android.com/training/location/retrieve-current#Challenges*

2장

주변 친구

이번 장에서는 '주변 친구(nearby friends)'라는 모바일 앱 기능을 지원하는 규모 확장이 용이한 백엔드 시스템(backend system)을 설계해 보도록 하겠다. 앱 사용자 가운데 본인 위치 정보 접근 권한을 허락한 사용자에 한해 인근의 친구 목록을 보여주는 시스템이다. 이 기능이 실제로 어떻게 구현되었는지 궁금하다면 페이스북의 사례[1]를 참고하기 바란다.

1장 '근접성 서비스'를 읽었다면 왜 그 서비스와 비슷해 보이는 '주변 친구' 검색 기능에 별도 장을 할애해야 하는지 궁금할 것이다. 하지만 좀 더 주의 깊게 들여다보면, 두 기능 사이에는 큰 차이가 있음

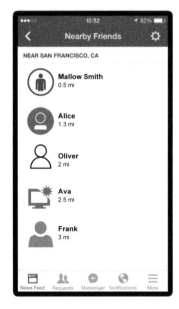

그림 2.1 페이스북의 주변 친구 검색 기능

을 눈치챌 수 있다. 근접성 서비스의 경우 사업장 주소는 정적이지만, 주변 친구 위치는 자주 바뀔 수 있기 때문이다.

1단계: 문제 이해 및 설계 범위 확정

페이스북 규모를 지원하는 백엔드 시스템은 복잡하다. 설계 시작 전에 질문을 던져 설계 범위를 좁히자.

지원자: 지리적으로 얼마나 가까워야 '주변에 있다'고 할 수 있나요?

면접관: 5마일(mile)입니다. 이 수치는 설정 가능해야 합니다.

지원자: 그 거리는 두 사용자 사이의 직선거리라고 가정해도 될까요? 실제 상황에서는 사용자 사이에 강이 있을 수도 있는데, 그러면 실질적인 이동 거리는 더 늘어나니까요.

면접관: 네. 적절한 가정인 것 같습니다.

지원자: 얼마나 많은 사용자가 이 앱을 사용하나요? 10억(1billion) 명을 가정하고, 그 가운데 10% 정도가 이 기능을 활용한다고 생각해도 될까요?

면접관: 네. 적절한 가정인 것 같습니다.

지원자: 사용자의 이동 이력을 보관해 두는 것이 좋을까요?

면접관: 네. 이동 이력은 기계 학습(machine learning) 등 다양한 용도로 사용될 수 있으니까요.

지원자: 친구 관계에 있는 사용자가 10분 이상 비활성 상태면 해당 사용자를 주변 친구 목록에서 사라지도록 해야 할까요? 아니면 마지막으로 확인한 위치를 표시하도록 할까요?

면접관: 사라지게 합시다.

지원자: GDPR(General Data Protection Regulation)이나 CCPA(California Consumer Privacy Act) 같은 사생활 및 데이터 보호법도 고려해야 할까요?

면접관: 좋은 질문입니다. 풀이 과정이 너무 복잡해질 수 있으니까 일단은 생각하지 않기로 하죠.

기능 요구사항

- 사용자는 모바일 앱에서 주변 친구를 확인할 수 있어야 한다. 주변 친구 목록에 보이는 각 항목에는 해당 친구까지의 거리, 그리고 해당 정보가 마지막

으로 갱신된 시각(timestamp)이 함께 표시되어야 한다.

- 이 친구 목록은 몇 초마다 한 번씩 갱신되어야 한다.

비기능 요구사항

- 낮은 지연 시간(low latency): 주변 친구의 위치 변화가 반영되는 데 너무 오랜 시간이 걸리지 않아야 한다.
- 안정성: 시스템은 전반적으로 안정적이어야 하지만, 때로 몇 개 데이터가 유실되는 것 정도는 용인할 수 있다.
- 결과적 일관성(eventual consistency): 위치 데이터를 저장하기 위해 강한 일관성(strong consistency)을 지원하는 데이터 저장소를 사용할 필요는 없다. 복제본의 데이터가 원본과 동일하게 변경되기까지 몇 초 정도 걸리는 것은 용인할 수 있다.

개략적 규모 추정

설계할 시스템의 규모를 결정하는 한편 면접관에게 제시할 솔루션이 풀어야 할 도전적 과제를 결정하기 위해, 개략적으로 문제 규모를 추정해 보자. 고려할 제약사항과 가정은 다음과 같다.

- '주변 친구'는 5마일(8km) 반경 이내 친구로 정의한다.
- 친구 위치 정보는 30초 주기로 갱신한다. 사람이 걷는 속도가 시간당 3에서 4마일(4~6km/h) 정도로 느리기 때문이다. 이 속도로 30초 정도 이동한다 해서 주변 친구 검색 결과가 크게 달라지지는 않는다.
- 평균적으로 매일 주변 친구 검색 기능을 활용하는 사용자는 1억(100million) 명으로 가정한다.
- 동시 접속 사용자의 수는 일간 능동 사용자(Daily Active User, DAU) 수의 10%로 가정한다. 따라서 천만(10million) 명이 동시에 시스템을 이용한다고 가정한다.
- 평균적으로 한 사용자는 400명의 친구를 갖는다고 가정한다. 그리고 그 모두가 주변 친구 검색 기능을 활용한다고 가정한다.

- 이 기능을 제공하는 앱은 페이지당 20명의 주변 친구를 표시하고, 사용자의 요청이 있으면 더 많은 주변 친구를 보여 준다.

> ### QPS 계산
>
> - 1억 DAU
> - 동시 접속 사용자: 10%×1억 = 천만
> - 사용자는 30초마다 자기 위치를 시스템에 전송
> - 위치 정보 갱신 $QPS = \dfrac{천만}{30} = \sim 334{,}000$

2단계: 개략적 설계안 제시 및 동의 구하기

이번 절에서는 아래 내용을 살펴본다.

- 개략적 설계
- API 설계
- 데이터 모델

다른 장에서는 개략적 설계안을 살펴보기 전에 API 설계와 데이터 모델부터 논의한다. 하지만 이번 장에서 푸는 문제의 경우, 위치 정보를 모든 친구에게 전송(push)해야 한다는 요구사항 때문에 클라이언트와 서버 사이의 통신 프로토콜로 단순한 HTTP 프로토콜을 사용하지 못하게 될 수도 있음을 감안하였다. 개략적 설계안을 먼저 이해하지 않고는 어떤 API를 만들어야 하는지 알기 어렵다는 말이다. 그러니, 개략적 설계안부터 살펴보도록 하겠다.

개략적 설계안

이번 문제는 메시지의 효과적 전송을 가능케 할 설계안을 요구한다. 개념적으로 보면 사용자는 근방의 모든 활성 상태 친구의 새 위치 정보를 수신하고자 한다. 이론적으로는 순수한 P2P(peer-to-peer) 방식으로도 해결 가능한 문제다. 다시 말해, 활성 상태인 근방 모든 친구와 항구적 통신 상태를 유지하면 되는 것이다.(그림 2.2)

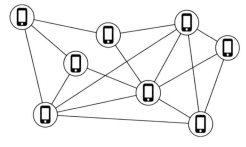

그림 2.2 P2P 통신

모바일 단말은 통신 연결 상태가 좋지 않은 경우도 있고 사용할 수 있는 전력도 충분치 않아서 실용적인 아이디어는 아니지만, 이를 통해 일반적으로 추구해야 할 설계 방향에 대한 통찰은 얻을 수 있다.

이보다 조금 더 실용적인 설계안은 다음 그림처럼 공용 백엔드를 사용하는 것이다.

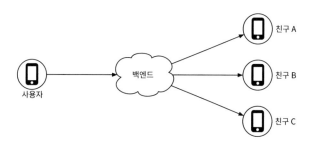

그림 2.3 공용 백엔드

그림 2.3에서 백엔드는 어떤 역할을 해야 할까?

- 모든 활성 상태 사용자의 위치 변화 내역을 수신한다.
- 사용자 위치 변경 내역을 수신할 때마다 해당 사용자의 모든 활성 상태 친구를 찾아서 그 친구들의 단말로 변경 내역을 전달한다.
- 두 사용자 사이의 거리가 특정 임계치보다 먼 경우에는 변경 내역을 전송하지 않는다.

단순하고 명쾌한 설명 같지만, 여기에는 문제가 있다. 큰 규모에 적용하기가 쉽지 않다는 점이다. 주어진 문제의 가정은 활성 상태의 동시 접속 사용자가 천만 명 정도라는 것이다. 그 모두가 자기 위치 정보를 30초마다 갱신한다고 하면 초당 334,000번의 위치 정보 갱신을 처리해야 한다. 평균적으로 사용자 1명은 400명의 친구를 갖는다고 하고 그 가운데 10%가 인근에서 활성화 상태라고 가정하면 초당 $334{,}000 \times 400 \times 10\% = 1400$만 건의 위치 정보 갱신 요청을 처리해야 한다. 또한 엄청난 양의 갱신 내역을 사용자 단말로 보내야 한다.

설계안

우선은 소규모 백엔드를 위한 개략적 설계안부터 만들어 보자. 상세 설계를 진행하면서 더 큰 규모에 맞게 확장할 것이다.

그림 2.4은 주어진 기능적 요구사항을 만족하는 기본적 설계안을 보여 준다. 지금부터 각 중요 컴포넌트를 순서대로 살펴보도록 하겠다.

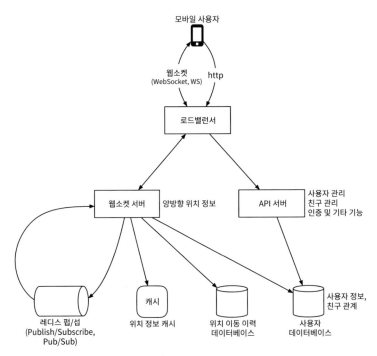

그림 2.4 개략적 설계안

로드밸런서

로드밸런서는 RESTful API 서버 및 양방향 유상태(stateful) 웹소켓 서버 앞단에 위치한다. 부하를 고르게 분산하기 위해 트래픽을 서버들에 배분하는 역할을 한다.

RESTful API 서버

무상태(stateless) API 서버의 클러스터로서, 통상적인 요청/응답 트래픽을 처리한다. 해당 API에 대한 요청 처리 흐름은 그림 2.5와 같다. 이 API 계층은 친구를 추가/삭제하거나 사용자 정보를 갱신하는 등의 부가적인 작업을 처리한다. 이런 API 서버는 아주 흔하므로 이 이상 상세하게 설명하진 않겠다.

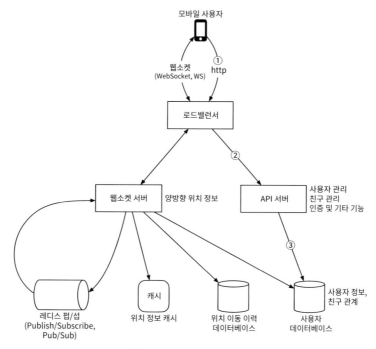

그림 2.5 RESTful API 요청 처리 흐름

웹소켓 서버

친구 위치 정보 변경을 거의 실시간에 가깝게 처리하는 유상태 서버 클러스터다. 각 클라이언트는 그 가운데 한 대와 웹소켓 연결을 지속적으로 유지한다.

검색 반경 내 친구 위치가 변경되면 해당 내역은 이 연결을 통해 클라이언트로 전송된다.

웹소켓 서버는 주변 친구 기능을 이용하는 클라이언트의 초기화도 담당한다. 모바일 클라이언트가 시작되면, 온라인 상태인 모든 주변 친구 위치를 해당 클라이언트로 전송하는 역할을 하는 것이다. 그 절차에 대해서는 나중에 좀 더 상세히 살펴보겠다.

이 책에서는 '웹소켓 연결'과 '웹소켓 연결 핸들러(handler)'라는 두 용어를 큰 구별 없이 혼용하도록 하겠다.

레디스 위치 정보 캐시

레디스(Redis)는 활성 상태 사용자의 가장 최근 위치 정보를 캐시하는 데 사용한다. 레디스에 보관하는 캐시 항목에는 TTL(Time-To-Live) 필드가 있다. 이 기간이 지나면 해당 사용자는 비활성 상태로 바뀌고 그 위치 정보는 캐시에서 삭제된다. 캐시에 보관된 정보를 갱신할 때는 TTL도 갱신한다. 레디스가 아니라도 TTL을 지원하는 키-값 저장소는 캐시로 활용할 수 있다.

사용자 데이터베이스

사용자 데이터베이스에는 사용자 데이터 및 사용자의 친구 관계 정보를 저장한다. 관계형 데이터베이스나 NoSQL 어느 쪽이든 사용 가능하다.

위치 이동 이력 데이터베이스

이 데이터베이스에는 사용자의 위치 변동 이력을 보관한다. 주변 친구 표시와 직접 관계된 기능은 아니다.

레디스 펍/섭 서버

레디스 펍/섭(Pub/Sub)[2]은 초경량 메시지 버스(message bus)다. 레디스 펍/섭에 새로운 채널을 생성하는 것은 아주 값싼 연산이다. 기가바이트급 메모리를 갖춘 최신 레디스 서버에는 수백만 개의 채널(토픽이라고도 부름)을 생성할 수 있다. 그림 2.6은 레디스 펍/섭의 동작 원리를 보여 준다.

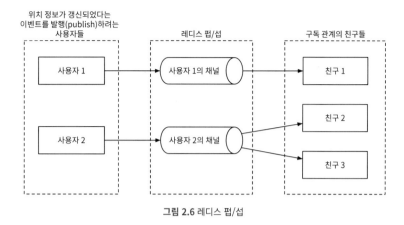

그림 2.6 레디스 펍/섭

본 설계안의 경우 웹소켓 서버를 통해 수신한 특정 사용자의 위치 정보 변경 이벤트는 해당 사용자에게 배정된 펍/섭 채널에 발행한다. 해당 사용자의 친구 각각과 연결된 웹소켓 연결 핸들러는 해당 채널의 구독자로 설정되어 있다. 따라서 특정 사용자의 위치가 바뀌면 해당 사용자의 모든 친구의 웹소켓 연결 핸들러가 호출된다. 각 핸들러는 위치 변경 이벤트를 수신할 친구가 활성 상태면 거리를 다시 계산한다. 새로 계산한 거리가 검색 반경 이내면 갱신된 위치와 갱신 시각(timestamp)을 웹소켓 연결을 통해 해당 친구의 클라이언트 앱으로 보낸다. 다른 메시지 버스 기술도 경량의 통신 채널만 제공한다면 같은 형태로 사용 가능하다.

이제 각 컴포넌트가 어떤 역할을 하는지 이해하였으니, 어떤 사용자의 위치가 바뀌었을 때 무슨 일이 생기는지 시스템 관점에서 다시 한 번 살펴보자.

주기적 위치 갱신

모바일 클라이언트는 항구적으로 유지되는 웹소켓 연결을 통해 주기적으로 위치 변경 내역을 전송한다. 절차는 그림 2.7과 같다.

1. 모바일 클라이언트가 위치가 변경된 사실을 로드밸런서에 전송한다.
2. 로드밸런서는 그 위치 변경 내역을 해당 클라이언트와 웹소켓 서버 사이에 설정된 연결을 통해 웹소켓 서버로 보낸다.
3. 웹소켓 서버는 해당 이벤트를 위치 이동 이력 데이터베이스에 저장한다.

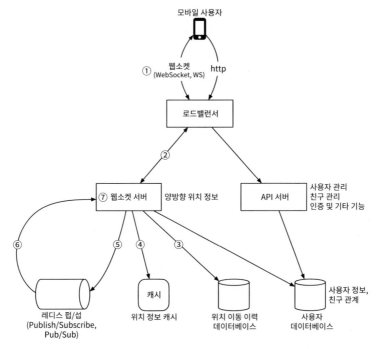

그림 2.7 주기적 위치 갱신

4. 웹소켓 서버는 새 위치를 위치 정보 캐시에 보관한다. 이때 TTL도 새롭게 갱신한다. 또한 웹소켓 서버는 웹소켓 연결 핸들러 안의 변수에 해당 위치를 반영한다. 이 변수에 갱신한 값은 뒤이은 거리 계산 과정에 이용된다.

5. 웹소켓 서버는 레디스 펍/섭 서버의 해당 사용자 채널에 새 위치를 발행한다. 3부터 5까지의 각 단계는 병렬로 수행한다.

6. 레디스 펍/섭 채널에 발행된 새로운 위치 변경 이벤트는 모든 구독자(즉, 웹소켓 이벤트 핸들러)에게 브로드캐스트(broadcast)된다. 이때 구독자는 위치 변경 이벤트를 보낸 사용자의 온라인 상태 친구들이다. 그 결과 각 구독자의 웹소켓 연결 핸들러는 친구의 위치 변경 이벤트를 수신하게 된다.

7. 메시지를 받은 웹소켓 서버, 즉 상기 웹소켓 연결 핸들러가 위치한 웹소켓 서버는 새 위치를 보낸 사용자와 메시지를 받은 사용자(그 위치는 웹소켓 연결 핸들러 내의 변수에 보관되어 있다) 사이의 거리를 새로 계산한다.

8. 본 단계는 상기 다이어그램에는 도식화하지 않은 단계다. 만일 7에서 계산

한 거리가 검색 반경을 넘지 않는다면, 새 위치 및 해당 위치로의 이동이 발생한 시각을 나타내는 타임스탬프를 해당 구독자의 클라이언트 앱으로 전송한다. 검색 반경을 넘는 경우에는 보내지 않는다.

이 흐름을 이해하는 것은 아주 중요하므로, 그림 2.8의 사례를 통해 다시 한 번 살펴보자. 살펴보기에 앞서 다음 가정에 유념하자.

- 사용자 1의 친구: 사용자 2, 3, 4
- 사용자 5의 친구: 사용자 4, 6

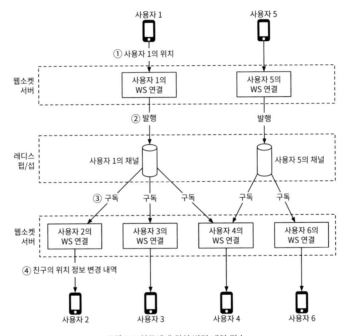

그림 2.8 친구에게 위치 변경 내역 전송

1. 사용자 1의 위치가 변경되면 그 변경 내역은 사용자 1과의 연결을 유지하고 있는 웹소켓 서버에 전송된다.
2. 해당 변경 내역은 레디스 펍/섭 서버 내의 사용자 1 전용 채널로 발행된다.
3. 레디스 펍/섭 서버는 해당 변경 내역을 모든 구독자에게 브로드캐스트한다. 이때 구독자는 사용자 1과 친구 관계에 있는 모든 웹소켓 연결 핸들러다.

4. 위치 변경 내역을 보낸 사용자와 구독자 사이의 거리, 즉 이 경우에는 사용자 1과 2 사이의 거리가 검색 반경을 넘지 않을 경우 새로운 위치는 사용자 2의 클라이언트로 전송된다.

이 계산 과정은 해당 채널의 모든 구독자에게 반복 적용된다. 한 사용자당 평균 400명의 친구가 있으며 그 가운데 10% 가량이 주변에서 온라인 상태일 것으로 가정하였으므로, 한 사용자의 위치가 바뀔 때마다 위치 정보 전송은 40건 정도 발생할 것이다.

API 설계

개략적인 설계안을 살펴보았으므로 이제 필요한 API를 나열해 볼 순서다.

웹소켓: 사용자는 웹소켓 프로토콜을 통해 위치 정보 변경 내역을 전송하고 수신한다. 최소한 다음 API는 구비되어야 한다.

1. **[서버 API] 주기적인 위치 정보 갱신**

   요청: 클라이언트는 위도, 경도, 시각 정보를 전송

   응답: 없음

2. **[클라이언트 API] 클라이언트가 갱신된 친구 위치를 수신하는 데 사용할 API**

   전송되는 데이터: 친구 위치 데이터와 변경된 시각을 나타내는 타임스탬프

3. **[서버 API] 웹소켓 초기화 API**

   요청: 클라이언트는 위도, 경도, 시각 정보를 전송

   응답: 클라이언트는 자기 친구들의 위치 데이터를 수신

4. **[클라이언트 API] 새 친구 구독 API**

   요청: 웹소켓 서버는 친구 ID 전송

   응답: 가장 최근의 위도, 경도, 시각 정보 전송

5. **[클라이언트 API] 구독 해지 API**

   요청: 웹 소켓 서버는 친구 ID 전송

   응답: 없음

HTTP 요청: API 서버는 친구를 추가/삭제하거나 사용자 정보를 갱신하는 등의 작업을 처리할 수 있어야 한다. 아주 흔한 종류의 API이므로 여기서 상세한 내용을 다루지는 않겠다.

데이터 모델

또 한 가지 살펴봐야 하는 중요한 주제는 데이터 모델이다. 사용자 데이터베이스에 대해서는 개략적 설계안을 설명하면서 이야기하였으니, 위치 정보 캐시와 위치 이동 이력 데이터베이스만 살펴보도록 하겠다.

위치 정보 캐시

위치 정보 캐시는 '주변 친구' 기능을 켠 활성 상태 친구의 가장 최근 위치를 보관한다. 본 설계안에서는 레디스를 사용해 이 캐시를 구현한다. 해당 캐시에 보관될 키/값 쌍은 다음과 같은 형태다.

키	값
사용자 ID	{위도, 경도, 시각}

표 2.1 위치 정보 캐시

위치 정보 저장에 데이터베이스를 사용하지 않는 이유는?

'주변 친구' 기능은 사용자의 **현재 위치**만을 이용한다. 따라서 사용자 위치는 하나만 보관하면 충분하다. 레디스는 이런 목적에 아주 적합한데, 읽기 및 쓰기 연산 속도가 엄청나게 빠르기 때문이다. TTL을 지원하므로 더 이상 활성 상태가 아닌 사용자 정보를 자동으로 제거할 수도 있다. '주변 친구' 기능이 활용하는 위치 정보에 대해서는 영속성(durability)을 보장할 필요가 없다는 사실에 유의하자. 레디스 서버 하나에 장애가 발생하면 다른 새 서버로 바꾼 다음, 갱신된 위치 정보가 캐시에 채워지기를 기다리면 충분하다. 캐시가 '데워질(warmed up)' 때까지는 갱신 주기가 한두 번 정도 경과하는 동안 활성 상태 친구의 위치 변경 내역을 놓치는 일도 생기겠지만, 그 정도 문제는 수용 가능하다. 상세 설계안을 살펴볼 때 캐시가 교체되는 동안 사용자에게 발생 가능한 문제를 줄일 여러 가지 방안에 대해서 논의할 것이다.

위치 이동 이력 데이터베이스

위치 이동 이력 데이터베이스는 사용자의 위치 정보 변경 이력을 다음 스키마를 따르는 테이블에 저장한다.

user_id	latitude	longitude	timestamp

우리가 필요로 하는 것은 막대한 쓰기 연산 부하를 감당할 수 있고, 수평적 규모 확장이 가능한 데이터베이스다. 카산드라(Cassandra)는 그런 요구에 잘 부합한다. 관계형 데이터베이스도 사용할 수는 있으나 이력 데이터의 양이 서버한 대에 보관하기에는 너무 많을 수 있으므로 샤딩(sharding)이 필요하다. 사용자 ID를 기준 삼는 샤딩 방안이 가장 기본이다. 부하를 모든 샤드에 고르게 분산시킬 수 있고, 데이터베이스 운영 관리도 간편한 방법이다.

3단계: 상세 설계

앞서 살펴본 개략적 설계안은 대부분의 경우에 통하지만 주어진 문제의 규모를 감당하기는 어려울 것이다. 따라서 이번 절에서는 규모를 늘려 나가면서 병목 및 그 해결책을 찾는 데 집중하도록 하겠다.

중요 구성요소별 규모 확장성

API 서버

RESTful API 서버의 규모 확장 방법은 널리 알려져 있다. 본 설계안의 API 서버는 무상태 서버로, 이런 서버로 구성된 클러스터의 규모를 CPU 사용률이나 부하, I/O 상태에 따라 자동으로 늘리는 방법은 다양하다. 따라서 특별히 자세하게 다루지는 않도록 하겠다.

웹소켓 서버

웹소켓 클러스터도 사용률에 따라 규모를 자동으로 늘리는 것은 그다지 어렵지 않다. 하지만 웹소켓 서버는 유상태 서버라 기존 서버를 제거할 때는 주의

해야 한다. 노드를 실제로 제거하기 전에 우선 기존 연결부터 종료될 수 있도록 해야 한다. 이를 위해, 로드밸런서가 인식하는 노드 상태를 '연결 종료 중(draining)'으로 변경해 둔다. 그러면 그 서버로는 새로운 웹소켓 연결이 만들어지지 않는다. 그리고 나서 모든 연결이 종료되면(혹은 충분한 시간이 흐른 뒤에) 서버를 제거하면 된다.

웹소켓 서버에 새로운 버전의 애플리케이션 소프트웨어를 설치할 때도 마찬가지로 유의해야 한다.

결국 유상태 서버 클러스터의 규모를 자동으로 확장하려면 좋은 로드밸런서가 있어야 한다는 뜻이다. 대부분의 클라우드 로드밸런서는 이런 일을 잘 처리한다.

클라이언트 초기화

모바일 클라이언트는 기동되면 웹소켓 클러스터 내의 서버 가운데 하나와 지속성 웹소켓 연결을 맺는다. '지속성 연결'이라 한 이유는, 연결이 오랜 시간 유지되기 때문이다. 대부분의 현대적 프로그래밍 언어는 이런 연결 유지에 많은 메모리를 필요로 하지 않는다.

웹소켓 연결이 초기화되면 클라이언트는 해당 모바일 단말의 위치, 즉 해당 단말을 이용 중인 사용자의 위치 정보를 전송한다. 그 정보를 받은 웹소켓 연결 핸들러는 다음 작업을 수행한다.

1. 위치 정보 캐시에 보관된 해당 사용자의 위치를 갱신한다.
2. 해당 위치 정보는 뒤이은 계산 과정에 이용되므로, 연결 핸들러 내의 변수에 저장해 둔다.
3. 사용자 데이터베이스를 뒤져 해당 사용자의 모든 친구 정보를 가져온다.
4. 위치 정보 캐시에 일괄(batch) 요청을 보내어 모든 친구의 위치를 한번에 가져온다. 캐시에 보관하는 모든 항목의 TTL은 비활성화 타임아웃 시간(inactivity timeout period)과 동일한 값으로 설정되어 있으므로, 비활성화 친구의 위치는 캐시에 없을 것이다.
5. 캐시가 돌려준 친구 위치 각각에 대해, 웹소켓 서버는 해당 친구와 사용자

사이의 거리를 계산한다. 그 거리가 검색 반경 이내이면 해당 친구의 상세 정보, 위치, 그리고 해당 위치가 마지막으로 확인된 시각을 웹소켓 연결을 통해 클라이언트에 반환한다.

6. 아울러 웹소켓 서버는 각 친구의 레디스 서버 펍/섭 채널을 구독한다. 그 이유에 대해서는 잠시 후에 설명한다. 채널 생성 및 구독 비용이 저렴하므로, 사용자는 친구의 활성화/비활성화 상태에 관계없이 모든 친구 채널을 구독할 수 있다. 비활성화 상태 친구의 펍/섭 채널을 유지하기 위해 메모리가 필요한 것은 사실이지만 소량인 데다, 활성화 상태로 전환되기 전에는 CPU나 I/O를 전혀 이용하지 않는다.

7. 사용자의 현재 위치를 레디스 펍/섭 서버의 전용 채널을 통해 모든 친구에게 전송한다.

사용자 데이터베이스

사용자 데이터베이스에는 두 가지 종류의 데이터가 보관된다. 첫 번째는 사용자 ID, 사용자명, 프로파일 이미지의 URL 등을 아우르는 사용자 상세 정보(프로파일) 데이터이고, 두 번째는 친구 관계 데이터다. 이번 장에서 다루는 설계안의 규모를 감안하면 이들 데이터는 한 대의 관계형 데이터베이스 서버로는 감당할 수 없다. 하지만 사용자 ID를 기준으로 데이터를 샤딩하면 관계형 데이터베이스라 해도 수평적 규모 확장이 가능하다. 관계형 데이터베이스 샤딩은 아주 널리 사용되는 기술이다.

한 가지 알아둘 것은 지금 우리가 설계하고 있는 규모의 시스템을 실제로 운영하려면 사용자 및 친구 데이터를 관리하는 팀이 따로 필요할 것이고, 그 데이터는 내부 API를 통해 이용해야만 하리라는 점이다. 그 경우 웹소켓 서버는 데이터베이스를 직접 질의하는 대신 해당 API를 호출하여 사용자 및 친구 관계 데이터를 가져와야 한다. 하지만 그렇더라도 시스템 기능이나 성능에 큰 차이는 없을 것이다.

위치 정보 캐시

본 설계안에서는 활성화 상태 사용자의 위치 정보를 캐시하기 위해 레디스를 활용하였다. 앞서 설명한 대로, 각 항목의 키에는 TTL을 설정한다. 이 TTL은 해당 사용자의 위치 정보가 갱신될 때마다 초기화된다. 따라서 최대 메모리 사용량은 일정 한도 아래로 유지된다. 시스템이 가장 붐빌 때 천만 명의 사용자가 활성화 상태이며 위치 정보 보관에 100바이트가 필요하다고 가정하면 수 GB 이상의 메모리를 갖춘 최신 레디스 서버 한 대로 모든 위치 정보를 캐시할 수 있다.

하지만 천만 명의 활성 사용자가 대략 30초마다 변경된 위치 정보를 전송한다고 가정하면 레디스 서버가 감당해야 하는 갱신 연산의 수는 초당 334K에 달하게 되는데, 최신 고사양 서버를 쓴다 해도 살짝 부담되는 수치가 아닐 수 없다. 하지만 다행스럽게도 캐시할 데이터는 쉽게 샤딩할 수 있다. 각 사용자의 위치 정보는 서로 독립적인 데이터이므로, 사용자 ID를 기준으로 여러 서버에 샤딩하면 부하 또한 고르게 분배할 수 있다.

가용성을 높이려면 각 샤드에 보관하는 위치 정보를 대기(standby) 노드에 복제해 두면 된다. 주(primary) 노드에 장애가 발생하면 대기 노드를 신속하게 주 노드로 승격시켜 장애시간을 줄인다.

레디스 펍/섭 서버

본 설계안은 펍/섭 서버를 모든 온라인 친구에게 보내는 위치 변경 내역 메시지의 라우팅(routing) 계층으로 활용한다. 앞서 언급하였듯이 레디스 펍/섭을 선택한 이유는 채널을 만드는 비용이 아주 저렴하기 때문이다. 새 채널은 구독하려는 채널이 없을 때 생성한다. 한편 구독자가 없는 채널로 전송된 메시지는 그대로 버려지는데, 그 과정에서 서버에 가해지는 부하는 거의 없다. 채널 하나를 유지하기 위해서는 구독자 관계를 추적하기 위한 해시 테이블(hash table)과 연결 리스트(linked list)가 필요한데[3] 아주 소량의 메모리만을 사용한다. 오프라인 사용자라 어떤 변경도 없는 채널의 경우에는 생성된 이후에 CPU 자원은 전혀 사용하지 않는다. 본 설계안은 그 점을 다음과 같이 활용한다.

1. '주변 친구' 기능을 활용하는 모든 사용자에 채널 하나씩을 부여한다. 아울러 해당 기능을 사용하는 사용자의 앱은 초기화 시에 모든 친구의 채널과

구독 관계를 설정한다. 이때 친구의 상태는 개의치 않는다. 이렇게 하면 설계가 단순해진다. 활성화 상태로 바뀐 친구의 채널을 구독하거나 비활성 상태가 된 친구의 채널을 구독 중단하는 등의 작업을 할 필요가 없기 때문이다.

2. 한 가지 유의할 것은 더 많은 메모리를 사용하게 된다는 점이다. 그러나 나중에 살펴보겠지만, 메모리가 병목이 될 가능성은 낮다. '주변 친구' 기능의 경우, 아키텍처를 단순하게 만들 수 있다면 더 많은 메모리를 투입할 만한 가치는 충분하다.

얼마나 많은 레디스 펍/섭 서버가 필요한가?

산수를 통해 알아보자.

메모리 사용량

주변 친구 기능을 사용하는 모든 사용자에게 채널 하나씩을 할당한다고 하면 필요한 채널의 수는 1억 개다(10억 사용자의 10%). 한 사용자의 활성화 상태 친구 가운데 100명이 주변 친구 기능을 사용한다고 가정하고, 구독자 한 명을 추적하기 위해 내부 해시 테이블과 연결 리스트에 20바이트 상당의 포인터들을 저장해야 한다고 하자. 모든 채널을 저장하는 데는 200GB(1억 × 20바이트 × 100명의 친구/10^9)의 메모리가 필요할 것이다. 100GB의 메모리를 설치할 수 있는 최신 서버를 사용하는 경우, 모든 채널을 보관하는 데 레디스 펍/섭 서버 두 대면 될 것이다.

CPU 사용량

앞서 계산해 보았듯이, 펍/섭 서버가 구독자에게 전송해야 하는 위치 정보 업데이트의 양은 초당 1400만 건에 달한다. 실제 벤치마크 없이 최신 레디스 서버 한 대로 얼마나 많은 메시지를 전송할 수 있는지 정확히 알 수는 없지만, 서버 한 대로 그 정도 규모의 전송량을 처리하기는 곤란하다고 본다. 보수적으로, 기가비트 네트워크 카드를 탑재한 현대적 아키텍처의 서버 한 대로 감당 가능한 구독자의 수는 100,000이라고 가정하도록 하자. 본 설계안이 가정하는 위치 정보 갱신 메시지의 크기가 꽤 작다는 것을 감안하더라도 보수적인 숫자다. 이 추정치에 따르면 필요한 레디스 서버의 수는 1400만 / 100,000 = 140대이다. 다시 한 번 말하지만 이 숫자는 지나치게 보수적일 가능성이 있다. 실제로 필요한 서버의 수는 훨씬 적을 것이다.

이 계산 결과를 통해 다음과 같은 결론을 내릴 수 있다.

- 레디스 펍/섭 서버의 병목은 메모리가 아니라 CPU 사용량이다.
- 본 설계안이 풀어야 하는 문제의 규모를 감당하려면 분산 레디스 펍/섭 클러스터가 필요하다.

분산 레디스 펍/섭 서버 클러스터

수백 대의 레디스 서버에 채널을 분산할 방법은 무엇인가? 한 가지 다행인 것은 모든 채널은 서로 독립적이라는 사실이다. 그러니 메시지를 발행할 사용자 ID를 기준으로 펍/섭 서버들을 샤딩하면 된다. 하지만 현실적으로는 수백 대의 펍/섭 서버가 관련된 문제이므로 그 동작 방식을 조금 더 상세하게 짚어볼 필요가 있다. 서버에는 필연적으로 장애가 생기게 마련이므로, 운영을 매끄럽게 하려면 당연히 그래야 할 것이다.

본 설계안에서는 서비스 탐색(service discovery) 컴포넌트를 도입하여 이 문제를 푼다. 시중에는 서비스 탐색 컴포넌트로 사용 가능한 많은 소프트웨어가 있다. 그 가운데 etcd[4], 주키퍼(ZooKeeper)[5] 등이 가장 널리 사용된다. 본 설계안의 서비스 탐색 이용 방식은 아주 기본적인 수준이다. 다음의 두 가지 기능만을 사용한다.

1. 가용한 서버 목록을 유지하는 기능 및 해당 목록을 갱신하는 데 필요한 UI나 API. 사실 서비스 탐색 소프트웨어는 설정(configuration) 데이터를 보관하기 위한 소규모의 키-값 저장소라고 보면 된다. 그림 2.9의 해시 링(hash ring)은 다음과 같은 키-값 쌍으로 저장할 수 있다.

   키: `/config/pub_sub_ring`

   값: `["p_1", "p_2", "p_3", "p_4"]`

2. 클라이언트(본 설계안의 경우에는 웹소켓 서버)로 하여금 '값'에 명시된 레디스 펍/섭 서버에서 발생한 변경 내역을 구독할 수 있도록 하는 기능.

상기 1번 항목에서 언급한 '키'에 매달린 '값'에는 활성 상태의 모든 레디스 펍/섭 서버로 구성된 해시 링을 보관한다. (해시 링에 관한 더 자세한 내용이 궁금하다면 《가상 면접 사례로 배우는 대규모 시스템 설계 기초》[1] 5장 '안정 해시(consistent hash) 설계'를 참고하거나, [6]을 보기 바란다.) 레디스 펍/섭 서버는 메시지를 발행할 채널이나 구독할 채널을 정해야 할 때 이 해시 링을 참조한다. 예를 들어, 그림 2.9에 따르면 채널 2는 레디스 펍/섭 서버 1번에서 관리되고 있다.

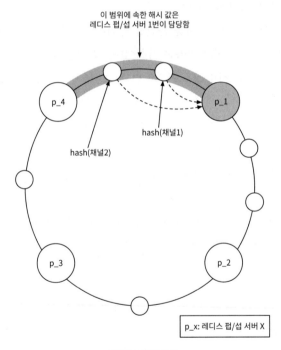

그림 2.9 안정 해시

---

1 (옮긴이) 원제는 *System Design Interview – An insider's guide*. 알렉스 쉬 지음, 이병준 옮김, 인사이트, 2021년.

그림 2.10은 웹소켓 서버가 특정 사용자 채널에 위치 정보 변경 내역을 발행하는 과정이 어떻게 처리되는지 보여 준다.

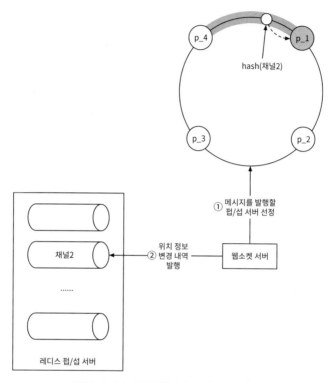

그림 2.10 메시지를 발생할 레디스 펍/섭 서버의 선정

1. 웹소켓 서버는 해시 링을 참조하여 메시지를 발행할 레디스 펍/섭 서버를 선정한다. 정확한 정보는 서비스 탐색 컴포넌트에 보관되어 있으나 성능 효율을 높이고 싶다면 해시 링 사본을 웹소켓 서버에 캐시하는 것도 생각해 볼 수 있다. 다만 그 경우에는 웹소켓 서버는 해시 링 원본에 구독 관계를 설정하여 사본의 상태를 항상 원본과 동일하게 유지하도록 해야 한다.
2. 웹소켓 서버는 해당 서버가 관리하는 사용자 채널에 위치 정보 변경 내역을 발행한다.

구독할 채널이 존재하는 레디스 펍/섭 서버를 찾는 과정도 이와 동일하다.

레디스 펍/섭 서버 클러스터의 규모 확장 고려사항

레디스 펍/섭 서버 클러스터의 규모를 늘리려면 어떻게 해야 하는가? 트래픽 패턴에 따라 크기를 늘리거나 줄이는 것이 좋을까? 이 전략은 무상태 서버로 구성된 클러스터에 널리 사용되는데, 위험성이 낮고 비용을 절감하기도 좋기 때문이다. 정확한 답을 얻기 위해 레디스 펍/섭 서버 클러스터의 몇 가지 속성을 살펴보자.

1. 펍/섭 채널에 전송되는 메시지는 메모리나 디스크에 지속적으로 보관되지 않는다. 채널의 모든 구독자에게 전송되고 나면 바로 삭제된다. 구독자가 아예 없는 경우에는 그냥 지워진다. 이런 관점에서 보면 펍/섭 채널을 통해 처리되는 데이터는 무상태라고 할 수 있다.

2. 하지만 펍/섭 서버는 채널에 대한 상태 정보를 보관한다. 각 채널의 구독자 목록은 그 상태 정보의 핵심적 부분이다. 특정한 채널을 담당하던 펍/섭 서버를 교체하거나 해시 링에서 제거하는 경우 채널은 다른 서버로 이동시켜야 하고, 해당 채널의 모든 구독자에게 그 사실을 알려야 한다. 그래야 기존 채널에 대한 구독 관계를 해지하고 새 서버에 마련된 대체 채널을 다시 구독할 수 있기 때문이다. 그런 관점에서 보면 펍/섭은 유상태 서버다. 아울러 서비스의 장애를 최소화하려면 해당 서버가 관리하는 채널에 구독 관계를 설정한 모든 구독자와 적절히 협력하여야 한다.

이런 이유로 레디스 펍/섭 서버 클러스터는 유상태 서버 클러스터로 취급하는 것이 바람직하다. 유상태 서버 클러스터의 규모를 늘리거나 줄이는 것은 운영 부담과 위험이 큰 작업이다. 따라서 주의 깊게 계획하고 진행해야 한다. 유상태 서버 클러스터는 혼잡 시간대 트래픽을 무리 없이 감당하고 불필요한 크기 변화를 피할 수 있도록 어느 정도 여유를 두고 오버 프로비저닝(over provisioning)하는 것이 보통이다.

하지만 불가피하게 그 규모를 늘려야 할 때는 다음과 같은 문제가 발생할 수 있음에 유의하여야 한다.

• 클러스터의 크기를 조정하면 많은 채널이 같은 해시 링 위의 다른 여러 서버

로 이동한다. 서비스 탐색 컴포넌트가 모든 웹소켓 서버에 해시 링이 갱신 되었음을 알리면 엄청난 재구독(resubscription) 요청이 발생할 것이다.

- 이 재구독 요청을 처리하다 보면 클라이언트가 보내는 위치 정보 변경 메시 지의 처리가 누락될 수 있다. 비록 본 설계안이 그 정도의 손실을 허용하기 는 하지만, 그런 사건이 발생하는 빈도는 반드시 최소화해야 한다.
- 서비스의 상태가 불안정해질 가능성이 있으므로 클러스터 크기 조정은 하 루 중 시스템 부하가 가장 낮은 시간을 골라서 시행해야 한다.

그렇다면 클러스터 크기는 어떻게 조정하는가? 꽤 간단하다. 다음 절차대로 하 면 된다.

- 새로운 링 크기를 계산한다. 그 크기가 늘어나는 경우에는 새 서버를 준비 한다.
- 해시 링의 키에 매달린 값을 새로운 내용으로 갱신한다.
- 대시보드를 모니터링한다. 웹소켓 클러스터의 CPU 사용량이 어느 정도 튀 는 것이 보여야 한다.

그림 2.9의 해시 링의 규모를 늘리는 예제를 살펴보자. p_5와 p_6의 두 노드를 새롭게 추가한다면, 해시 링은 다음과 같이 바뀔 것이다.

변경 전: ["p_1", "p_2", "p_3", "p_4"]
변경 후: ["p_1", "p_2", "p_3", "p_4", "p_5", "p_6"]

운영 고려사항

기존 레디스 펍/섭 서버를 새 서버로 교체할 때 운영 문제가 발생할 가능성은 클러스터 크기를 조정할 때보다 훨씬 낮다. 채널의 대규모 이동 사태를 초래하 지 않는 것이다. 교체되는 서버의 채널만 손보면 된다. 이 작업이 그리 큰 영향 을 미치지 않는다는 점은 다행인데, 서버 장애는 생기게 되어 있고 그런 서버 는 일상적으로 교체해야 하기 때문이다.

펍/섭 서버에 장애가 발생하면 모니터링 소프트웨어는 온콜(on-call) 엔지니 어에게 경보(alert)를 발송한다. 모니터링 소프트웨어가 펍/섭 서버의 장애를 감지하기 위해 무슨 일을 해야 하는지는 이 책에서 다룰 부분은 아니므로 생략하겠다. 온콜 담당자는 경보를 받으면 서비스 탐색 컴포넌트의 해시 링 키에 매달린 값을 갱신하여 장애가 발생한 노드를 대기 중인 노드와 교체한다. 교체 사실은 모든 웹소켓 서버에 통지되고, 각 웹소켓 서버는 실행 중인 연결 핸들러에게 새 펍/섭 서버의 채널을 다시 구독하도록 알린다. 각 연결 핸들러는 구독 중인 채널의 목록을 유지하고 있으므로, 웹소켓 서버로부터 통지를 받으면 그 모든 채널을 해시 링과 대조하여 새 서버로 구독 관계를 다시 설정해야 하는지 검토한다.

그림 2.9의 해시 링을 사례로 들어보자. 서버 p_1에 장애가 발생하여 p_1_new로 교체한다고 하자. 해시 링은 다음과 같이 갱신될 것이다.

갱신 전: ["p_1", "p_2", "p_3", "p_4"]
갱신 후: ["p_1_new", "p_2", "p_3", "p_4"]

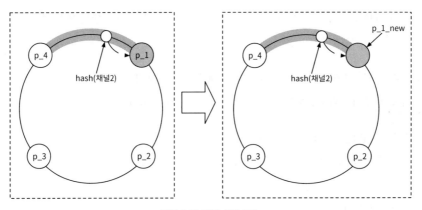

그림 2.11 펍/섭 서버 교체

친구 추가/삭제

사용자가 친구를 추가하거나 삭제하면 클라이언트는 무슨 일을 처리해야 하나? 새 친구를 추가하면 해당 클라이언트에 연결된 웹소켓 서버의 연결 핸들러에 그 사실을 알려야 한다. 그래야 새 친구의 펍/섭 채널을 구독할 수 있기 때문이다.

'주변 친구' 기능은 큰 앱의 일부로 들어가는 기능이므로, 새 친구가 추가되면 호출될 콜백을 해당 앱에 등록해 둘 수 있다. 이 콜백은 호출되면 웹소켓 서버로 새 친구의 펍/섭 채널을 구독하라는 메시지를 보낸다. 이 메시지를 처리한 웹소켓 서버는 해당 친구가 활성화 상태인 경우 그 가장 최근 위치 및 시각 정보를 응답 메시지에 담아 보낸다.

마찬가지로 친구가 삭제되면 호출될 콜백도 앱에 등록해 둘 수 있다. 이 콜백은 호출되면 해당 친구의 펍/섭 채널 구독을 취소하라는 메시지를 웹소켓 서버로 보낼 것이다.

이 구독/구독 해제 콜백은 친구가 위치 정보 전송을 허가/취소하는 경우의 처리에도 활용될 수 있다.

친구가 많은 사용자

친구가 많은 사용자가 시스템 성능 문제를 야기할 가능성이 있는지는 논의해 볼 만한 주제다. 여기서는 최대로 맺을 수 있는 친구의 수에 상한이 있다고 가정하겠다(가령 페이스북은 상한 값이 5,000이다). 친구 관계는 양방향이며, 팔로어(follower) 모델처럼 단방향의 관계는 논의에서 배제할 것이다. 따라서 수백만 팔로어를 가진 유명 인사는 이 시스템에 존재할 수 없다.

수천 명의 친구를 구독하는 데 필요한 펍/섭 구독 관계는 클러스터 내의 많은 웹소켓 서버에 분산되어 있을 것이다. 따라서 친구들의 위치가 변경되는 데서 오는 부하는 각 웹소켓 서버가 나누어 처리하므로 핫스팟(hotspot) 문제는 발생하지 않을 것이다.

다만 그렇게 많은 친구를 둔 사용자의 채널이 존재하는 펍/섭 서버의 경우에는 조금 더 많은 부하를 감당하게 될 수 있다. 하지만 클러스터 안에 100대가 넘는 펍/섭 서버가 있고, 그런 헤비 유저들('whale' users)의 채널들이 모든 펍/섭 서버에 분산된다는 점을 감안하면, 그 정도의 부하 증가가 특정 서버에 막대한 부담을 줄 일은 없을 것이다.

주변의 임의 사용자

이번 절에서 다루는 내용은 추가 점수를 따내는 용도로 보면 좋다. 당초 기능 요구사항에는 없던 내용이기 때문이다. 만일 면접관이 설계를 좀 고쳐서 위치 정보 공유에 동의한 주변 사용자를 무작위로 보여 줄 수 있도록 해 보자고 한다면 어떻게 해야 할까?

기존 설계안을 크게 훼손하지 않으면서 해당 기능을 지원하는 한 가지 방법은 지오해시에 따라 구축된 펍/섭 채널 풀을 두는 것이다(지오해시에 대해서는 1장, '근접성 서비스'를 참고하기 바란다). 가령 그림 2.12에 표시된 지역은 네 개의 지오해시 격자로 나눈 다음, 격자마다 채널을 하나씩 만들어 두면 된다.

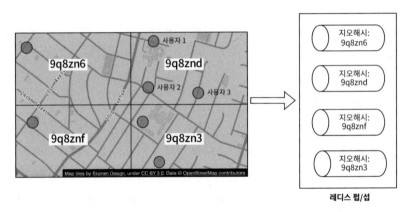

그림 2.12 지오해시별 펍/섭 채널

해당 격자 내의 모든 사용자는 해당 격자에 할당된 채널을 구독한다. 격자 9q8znd의 경우를 예로 들어 살펴보자.(그림 2.13)

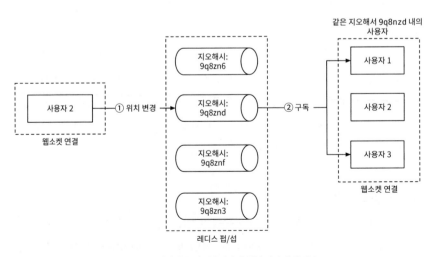

그림 2.13 임의의 주변 사용자에게 위치 변경 내역 전송

1. 사용자 2의 위치가 변경되면 웹소켓 연결 핸들러는 해당 사용자의 지오해시 ID를 계산한 다음, 해당 지오해시 ID를 담당하는 채널에 새 위치를 전송한다.

2. 근방에 있는 사용자 가운데 해당 채널을 구독하고 있는 사용자(사용자 2 제외)는 사용자 2의 위치가 변경되었다는 메시지를 수신한다.

격자 경계 부근에 있는 사용자를 잘 처리하기 위해 모든 클라이언트는 사용자가 위치한 지오해시뿐 아니라 주변 지오해시 격자를 담당하는 채널도 구독한다. 따라서 그림 2.14와 같이 주변 모든 지오해시를 포함하는 아홉 개 격자를 구독하게 된다.

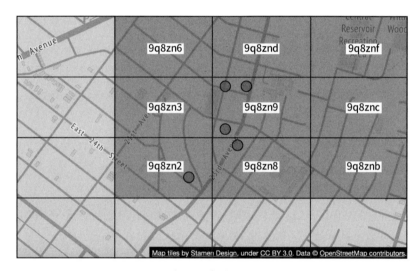

그림 2.14 아홉 개 격자 구독

레디스 펍/섭 외의 대안

본 설계안은 라우팅 계층으로 레디스 펍/섭을 사용하였다. 대안은 있는가? 많다. 얼랭(Erlang)[7]은 이 문제에 특히 유용한 해결책이 될 수 있다. 심지어 우리는 레디스 펍/섭보다 얼랭이 더 좋은 솔루션이 될 거라 믿는다. 문제는 얼랭은 사용자가 많지 않은 언어라서 좋은 프로그래머를 구하기가 어렵다는 점이다. 하지만 팀에 이미 얼랭 전문가가 있다면, 좋은 선택지가 될 수 있다.

　　그렇다면, 대체 왜 얼랭인가? 얼랭은 고도로 분산된 병렬 애플리케이션을 위해 고안된 프로그래밍 언어이자 런타임 환경이다. 이 책에서 얼랭이라고 할 때는 특히 얼랭 생태계(ecosystem)를 말한다. 얼랭 생태계는 언어 컴포넌트뿐 아니라 (얼랭 또는 엘릭서(Elixir)[8]) 실행 환경 및 라이브러리를 아우른다(얼랭 가상 머신 BEAM[9], 그리고 얼랭 런타임 라이브러리 OTP[10]).

　　얼랭의 강력함은 그 경량 프로세스에서 나온다. 얼랭 프로세스는 BEAM VM에서 실행되는 개체(entity)다. 얼랭 프로세스 생성 비용은 리눅스 프로세스 생성 비용에 비해 엄청나게 저렴하다. 가장 작은 얼랭 프로세스는 300바이트의 메모리만을 사용하며, 최신 서버를 사용할 경우 한 대로 수백만 프로세스를 실행할 수 있다. 아무 일도 하지 않는 얼랭 프로세스는 CPU 자원을 전혀 소모하지 않는다. 다시 말해, 본 설계안이 지원해야 하는 천만 명의 활성 사용자 각각을 얼랭 프로세스로 모델링할 수 있으며, 그 비용도 아주 저렴하다는 것이다.

　　얼랭은 여러 서버로 분산하기도 쉽다. 운영 부담도 지극히 낮으며, 프로덕션에서 발생하는 이슈의 실시간 디버깅을 지원하는 훌륭한 도구들도 갖추고 있다. 배포 도구도 아주 강력하다.

　　그렇다면 우리 설계안에서는 얼랭을 어떻게 활용할 수 있을까? 웹소켓 서비스는 얼랭으로 구현하고, 레디스 펍/섭 클러스터는 아예 분산 얼랭 애플리케이션으로 대체할 수 있다. 이 애플리케이션에서 각 사용자는 얼랭 프로세스로 표현한다. 이 사용자 프로세스는 클라이언트가 전송하는 갱신된 사용자 위치를 웹소켓 서버를 통해 수신한다. 또한 친구 관계에 있는 사용자의 얼랭 프로세스와 구독 관계를 설정하고 그 위치 변경 내역을 수신한다. 얼랭/OTP는 구독 기능을 내장하고 있어서 구현은 쉬울 것이다. 그 결과로 프로세스 사이에 만들어진 연결망(mesh)은 사용자의 위치 변경 내역을 친구들에게 효과적으로 전파하게 된다.

4단계: 마무리

이번 장에서는 '주변 친구' 기능의 설계안을 살펴보았다. 개념적으로 보자면 어떤 사용자의 위치 정보 변경 내역을 그 친구에게 효율적으로 전달하는 시스템을 설계한 것이다.

이 설계안의 핵심 컴포넌트는 다음과 같다.

- 웹소켓: 클라이언트와 서버 사이의 실시간 통신을 지원한다.
- 레디스: 위치 데이터의 빠른 읽기/쓰기를 지원한다.
- 레디스 펍/섭: 한 사용자의 위치 정보 변경 내역을 모든 온라인 친구에게 전달하는 라우팅 계층이다.

소규모 트래픽에 적합한 개략적 설계안부터 시작하여, 그 규모가 커짐에 따라 발생 가능한 도전적 문제들을 살펴보았다. 아래 구성요소들의 규모를 늘리려면 어떻게 해야 하는지도 살펴보았다.

- RESTful API 서버
- 웹소켓 서버
- 데이터 계층
- 레디스 펍/섭 서버 클러스터
- 레디스 펍/섭 서버의 대안

그리고 마지막으로, 친구가 많은 사용자에게 발생할 수 있는 잠재적 성능 병목 문제와, '주변의 임의 사용자'를 보여주는 기능의 설계안도 살펴보았다.

여기까지 성공적으로 마친 여러분, 축하한다. 멋지게 마무리한 스스로를 마음껏 격려하도록 하자!

2장 요약

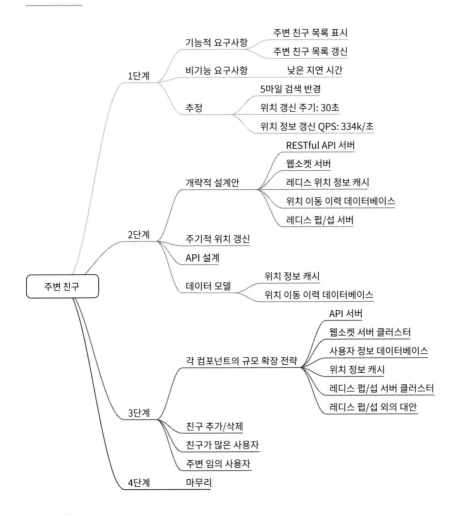

참고 문헌

[1]   페이스북 '주변 친구' 기능 출시(Facebook Launches "Nearby Friends"):
       https://techcrunch.com/2014/04/17/facebook-nearby-friends/

[2]   레디스 펍/섭(Redis Pub/Sub): *https://redis.io/topics/pubsub*

[3]   레디스 펍/섭 동작 원리(Redis Pub/Sub under the hood): *https://jamesh
       fisher.com/2017/03/01/redis-pubsub-under-the-hood/*

[4]   etcd: *https://etcd.io/*

[5]   주키퍼(Welcome to Apache ZooKeeper): *https://zookeeper.apache.org/*

[6]   안정 해시(A Guide to Consistent Hashing): *https://www.toptal.com/big-data/consistent-hashing*

[7]   얼랭(Erlang): *https://www.erlang.org/*

[8]   엘릭서(Elixir): *https://elixir-lang.org/*

[9]   BEAM에 대한 짤막한 소개(A brief introduction to BEAM): *https://www.erlang.org/blog/a-brief-beam-primer/*

[10] OTP: *https://www.erlang.org/doc/design_principles/des_princ.html*

3장

구글 맵

이번 장에서는 실제 우리가 사용하는 제품보다는 단순한 형태의 구글 맵(Google Maps)을 설계해 보도록 하겠다. 설계에 앞서, 구글 맵이란 무엇인지 간단하게 알아보자. 구글은 2005년에 '프로젝트 구글 맵(Project Google Maps)'을 발족하고 웹 기반 지도 서비스를 개발했다. 구글 맵은 위성 이미지, 거리 뷰(street maps), 실시간 교통 상황(real-time traffic conditions), 경로 계획(route planning) 등 다양한 서비스를 제공하고 있다.[1]

구글 맵은 사용자가 목적지와 경로를 찾을 수 있도록 돕는다. 2021년 3월 현재 구글 맵 일간 능동 사용자 수(daily active users, DAU)는 10억 명이다. 전 세계 99% 지역의 지도를 제공하고, 정확한 실시간 위치 정보를 제공하기 위해 매일 2500만 건의 업데이트를 반영한다.[2] 구글 맵은 엄청나게 복잡한 제품이므로, 설계에 앞서 어떤 기능에 초점을 맞추어야 하는지 확인해야 한다.

1단계: 문제 이해 및 설계 범위 확정

다음은 면접관과의 대화 사례다.

지원자: 일간 능동 사용자 수는 어느 정도로 가정해야 합니까?

면접관: 10억 DAU를 가정하시면 됩니다.

지원자: 어떤 기능에 초점을 맞추어야 합니까? 방향 안내, 경로 안내, 예상 도

착 시간(Estimated Time of Arrival, ETA) 등 생각해야 할 기능이 많습니다만.

면접관: 위치 갱신, 경로 안내, ETA, 지도 표시 등에 초점을 맞추도록 합시다.

지원자: 도로 데이터는 어느 정도 규모입니까? 도로 데이터는 확보했다고 가정해도 될까요?

면접관: 좋은 질문입니다. 도로 데이터는 다양한 경로로 확보해 두었다고 가정합시다. 수 TB 수준의 가공되지 않은 데이터입니다.

지원자: 교통 상황도 고려해야 할까요?

면접관: 네. 교통 상황은 도착 시간을 최대한 정확하게 추정하는 데 아주 중요합니다.

지원자: 어떻게 이동하는지도 고려해야 할까요? 가령 운전을 할 수도 있고, 걸을 수도 있고, 대중교통을 이용할 수도 있을 것 같습니다만.

면접관: 다양한 이동 방법을 지원할 수 있어야 합니다.

지원자: 경로를 안내할 때 경유지를 여러 곳 설정할 수 있도록 해야 할까요?

면접관: 경유지를 여러 곳 설정할 수 있으면 좋기는 하겠습니다만, 일단은 신경 쓰지 않도록 합시다.

지원자: 사업장 위치 및 사진도 표시할 수 있어야 할까요? 그래야 한다면 사진은 최대 몇 장이나 허용해야 할까요?

면접관: 그런 부분까지 생각해 주어서 감사합니다. 하지만 이번에는 고려하지 않도록 하지요.

기능 요구사항

이번 장에서는 아래 세 가지 기능에 집중할 것이다. 지원할 주 단말은 모바일 전화기, 즉 스마트폰이다.

- 사용자 위치 갱신
- 경로 안내 서비스 (ETA 서비스 포함)
- 지도 표시

비기능 요구사항 및 제약사항

- 정확도: 사용자에게 잘못된 경로를 안내하면 안 된다.
- 부드러운 경로 표시: 클라이언트를 통해 제공되는 경로 안내 용도의 지도는 화면에 아주 부드럽게 표시되고 갱신되어야 한다.
- 데이터 및 배터리 사용량: 클라이언트는 가능한 한 최소한의 데이터와 배터리를 사용해야 한다. 모바일 단말에 아주 중요한 요구사항이다.
- 일반적으로 널리 통용되는 가용성 및 규모 확장성 요구사항을 만족해야 한다.

설계에 돌입하기 앞서 몇 가지 기본 개념 및 용어를 소개하겠다. 구글 맵을 설계할 때 아주 유용할 것이다.

지도 101

측위 시스템

이 세계는 축을 중심으로 회전하는 구(sphere)다. 측위 시스템(positioning system)은 이 구 표면 상의 위치를 표현하는 체계를 말한다. 위경도 기반 측위 시스템의 경우, 최상단에는 북극이 있고, 최하단에는 남극이 있다.

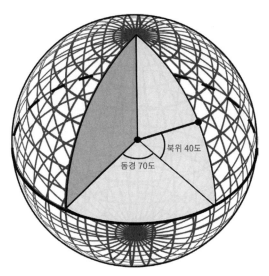

북위 40도

동경 70도

그림 3.1 위도와 경도[3]

이 시스템에서 위도(Latitude 또는 Lat.)는 주어진 위치가 얼마나 북쪽/남쪽인지를 나타내며, 경도(Longitude)는 얼마나 동쪽/서쪽인지를 나타낸다.

3차원 위치의 2차원 변환

3차원 구 위의 위치를 2차원 평면에 대응시키는 절차를 '지도 투영법(map projection)' 또는 '도법'이라 부른다.

도법은 다양하며, 그 각각은 다른 도법과는 차별되는 장단점을 갖는다. 하지만 거의 모든 투영법은 실제 지형의 기하학적 특성을 왜곡한다는 공통점을 갖는다. 그림 3.2는 각 도법 사이의 차이점을 보여 준다.

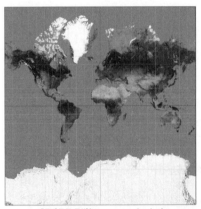

메르카토르 도법(Mercator projection)

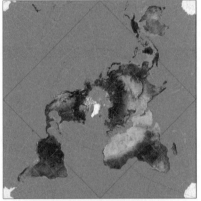

퍼스 퀸쿤셜 도법(Peirce quincuncial projection)

갈-페터스(Gall-Peters) 도법

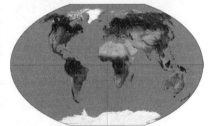

윈켈 트리펠(Winkel Tripel) 도법

그림 3.2 지도 투영법 사이의 차이점[4][5][6][7]

구글 맵은 메르카토르 도법을 조금 변경한 웹 메르카토르(Web Mercator) 도법을 택하고 있다. 측위 시스템 및 도법에 대해 더 상세히 알고 싶다면 [3]을 참고하도록 하자.

지오코딩

지오코딩(Geocoding)은 주소를 지리적 측위 시스템의 좌표로 변환하는 프로세스다. 가령 미국 내 주소 '1600 Amphitheatre Parkway, Mountain View, CA'의 지오코딩 결과는 (위도 37.423021, 경도 −122.083739)이다.

지오코딩 결과를 반대로 주소로 변환하는 프로세스는 역 지오코딩(reverse geocoding)이라 부른다.

지오코딩을 수행하는 한 가지 방법은 인터폴레이션(interpolation)이다.[8] GIS(Geographic Information System)와 같은 다양한 시스템이 제공하는 데이터를 결합한다는 뜻이다. GIS는 도로망을 지리적 좌표 공간에 대응시키는 방법을 제공하는 여러 시스템 가운데 하나다.

지오해싱

지오해싱(Geohashing)은 지도 위 특정 영역을 영문자와 숫자로 구성된 짧은 문자열에 대응시키는 인코딩 체계다. 지오해싱은 2차원의 평면 공간으로 표현된 지리적 영역 위의 격자를 더 작은 격자로 재귀적으로 분할해 나간다. 각 격자는 정사각형일 수도 있고 사각형일 수도 있다. 어떤 격자를 재귀적으로 분할한 결과로 생성된 더 작은 격자에는 0부터 3까지의 번호를 부여한다.

가령 20,000km / 10,000km 크기의 영역이 주어졌다고 하자. 이 영역을 분할하면 네 개의 10,000km × 5,000km 크기 영역이 만들어지고 그 각각에는 00, 01, 10, 11 등의 번호가 붙는다.(그림 3.3) 각 사분면을 더 분할해야 할 필요가 있을 때는 역시 똑같은 방식을 따른다. 그 결과로 5,000km × 2,500km 크기 사분면들이 만들어질 것이다. 이 과정을 원하는 크기의 격자가 만들어질 때까지 반복한다.

지오해싱은 용도가 다양하다. 본 설계안은 맵 타일 관리에 지오해싱을 적용한다. 지오해싱과 그 장점에 대해 더 자세한 내용이 궁금하다면 [9]를 참고하기 바란다.

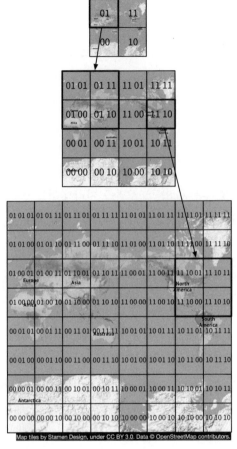

그림 3.3 지오해싱

지도 표시

지도를 화면에 표시(rendering)하는 방법은 여기서 상세히 다루지 않을 것이나 기본적인 내용은 살펴보고 넘어가자. 지도를 화면에 표시하는데 가장 기본이 되는 개념은 타일(tile)이다. 지도 전부를 하나의 이미지로 표시하는 대신, 작은 타일로 쪼개어 표시하는 것이다. 클라이언트는 사용자가 보려는 영역에 관계된 타일만 다운받아 모자이크처럼 이어 붙인 다음 화면에 뿌린다.

지도의 확대/축소를 지원하려면 확대 수준에 따라 다른 종류의 타일을 준비해야 한다. 클라이언트는 현재 클라이언트가 보려는 지도 확대 수준(zoom level)에 근거하여 어떤 크기의 타일을 가져올지 고른다. 극단적인 예제 하나를 들어보자. 사용자가 전체 지도를 한눈에 다 보려는 경우 수십만 타일을 전부 다 운로드할 필요는 없다. 그 정도로 상세한 정보는 낭비일 뿐이다. 대신 전세계를 256 × 256픽셀 이미지 하나로 표현하는 지도 한 장만 다운받으면 충분하다.

경로 안내 알고리즘을 위한 도로 데이터 처리

대부분의 경로 탐색(routing) 알고리즘은 데이크스트라(Djikstra) 알고리즘이나 A* 경로 탐색 알고리즘의 변종이다. 그 가운데 최적인 하나를 정하는 것은 어려운 문제로, 이번 장에서 깊이 다루지는 않겠다. 중요한 것은 모든 경로 탐색 알고리즘은 교차로를 노드(node)로, 도로는 노드를 잇는 선(edge)으로 표현하는 그래프 자료 구조를 가정한다는 것이다.(그림 3.4)

그림 3.4 그래프로 표현한 지도

대부분의 경로 탐색 알고리즘의 성능은 주어진 그래프 크기에 아주 민감하다. 전 세계 도로망을 하나의 그래프로 표현하면 메모리도 많이 필요하고, 경로 탐색 성능도 만족스럽지 않을 것이다. 본 설계안이 가정하는 규모에서 좋은 성능을 보이려면 그래프를 관리 가능 단위로 분할할 필요가 있다.

전 세계 도로망을 더 작은 단위로 분할하는 방법 가운데 하나는 지도 표시에 사용하는 타일 기반 분할법과 아주 유사하다. 지오해싱과 비슷한 분할 기술을 적용하여 세계를 작은 격자로 나누고, 각 격자 안의 도로망을 노드(교차로)와 선(도로)으로 구성된 그래프 자료 구조로 변환한다. 이때 각 격자는 경로 안내 타일(routing tile)이라 부른다. 각 타일은 도로로 연결된 다른 타일에 대한 참조(reference)를 유지한다. 그래야 경로 탐색 알고리즘이 연결된 타일들을 지나갈 때 보일 더 큰 도로망 그래프를 만들어 낼 수 있다.

도로망을 언제든 불러올 수 있는 경로 안내 타일로 분할해 놓으면 경로 탐색 알고리즘이 동작하는 데 필요한 메모리 요구량을 낮출 수 있을 뿐 아니라 한 번에 처리해야 하는 경로의 양이 줄어들고, 필요한 만큼만 불러오면 되기 때문에 경로 탐색 성능도 좋아진다.

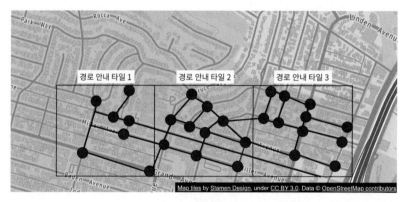

그림 3.5 경로 안내 타일

유의할 점

그림 3.5의 경로 안내 타일은 특정한 지역을 포괄하는 격자라는 점에서 지도 표시에 이용되는 타일과 유사하다. 그러나 지도 타일은 PNG 이미지인 반면 경로 안내 타일은 도로 데이터로 이루어진 이진 파일(binary file)이다.

계층적 경로 안내 타일

경로 안내가 효과적으로 동작하려면 필요한 수준의 구체성을 갖춘 도로 데이터가 필요하다. 예를 들어 국토 종단 여행을 위한 경로 탐색을 하려는데 지번 수준 정밀도 타일을 가지고 알고리즘을 돌리면 결과를 얻는 데 너무 많은 시간이 걸릴 것이다. 이런 타일들을 연결해서 얻는 그래프는 거대할 뿐 아니라 많은 메모리를 필요로 한다.

그래서 보통 구체성 정도를 상, 중, 하로 구분하여 세 가지 종류의 경로 안내 타일을 준비한다. 가장 구체성이 높은 타일의 경우(상) 그 크기는 아주 작으며, 이런 타일에는 지방도(local roads) 데이터만 둔다. 그다음 레벨의 타일(중)은 더 넓은 지역을 커버하며, 규모가 비교적 큰 관할구(district)를 잇는 간선 도로 (arterial roads) 데이터만 둔다. 마지막으로 구체성이 가장 낮은 타일(하)은 그보다 더 큰 영역을 커버하며, 그런 타일에는 도시와 주를 연결하는 주요 고속 도로 데이터만 둔다. 각 타일에는 다른 정밀도 타일로 연결되는 선(edge)이 있을 수 있다. 예를 들어 지방도 A에서 고속도로 F로 진입하는 경로를 표시하려면 도로 A의 특정 지점을 나타내는 노드에서 도로 F의 특정 지점을 나타내는 노드 사이에 연결선이 있어야만 한다. 그림 3.6은 다양한 크기의 경로 안내 타일 사례다.

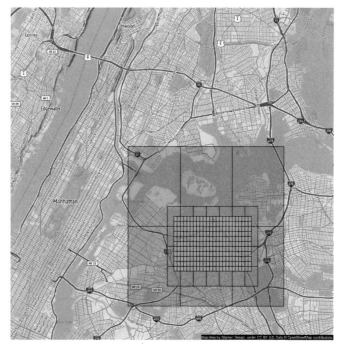

그림 3.6 크기가 서로 다른 경로 안내 타일

개략적 규모 추정

이제 기본적인 지식은 습득하였으니 풀어야 할 문제 규모를 간단히 추정해 보자. 설계 초점이 모바일 단말이므로, 데이터 사용량과 배터리 효율을 중요하게 따져 봐야 한다.

추정에 앞서 도량형 변환 규칙 몇 가지를 참고 삼아 정리해 두겠다.

- 1피트 = 0.3048미터
- 1킬로미터(km) = 0.6214마일
- 1킬로미터(km) = 1,000미터

저장소 사용량

다음 세 가지 종류의 데이터를 저장해야 한다.

- 세계 지도: 상세한 저장 용량 계산식은 잠시 후 다룬다.
- 메타데이터(metadata): 각 지도 타일의 메타데이터는 크기가 아주 작아서 무시해도 지장이 없을 정도이므로, 본 추정에서는 제외한다.
- 도로 정보: 면접관과의 문답을 통해, 외부에서 받은 수 TB 용량의 도로 데이터를 보유하고 있음을 확인한 바 있다. 이 데이터를 경로 안내 타일로 변환하여야 한다. 변환 결과의 용량도 비슷할 것이다

세계 지도

지도 타일 개념에 대해서는 "지도 101" 절에서 설명한 바 있다. 지원하는 확대 수준(zoom level)별로 지도 타일을 한 벌씩 두어야 한다. 그 타일 전부를 보관하는 데 필요한 용량을 가늠하려면 최대 확대 수준, 즉 지도를 최대한 확대하여(zoom in) 보는 데 필요한 타일 개수를 따져보면 좋다. 지도를 확대할 때마다 하나의 타일을 네 장의 타일로 펼친다고 가정하자. 세계 지도를 21번 확대하여 볼 수 있으려면 최대 확대 수준을 대상으로 하였을 때 약 4.4조(trillion)개의 타일이 필요하다.(표 3.1) 한 장의 타일이 256 × 256픽셀 압축 PNG 파일이라면 한 장당 100KB의 저장 공간이 필요하므로, 최대 확대 시 필요 타일을 전

부 저장하는 데는 총 4.4조×100KB = 440PB 만큼의 저장 공간이 필요할 것이다.

표 3.1은 확대 수준별로 필요한 타일 개수다.

확대 수준	필요 타일 수
0	1
1	4
2	16
3	64
4	256
5	1 024
6	4 096
7	16 384
8	65 536
9	262 144
10	1 048 576
11	4 194 304
12	16 777 216
13	67 108 864
14	268 435 456
15	1 073 741 824
16	4 294 967 296
17	17 179 869 184
18	68 719 476 736
19	274 877 906 944
20	1 099 511 627 776
21	4 398 046 511 104

표 3.1 확대 수준별 필요 타일 수

하지만 지구 표면 가운데 90%는 인간이 살지 않는 자연 그대로의 바다, 사막, 호수, 산간 지역임에 유의하자. 이들 지역의 이미지는 아주 높은 비율로 압축할 수 있으므로, 보수적으로 보아 80%에서 90% 가량의 저장 용량을 절감할 수 있다. 따라서 저장 공간 요구량은 440PB에서 88PB 가량으로 줄어든다. 어림하여 50PB 정도가 필요하다고 보고 넘어가자.

이제 표 3.1의 각 수준별로 얼마나 많은 저장 공간이 필요한지 살펴보자. 확대 수준이 1 떨어질 때마다 필요한 타일 수는 $\frac{1}{4}$로 줄어든다. 따라서 저장 공간 요구량도 그에 맞게 $\frac{1}{4}$로 줄어들 것이다. 이를 토대로 위 표에 실린 모든 타일에 필요한 저장 공간 요구량을 어림하면 $50 + \frac{50}{4} + \frac{50}{16} + \frac{50}{64} + ... = \sim 67PB$ 정도다. 개략적인 추정치일 뿐이라는 점을 명심하자. 다양한 확대 수준으로 지도를 표시하기 위해 대략 100PB 정도가 소요된다는 정도만 알면 충분하다.

서버 대역폭

서버 대역폭을 추정하기 위해서는 어떤 유형의 요청을 처리해야 하는지 살펴봐야 한다. 서버가 처리해야 하는 요청은 크게 두 가지다. 첫 번째는 경로 안내 요청으로, 클라이언트가 경로 안내 세션을 시작할 때 전송하는 메시지다. 두 번째는 위치 갱신 요청이다. 클라이언트가 경로 안내를 진행하는 동안 변경된 사용자 위치를 전송하는 메시지다. 구글 맵 제품을 구성하는 서비스는 이 위치 정보를 다양한 방식으로 이용한다. 예를 들어 이 위치 정보는 실시간 교통 상황 데이터 계산 과정의 입력으로 이용된다. 위치 정보의 다양한 용도에 대해서는 상세 설계를 진행할 때 더 자세히 알아보겠다.

이제 경로 안내 요청을 처리하기 위한 서버 대역폭을 분석해 보자. DAU는 10억이고, 각 사용자는 경로 안내 기능을 평균적으로 주당 35분 사용한다고 하자. 이는 환산하면 주당 350억 분(minutes), 즉 하루에 50억 분이다.

단순한 접근법 하나는 GPS 좌표를 매초 전송하는 것인데, 그렇게 하면 하루에 3000억 건의 요청이 발생하고(50억 분 × 60) 이는 3백만 QPS에 해당한다($\frac{3000억\ 건의\ 요청}{10^5} = 3백만$). 하지만 클라이언트가 매초 새로운 GPS 좌표를 보낼 필요가 없을 수도 있다. 가령 이들 요청을 클라이언트 쪽에서 모아 두었다가 덜 자주 보내도록 하면(가령 15초나 30초마다 한 번씩) 쓰기 QPS를 낮출 수 있을 것이다. 얼마나 자주 보내면 좋을지는 사용자의 이동 속도 등 다양한 요건에 좌우된다. 가령 사용자가 꽉 막힌 도로 한가운데 있다면 GPS 위치 업데이트를 그렇게 자주 보낼 필요는 없을 것이다. 본 설계안의 경우에는 GPS 위치 변경 내역은 모아두었다가 15초마다 한 번씩 서버로 보낸다고 가정하겠다. 이렇게 하면 QPS는 20만(즉, $\frac{3백만}{15}$)으로 줄어든다.

최대 QPS는 평균치의 다섯 배 가량으로 가정하겠다. 따라서 위치 정보 갱신 요청 최대 QPS는 $200,000 \times 5 = 1$백만이다.

2단계: 개략적 설계안 제시 및 동의 구하기

이제 구글 맵에 대해 많은 것을 배웠으니 개략적 설계안을 제안해 보도록 하자.

개략적 설계안

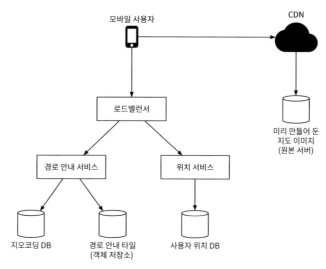

그림 3.7 개략적 설계안

이 개략적 설계안은 다음 세 가지 기능을 제공한다. 각각을 순서대로 살펴보도록 하겠다.

1. 위치 서비스(location service)
2. 경로 안내 서비스(navigation service)
3. 지도 표시(map rendering)

위치 서비스

위치 서비스는 사용자의 위치를 기록하는 역할을 담당한다. 아키텍처는 그림 3.8과 같다.

그림 3.8 위치 서비스

본 기본 설계안은 클라이언트가 t초마다 자기 위치를 전송한다고 가정한다. 여기서 t는 설정이 가능한 값이다. 이렇게 주기적으로 위치 정보를 전송하면 몇 가지 좋은 점이 있다. 첫 번째는 해당 데이터 스트림을 활용하여 시스템을 점차 개선할 수 있다는 점이다. 실시간 교통 상황을 모니터링하는 용도로 활용할 수도 있고, 새로 만들어진 도로나 폐쇄된 도로를 탐지할 수도 있고, 사용자 행동 양태를 분석하여 개인화된 경험을 제공하는 데 활용할 수도 있다. 두 번째 장점은 클라이언트가 보내는 위치 정보가 거의 실시간 정보에 가까우므로 ETA를 좀 더 정확하게 산출할 수 있고, 교통 상황에 따라 다른 경로를 안내할 수도 있다는 점이다.

하지만 사용자 위치가 바뀔 때마다 그 즉시 서버로 전송해야만 할까? 아마 아닐 것이다. 위치 이력을 클라이언트에 버퍼링해 두었다가 일괄 요청(batch request)하면 전송 빈도를 줄일 수 있다. 그림 3.9의 예를 살펴보자. 위치 변경 내역은 매초 측정하긴 하지만 서버로는 15초마다 한 번 보내도록 설정해 놓은 사례다. 이렇게 하면 클라이언트가 보내는 요청의 양을 크게 줄일 수 있다.

그림 3.9 일괄 요청

구글 맵과 같은 시스템은 이렇게 해서 위치 갱신 요청 빈도를 줄여도 여전히 많은 쓰기 요청을 처리해야만 한다. 따라서 아주 높은 쓰기 요청 빈도에 최적화되어 있고 규모 확장이 용이한 카산드라(Cassandra) 같은 데이터베이스가 필요하다. 또한 카프카(Kafka) 같은 스트림(stream) 처리 엔진을 활용하여 위치 데이터를 로깅해야 할 수도 있다. 이에 대해서는 상세 설계를 진행하면서 좀 더 자세히 알아보겠다.

　통신 프로토콜로는 무엇이 좋을까? HTTP를 keep-alive 옵션과 함께 사용하면 효율을 높일 수 있으므로 좋은 선택일 것이다.[10] 이때 HTTP 요청은 다음과 같은 형태다.

```
POST /v1/locations
인자:
locs: JSON으로 인코딩한 (위도, 경도, 시각) 순서쌍 배열
```

경로 안내 서비스

이 컴포넌트는 A에서 B 지점으로 가는 합리적으로 빠른 경로를 찾아 주는 역할을 담당한다. 결과를 얻는 데 드는 시간 지연은 어느 정도 감내할 수 있다. 계산된 경로는 최단 시간 경로일 필요는 없으나 정확도는 보장되어야 한다.

　그림 3.8에서 보았듯이, 사용자가 보낸 경로 안내 HTTP 요청은 로드밸런서를 거쳐 서비스에 도달한다. 이 요청에는 출발지와 목적지가 인자로 전달된다. 해당 API 요청은 대략 다음과 같은 형태다.

```
GET /v1/nav?origin=1355+market+street,SF&destination=Disneyland
```

그 결과로 만들어지는 경로 안내 결과는 다음과 같은 모습이다.

```
{
  'distance': {'text':'0.2 mi', 'value': 259},
  'duration': {'text': '1 min', 'value': 83},
  'end_location': {'lat': 37.4038943, 'Ing': -121.9410454},
  'html_instructions': 'Head <b>northeast</b> on <b>Brandon St</b>
      toward <b>Lumin Way</b><div style="font-size:0.9em"> Restricted
      usage road</div>',
  'polyline': {'points': '_fhcFjbhgVuAwDsCal'},
  'start_location': {'lat': 37.4027165, 'lng': -121.9435809},
  'geocoded_waypoints': [
  {
    "geocoder_status" : "OK",
    "partial_match" : true,
    "place_id" : "ChIJwZNMti1fawwRO2aVVVX2yKg",
    "types" : [ "locality", "political" ]
  },
  {
    "geocoder_status" : "OK",
    "partial_match" : true,
    "place_id" : "ChIJ3aPgQGtXawwRLYeiBMUi7bM",
    "types" : [ "locality", "political" ]
  }
  ],
  'travel_mode': 'DRIVING'
}
```

구글 맵 공식 API에 대한 보다 상세한 내용에 대해서는 [11]을 참고하기 바란다.

지금까지는 경로 재탐색이나 교통 상황 변화 같은 문제는 고려하지 않았다. 이런 문제들은 상세 설계를 진행하면서 살펴볼 적응형 ETA(adaptive ETA)를 통해 해결할 수 있다.

지도 표시

대략적으로 시스템 규모를 추정할 때 알아본 바에 따르면, 확대 수준별로 한 벌씩 지도 타일을 저장하려면 수백 PB가 필요하다. 그 모두를 클라이언트가 가지고 있는 것은 실용적인 방법은 아니다. 클라이언트의 위치 및 현재 클라이언트가 보는 확대 수준에 따라 필요한 타일을 서버에서 가져오는 접근법이 바람직하다.

그렇다면 클라이언트는 언제 지도 타일을 서버에서 가져오는가? 몇 가지 시나리오를 생각해 볼 수 있다.

- 사용자가 지도를 확대 또는 이동시키며 주변을 탐색한다.
- 경로 안내가 진행되는 동안 사용자의 위치가 현재 지도 타일을 벗어나 인접한 타일로 이동한다.

다량의 지도 타일 데이터를 서버에서 효과적으로 가져오려면 어떻게 해야 하는지 알아보도록 하자.

선택지 1

이 방법은 클라이언트의 위치, 현재 클라이언트가 보는 지도의 확대 수준에 근거하여 필요한 지도 타일을 즉석에서 만드는 방안이다. 사용자 위치 및 확대 수준의 조합은 무한하다는 점을 감안하면, 이 방안에는 몇 가지 심각한 문제가 있다.

- 모든 지도 타일을 동적으로 만들어야 하는 서버 클러스터에 심각한 부하가 걸린다.
- 캐시를 활용하기가 어렵다.

선택지 2

다른 방법은 확대 수준별로 미리 만들어 둔 지도 타일을 클라이언트에 전달하기만 하는 방법이다. 각 지도 타일이 담당하는 지리적 영역은 지오해싱 같은 분할법을 사용해 만든 고정된 사각형 격자로 표현되므로 정적이다. 클라이언트는 지도 타일이 필요할 경우 현재 확대 수준에 근거하여 필요한 지도 타일 집합을 결정한다. 그런 다음 그 각 위치를 지오해시 URL로 변환한다.

이렇게 미리 만들어 둔 정적 이미지는 CDN을 통해 그림 3.10과 같이 서비스한다.

모바일 사용자

CDN

미리 만들어 둔
지도 이미지
(원본 서버)

그림 3.10 CDN을 통한 사전 생성된 지도 이미지 서비스

위 다이어그램에서 모바일 단말 사용자는 지도 타일 요청을 CDN에 보낸다. 해당 타일이 CDN을 통해 서비스된 적이 없는 경우, CDN은 원본 서버에서 해당 파일을 가져와 그 사본을 캐시에 보관한 다음 사용자에게 반환한다. 그 뒤로 다른 사용자가 같은 파일을 요청하면 CDN은 캐시에 보관한 사본을 서비스하며, 원본 서버는 다시 접촉하지 않는다.

이 접근법은 규모 확장이 용이하고 성능 측면에서도 유리하다. 사용자에게 가장 가까운 POP(Point of Presence)에서 파일을 서비스하기 때문이다.(그림 3.11) 지도 타일은 정적이므로 캐시를 통해 서비스하기에 아주 적합하다.

모바일 데이터 사용량을 줄이는 것은 중요하다. 그러니 경로 안내를 진행하는 동안 클라이언트가 일반적으로 필요로 할 데이터 양을 계산해 보자. 다음 쪽의 계산 결과는 클라이언트 측 캐시는 고려하지 않았음에 유의하자. 사람들은 같은 길을 일상적으로 이용하는 경향이 있으므로, 클라이언트에 캐시를 두면 데이터 사용량을 많이 줄일 수 있을 것이다.

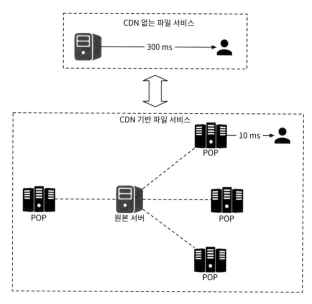

그림 3.11 CDN 기반 서비스 구조의 장점

데이터 사용량

사용자가 30km/h 속도로 이동 중이며, 한 이미지가 200m×200m 영역을 표현하도록 확대하여 지도를 표시하고 있는 상황이라고 하자. (이미지 하나는 256×256픽셀 이미지이며 평균 이미지 크기는 100KB이다.) 1km×1km 영역을 표현하려면 이미지 25장이 필요하며, 이는 저장 용량으로 환산하면 2.5MB(25×100KB)이다. 그러므로 30km/h 속도로 이동한다고 하면 시간당 75MB의 데이터가 소진되며(30×2.5MB), 이는 분당 1.25MB에 해당한다.

이제 CDN 데이터 사용량을 추정해 보자. 주어진 문제의 규모를 감안하였을 때, 비용도 중요하게 따져보아야 한다.

CDN을 통해 서비스되는 트래픽 규모

앞서 언급하였듯, 우리는 매일 50억 분(minutes) 가량의 경로 안내를 처리한다. 이는 50억×1.25MB = 6.25PB/일에 해당하는 양이다. 그러므로 초당 전송해야 하는 지도 데이터의 양은 62,500MB에 달한다$\left(\dfrac{6.25\text{PB}}{10^5\text{초}/\text{하루}}\right)$. CDN을 사용하면 이 지도 이미지는 전 세계에 흩어져 있는 POP를 통해 제공될 것이다. 전 세계에 200개의 POP가 있다고 하자. 각 POP는 수백 MB 정도의 트래픽만 처리하면 될 것이다$\left(\dfrac{62,500}{200}\right)$.

이제 앞에서 간단히 언급하기는 했지만 자세히 살펴보지는 않았던 마지막 한 가지 사항을 조금 더 구체적으로 알아보자. 클라이언트는 CDN에서 지도 타일을 가져올 URL을 어떻게 결정할까? 앞 절에서 살펴본 두 가지 선택지 가운데 후자를 이용할 것임에 유의하자. 따라서 지도 타일은 이미 정의된 격자에 맞게 확대 수준별로 한 벌씩 미리 만들어 둔 것을 사용하게 된다.

지오해시를 사용해 격자를 나누므로 모든 격자는 고유한 지오해시 값을 갖는다. 따라서 위도/경도로 표현된 클라이언트의 위치 및 현재 지도 확대 수준을 입력으로 화면에 표시할 지도 타일에 대응되는 지오해시는 아주 쉽게 계산해 낼 수 있다. 그 계산은 지도를 화면에 표시할 클라이언트가 수행하며, 그 해당 지오해시 및 URL로 CDN에서 지도 타일을 가져오면 된다. 예를 들어 구글 본사가 속한 지도 타일 이미지를 가져오는 URL은 다음과 비슷한 형태일 것이다. https://cdn.map-provider.com/tiles/9q9hvu.png

지오해시 인코딩에 대한 보다 상세한 내용은 1장 '근접성 서비스'에서 다루었으니 참고하기 바란다.

앞에서 서술한 대로 지오해시 계산은 클라이언트가 수행해도 된다. 하지만 해당 알고리즘을 클라이언트에 구현해 놓으면 지원해야 할 플랫폼이 많을 때 문제가 될 수 있음은 주의하자. 모바일 앱 업데이트 배포는 시간도 많이 걸리고 때로는 위험한 프로세스다. 따라서 앞으로도 오랫동안 맵 타일 인코딩에는 지오해싱을 사용하리라는 보장이 있어야 한다. 혹시라도 다른 인코딩 방안으로 교체해야 한다면 많은 노력이 필요하며 위험성도 만만치 않을 것이다.

고려해 볼 만한 다른 한 가지 선택지는 주어진 위도/경도 및 확대 수준을 타일 URL로 변환하는 알고리즘 구현을 별도 서비스에 두는 것이다. 이 서비스는 위도, 경도, 현재 확대 수준을 입력으로 하여 타일 URL을 계산하는 역할만 담당하는 아주 간단한 서비스다. 운영 유연성이 높아지는 이점이 있으므로 고려할 가치가 있다. 장단점을 면접관과 논의해 보면 아주 흥미로울 것이다. 그림 3.12는 이 방안을 적용한 지도 표시 흐름도다.

사용자가 새로운 위치로 이동하거나 확대 수준을 변경하면 지도 타일 서비스는 어떤 타일이 필요한지 결정하여 해당 타일들을 가져오는 데 필요한 URL 집합을 계산해 낸다.

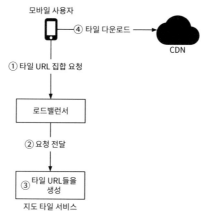

그림 3.12 지도 표시 흐름도

1. 모바일 사용자가 타일 URL들을 가져오기 위해 지도 타일 서비스를 호출한다. 이 요청은 로드밸런서로 전달된다.
2. 로드밸런서는 해당 요청을 지도 타일 서비스로 전달한다.
3. 지도 타일 서비스는 클라이언트의 위치와 확대 수준을 입력으로 삼아 9개의 타일 URL을 계산한 다음 클라이언트에 반환한다. 표시할 타일 하나와 8개의 주변 타일이 응답에 포함된다.
4. 모바일 클라이언트는 해당 타일을 CDN을 통해 다운로드한다.

지도 타일을 미리 계산해 두는 방법에 대해서는 상세 설계를 진행하면서 좀 더 자세히 알아보겠다.

3단계: 상세 설계

이번 절에서는 우선 데이터 모델부터 살펴본다. 그런 다음 위치 서비스, 경로
안내 서비스, 지도 표시에 대한 보다 상세한 설계를 진행할 것이다.

데이터 모델

본 설계안이 다루는 시스템은 다음 네 가지 데이터를 취급한다. (1) 경로 안내
타일, (2) 사용자 위치, (3) 지오코딩 데이터, 그리고 (4) 미리 계산해 둔 지도
타일 데이터다.

경로 안내 타일

앞서, 애초에 필요한 도로 데이터로는 외부 사업자나 기관이 제공한 것을 이용
한다고 밝힌 바 있다. 이 데이터의 용량은 수 테라바이트에 달하며, 애플리케
이션이 지속적으로 수집한 사용자 위치 데이터를 통해 끊임없이 개선된다.

　이 데이터는 방대한 양의 도로 및 그 메타데이터(이름, 관할구, 위도, 경도 등
의 도로 부속 정보)로 구성된다. 그래프 자료 구조 형태로 가공되지 않은 데이
터이므로, 주어진 상태 그대로는 경로 안내 알고리즘의 입력으로 활용할 수 없
다. 그러므로 경로 안내 타일 처리 서비스(routing tile processing service)라 불
리는 오프라인 데이터 가공 파이프라인을 주기적으로 실행하여 경로 안내 타
일로 변환한다. 도로 데이터에 발생한 새로운 변경사항을 반영하기 위해서다.

　"지도 101" 절에서 살펴보았지만, 경로 안내 타일을 만들 때는 해상도를 달리
하여 세 벌을 만든다. 각 타일에는 그래프의 노드와 선분으로 표현된 해당 지
역 내 교차로와 도로 정보가 들어 있다. 다른 타일의 도로와 연결되는 경우에
는 해당 타일에 대한 참조 정보도 포함된다. 경로 안내 알고리즘은 이들 타일
이 모인 결과로 만들어지는 도로망 데이터를 점진적으로 소비한다.

　그렇다면 경로 안내 타일 처리 서비스는 가공 결과로 만든 타일을 어디에 저
장해야 할까? 그래프 데이터는 메모리에 인접 리스트(adjacency list) 형태로 보
관하는 것이 일반적이다.[12] 하지만 본 설계안이 다루는 타일 데이터는 메모리
에 두기에는 양이 너무 많다. 그래프의 노드와 선을 데이터베이스 레코드로 저

장하는 것도 방법이겠지만 비용이 많이 든다. 게다가 경로 안내 타일의 경우
데이터베이스가 제공하는 기능이 필요 없다는 것도 문제다.

경로 안내 타일을 저장하는 효율적 방법은 S3 같은 객체 저장소(object stor-
age)에 파일을 보관하고 그 파일을 이용할 경로 안내 서비스에서 적극적으로
캐싱하는 것이다. 인접 리스트를 이진 파일(binary file) 형태로 직렬화(serial-
ize) 해주는 고성능 소프트웨어 패키지는 많다. 타일을 객체 저장소에 보관할
때는 지오해시 기준으로 분류해 두는 것이 좋다. 그러면 위도와 경도가 주어졌
을 때 타일을 신속하게 찾을 수 있다.

최단 경로 서비스가 이 경로 안내 타일을 사용하는 방법에 대해서는 잠시 후
에 살펴보겠다.

사용자 위치 데이터

사용자의 위치 정보는 아주 값진 데이터다. 이 데이터는 도로 데이터 및 경로
안내 타일을 갱신하는 데 이용되며, 실시간 교통 상황 데이터나 교통 상황 이
력 데이터베이스를 구축하는 데도 활용된다. 아울러 데이터 스트림 프로세싱
서비스는 이 위치 데이터를 처리하여 지도 데이터를 갱신한다.

사용자 위치 데이터를 저장하려면 엄청난 양의 쓰기 연산을 잘 처리할 수 있
으면서 수평적 규모 확장이 가능한 데이터베이스가 필요하다. 카산드라는 그
기준을 잘 만족시키는 후보다.

해당 데이터베이스의 레코드는 다음과 같은 형태다.

user_id	timestamp	user_mode	driving_mode	location
101	1635740977	active	driving	(20.0, 30.5)

표 3.2 사용자 위치 테이블

지오코딩 데이터베이스

이 데이터베이스에는 주소를 위도/경도 쌍으로 변환하는 정보를 보관한다. 레
디스처럼 빠른 읽기 연산을 제공하는 키-값 저장소가 이 용도에 적당한데, 읽
기 연산은 빈번한 반면 쓰기 연산은 드물게 발생하기 때문이다. 출발지와 목적

지 주소는 경로 계획 서비스에 전달하기 전에 이 데이터베이스를 통해 위도/경도 쌍으로 변환되어야 한다.

미리 만들어 둔 지도 이미지

단말이 특정 영역의 지도를 요청하면 인근 도로 정보를 취합하여 모든 도로 및 관련 상세 정보가 포함된 이미지를 만들어 내야 한다. 계산 자원을 많이 사용할 뿐 아니라 같은 이미지를 중복 요청하는 경우가 많으므로 이미지는 한 번만 계산하고 그 결과는 캐시해 두는 전략을 쓰는 것이 좋다. 이미지는 지도 표시에 사용하는 확대 수준별로 미리 만들어 두고 CDN을 통해 전송한다. CDN 원본 서버로는 아마존 S3 같은 클라우드 저장소를 활용한다. 그림 3.13은 해당 이미지 사례다.

그림 3.13 미리 만들어 놓은 이미지

서비스

데이터 모델에 대해 살펴보았으니 이제 구글 맵 구현에 가장 중요한 위치 서비스, 지도 표시 서비스, 경로 안내 서비스를 살펴보자.

위치 서비스

개략적 설계안을 설명하면서 위치 서비스 동작 방식에 대해 논의해 보았다. 이번 절에서는 데이터베이스 설계 및 사용자 위치 정보가 이용되는 방식에 초점을 맞추어 상세 설계를 진행하겠다.

사용자 위치 데이터 저장에는 키-값 저장소를 활용한다.(그림 3.14)

그림 3.14 사용자 위치 데이터베이스

초당 백만 건의 위치 정보 업데이트가 발생한다는 점을 감안하면 쓰기 연산 지원에 탁월한 데이터베이스가 필요하다. NoSQL 키-값 데이터베이스나 열-중심 데이터베이스(column-oriented database)가 그런 요구사항에 적합하다. 또 한 가지 유의할 사항은, 사용자 위치는 계속 변화하며 일단 변경되고 나면 이전 정보는 바로 무용해지고 말기 때문에, 데이터 일관성(consistency)보다는 가용성(availability)이 더 중요하다는 점이다. CAP 정리(theorem)에 따르면 일관성(Consistency), 가용성(Availability), 분할 내성(Partition tolerance) 모두를 만족시킬 방법은 없다.[13] 그러므로 주어진 요구사항에 근거하여, 본 설계안은 가용성과 분할 내성 두 가지를 만족시키는 데 집중한다. 그리고 이 요구사항에 가장 적합한 데이터베이스 가운데 하나는 카산드라다. 높은 가용성을 보장하면서도 막대한 규모의 연산을 감당할 수 있도록 해 줄 것이다.

데이터베이스 키로는 (user_id, timestamp)의 조합을 사용하며, 해당 키에 매달리는 값으로는 위도/경도 쌍을 저장한다. 이때 user_id는 파티션 키(partition key)이며 timestamp는 클러스터링 키(clustering key)로 활용한다. user_id를 파티션 키로 사용하는 것은 특정 사용자의 최근 위치를 신속히 읽어 내기 위해서다. 같은 파티션 키를 갖는 데이터는 함께 저장되며 클러스터링 키 값에 따라 정렬된다. 이렇게 해 두면 특정 사용자의 특정 기간 내 위치도 효율적으로 읽어낼 수 있다.

해당 테이블의 레코드는 다음과 같은 형태다.

key(user_id)	timestamp	lat	long	user_mode	navigation_mode
51	132053000	21.9	89.8	active	driving

표 3.3 위치 데이터

사용자 위치 데이터는 어떻게 이용되는가

사용자 위치는 쓰임새가 다양한 중요 데이터다. 가령 이 데이터를 활용하면 새로 개설되었거나 폐쇄된 도로를 감지할 수 있다. 지도 데이터의 정확성을 점차로 개선하는 입력으로도 활용될 수 있다. 실시간 교통 현황을 파악하는 입력이 될 수도 있다.

이런 용례를 지원하기 위해서 사용자 위치를 데이터베이스에 기록하는 것과 별도로 카프카와 같은 메시지 큐에 로깅한다. 카프카는 응답 지연이 낮고 많은 데이터를 동시에 처리할 수 있는 데이터 스트리밍 플랫폼으로, 실시간 데이터 피드(data feed)를 지원하기 위해 고안되었다. 그림 3.15는 카프카를 활용하여 개선한 설계안이다.

개별 서비스는 카프카를 통해 전달되는 사용자 위치 데이터 스트림을 각자용도에 맞게 활용한다. 예를 들어 실시간 교통 상황 서비스는 해당 스트림을 통해 읽은 데이터로 실시간 교통량 데이터베이스를 갱신한다. 경로 안내 타일 처리 서비스는 해당 데이터를 활용해 새로 열린 도로나 폐쇄된 도로를 탐지하고 해당 변경 내역을 객체 저장소의 경로 안내 타일에 반영함으로써 점진적으로 지도의 품질을 개선한다.

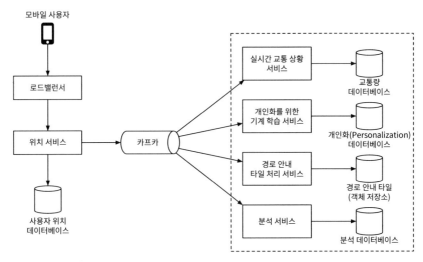

그림 3.15 여러 서비스에 위치 데이터 제공

지도 표시

이번 절에서는 지도 타일을 미리 만들어 놓는 방법과 지도 표시 최적화 기법을 살펴보겠다. 이번 절에 실린 내용은 기본적으로 구글의 설계안을 참조했다.[3]

지도 타일 사전 계산

앞서 언급했듯이 사용자가 보는 지도 크기나 확대 수준에 맞는 세부사항을 보여주기 위해서는 확대 수준별 지도 타일을 미리 만들어 둘 필요가 있다. 구글 맵은 21단계로 지도를 확대할 수 있으며(표 3.1) 본 설계안도 마찬가지다.

확대 수준 0은 세계 전부를 256×256픽셀짜리 타일 하나로 표현한다.

확대 수준을 1단계 올릴 때마다 해당 수준을 위한 전체 타일 수는 동서 방향으로 두 배, 남북 방향으로 두 배 늘어난다. 각 타일 크기는 여전히 256×256픽셀이다. 그림 3.16에서 보듯, 확대 수준 1에 필요한 타일은 2×2장으로, 그 전부를 합친 해상도는 512×512픽셀이다. 확대 수준 2에 필요한 타일은 4×4장으로, 그 전부를 합친 해상도는 1024×1024픽셀이다. 확대 수준을 1단계 늘릴 때마다 해당 수준 전부를 합친 해상도는 그 이전 수준 대비 4배씩 늘어난다. 이 늘어난 해상도 덕에 사용자에게 더 상세한 정보를 제공할 수 있다. 아울러 클라이언트는 해당 정보를 제공하기 위한 타일을 다운 받는 데 많은 네트워크 대역폭을 소진하지 않고도 클라이언트에 설정된 확대 수준에 최적인 크기의 지도를 표시할 수 있다. 화면에 한 번에 표시 가능한 지도 타일 개수는 달라지지 않기 때문이다.

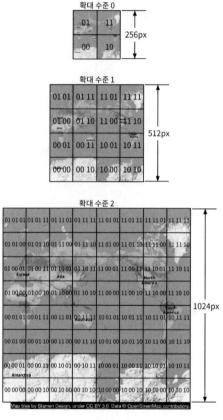

그림 3.16 확대 수준별 지도

최적화: 벡터 사용

지도 표시에 WebGL 기술을 채택하면 어떤 혜택이 있을까? 네트워크를 통해 이미지를 전송하는 대신 경로(path)와 다각형(polygon) 등의 벡터(vector) 정보를 보내는 것이다. 클라이언트는 수신된 경로와 다각형 정보를 통해 지도를 그려내면 된다.

벡터 타일의 한 가지 분명한 장점은 이미지에 비해 월등한 압축률이다. 따라서 네트워크 대역폭을 많이 아낄 수 있다.

그다지 뚜렷하진 않지만 기대할 수 있는 또 다른 장점은 훨씬 매끄러운 지도 확대 경험이다. 래스터 방식 이미지(rasterized image)를 사용하면 클라이언트가 확대 수준을 높이는 순간에 이미지가 늘어지고(stretch) 픽셀이 도드라져 보이는 문제가 있다. 시각 효과 측면에서는 상당히 거슬릴 수 있다. 하지만 벡터화 된 이미지를 사용하면 클라이언트는 각 요소 크기를 적절하게 조정할 수 있어서 훨씬 매끄러운 확대 경험을 제공할 수 있다.

경로 안내 서비스

이제 경로 안내 서비스를 좀 더 자세히 살펴보자. 이 서비스는 가장 빠른 경로를 안내하는 역할을 담당한다. 그 설계도는 그림 3.17과 같다.

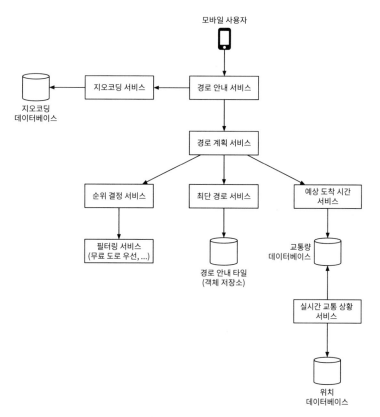

그림 3.17 경로 안내 서비스

지금부터 이 그림에 등장하는 각 컴포넌트를 살펴보겠다.

지오코딩 서비스

우선, 주소를 위도와 경도 쌍으로 바꿔주는 서비스가 필요하다. 주소의 표현 방식은 다양할 수 있다는 점을 고려해야 한다. 즉, 장소 이름으로 나타낸 주소도 있을 수 있고 지번 형태로 나타낸 주소도 있을 수 있다.

다음은 구글 지오코딩 API의 요청/응답 사례다.

요청:

```
https://maps.googleapis.com/maps/api/geocode/json?address=1600+Amphit
heatre+Parkway,+Mountain+View,+CA
```

JSON 응답:

```
{
  "results" : [
    {
      "formatted_address" : "1600 Amphitheatre Parkway, Mountain
          View, CA 94043, USA",
      "geometry" : {
        "location" : {
          "lat" : 37.4224764,
          "lng" : -122.0842499
        },
        "location_type" : "ROOFTOP",
        "viewport" : {
          "northeast" : {
            "lat" : 37.4238253802915,
            "lng" : -122.0829009197085
          },
          "southwest" : {
            "lat" : 37.4211274197085,
            "lng" : -122.0855988802915
          }
        },
        "place_id" : "ChIJ2eUgeAK6j4ARbn5u_wAGqWA",
        "plus_code": {
          "compound_code": "CWC8+W5 Mountain View, California,
              United States",
```

```
        "global_code": "849VCWC8+W5"
      },
      "types" : [ "street_address" ]
    }
  }
],
"status" : "OK"
}
```

경로 안내 서비스는 이 서비스를 호출하여 출발지와 목적지 주소를 위도/경도 쌍으로 변환한 뒤 추후 다른 서비스 호출에 이용한다.

경로 계획 서비스

경로 계획 서비스(route planner service)는 현재 교통 상황과 도로 상태에 입각하여 이동 시간 측면에서 최적화된 경로를 제안하는 역할을 담당한다. 뒤이어 설명할 다른 서비스들과 통신하여 결과를 만들어 낸다.

최단 경로 서비스

최단 경로 서비스(shortest path service)는 출발지와 목적지 위도/경도를 입력으로 받아 k개 최단 경로를 반환하는 서비스다. 이때 교통이나 도로 상황은 고려하지 않는다. 다시 말해 도로 구조에만 의존하여 계산을 수행한다. 도로망 그래프는 거의 정적이므로 캐시해 두면 좋다.

최단 경로 서비스는 객체 저장소에 저장된 경로 안내 타일에 대해 A* 경로 탐색 알고리즘의 한 형태를 실행한다. 개요는 대략 다음과 같다.

- 입력으로 출발지와 목적지의 위도/경도를 받는다. 이 위치 정보를 지오해시로 변환한 다음 출발지와 목적지 경로 안내 타일을 얻는다.
- 출발지 타일에서 시작하여 그래프 자료 구조를 탐색해 나간다. 탐색 범위를 넓히는 과정에서 필요한 주변 타일은 객체 저장소에서(과거에 가져온 적이 있는 경우에는 캐시에서) 가져온다. 같은 지역의 다른 확대 수준 타일로도 연결이 존재할 수 있음에 유의하자. 고속도로만 있는 더 큰 타일로 진입하거나 할 수 있는 것은 알고리즘이 그런 연결을 선택할 수 있기 때문이다. 최

단 경로가 충분히 확보될 때까지 알고리즘은 검색 범위를 계속 확대해 나가면서 필요한 만큼 타일을 가져오는 작업을 반복할 것이다.

그림 3.18([14]를 참고하였음)은 그래프 탐색 과정에서 타일이 어떻게 이용되는지를 개념적으로 보여 준다.

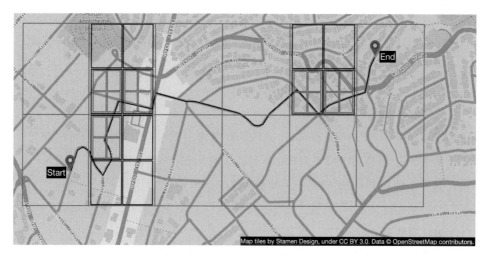

그림 3.18 그래프 탐색

예상 도착 시간 서비스

경로 계획 서비스는 최단 경로 목록을 수신하면 예상 도착 시간 서비스(ETA service)를 호출하여 그 경로 각각에 대한 소요 시간 추정치를 구한다. 예상 도착 시간 서비스는 기계 학습을 활용해 현재 교통 상황 및 과거 이력에 근거하여 예상 도착 시간을 계산한다.

이때 까다로운 문제는 실시간 교통 상황 데이터만 필요한 게 아니라 앞으로 10분에서 20분 뒤에 교통 상황이 어떻게 달라질지도 예측해야 한다는 것이다. 이런 문제는 알고리즘 차원에서 풀어야 하며 이번 절에서 상세하게 설명하지는 않겠다. 관심 있는 독자는 [15][16]을 참고하기 바란다.

순위 결정 서비스

경로 계획 서비스는 ETA 예상치를 구하고 나면 순위 결정 서비스(ranker)에 관련 정보를 모두 전달하여 사용자가 정의한 필터링 조건을 적용한다. 유료 도로 제외, 고속도로 제외 등이 그런 필터링 조건의 사례다. 순위 결정 서비스는 필터링이 끝나고 남은 경로를 소요 시간 순으로 정렬하여 최단 시간 경로 k개를 구한 다음 경로 안내 서비스에 결과를 반환한다.

중요 정보 갱신 서비스들

이 부류의 서비스는 카프카 위치 데이터 스트림을 구독하고 있다가 중요 데이터를 비동기적으로 업데이트하여 그 상태를 항상 최신으로 유지하는 역할을 담당한다. 실시간 교통 정보 데이터베이스나 경로 안내 타일 등이 그 사례다.

경로 안내 타일 처리 서비스는 도로 데이터에 새로 발견된 도로, 폐쇄되었음이 확인된 도로 정보를 반영하여 경로 안내 타일을 지속적으로 갱신한다. 그 덕에 최단 경로 서비스는 더 정확한 결과를 낼 수 있게 된다.

실시간 교통 상황 서비스는 활성화 상태 사용자가 보내는 위치 데이터 스트림에서 교통 상황 정보를 추출한다. 그 결과로 찾아낸 정보는 실시간 교통 상황 데이터베이스에 반영되며, 예상 도착 시간 서비스가 더욱 정확한 결과를 내는 데 쓰인다.

적응형 ETA와 경로 변경

현 설계안은 적응형 ETA와 경로 변경을 허용하지 않는다. 이 문제를 해결하려면 서버는 현재 경로 안내를 받고 있는 모든 사용자를 추적하면서 교통 상황이 달라질 때마다 각 사용자의 ETA를 변경해 주어야 한다. 그러려면 다음 중요한 질문에 답할 수 있어야 한다.

- 현재 경로 안내를 받고 있는 사용자는 어떻게 추적하나?
- 수백만 경로 가운데 교통 상황 변화에 영향을 받는 경로와 사용자를 효율적으로 가려낼 방법은 무엇인가?

간단하긴 하지만 그다지 효율적이지는 않은 방법부터 살펴보자. 사용자 user_1이 안내 받은 경로가 그림 3.19와 같이 경로 안내 타일 r_1, r_2, r_3, ..., r_7로 구성되어 있다고 하자.

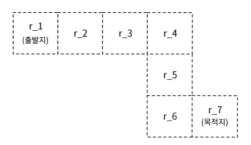

그림 3.19 안내된 경로

경로 안내 서비스를 받고 있는 사용자와 그 경로 정보를 데이터베이스에 저장한다고 하면 그 형상은 아마 다음과 같을 것이다.

```
user_1: r_1, r_2, r_3, ..., r_k
user_2: r_4, r_6, r_9, ..., r_n
user_3: r_2, r_8, r_9, ..., r_m
...
user_n: r_2, r_10, r_21, ..., r_l
```

이때 경로 안내 타일 r_2에서 교통사고가 발생했다고 하자. 어떤 사용자가 영향을 받는지 알아내려면 위의 레코드를 전수 조사해서 어떤 사용자가 해당 타일을 가지고 있는지 알아보아야 한다.

```
user_1: r_1, **r_2**, r_3, ..., r_k
user_2: r_4, r_6, r_9, ..., r_n
user_3: **r_2**, r_8, r_9, ..., r_m
...
user_n: **r_2**, r_10, r_21, ..., r_l
```

이 테이블에 보관된 레코드 수가 n이고 안내되는 경로의 평균 길이가 m이라고 하면 교통 상황 변화에 영향 받는 모든 사용자 검색의 시간 복잡도는 $O(n \times m)$일 것이다.

이 검색 속도를 더 높일 방법은 없을까? 다른 접근법을 알아보자. 경로 안내를 받는 사용자 각각의 현재 경로 안내 타일, 그 타일을 포함하는 상위 타일(즉, 확대 수준이 더 낮은 타일), 그 상위 타일의 상위 타일을 출발지와 목적지가 모두 포함된 타일을 찾을 때까지 재귀적으로 더하여 보관하는 것이다.(그림 3.20) 그 결과를 데이터베이스에 보관한다고 하면 레코드 하나의 형태는 다음과 같을 것이다.

```
user_1, r_1, super(r_1), super(super(r_1)), ...
```

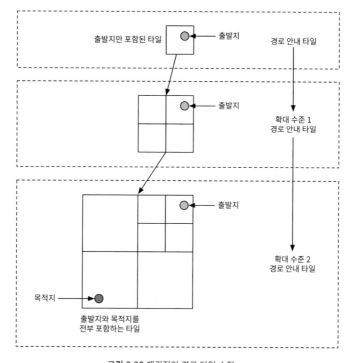

그림 3.20 재귀적인 경로 타일 수집

이렇게 해 두면, 어떤 타일의 교통 상황이 변했을 때 경로 안내 ETA가 달라지는 사용자는, 해당 사용자의 데이터베이스 레코드 마지막 타일에 그 타일이 속하는 사용자다. 그 이외의 사용자에게는 아무 영향이 없다. 검색 시간 복잡도가 $O(n)$으로 줄어들기 때문에 좀 더 효율적이다.

그러나 이 접근법은 교통 상황이 개선되었을 때 해야 하는 일까지 해결해 주지는 않는다. 예를 들어 경로 안내 타일 2의 교통 상황이 회복되어서 사용자가 옛날 경로로 돌아가도 된다고 하자. 경로 재설정이 가능하다는 사실을 어떻게 감지하고 알릴 것인가? 한 가지 방안은 현재 경로 안내를 받는 사용자가 이용 가능한 경로의 ETA를 주기적으로 재계산하여 더 짧은 ETA를 갖는 경로가 발견되면 알리는 것이다.

전송 프로토콜

경로 안내 중에 경로의 상황이 변경될 수 있으므로, 데이터를 모바일 클라이언트에 전송할 안정적인 방법이 필요하다. 이 경우에 서버에서 클라이언트로 데이터를 보내는 데 활용할 수 있는 프로토콜로는 모바일 푸시 알림(mobile push notification), 롱 폴링(long polling), 웹소켓(WebSocket), 서버 전송 이벤트(Server-Sent Events, SSE) 등이 있다.

- 모바일 푸시 알림은 보낼 수 있는 메시지 크기가 매우 제한적이므로(iOS의 경우에는 최대 4,096바이트) 사용하지 않는 게 바람직하다. 게다가 웹 애플리케이션은 지원하지 않는다.
- 웹소켓은 서버에 주는 부담이 크지 않아서 일반적으로 롱 폴링보다 좋은 방안으로 본다.
- 모바일 푸시 알림과 롱 폴링을 지원하지 않기로 하였으므로 남은 선택지는 웹소켓과 SSE다. 두 방법 모두 괜찮은 방법이긴 하지만 본 설계안에서는 웹소켓을 사용할 것이다. 양방향 통신을 지원하기 때문인데, 가령 패키지나 상품이 목적지에 가까워졌을 때는 실시간 양방향 통신이 필요한 경우도 있기 때문이다.

ETA와 경로 변경에 관한 보다 상세한 내용이 궁금하다면 [15]를 참고하기 바란다.

이제 설계에 필요한 조각을 모두 하나로 합쳤다. 그 결과가 그림 3.21이다.

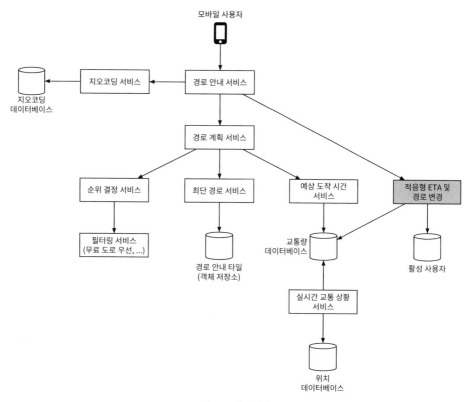

그림 3.21 최종 설계안

4단계: 마무리

이번 장에서 우리는 위치 갱신, ETA, 경로 계획, 지도 표시 등의 핵심 기능을 지원하는 단순화된 구글 맵 애플리케이션을 설계해 보았다. 이 시스템의 확장에 관심이 있다면, 기업 고객 대상으로 중간 경유지 설정 기능을 제공하는 것을 고려해 보면 좋을 것이다. 예를 들어 고객이 하나가 아닌 여러 목적지를 입력하면 그 모두를 어떤 순서로 방문해야 가장 빨리 경유할 수 있을지 실시간 교통 상황을 고려하여 안내하는 것이다. 이런 기능을 제공하면 도어대시(Door-Dash), 우버(Uber), 리프트(Lyft) 같은 배달 서비스에 아주 유용할 것이다.

여기까지 성공적으로 마친 여러분, 축하한다. 멋지게 마무리한 스스로를 마음껏 격려하도록 하자!

3장 요약

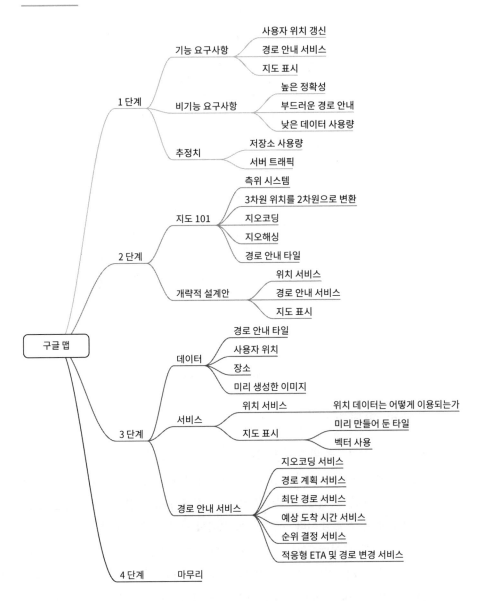

참고 문헌

[1] 구글 맵: *https://developers.google.com/maps?hl=en_US*

[2] 구글 맵 플랫폼: *https://cloud.google.com/maps-platform/*

[3] 더 부드러운 지도 표시 방안 (Prototyping a Smoother Map): *https://medium. com/google-design/google-maps-cb0326d165f5*

[4] 메르카토르 도법(Mercator projection): *https://en.wikipedia.org/wiki/Mercator _projection*

[5] 퍼스 퀸쿤셜 도법(Peirce quincuncial projection): *https://en.wikipedia.org/ wiki/Peirce_quincuncial_projection*

[6] 갈-페터스 도법(Gall-Peters projection): *https://en.wikipedia.org/wiki/ Gall-Peters_projection*

[7] 윈켈 트리펠 도법(Winkel tripel projection): *https://en.wikipedia.org/wiki/ Winkel_tripel_projection*

[8] 지오코딩: *https://en.wikipedia.org/wiki/Address_geocoding*

[9] 지오해싱: *https://kousiknath.medium.com/system-design-design-a-geo- spatial -index-for-real-time-location-search-10968fe62b9c*

[10] HTTP keep-alive: *https://en.wikipedia.org/wiki/HTTP_persistent_connec tion*

[11] 경로 안내 API(Directions API): *https://developers.google.com/maps/documen tation/directions/start?hl=en_US*

[12] 인접 리스트: *https://en.wikipedia.org/wiki/Adjacency_list*

[13] CAP 정리: *https://en.wikipedia.org/wiki/CAP_theorem*

[14] 경로 안내 타일: *https://www.mapzen.com/blog/valhalla-why_tiles/*

[15] GNN을 통한 ETA 계산(ETAs with GNNs): *https://deepmind.com/blog/arti cle/traffic-prediction-with-advanced-graph-neural-networks*

[16] 구글 맵 기초(Google Maps 101): How AI helps predict traffic and deter- mine routes: *https://blog.google/products/maps/google-maps-101-how-ai- helps-predict-traffic-and-determine-routes/*

4장

분산 메시지 큐

이번 장에서는 시스템 설계 면접에 단골로 출제되는 문제인, 분산 메시지 큐 설계에 대해 알아보겠다. 현대적 소프트웨어 아키텍처를 따르는 시스템은 잘 정의된 인터페이스를 경계로 나뉜 작고 독립적인 블록들로 구성된다. 메시지 큐는 이 블록 사이의 통신과 조율을 담당한다. 메시지 큐를 사용하면 어떤 이득을 얻을 수 있는가?

- 결합도 완화(decoupling): 메시지 큐를 사용하면 컴포넌트 사이의 강한 결합이 사라지므로 각각을 독립적으로 갱신할 수 있다.
- 규모 확장성 개선: 메시지 큐에 데이터를 생산하는 생산자(producer)와 큐에서 메시지를 소비하는 소비자(consumer) 시스템 규모를 트래픽 부하에 맞게 독립적으로 늘릴 수 있다. 예를 들어 트래픽이 많이 몰리는 시간에는 더 많은 소비자를 추가하여 처리 용량을 늘릴 수 있다.
- 가용성 개선: 시스템의 특정 컴포넌트에 장애가 발생해도 다른 컴포넌트는 큐와 계속 상호작용을 이어갈 수 있다.
- 성능 개선: 메시지 큐를 사용하면 비동기 통신이 쉽게 가능하다. 생산자는 응답을 기다리지 않고도 메시지를 보낼 수 있고, 소비자는 읽을 메시지가 있을 때만 해당 메시지를 소비하면 된다. 서로를 기다릴 필요가 없다.

그림 4.1은 몇 가지 시장에서 가장 유명한 분산 메시지 큐 시스템이다.

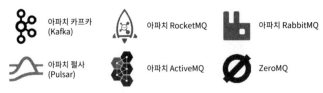

그림 4.1 유명 분산 메시지 큐

메시지 큐 대 이벤트 스트리밍 플랫폼

엄밀하게 말하면 아파치 카프카(Apache Kafka)나 펄사(Pulsar)는 메시지 큐가 아니라 이벤트 스트리밍 플랫폼(event streaming platform)이다. 하지만 메시지 큐(RocketMQ, ActiveMQ, RabbitMQ, ZeroMQ 등)와 이벤트 스트리밍 플랫폼(카프카, 펄사) 사이의 차이는 지원하는 기능이 서로 수렴하면서 점차 희미해지고 있다. 예를 들어 전형적인 메시지 큐 RabbitMQ는 옵션으로 제공되는 스트리밍 기능을 추가하면 메시지를 반복적으로 소비할 수 있는 동시에 데이터의 장기 보관도 가능하다. 그리고 그 기능은 데이터 추가(append)만 가능한 로그(log)를 통해 구현되어 있는데, 이벤트 스트리밍 플랫폼 구현과 유사하다. 아파치 펄사는 기본적으로 카프카의 경쟁자이지만, 분산 메시지 큐로도 사용이 가능할 정도로 유연하고 성능도 좋다.

이번 장에서는 데이터 장기 보관(long data retention), 메시지 반복 소비(repeated consumption of messages) 등의 부가 기능을 갖춘 분산 메시지 큐를 설계해 볼 것이다. 지금 언급한 부가 기능은 통상적으로는 이벤트 스트리밍 플랫폼에서만 이용 가능하다. 이 부가 기능을 지원하는 설계는 좀 더 까다롭다. 따라서 면접관이 전통적 분산 메시지 큐 설계에 초점을 맞출 경우 설계가 단순해질 여지가 있는 부분은 따로 강조하겠다.

1단계: 문제 이해 및 설계 범위 확정

메시지 큐의 기본 기능은 아주 간단하게 요약할 수 있다. 생산자(producer)는 메시지를 큐에 보내고, 소비자(consumer)는 큐에서 메시지를 꺼낼 수 있으면 된다. 하지만 이 기본 기능 외에도 성능, 메시지 전달 방식, 데이터 보관 기간

등 고려할 사항은 다양하다. 적절한 질문을 통해 요구사항을 분명히 밝히고 설계 범위를 좁히자.

지원자: 메시지의 형태(format)와 평균 크기를 알려주실 수 있나요? 텍스트 메시지만 지원하면 됩니까? 아니면 멀티미디어(multimedia)도 지원해야 하나요?

면접관: 텍스트 형태 메시지만 지원하면 됩니다. 메시지의 크기는 수 킬로바이트(KB) 수준이라고 보면 됩니다.

지원자: 메시지는 반복적으로 소비될 수 있어야 하나요?

면접관: 네. 하나의 메시지를 여러 소비자가 수신하는 것이 가능해야 합니다. 하지만 부가 기능임을 명심하세요. 전통적인 분산 메시지 큐는 한 소비자라도 받아간 메시지는 지워버립니다. 그러니 전통적인 메시지 큐 시스템으로는 같은 메시지를 여러 소비자에게 반복해서 전달할 수 없어요.

지원자: 메시지는 큐에 전달된 순서대로 소비되어야 하나요?

면접관: 생산된 순서 그대로 소비되어야 합니다. 그런데 이것도 부가 기능입니다. 전통적인 분산 메시지 큐는 보통 소비 순서는 보증하지 않아요.

지원자: 데이터의 지속성이 보장되어야 하나요? 그렇다면 기간은 얼마 동안인가요?

면접관: 네. 2주라고 가정합시다. 역시 부가 기능이에요. 전통적인 분산 메시지 큐는 메시지의 지속성 보관을 보증하지 않습니다.

지원자: 지원해야 하는 생산자와 소비자 수는 어느 정도입니까?

면접관: 많으면 많을수록 좋죠.

지원자: 어떤 메시지 전달 방식을 지원해야 하나요? 예를 들어, 최대 한 번(at-most-once), 최소 한 번(at-least-once), 정확히 한 번(exactly once) 중에서요.

면접관: '최소 한 번' 방식은 반드시 지원해야 하고요. 이상적이기로는 그 모두를 다 지원해야 하고, 사용자가 설정 가능하도록 해 주어야 합니다.

지원자: 목표로 삼아야 할 대역폭(throughput)과 단대단(end-to-end) 지연 시

간을 알려주실 수 있으실까요?

면접관: 로그 수집 등을 위해 사용할 수도 있어야 하므로 높은 수준의 대역폭
을 제공해야 합니다. 일반적인 메시지 큐가 지원하는 전통적 사용법도
지원해야 하니 낮은 전송 지연도 필수겠죠.

기능 요구사항

이 대화를 토대로 다음과 같은 기능적 요구사항을 도출했다고 가정하겠다.

- 생산자는 메시지 큐에 메시지를 보낼 수 있어야 한다.
- 소비자는 메시지 큐를 통해 메시지를 수신할 수 있어야 한다.
- 메시지는 반복적으로 수신할 수도 있어야 하고, 단 한 번만 수신하도록 설정
  될 수도 있어야 한다.
- 오래된 이력 데이터는 삭제될 수 있다.
- 메시지 크기는 킬로바이트 수준이다.
- 메시지가 생산된 순서대로 소비자에게 전달할 수 있어야 한다.
- 메시지 전달 방식은 최소 한 번, 최대 한 번, 정확히 한 번 가운데 설정할 수
  있어야 한다.

비기능 요구사항

- 높은 대역폭과 낮은 전송 지연 가운데 하나를 설정으로 선택 가능하게 하는
  기능
- 규모 확장성. 이 시스템은 특성상 분산 시스템일 수밖에 없다. 메시지 양이
  급증해도 처리 가능해야 한다.
- 지속성 및 내구성(persistency and durability). 데이터는 디스크에 지속적으
  로 보관되어야 하며 여러 노드에 복제되어야 한다.

전통적 메시지 큐와 다른 점

RabbitMQ와 같은 전통적인 메시지 큐는 이벤트 스트리밍 플랫폼처럼 메시지
보관 문제를 중요하게 다루지 않는다. 전통적인 큐는 메시지가 소비자에 전달

되기 충분한 기간 동안만 메모리에 보관한다. 처리 용량을 넘어선 메시지는 디스크에 보관하긴 하는데[1] 이벤트 스트리밍 플랫폼이 감당하는 용량보다는 아주 낮은 수준이다. 전통적인 메시지 큐는 메시지 전달 순서도 보존하지 않는다. 생산된 순서와 소비되는 순서는 다를 수 있다. 그런 차이를 감안하면 설계는 크게 단순해질 수 있다. 따라서 필요한 때마다 그 점을 언급할 것이다.

2단계: 개략적 설계안 제시 및 동의 구하기

우선 메시지 큐의 기본 기능부터 살펴보자.

그림 4.2는 메시지 큐의 핵심 컴포넌트 및 간략한 상호작용 흐름도다.

그림 4.2 메시지 큐의 핵심 컴포넌트

- 생산자는 메시지를 메시지 큐에 발행
- 소비자는 큐를 구독(subscribe)하고 구독한 메시지를 소비
- 메시지 큐는 생산자와 소비자 사이의 결합을 느슨하게 하는 서비스로, 생산자와 소비자의 독립적인 운영 및 규모 확장을 가능하게 하는 역할 담당
- 생산자와 소비자는 모두 클라이언트/서버 모델 관점에서 보면 클라이언트고 서버 역할을 하는 것은 메시지 큐이며 이 클라이언트와 서버는 네트워크를 통해 통신

메시지 모델

가장 널리 쓰이는 메시지 모델은 일대일(point-to-point)과 발행-구독(publish-subscribe) 모델이다.

일대일 모델

이 모델은 전통적인 메시지 큐에서 흔히 발견되는 모델이다. 일대일 모델에서 큐에 전송된 메시지는 오직 한 소비자만 가져갈 수 있다. 소비자가 아무리 많아도 각 메시지는 오직 한 소비자만 가져갈 수 있다. 그림 4.3을 보자. 메시지 A를 가져가는 것은 소비자 1뿐이다.

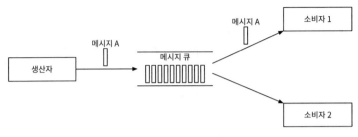

그림 4.3 일대일 모델

어떤 소비자가 메시지를 가져갔다는 사실을 큐에 알리면(acknowledge) 해당 메시지는 큐에서 삭제된다. 이 모델은 데이터 보관(data retention)을 지원하지 않는다. 반면 본 설계안은 메시지를 두 주 동안은 보관할 수 있도록 하는 지속성 계층(persistence layer)를 포함하며, 해당 계층을 통해 메시지가 반복적으로 소비될 수 있도록 한다.

비록 본 설계안은 일대일 모델도 지원할 수 있기는 하지만, 그 기능은 발행-구독 모델 쪽에 좀 더 자연스럽게 부합한다.

발행-구독 모델

발행-구독 모델을 설명하려면 토픽(topic)이라는 새로운 개념을 도입해야 한다. 토픽은 메시지를 주제별로 정리하는 데 사용된다. 각 토픽은 메시지 큐 서비스 전반에 고유한 이름을 가진다.

메시지를 보내고 받을 때는 토픽에 보내고 받게 된다.

이 모델에서 토픽에 전달된 메시지는 해당 토픽을 구독하는 모든 소비자에 전달된다. 그림 4.4의 예를 보자. 메시지 A는 소비자 1과 2 모두에 전달된다.

본 설계안이 제시할 분산 메시지 큐는 방금 살펴본 두 가지 모델을 전부 지원한다. 발행-구독 모델은 토픽을 통해 구현할 수 있고, 일대일 모델은 소비자 그룹(consumer group)을 통해 지원할 수 있다. 이에 대해서는 관련 절에서 소개하겠다.

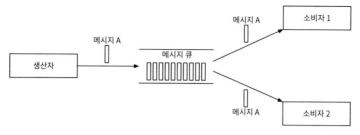

그림 4.4 발행-구독 모델

토픽, 파티션, 브로커

앞서 언급했듯이 메시지는 토픽에 보관된다. 토픽에 보관되는 데이터의 양이 커져서 서버 한 대로 감당하기 힘든 상황이 벌어지면 어떻게 될까?

이 문제를 해결하는 한 가지 방법은 파티션(partition), 즉 샤딩(sharding) 기법을 활용하는 것이다. 그림 4.5와 같이, 토픽을 여러 파티션으로 분할한 다음에 메시지를 모든 파티션에 균등하게 나눠 보낸다. 파티션은 토픽에 보낼 메시지의 작은 부분집합으로 생각하면 좋다. 파티션은 메시지 큐 클러스터 내의 서버에 고르게 분산 배치한다. 파티션을 유지하는 서버는 보통 브로커(broker)라 부른다. 파티션을 브로커에 분산하는 것이 높은 규모 확장성을 달성하는 비결이다. 토픽의 용량을 확장하고 싶으면 파티션 개수를 늘리면 되기 때문이다.

그림 4.5 파티션

각 토픽 파티션은 FIFO(first in, first out) 큐처럼 동작한다. 같은 파티션 안에서는 메시지 순서가 유지된다는 뜻이다. 파티션 내에서의 메시지 위치는 오프셋(offset)이라고 한다.

생산자가 보낸 메시지는 해당 토픽의 파티션 가운데 하나로 보내진다. 메시지에는 사용자 ID 같은 키를 붙일 수 있는데, 같은 키를 가진 모든 메시지는 같은 파티션으로 보내진다. 키가 없는 메시지는 무작위로 선택된 파티션으로 전송된다.

토픽을 구독하는 소비자는 하나 이상의 파티션에서 데이터를 가져오게 된
다. 토픽을 구독하는 소비자가 여럿인 경우, 각 구독자는 해당 토픽을 구성하
는 파티션의 일부를 담당하게 된다. 이 소비자들을 해당 토픽의 소비자 그룹
(consumer group)이라 부른다.

그림 4.6은 브로커와 파티션을 갖춘 메시지 큐 클러스터다.

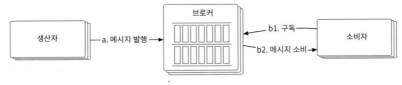

그림 4.6 메시지 큐 클러스터

소비자 그룹

앞서 언급한 대로 본 설계안은 일대일 모델과 발행-구독 모델을 전부 지원해야
한다. 소비자 그룹 내 소비자는 토픽에서 메시지를 소비하기 위해 서로 협력
한다.

하나의 소비자 그룹은 여러 토픽을 구독할 수 있고 오프셋을 별도로 관리한
다. 예를 들어, 큐 용례에 따라 과금(billing)용 그룹, 회계(accounting)용 그룹
등으로 나눌 수 있을 것이다.

같은 그룹 내의 소비자는 메시지를 병렬로 소비할 수 있다.(그림 4.7)

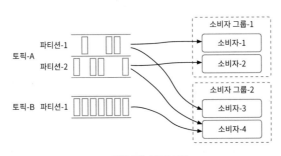

그림 4.7 소비자 그룹

- 소비자 그룹 1은 토픽 A를 구독한다.
- 소비자 그룹 2는 토픽 A와 토픽 B를 구독한다.
- 토픽 A는 그룹-1과 그룹-2가 구독하므로, 해당 토픽 내 메시지는 그룹-1과

그룹-2 내의 소비자에게 전달된다. 따라서 발행-구독 모델을 지원한다.

하지만 문제가 하나 있다. 데이터를 병렬로 읽으면 대역폭(throughput) 측면에서는 좋지만 같은 파티션 안에 있는 메시지를 순서대로 소비할 수는 없다. 가령 소비자-1과 소비자-2가 같은 파티션-1의 메시지를 읽어야 한다고 하자. 파티션-1 내의 메시지 소비 순서를 보장할 수 없게 된다.

한 가지 제약사항을 추가하면 이 문제는 해결할 수 있다. 즉, 어떤 파티션의 메시지는 한 그룹 안에서는 오직 한 소비자만 읽을 수 있도록 하는 것이다. 다만 그 경우, 그룹 내 소비자의 수가 구독하는 토픽의 파티션 수보다 크면 어떤 소비자는 해당 토픽에서 데이터를 읽지 못하게 된다. 예를 들어 그림 4.7의 그룹-2에 있는 소비자-3은 토픽 B의 메시지를 수신할 수 없다. 같은 그룹 내의 소비자-4가 이미 소비하도록 되어 있기 때문이다.

이 제약사항을 도입한 후에 모든 소비자를 같은 소비자 그룹에 두면 같은 파티션의 메시지는 오직 한 소비자만 가져갈 수 있으므로 결국 일대일 모델에 수렴하게 된다. 파티션은 가장 작은 저장 단위이므로 미리 충분한 파티션을 할당해 두면 파티션의 수를 동적으로 늘리는 일은 피할 수 있다. 처리 용량을 늘리려면 그냥 소비자를 더 추가하면 된다.

개략적 설계안

그림 4.8은 수정된 개략적 설계안이다.

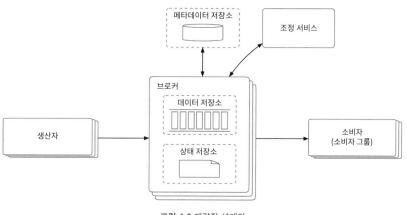

그림 4.8 개략적 설계안

클라이언트

- 생산자: 메시지를 특정 토픽으로 보낸다.
- 소비자 그룹: 토픽을 구독하고 메시지를 소비한다.

핵심 서비스 및 저장소

- 브로커: 파티션들을 유지한다. 하나의 파티션은 특정 토픽에 대한 메시지의 부분 집합을 유지한다.
- 저장소
    - 데이터 저장소: 메시지는 파티션 내 데이터 저장소에 보관된다.
    - 상태 저장소: 소비자 상태는 이 저장소에 유지된다.
    - 메타데이터 저장소: 토픽 설정, 토픽 속성(property) 등은 이 저장소에 유지된다.
- 조정 서비스(coordination service)
    - 서비스 탐색(service discovery): 어떤 브로커가 살아있는지 알려준다.
    - 리더 선출(leader election): 브로커 가운데 하나는 컨트롤러 역할을 담당해야 하며, 한 클러스터에는 반드시 활성 상태 컨트롤러가 하나 있어야 한다. 이 컨트롤러가 파티션 배치를 책임진다.
    - 아파치 주키퍼(Apache ZooKeeper)나 etcd가 보통 컨트롤러 선출을 담당하는 컴포넌트로 널리 이용된다.[2][3]

3단계: 상세 설계

데이터의 장기 보관 요구사항을 만족하면서 높은 대역폭을 제공하기 위해 세 가지 중요한 결정을 내렸다. 여기에 대해 지금부터 자세히 설명하겠다.

- 회전 디스크(rotational disk)의 높은 순차 탐색 성능과 현대적 운영체제가 제공하는 적극적 디스크 캐시 전략(aggressive disk caching strategy)을 잘 이용하는 디스크 기반 자료 구조(on-disk data structure)를 활용할 것이다.
- 메시지가 생산자로부터 소비자에게 전달되는 순간까지 아무 수정 없이도 전송이 가능하도록 하는 메시지 자료 구조를 설계하고 활용할 것이다. 전송

데이터의 양이 막대한 경우에 메시지 복사에 드는 비용을 최소화하기 위함이다.

- 일괄 처리(batching)를 우선하는 시스템을 설계할 것이다. 소규모의 I/O가 많으면 높은 대역폭을 지원하기 어렵다. 따라서 본 설계안은 일괄 처리를 장려한다. 생산자는 메시지를 일괄 전송하고, 메시지 큐는 그 메시지들을 더 큰 단위로 묶어 보관한다. 소비자도 가능하면 메시지를 일괄 수신하도록 한다.

데이터 저장소

이제 메시지를 어떻게 지속적으로 저장할지 상세하게 살펴보겠다. 가장 좋은 방법을 선택하기 위해 메시지 큐의 트래픽 패턴부터 살펴보자.

- 읽기와 쓰기가 빈번하게 일어난다.
- 갱신/삭제 연산은 발생하지 않는다. 곁다리로 한 가지만 언급하자면, 전통적인 메시지 큐는 메시지가 신속하게 전달되지 못해 큐가 제때 비워지지 않는 경우를 제외하면 메시지를 지속적으로 보관하지 않는다. 큐에서 메시지가 제때 소비되기 시작하면 저장된 메시지에 대한 삭제 연산이 발생하기는 할 것이다. 지금 이야기하는 데이터 지속성은 데이터 스트리밍 플랫폼에 관계된 것이다.
- 순차적인 읽기/쓰기가 대부분이다.

선택지 1: 데이터베이스

첫 번째로 생각해 볼 수 있는 기술 선택지는 데이터베이스를 이용하는 것이다.

- 관계형 데이터베이스: 토픽별로 테이블을 만든다. 토픽에 보내는 메시지는 해당 테이블에 새로운 레코드로 추가한다.
- NoSQL 데이터베이스: 토픽별로 컬렉션(collection)을 만든다. 토픽에 보내는 메시지는 하나의 문서가 된다.

데이터베이스라면 데이터 저장 요구사항을 맞출 수는 있다. 하지만 이상적인 방법일 수는 없는데 읽기 연산과 쓰기 연산이 동시에 대규모로 빈번하게 발생하는 상황을 잘 처리하는 데이터베이스는 설계하기 어려운 탓이다. 데이터베이스로는 본 설계안이 필요로 하는 데이터 사용 패턴을 지원하기 어렵다. 따라서 데이터베이스는 최선의 선택지가 될 수 없고, 오히려 시스템 병목이 될 수도 있다.

선택지 2: 쓰기 우선 로그(Write-Ahead Log, WAL)

두 번째 선택지는 쓰기 우선 로그, 즉 WAL이다. WAL은 새로운 항목이 추가되기만 하는(append-only) 일반 파일이다. WAL은 다양한 시스템에서 사용되는 기술인데, MySQL의 복구 로그(redo log)가 WAL로 구현되어 있고[4] 아파치 주키퍼도 해당 기술을 활용한다.

지속성을 보장해야 하는 메시지는 디스크에 WAL로 보관할 것을 추천한다. WAL에 대한 접근 패턴은 읽기/쓰기 전부 순차적이다. 접근 패턴이 순차적일 때 디스크는 아주 좋은 성능을 보인다.[5] 게다가 회전식 디스크 기반 저장장치는 큰 용량을 저렴한 가격에 제공한다.

그림 4.9에서 보듯이 새로운 메시지는 파티션 꼬리 부분에 추가되며, 오프셋은 그 결과로 점진적으로 증가한다. 가장 쉬운 방법은 로그 파일 줄 번호(line number)를 오프셋으로 사용하는 것이다. 하지만 파일의 크기도 무한정 커질 수는 없으니, 세그먼트(segment) 단위로 나누는 것이 바람직하다.

세그먼트를 사용하는 경우 새 메시지는 활성 상태의 세그먼트 파일에만 추가된다. 해당 세그먼트의 크기가 일정 한계에 도달하면 새 활성 세그먼트 파일이 만들어져 새로운 메시지를 수용하고, 종전까지 활성 상태였던 세그먼트 파일은 다른 나머지 세그먼트 파일과 마찬가지로 비활성 상태로 바뀐다. 비활성 세그먼트는 읽기 요청만 처리한다. 낡은 비활성 세그먼트 파일은 보관 기한이 만료되거나 용량 한계에 도달하면 삭제해 버릴 수 있다.

그림 4.9 새로운 메시지 추가

같은 파티션에 속한 세그먼트 파일은 Partition-{:partition_id} 폴더 아래에 저장된다. 그 구조는 그림 4.10과 같다.

그림 4.10 토픽 파티션에 분산된 데이터 세그먼트 파일

디스크 성능 관련 유의사항

데이터 장기 보관에 대한 요구사항 때문에 본 설계안은 디스크 드라이브를 활용하여 다량의 데이터를 보관한다. 회전식 디스크가 느리다는 것은 널리 퍼진 편견이다. 회전식 디스크가 정말로 느려지는 것은 데이터 접근 패턴이 무작위(random)일 때다. 순차적 데이터 접근 패턴을 적극 활용하는 디스크 기반 자료 구조를 사용하면, RAID로 구성된 현대적 디스크 드라이브에서 수백 MB/sec 수준의 읽기/쓰기 성능을 달성하는 것은 어렵지 않다. 우리 요구사항을 충족하는 데는 이 정도면 충분하며, 비용 구조도 이쪽이 더 만족스럽다.

또한 현대적 운영체제는 디스크 데이터를 메모리에 아주 적극적으로 캐시한다. 필요하다면 가용한 메모리 전부를 디스크 데이터를 캐시하는 데 활용하기도 한다. WAL도 OS가 제공하는 디스크 캐시 기능을 적극적으로 활용한다.

메시지 자료 구조

메시지 구조는 높은 대역폭 달성의 열쇠다. 메시지 자료 구조는 생산자, 메시지 큐, 그리고 소비자 사이의 계약(contract)이다. 본 설계안은 메시지가 큐를 거쳐 소비자에게 전달되는 과정에서 불필요한 복사가 일어나지 않도록 함으로써 높은 대역폭을 달성할 것이다. 시스템의 컴포넌트 가운데 이 계약을 있는 그대로 받아들이지 못하는 것이 있으면 메시지는 변경되어야 하고, 그 과정에서 값비싼 복사(copy)가 발생하게 된다. 그 결과로 시스템 전반의 성능은 심각하게 낮아질 수 있다.

아래는 메시지 자료 구조의 스키마 사례다.

필드 이름	데이터 자료형
key	byte[]
value	byte[]
topic	string
partition	integer
offset	long
timestamp	long
size	integer
crc	integer

표 4.1 메시지 데이터 스키마

메시지 키

메시지의 키(key)는 파티션을 정할 때 사용된다. 키가 주어지지 않은 메시지의 파티션은 무작위적으로 결정된다. 키가 주어진 경우 파티션은 hash(key) % numPartitions의 공식에 따라 결정된다. 더 유연한 설계가 필요하다면 생산자는 파티션 선정 메커니즘을 직접 정의할 수도 있다. 키는 파티션 번호가 아니라는 점에 유의하자.

키는 문자열일 수도 있고 숫자일 수도 있다. 키에는 비즈니스 관련 정보가 담기는 것이 보통이다. 파티션 번호는 메시지 큐 내부적으로 사용되는 개념이므로 클라이언트에게 노출되어서는 안된다.

키를 파티션에 대응시키는 알고리즘을 적절히 정의해 놓으면 파티션의 수가 달라져도 모든 파티션에 메시지가 계속 균등히 분산되도록 할 수 있다.

메시지 값

메시지 값(message value)은 메시지의 내용, 즉 페이로드(payload)를 말한다. 메시지 값은 일반 텍스트일 수도 있고 압축된 이진 블록(block)일 수도 있다.

> **유의할 것**
>
> 메시지의 키 그리고 메시지의 값은 키-값 저장소에서 이야기하는 키나 값과는 다르다. 키-값 저장소의 경우 키는 고유하므로 원하는 값은 키를 통해서 찾을 수 있다. 하지만 메시지의 키는 메시지마다 고유할 필요가 없다. 심지어 메시지에 반드시 키를 두어야 하는 것도 아니다. 키를 사용해 값을 찾을 필요도 없다.

메시지의 기타 필드

- 토픽(topic): 메시지가 속한 토픽의 이름.
- 파티션(partition): 메시지가 속한 파티션의 ID.
- 오프셋(offset): 파티션 내 메시지의 위치. 메시지는 토픽, 파티션, 오프셋 세 가지 정보를 알면 찾을 수 있다.
- 타임스탬프(timestamp): 메시지가 저장된 시각.
- 크기(size): 메시지의 크기.
- CRC: 순환 중복 검사(Cyclic Redundancy Check)의 약자로, 주어진 데이터의 무결성을 보장하는 데 이용된다.

이 외에도 더 많은 기능을 지원하기 위한 선택적 필드(optional field)가 있을 수 있다. 가령 태그(tags) 필드가 있다면 메시지를 태그를 사용해 필터링할 수 있을 것이다.

일괄 처리

일괄 처리(batching)는 본 설계안에서 광범위하게 사용된다. 생산자, 소비자, 메시지 큐는 메시지를 가급적 일괄 처리한다. 일괄 처리는 시스템 성능에 아주 중요하다. 이번 절에서는 메시지 큐 안에서 메시지 일괄 처리를 위해 무슨 일을 하는지 중점적으로 알아보겠다. 생산자와 소비자 측에서 이루어지는 일괄 처리에 대해서는 잠시 후에 상세히 다룬다.

일괄 처리가 성능 개선에 중요한 이유는 다음과 같다.

- 운영체제로 하여금 여러 메시지를 한 번의 네트워크 요청으로 전송할 수 있도록 하기 때문에 값비싼 네트워크 왕복 비용을 제거할 수 있다.
- 브로커가 여러 메시지를 한 번에 로그에 기록하면 더 큰 규모의 순차 쓰기 연산이 발생하고 운영체제가 관리하는 디스크 캐시에서 더 큰 규모의 연속된 공간을 점유하게 된다. 그 결과로 더 높은 디스크 접근 대역폭을 달성할 수 있다.

그러나 높은 대역폭과 낮은 응답 지연(latency)은 동시에 달성하기 어려운 목표다. 시스템이 낮은 응답 지연이 중요한 전통적 메시지 큐로 이용된다면 일괄 처리 메시지 양은 낮춘다. 그렇게 하면 디스크 성능은 다소 낮아진다. 처리량을 높여야 한다면 토픽당 파티션의 수는 늘린다. 그래야 낮아진 순차 쓰기 연산 대역폭을 벌충할 수 있다.

지금까지 주 디스크 저장소 컴포넌트 및 디스크 기반 자료 구조의 형태를 살펴보았다. 이제 방향을 틀어 생산자와 소비자 관점에서 작업 흐름을 살펴보자. 그런 뒤에 다시 메시지 큐의 남은 부분을 상세히 살펴보겠다.

생산자 측 작업 흐름

생산자가 어떤 파티션에 메시지를 보내야 한다고 하자. 어느 브로커에 연결해야 할까? 한 가지 해결책은 라우팅 계층(routing layer)을 도입하는 것이다. 이 라우팅 계층은 '적절한' 브로커에 메시지를 보내는 역할을 담당한다. 브로커를 여러 개로 복제하여 운용하는 경우에 메시지를 받을 '적절한' 브로커는 바로 리더(leader) 브로커다. 브로커 복제에 대해서는 나중에 상세히 살펴보겠다.

그림 4.11에서 생산자는 토픽-A의 파티션-1로 메시지를 보내고자 한다.

1. 우선 생산자는 메시지를 라우팅 계층으로 보낸다.
2. 라우팅 계층은 메타데이터 저장소에서 사본 분산 계획(replica distribution plan)[1]을 읽어 자기 캐시에 보관한다. 메시지가 도착하면 라우팅 계층은 파

---

1 각 파티션 사본의 분산 배치 정보를 사본 분산 계획이라고 지칭한다.

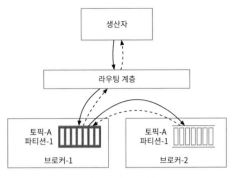

그림 4.11 라우팅 계층

티션-1의 리더 사본에 보낸다. 본 예제의 경우 해당 사본은 브로커-1에 저장되어 있다.

3. 리더 사본이 우선 메시지를 받고 해당 리더를 따르는 다른 사본은 해당 리더로부터 데이터를 받는다.

4. '충분한' 수의 사본이 동기화되면 리더는 데이터를 디스크에 기록(commit)한다. 데이터가 소비 가능 상태가 되는 것은 바로 이 시점이다. 기록이 끝나고 나면 생산자에게 회신을 보낸다.

그렇다면 리더와 사본이 필요한 이유는 무엇인가? 장애 감내(fault tolerance)가 가능한 시스템을 만들기 위해서다. 이 프로세스에 대해서는 "사본 동기화" 절에서 좀 더 상세히 살펴보겠다.

지금까지 설명한 방법은 동작하기는 하나 몇 가지 단점이 있다.

• 라우팅 계층을 도입하면 거쳐야 할 네트워크 노드가 하나 더 늘어나게 되므로 오버헤드가 발생하여 네트워크 전송 지연이 늘어난다.

• 일괄 처리가 가능하면 효율을 많이 높일 수 있는데 그런 부분은 고려하지 않은 설계다.

그림 4.12는 이 문제를 고려하여 수정한 설계안이다.

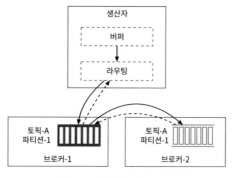

그림 4.12 생산자 측 버퍼 및 라우팅

이 변경된 설계안은 라우팅 계층을 생산자 내부로 편입시키고 버퍼를 도입한
다. 생산자 클라이언트 라이브러리(producer client library)의 일부로 생산자에
설치하는 것이다. 이렇게 하면 몇 가지 장점이 있다.

- 네트워크를 거칠 필요가 줄어들기 때문에 전송 지연도 줄어든다.
- 생산자는 메시지를 어느 파티션에 보낼지 결정하는 자신만의 로직을 가질
  수 있다.
- 전송할 메시지를 버퍼 메모리에 보관했다가 목적지로 일괄 전송하여 대역
  폭을 높일 수 있다.

얼마나 많은 메시지를 일괄 처리하는 것이 좋을까? 이에 대한 답을 찾는 것은
결국 대역폭과 응답 지연 사이에서 타협점을 찾는 문제다.(그림 4.13) 일괄 처리

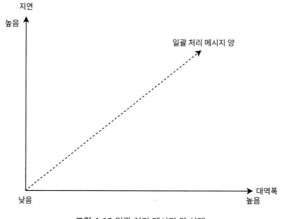

그림 4.13 일괄 처리 메시지 양 선택

할 메시지의 양을 늘리면 대역폭은 늘어나지만 응답 속도는 느려진다. 일괄 처리가 가능할 양의 메시지가 쌓이길 기다려야 하기 때문이다. 양을 줄이면 메시지는 더 빨리 보낼 수 있으니 지연은 줄어들지만 대역폭은 손해를 본다. 생산자는 메시지 큐의 용도를 감안하여 일괄 처리 메시지 양을 조정해야 한다.

소비자 측 작업 흐름

소비자는 특정 파티션의 오프셋을 주고 해당 위치에서부터 이벤트를 묶어 가져온다. 그림 4.14은 그 사례를 보여 준다.

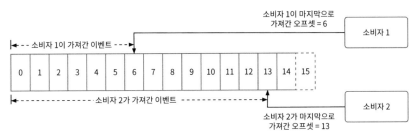

그림 4.14 소비자 측 메시지 흐름

푸시 vs 풀

한 가지 중요하게 따져봐야 할 것은, 브로커가 데이터를 소비자에게 보낼 것이냐 아니면 소비자가 브로커에서 가져갈 것이냐 하는 부분이다.

푸시 모델

장점

• 낮은 지연: 브로커는 메시지를 받는 즉시 소비자에게 보낼 수 있다.

단점

• 소비자가 메시지를 처리하는 속도가 생산자가 메시지를 만드는 속도보다 느릴 경우, 소비자에게 큰 부하가 걸릴 가능성이 있다.
• 생산자가 데이터 전송 속도를 좌우하므로, 소비자는 항상 그에 맞는 처리가 가능한 컴퓨팅 자원을 준비해 두어야 한다.

풀 모델

장점

- 메시지를 소비하는 속도는 소비자가 알아서 결정한다. 따라서 어떤 소비자는 메시지를 실시간으로 가져가고 어떤 소비자는 일괄로 가져가는 등의 구성이 가능하다.
- 메시지를 소비하는 속도가 생산 속도보다 느려지면 소비자를 늘려 해결할수도 있고, 아니면 생산 속도를 따라잡을 때까지 기다려도 된다.
- 일괄 처리에 적합하다. 푸시 모델의 경우 브로커는 소비자가 메시지를 바로 처리할 여건이 되는지 알지 못한다. 따라서 소비자가 제때 처리하지 못한 메시지는 버퍼에 쌓여 처리를 기다리게 된다. 반면 풀 모델의 경우 소비자는 지난번 마지막으로 가져간 로그 위치 다음에 오는 모든 메시지를 (혹은 설정된 최대 개수 만큼을) 한 번에 가져갈 수 있다. 따라서 데이터의 공격적 일괄 처리에 좀 더 적합하다.

단점

- 브로커에 메시지가 없어도 소비자는 계속 데이터를 끌어가려 시도할 것이다. 그 덕에 소비자 측 컴퓨팅 자원이 낭비된다. 이 문제를 극복하기 위해 많은 메시지 큐가 롱 폴링(long polling) 모드를 지원한다. 당장은 가져갈 메시지가 없더라도 일정 시간은 기다리도록 하는 것이다.[6]

이런 이유들로 대부분의 메시지 큐는 푸시 모델 대신 풀 모델을 지원한다.

풀 모델의 동작 흐름도는 그림 4.15와 같다.

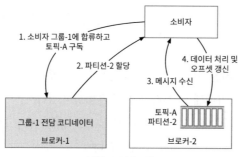

그림 4.15 풀 모델

1. 그룹-1에 합류하고 토픽-A를 구독하길 원하는 새로운 소비자가 있다고 하자. 그 소비자는 그룹 이름을 해싱하여 접속할 브로커 노드를 찾는다. 따라서 같은 그룹의 모든 소비자는 같은 브로커에 접속한다. 이런 브로커를 해당 소비자 그룹의 코디네이터라 부른다. 이름이 비슷하긴 하지만 소비자 그룹 코디네이터는 그림 4.8에 언급했던 조정 서비스와는 다르다. 지금 설명하는 코디네이터는 소비자 그룹의 조정 작업만 담당한다. 반면 조정 서비스는 브로커 클러스터 조정 작업을 담당한다.

2. 코디네이터는 해당 소비자를 그룹에 참여시키고 파티션-2를 해당 소비자에 할당한다. 파티션 배치 정책에는 라운드-로빈(round-robin)이나 범위(range) 기반 정책 등 여러 가지가 있다.[7]

3. 소비자는 마지막으로 소비한 오프셋 이후 메시지를 가져온다. 오프셋 정보는 상태 저장소(state storage)에 있다.

4. 소비자는 메시지를 처리하고 새로운 오프셋을 브로커에 보낸다. 데이터 처리와 오프셋 갱신 순서는 메시지 전송 시맨틱에 영향을 미치는데, 이에 대해서는 잠시 후에 논의하겠다.

소비자 재조정

소비자 재조정(consumer rebalancing)은 어떤 소비자가 어떤 파티션을 책임지는지 다시 정하는 프로세스다. 이 프로세스는 새로운 소비자가 합류하거나, 기존 소비자가 그룹을 떠나거나, 어떤 소비자에 장애가 발생하거나, 파티션들이 조정되는 경우에 시작될 수 있다.

이 절차에 코디네이터가 중요한 역할을 한다. 우선 코디네이터가 무엇인지 살펴보자. 코디네이터는 소비자 재조정을 위해 소비자들과 통신하는 브로커 노드다. 코디네이터는 소비자로부터 오는 박동(heartbeat) 메시지를 살피고 각 소비자의 파티션 내 오프셋 정보를 관리한다.

코디네이터와 소비자가 어떻게 상호작용하는지 예제를 통해 살펴보도록 하자.

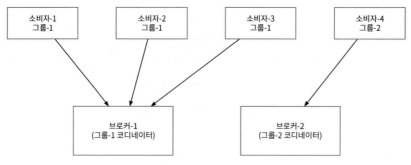

그림 4.16 소비자 그룹의 코디네이터

- 그림 4.16에서 살펴보았듯이 각 소비자는 특정 그룹에 속한다. 해당 그룹 전담 코디네이터는 그룹 이름을 해싱하면 찾을 수 있다. 같은 그룹의 모든 소비자는 같은 코디네이터에 연결한다.
- 코디네이터는 자신에 연결한 소비자 목록을 유지한다. 이 목록에 변화가 생기면 코디네이터는 해당 그룹의 새 리더를 선출한다.
- 새 리더는 새 파티션 배치 계획(partition dispatch plan)을 만들고 코디네이터에게 전달한다. 코디네이터는 해당 계획을 그룹 내 다른 모든 소비자에게 알린다.

분산 시스템이므로 소비자는 네트워크 이슈를 비롯한 다양한 장애를 겪을 수 있다. 코디네이터 관점에서 보면 소비자에게 발생한 장애는 박동 신호가 사라지는 현상을 통해 감지할 수 있다. 소비자 장애를 감지하면 코디네이터는 재조정 프로세스를 시작하여 파티션을 그림 4.17과 같이 재배치한다.

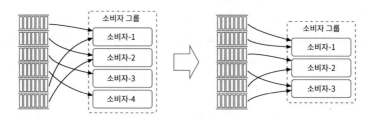

그림 4.17 소비자 재조정

그럼 지금부터 몇 가지 재조정 시나리오를 살펴보자. 그룹 내 소비자 수는 2로 가정하고, 구독하는 토픽에 파티션은 4개로 가정한다. 그림 4.18는 새로운 소비자 B가 그룹에 합류한 경우의 처리 흐름도다.

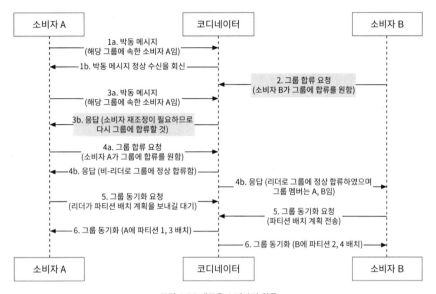

그림 4.18 새로운 소비자의 합류

1. 시작 시점에는 그룹 안에는 소비자 A만 있는 상태다. 소비자 A는 모든 파티션의 메시지를 소비하며 코디네이터에게 지속적으로 박동 메시지를 보낸다.

2. 소비자 B가 그룹에 합류를 요청한다.

3. 코디네이터는 소비자 재조정이 필요한 시점이라고 판단하고 모든 소비자에게 그 사실을 수동적으로 통지한다. 즉, 소비자 A의 박동 메시지가 왔을 때 그 응답으로 그룹에 다시 합류하라고 알린다.

4. 모든 소비자가 그룹에 다시 합류하면 코디네이터는 그 가운데 하나를 리더로 선출하고 모든 소비자에게 그 사실을 알린다.

5. 리더는 파티션 배치 계획을 생성한 다음 코디네이터에게 보낸다. 리더 외의 소비자는 코디네이터에게 요청하여 파티션 배치 계획을 받아온다.

6. 소비자는 자신에게 배치된 파티션에서 메시지를 가져오기 시작한다.

그림 4.19는 기존 소비자 A가 그룹을 떠나는 과정이 어떻게 처리되는지를 보여준다.

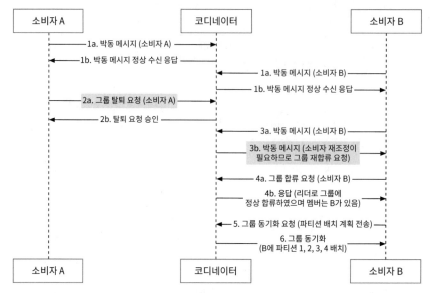

그림 4.19 기존 소비자의 이탈

1. 소비자 A와 B는 같은 소비자 그룹 멤버이다.
2. 소비자 A가 가동 중단이 필요하여 그룹 탈퇴를 요청한다.
3. 코디네이터는 소비자 재조정이 필요한 시점으로 판단하고 소비자 B의 박동 메시지를 수신하면 그룹에 다시 합류할 것을 지시한다.
4. 나머지 절차는 그림 4.18과 거의 동일하다.

그림 4.20은 소비자 A가 비정상적으로 가동을 중단한 경우에 대한 처리 흐름을 보여 준다.

1. 소비자 A와 B는 같은 소비자 그룹 멤버로, 지속적으로 코디네이터에게 박동 메시지를 전송한다.
2. 소비자 A에 장애가 발생하면 더 이상의 박동 메시지는 코디네이터에게 전달되지 못한다. 코디네이터는 일정 시간 동안 해당 상황이 지속되면 해당 소비자가 사라진 것으로 판단한다.

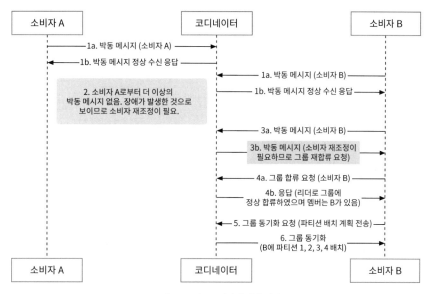

그림 4.20 기존 소비자에 장애 발생

3. 코디네이터는 소비자 재조정 프로세스를 개시한다.
4. 나머지 절차는 앞서 살펴본 시나리오와 같다.

이제 생산자와 소비자의 작업 흐름에 대해서는 전부 살펴보았다. 이제 메시지 큐 브로커의 나머지 부분을 좀 더 심도 있게 살펴보자.

상태 저장소

메시지 큐 브로커의 상태 저장소(state storage)에는 다음과 같은 정보가 저장 된다.

- 소비자에 대한 파티션의 배치 관계.
- 각 소비자 그룹이 각 파티션에서 마지막으로 가져간 메시지의 오프셋. 그림 4.21에서 보듯, 그룹-1의 마지막 오프셋은 6이고 그룹-2의 마지막 오프셋은 13이다.

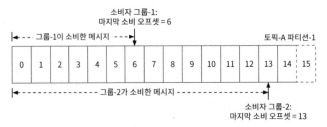

그림 4.21 소비자 그룹별 마지막 소비 오프셋

그림 4.21의 사례를 보자. 그룹-1의 한 소비자가 파티션의 메시지를 순서대로 읽은 후 마지막으로 읽어간 메시지의 오프셋을 6으로 갱신하였다. 즉, 6을 포함하여 그 앞 모든 메시지는 이미 읽어갔다는 뜻이다. 해당 소비자에 장애가 생기면 같은 그룹의 새로운 소비자가 이어받아 해당 위치 다음부터 메시지를 읽어갈 것이다.

소비자 상태 정보 데이터가 이용되는 패턴은 다음과 같다.

- 읽기와 쓰기가 빈번하게 발생하지만 양은 많지 않다.
- 데이터 갱신은 빈번하게 일어나지만 삭제되는 일은 거의 없다.
- 읽기와 쓰기 연산은 무작위적 패턴을 보인다.
- 데이터의 일관성(consistency)이 중요하다.

이 상태 데이터를 보관하는 데는 어떤 저장소 기술을 사용하는 것이 바람직할까? 데이터 일관성 및 높은 읽기/쓰기 속도에 대한 요구사항을 고려하였을 때, 주키퍼(Apache ZooKeepr) 같은 키-값 저장소를 사용하는 것이 바람직해 보인다. 한편 카프카는 오프셋 저장소로 주키퍼를 사용하다가 카프카 브로커로 이전하였다. 그에 대해 관심있는 독자는 [8]을 읽어보기 바란다.

메타데이터 저장소

메타데이터 저장소에는 토픽 설정이나 속성 정보를 보관한다. 파티션 수, 메시지 보관 기간, 사본 배치 정보 등이 이에 해당한다.

메타데이터는 자주 변경되지 않으며 양도 적다. 하지만 높은 일관성을 요구한다. 이런 데이터의 보관에는 주키퍼가 적절하다.

주키퍼

앞선 몇 개 절을 읽은 독자는 아마 주키퍼가 분산 메시지 큐를 설계하는 데 아주 유용하다는 것을 눈치챘을 것이다. 주키퍼에 친숙하지 않은 독자를 위해 간단히 정리하자면, 주키퍼는 계층적 키-값 저장소(hierarchical key-value store) 기능을 제공하는, 분산 시스템에 필수적인 서비스이다. 보통 분산 설정 서비스 (distributed configuration service), 동기화 서비스(synchronization service), 그리고 이름 레지스트리(naming registry) 등으로 이용된다.[2]

주키퍼를 사용하여 그림 4.22와 같이 설계를 단순화하였다.

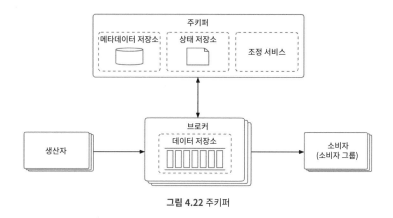

그림 4.22 주키퍼

달라진 내용을 간단히 다시 짚어보자.

- 메타데이터와 상태 저장소는 주키퍼를 이용해 구현한다.
- 브로커는 이제 메시지 데이터 저장소만 유지하면 된다.
- 주키퍼가 브로커 클러스터의 리더 선출 과정을 돕는다.

복제

분산 시스템에서 하드웨어 장애는 흔한 일이므로 무시해서는 안 된다. 디스크에 손상이나 영구적 장애가 발생하면 데이터는 사라진다. 이런 문제를 해결하고 높은 가용성을 보장하기 위해 전통적으로 많이 사용된 방법이 바로 복제 (replication)다.

　　그림 4.23의 예제에서 각 파티션은 3개의 사본을 갖고, 이 사본들은 서로 다른 브로커 노드에 분산되어 있다.

　　짙은 색으로 강조한 사본은 해당 파티션의 리더이고, 나머지는 단순 사본이다. 생산자는 파티션에 메시지를 보낼 때 리더에게만 보낸다. 다른 사본은 리더에서 새 메시지를 지속적으로 가져와 동기화한다. 메시지를 완전히 동기화한 사본의 개수가 지정된 임계값을 넘으면 리더는 생산자에게 메시지를 잘 받았다는 응답(acknowledgement)을 보낸다. 이때 '임계값'을 어떻게 정할지는 "사본 동기화" 절에서 좀 더 자세히 살펴보겠다.

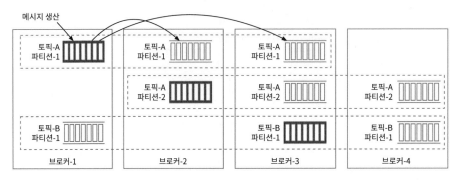

그림 4.23 복제

사본을 파티션에 어떻게 분산할지 기술하는 것을 사본 분산 계획(replica distribution plan)이라고 한다. 예를 들어 그림 4.23의 사본 분산 계획은 다음과 같이 요약할 수 있다.

- 토픽-A의 파티션-1: 사본 3개. 리더는 브로커-1, 단순 사본은 브로커-2와 3에 배치.
- 토픽-A의 파티션-2: 사본 3개. 리더는 브로커-2, 단순 사본은 브로커-3과 4에 배치.
- 토픽-B의 파티션-1: 사본 3개. 리더는 브로커-3, 단순 사본은 브로커-4와 1에 배치.

사본 분산 계획은 누가 어떻게 만드는가? 조정 서비스의 도움으로 브로커 노드 가운데 하나가 리더로 선출되면 해당 리더 브로커 노드가 사본 분산 계획을 만들고 메타데이터 저장소에 보관한다. 다른 모든 브로커는 해당 계획대로 움직이면 된다.

복제에 대해 더 자세히 알고 싶은 독자는 《데이터 중심 애플리케이션 설계》[2] 5장 "복제"를 읽어 보기 바란다.[9]

사본 동기화

어떤 한 노드의 장애로 메시지가 소실되는 것을 막기 위해 메시지는 여러 파티션에 두며, 각 파티션은 다시 여러 사본으로 복제한다고 설명했다. 메시지는 리더로만 보내고 다른 단순 사본은 리더에서 메시지를 가져가 동기화한다는 부분도 설명했다. 풀어야 할 마지막 문제는 그 모두를 어떻게 동기화 시킬 것인가 하는 점이다.

동기화된 사본(In-Sync Replicas, ISR)은 리더와 동기화된 사본을 일컫는 용어다. 이때 '동기화되었다'는 것이 무엇을 의미하느냐는 토픽의 설정에 따라 달라진다. 예를 들어 replica.lag.max.messages의 값이 4로 설정되어 있다고 해 보자. 단순 사본에 보관된 메시지 개수와 리더 사이의 차이가 3이라면 해당 사본은 여전히 ISR일 것이다.[10] 리더는 항상 ISR 상태다.

그림 4.24의 예제를 통해 ISR이 어떻게 동작하는지 알아보자.

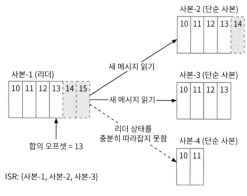

그림 4.24 ISR의 동작 원리

---

2 (옮긴이) 마틴 클레프만(Martin Kleppmann) 지음, 정재부 김영준 이도경 옮김, 위키북스, 2021년. 원제는 *Design Data-Intensive Applications*(O'Reilly, 2017).

- 리더 사본의 합의 오프셋(committed offset) 값은 13이다. 이 리더에 두 개의 새로운 메시지가 기록되었지만, 아직 사본 간에 합의가 이루어진 것은 아니다. 합의 오프셋이 의미하는 바는, 이 오프셋 이전에 기록된 모든 메시지는 이미 ISR 집합 내 모든 사본에 동기화가 끝났다는 것이다.
- 사본-2와 사본-3은 이미 리더 상태를 동기화하여 ISR이 되었으므로 새로운 메시지를 가져올 수 있다.
- 사본-4는 리더 상태를 충분히 따라잡지 못하였으므로 아직 ISR이 아니다. 리더 상태를 충분히 따라잡고 나면 ISR이 될 수 있다.

ISR이 필요한 이유는 무엇인가? ISR은 성능과 영속성(durability) 사이의 타협점이다. 생산자가 보낸 어떤 메시지도 소실하지 않는 가장 안전한 방법은 생산자에게 메시지를 잘 받았다는 응답을 보내기 전에 모든 사본을 동기화하는 것이다. 하지만 어느 사본 하나라도 동기화를 신속하게 처리하지 못하게 되면 파티션 전부가 느려지거나 아예 못 쓰게 되는 일이 벌어지고 말 것이다.

이제 ISR도 살펴보았으니 메시지 수신 응답(acknowledgement) 설정을 살펴보도록 하자. 생산자는 k개의 ISR이 메시지를 받았을 때 응답을 받도록 k 값을 설정할 수 있다.

ACK=all

그림 4.25의 예제는 ACK=all로 설정된 경우에 대한 것이다. 이렇게 설정되어 있으면 생산자는 모든 ISR이 메시지를 수신한 뒤에 ACK 응답을 받는다. 가장

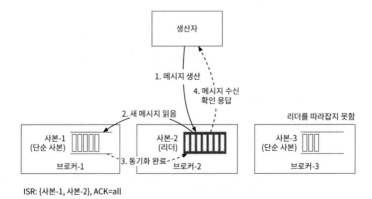

ISR: {사본-1, 사본-2}, ACK=all

그림 4.25 ACK=all

느린 ISR의 응답을 기다려야 하므로 메시지를 보내기 위한 시간이 길어진다. 하지만 메시지의 영속성 측면에서는 가장 좋은 구성이다.

ACK=1

ACK=1로 설정해두면 생산자는 리더가 메시지를 저장하고 나면 바로 ACK 응답을 받는다. 데이터가 동기화될 때까지 기다리지 않으니 응답 지연은 개선된다. 하지만 메시지 ACK을 보낸 직후 리더에 장애가 생기면 해당 메시지는 다른 사본에 반영되지 못하였으므로 복구할 길 없이 소실된다. 이런 구성은 때로 데이터가 사라져도 상관없는 대신 낮은 응답 지연을 보장해야 하는 시스템에 적합하다.

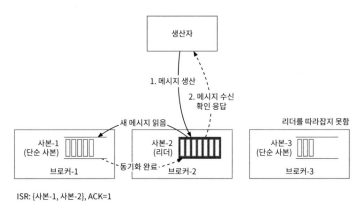

ISR: {사본-1, 사본-2}, ACK=1

그림 4.26 ACK=1

ACK=0

이 구성을 택한 생산자는 보낸 메시지에 대한 수신 확인 메시지를 기다리지 않고 계속 메시지를 전송하며 어떤 재시도(retry)도 하지 않는다. 낮은 응답 지연을 달성하기 위해 메시지 손실은 감수하는 구성이다. 지표(metric) 수집이나 데이터 로깅 등 처리해야 하는 메시지의 양이 많고 때로 데이터 손실이 발생해도 상관 없는 경우에 좋다.

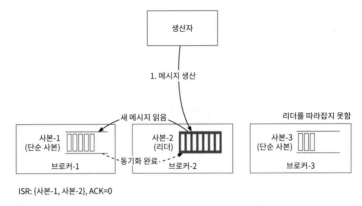

그림 4.27 ACK=0

이처럼 ACK 설정을 변경 가능하도록 해 두면 성능을 높여야 할 경우 영속성을 다소 희생할 수도 있게 된다.

이제 소비자 측면에서 이 문제를 살펴보자. 가장 쉬운 구성은 소비자로 하여금 리더에서 메시지를 읽어가도록 하는 것이다.

그러나 리더 사본에 요청이 너무 몰리면 어떻게 될까? 왜 ISR 요건을 만족하는 사본에서 메시지를 가져가지 않는 것인가? 이유는 다음과 같다.

- 설계 및 운영이 단순하기 때문이다.
- 특정 파티션의 메시지는 같은 소비자 그룹 안에서는 오직 한 소비자만 읽어 갈 수 있으므로 리더 사본에 대한 연결은 많지 않다.
- 아주 인기 있는 토픽이 아니라면 리더 사본에 대한 연결의 수는 그렇게 많지 않다.
- 아주 인기 있는 토픽의 경우에는 파티션 및 소비자 수를 늘려 규모를 확장하면 된다.

하지만 리더 사본에서 메시지를 가져가는 것이 바람직하지 않은 용례도 있다. 예를 들어 소비자의 위치가 리더 사본이 존재하는 데이터 센터와 다른 지역이라고 해 보자. 읽기 성능은 나빠질 것이다. 그런 경우에는 지역적으로 가까운 ISR 사본에서 메시지를 읽는 선택지를 고려해 볼 수 있다. 이에 관심 있는 독자는 [11]을 참고하기 바란다.

ISR은 아주 중요하다. 어떤 사본이 ISR인지 아닌지는 어떻게 판별할 수 있나? 보통 각 파티션 담당 리더는 자기 사본들이 어느 메시지까지 가져갔는지 추적하여 ISR 목록을 관리한다. 상세한 알고리즘이 궁금한 독자는 [12][13]을 참고하기 바란다.

규모 확장성

지금껏 분산 메시지 큐 시스템의 많은 부분의 설계를 마쳤으니, 주요 시스템 컴포넌트의 규모 확장성을 알아보도록 하자.

- 생산자
- 소비자
- 브로커
- 파티션

생산자

생산자는 소비자에 비해 개념적으로는 훨씬 간단하다. 그룹 단위의 조정에 가담할 필요가 전혀 없기 때문이다. 생산자의 규모 확장성은 새로운 생산자를 추가하거나 삭제함으로써 쉽게 달성할 수 있다.

소비자

소비자 그룹은 서로 독립적이므로 새 소비자 그룹은 쉽게 추가하고 삭제할 수 있다. 같은 소비자 그룹 내의 소비자가 새로 추가/삭제되거나 장애로 제거되어야 하는 경우는 재조정(rebalancing) 메커니즘이 맡아 처리한다. 소비자 측의 규모 확장성과 결함 내성(fault tolerance)을 보장하는 것은 바로 이 소비자 그룹과 재조정 메커니즘이다.

브로커

브로커의 규모 확장성을 살펴보기 전에 브로커의 결함 내성에 대해 먼저 짚어보자.

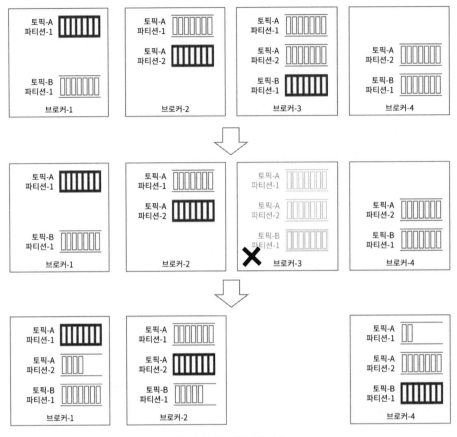

그림 4.28 브로커 노드의 장애

그림 4.28의 사례를 통해 브로커 노드의 장애가 어떻게 복구되는지 알아보자.

1. 4개의 브로커가 있고, 파티션 분산 계획은 다음과 같다고 가정하자.
    ◦ 토픽-A의 파티션-1: 사본은 각각 브로커-1(리더), 2, 3에 존재
    ◦ 토픽-A의 파티션-2: 사본은 각각 브로커-2(리더), 3, 4에 존재
    ◦ 토픽-B의 파티션-1: 사본은 각각 브로커-3(리더), 4, 1에 존재

2. 브로커-3에 장애가 발생하여 해당 노드의 모든 파티션이 소실되었다. 이때
    파티션 분산 계획은 다음과 같이 변경된다.
    ◦ 토픽-A의 파티션-1: 사본은 각각 브로커-1(리더), 2에 존재
    ◦ 토픽-A의 파티션-2: 사본은 각각 브로커-2(리더), 4에 존재

　◦ 토픽-B의 파티션-1: 사본은 각각 브로커-4, 1에 존재

3. 브로커 컨트롤러는 브로커-3이 사라졌음을 감지하고, 남은 브로커 노드를 위해 다음과 같은 파티션 분산 계획을 만들어 낸다.
　◦ 토픽-A의 파티션-1: 사본은 각각 브로커-1(리더), 2, 4(신규)에 존재
　◦ 토픽-A의 파티션-2: 사본은 각각 브로커-2(리더), 4, 1(신규)에 존재
　◦ 토픽-B의 파티션-1: 사본은 각각 브로커-4(리더), 1, 2(신규)에 존재

4. 새로 추가된 사본은 단순 사본으로서, 리더에 보관된 메시지를 따라잡는 동작을 개시한다.

브로커의 결함 내성을 높이기 위해서는 다음과 같은 사항도 추가로 고려해야 한다.

- 메시지가 성공적으로 합의(committed) 되었다고 판단하려면 얼마나 많은 사본에 메시지가 반영되어야 하는가? 그 수치가 높으면 높을수록 안전할 것이다. 하지만 응답 지연과 안전성 사이의 균형을 찾을 필요가 있다.
- 파티션의 모든 사본이 같은 브로커 노드에 있으면 해당 노드에 장애가 발생할 경우 해당 파티션은 완전 소실될 것이다. 따라서 같은 노드에 데이터를 복제하는 것은 자원 낭비일 뿐이다. 사본은 같은 노드에 두면 안 된다.
- 파티션의 모든 사본에 문제가 생기면 해당 파티션의 데이터는 영원히 사라진다. 사본 수와 사본 위치를 정할 때는 데이터 안전성, 자원 유지에 드는 비용, 그리고 응답 지연 등을 고려하여야 한다. 사본은 여러 데이터 센터에 분산하는 것이 안전하다. 하지만 그렇게 하면 데이터 동기화 때문에 응답 지연과 비용은 늘어난다. 데이터 미러링(data mirroring)을 도입하여 데이터 센터 간 데이터 복사를 용이하게 하는 것도 한 가지 방법이지만, 이 책에서 다룰 내용은 아니므로 관심 있는 독자는 [14]를 참고하기 바란다.

이제 다시 브로커의 규모 확장성 문제를 살펴보자. 가장 간단한 해법은 브로커 노드가 추가되거나 삭제될 때 사본을 재배치하는 것이다.

하지만 그보다 나은 방법이 있다. 브로커 컨트롤러로 하여금 한시적으로 시스템에 설정된 사본 수보다 많은 사본을 허용하도록 하는 것이다. 새로 추가된

브로커 노드가 기존 브로커 상태를 따라잡고 나면 더 이상 필요 없는 노드는 제거하면 된다. 그림 4.29의 예제를 보자.

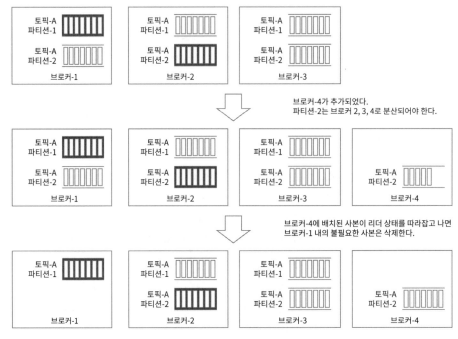

그림 4.29 새 브로커 노드의 추가

1. 최초 구성: 3개의 브로커, 2개의 파티션, 그리고 파티션당 3개의 사본이 있는 상황이다.
2. 새로운 브로커-4가 추가된다. 브로커 컨트롤러는 파티션-2의 사본 분산 계획을 (2, 3, 4)로 변경한다는 결정을 내린다. 브로커-4에 추가된 새 사본은 리더인 브로커-2의 파티션에서 메시지를 가져오기 시작한다. 이때 파티션-2의 사본 수는 한시적으로 3보다 크다.
3. 브로커-4의 사본이 리더의 상태를 완전히 따라잡으면 브로커-1에 있는 불필요한 사본은 삭제한다.

이 절차를 밟으면 브로커를 추가하는 도중에 발생할 수 있는 데이터 손실을 피할 수 있다. 브로커를 제거할 때도 비슷한 방법을 적용하면 안전하게 제거할 수 있다.

파티션

토픽의 규모를 늘리거나, 대역폭을 조정하거나, 가용성과 대역폭 사이의 균형을 맞추는 등의 운영상 이유로 파티션의 수를 조정해야 하는 일이 생길 수 있다. 생산자는 브로커와 통신할 때 그 사실을 통지 받으며, 소비자는 재조정(re-balancing)을 시행한다. 따라서 파티션 수의 조정은 생산자와 소비자의 안전성에는 영향을 끼치지 않는다.

그러니 파티션의 수가 달라지면 데이터 저장 계층에 무슨 일이 일어나는지를 중점적으로 살펴보자. 그림 4.30은 토픽에 새로운 파티션이 추가된 사례다.

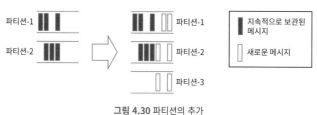

그림 4.30 파티션의 추가

- 지속적으로 보관된 메시지(persistent messages)는 여전히 기존 파티션에 존재하며 해당 데이터는 이동하지 않는다.
- 새로운 파티션이 추가되면(파티션-3) 그 이후 오는 메시지는 3개 파티션 전부에 지속적으로 보관되어야 한다.

따라서 파티션을 늘리면 간단히 토픽의 규모를 늘릴 수 있다.

파티션 삭제

반면 파티션 삭제 절차는 좀 더 까다롭다. 그림 4.31을 보자.

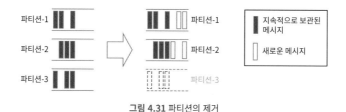

그림 4.31 파티션의 제거

- 파티션-3을 퇴역(decommission)시킨다는 결정이 내려지면 새로운 메시지는 다른 파티션에만 보관된다(파티션-1, 파티션-2).
- 퇴역된 파티션은 바로 제거하지 않고 일정 시간 동안 유지한다. 해당 파티션의 데이터를 읽고 있는 소비자가 있을 수 있기 때문이다. 해당 유지 기간이 지나고 나면 데이터를 삭제하고 저장 공간을 반환한다. 따라서 파티션을 줄여도 저장 용량은 신속하게 늘어나지 않는다.
- 파티션 퇴역 후 실제로 제거가 이루어지는 시점까지 생산자는 메시지를 남은 두 파티션으로만 보내지만 소비자는 세 파티션 모두에서 메시지를 읽는다. 실제로 파티션이 제거되는 시점이 오면 생산자 그룹은 재조정 작업을 개시해야 한다.

메시지 전달 방식

이제 분산 메시지 큐의 핵심 컴포넌트에 대해서는 살펴보았으니, 분산 메시지 큐가 지원해야 하는 다양한 메시지 전달 방식에 대해 살펴보자.

최대 한 번

메시지를 '최대 한 번(at-most once)'만 전달하는 방식이다. 메시지가 전달 과정에서 소실되더라도 다시 전달되는 일은 없다.

- 생산자는 토픽에 비동기적으로 메시지를 보내고 수신 응답을 기다리지 않는다(ACK=0). 메시지 전달이 실패해도 다시 시도하지 않는다.
- 소비자는 메시지를 읽고 처리하기 전에 오프셋부터 갱신한다. 오프셋이 갱신된 직후에 소비자가 장애로 죽으면 메시지는 다시 소비될 수 없다.

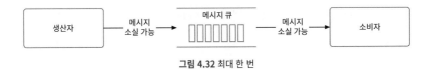

그림 4.32 최대 한 번

이 전달 방식은 지표 모니터링(monitoring metrics) 등, 소량의 데이터 손실은 감수할 수 있는 애플리케이션에 적합하다.

최소 한 번

'최소 한 번(at-least once)' 방식은 같은 메시지가 한 번 이상 전달될 수는 있으나 메시지 소실은 발생하지 않는 전달 방식이다.

- 생산자는 메시지를 동기적/비동기적으로 보낼 수 있으며, ACK=1 또는 ACK=all의 구성을 이용한다. 즉, 메시지가 브로커에게 전달되었음을 반드시 확인한다. 메시지 전달이 실패하거나 타임아웃이 발생한 경우에는 계속 재시도할 것이다.
- 소비자는 데이터를 성공적으로 처리한 뒤에만 오프셋을 갱신한다. 메시지 처리가 실패한 경우에는 메시지를 다시 가져오므로 데이터가 손실되는 일은 없다. 한편 메시지를 처리한 소비자가 미처 오프셋을 갱신하지 못하고 죽었다가 다시 시작하면 메시지는 중복 처리될 것이다.
- 따라서 메시지는 브로커나 소비자에게 한 번 이상 전달될 수 있다.

그림 4.33 최소 한 번

이 방식을 채택하면 메시지가 소실되는 일은 없지만 같은 메시지가 여러 번 전송될 수 있다. 사용자 입장에서 이상적인 일은 아니지만, 데이터 중복이 큰 문제가 아닌 애플리케이션이나 소비자가 중복을 직접 제거할 수 있는 애플리케이션의 경우에는 충분히 괜찮은 전송 방식이다. 예를 들어 메시지마다 고유한 키가 있는 경우, 해당 키가 이미 데이터베이스에 있는 메시지는 처리하지 않고 버리면 될 것이다.

정확히 한 번

'정확히 한 번(exactly once)'은 구현하기 가장 까다로운 전송 방식이다. 사용자 입장에서는 편리하지만, 시스템의 성능 및 구현 복잡도 측면에서는 큰 대가를 지불해야 한다.

그림 4.34 정확히 한 번

지불, 매매, 회계 등 금융 관련 응용에는 이 전송 방식이 적합하다. 중복을 허용하지 않으며, 구현에 이용할 서비스나 제3자 제품이 같은 입력에 항상 같은 결과를 내 놓도록(idempotency) 구현되어 있지 않은 애플리케이션에 특히 중요한 전송 방식이다.

고급 기능

이번 절에서는 메시지 필터링, 지연 전송, 예약 전송 등의 고급 기능을 살펴본다.

메시지 필터링

토픽은 같은 유형의 메시지를 담아 처리하기 위해 도입된 논리적 개념(abstraction)이다. 하지만 어떤 소비자 그룹은 그 가운데서도 특정한 세부/하위 유형의 메시지에만 관심이 있다. 예를 들어 주문 시스템은 토픽에 주문과 관련된 모든 활동을 전송할 터이지만 지불(payment) 시스템은 그 가운데 결재(checkout)나 환불(refund) 관련 메시지에만 관심이 있을 것이다.

이런 요구사항을 처리하는 한 가지 방법은 지불 시스템 전용 토픽을 주문 시스템 토픽과 분리하는 것이겠지만 다음과 같은 우려가 있을 수 있다.

- 다른 시스템에도 비슷한 필요가 있을 수 있다. 그때마다 전용 토픽을 만들 것인가?
- 같은 메시지를 여러 토픽에 저장하는 것은 자원 낭비다.
- 새로운 소비자 측 요구사항이 등장할 때마다 생산자 구현을 바꿔야 할 수 있다. 생산자와 소비자 사이의 결합도가 높아졌기 때문이다.

따라서 다른 접근법을 모색해야 한다. 다행히도 메시지 필터링을 사용하면 이런 문제를 피할 수 있다.

메시지를 필터링하는 가장 쉬운 방법은 소비자가 일단 모든 메시지를 받은 다음 필요 없는 메시지는 버리는 방법일 것이다. 유연성 높은 방법이기도 하지만 불필요한 트래픽이 발생하여 시스템 성능이 저하되는 문제가 있을 것이다.

더 나은 방법은 브로커에서 메시지를 필터링하여 소비자는 원하는 메시지만 받을 수 있도록 하는 것이다. 하지만 이 방안을 구현하기 위해서는 세심하게 살펴야 할 것들이 많다. 필터링을 하기 위해 복호화(decryption)나 역직렬화(deserialization)가 필요하다면 브로커 성능은 저하되고 말 것이다. 또한 메시지에 민감한 데이터, 즉 보호되어야 하는 데이터가 포함되어 있다면 메시지 큐에서 해당 메시지를 읽어서는 안 될 것이다.

따라서 브로커에 구현할 필터링 로직은 메시지의 내용(payload)을 추출해서는 안 된다. 필터링에 사용될 데이터는 메시지의 메타데이터(metadata) 영역에 두어 브로커로 하여금 효율적으로 읽어갈 수 있도록 해야 한다. 예를 들어 메시지마다 태그(tag)를 두는 방안을 생각해 볼 수 있다. 태그 필드가 있으면 브로커는 해당 필드를 활용해 메시지를 필터링할 수 있다. 메시지에 태그 목록을 필드로 둘 수 있으면 대부분의 필터링 관련 요구사항은 처리할 수 있을 것이다. 수학 공식 등 좀 더 복잡한 로직을 필터링 메커니즘으로 사용하는 방안도 있겠지만, 그러려면 브로커가 문법 파서나 스크립트 실행기 같은 것을 갖추어야 한다. 메시지 큐가 지원하기에는 너무 무거운 기능이다.

메시지마다 태그를 두면 소비자는 그림 4.35처럼 어떤 태그를 가진 메시지를 구독할지 지정할 수 있게 된다. 이 방안에 대해 좀 더 자세히 알고 싶은 독자는 [15]를 읽어보기 바란다.

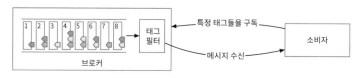

그림 4.35 태그 기반 메시지 필터링

메시지의 지연 전송 및 예약 전송

때로는 소비자에게 보낼 메시지를 일정 시간만큼 지연시켜야 하는 일이 있을 수 있다. 예를 들어 주문을 넣은 후 30분 안에 결재가 이루어지지 않으면 해당 주문을 취소하고 싶다고 해 보자. 결재 완료 확인을 지시하는 메시지를 주문

시점에 바로 전송하되 큐 소비자에게는 30분 뒤에 전달되도록 해 두면, 소비자
는 메시지를 받았을 때 결재 여부만 확인하면 된다. 결재가 완료되지 않은 주
문은 취소하면 될 것이고, 그렇지 않은 경우에는 해당 메시지는 그냥 무시하면
될 것이다.

발송 즉시 전달되는 메시지와는 달리, 이런 메시지는 토픽에 바로 저장하지
않고 브로커 내부의 임시 저장소(temporary storage)에 넣어 두었다가 시간이
되면 토픽으로 옮긴다. 이 방안의 개략적 설계안을 그림 4.36에 제시하였다.

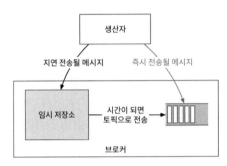

그림 4.36 메시지의 지연 전송

이 시스템의 핵심 컴포넌트는 임시 저장소 및 타이밍 기능(timing function)이다.

- 하나 이상의 특별 메시지 토픽을 임시 저장소로 활용할 수 있다.
- 타이밍 기능은 이 책에서 설명할 분야는 아니지만, 다음 두 범주의 기술이
  시장에서 널리 활용되고 있다는 점만 언급하고 넘어가겠다.
  - 메시지 지연 전송 전용 메시지 큐를 사용하는 방안.[16] 예를 들어 Rocket-
    MQ는 임의 시간 동안 메시지 전송을 지연하는 기능은 제공하지 않지만,
    시스템에 정의된 특정 시간 동안 메시지 전송을 지연하는 기능은 제공한
    다(1초, 5초, 10초, 30초, 1분, 2분, 3분, 4분, 5분, 6분, 8분, 9분, 10분, 20
    분, 30분, 한 시간, 두 시간).
  - 계층적 타이밍 휠(hierarchical timing wheel)을 사용하는 방안.[17]

메시지 예약 전송(scheduled message) 기능은 지정된 시간에 소비자에게 메시
지를 보낼 수 있도록 하는 기능으로, 전반적인 시스템 설계 철학은 메시지 지
연 전송 시스템과 유사하다.

4단계: 마무리

이번 장에서는 데이터 스트리밍 플랫폼에서 흔히 발견되는 고급 기능을 지원하는 분산 메시지 큐 시스템 설계안을 살펴보았다. 실제 면접 시 시간이 조금 남는다면 면접관과 다음 사항에 대해 이야기해보면 좋을 것이다.

- 프로토콜(protocol): 프로토콜은 노드 사이에 오고 가는 데이터에 관한 규칙, 문법, 그리고 API를 규정한다. 분산 메시지 큐 시스템의 경우 프로토콜은 다음 사항을 기술해야만 한다.
  ◦ 메시지 생산(production)과 소비(consumption), 박동 메시지 교환 등의 모든 활동을 설명해야 한다.
  ◦ 대용량 데이터를 효과적으로 전송할 방법을 설명해야 한다.
  ◦ 데이터의 무결성을 검증할 방법을 기술해야 한다.

유명한 프로토콜로는 AMQP(Advanced Message Queuing Protocol)[18], 카프카 프로토콜(Kafka Protocol)[19] 등이 있다.

- 메시지 소비 재시도(retry consumption): 제대로 받아 처리하지 못한 메시지는 일정 시간 뒤에 다시 처리를 시도해야 한다. 새로 몰려드는 메시지들이 제대로 처리되지 못하는 일을 막으려면, 어떻게 재시도하는 것이 좋을까? 한 가지 방법은 실패한 메시지는 재시도 전용 토픽에 보낸 다음, 나중에 다시 소비하는 것이다.
- 이력 데이터 아카이브(historical data archive): 시간 기반(time-based) 혹은 용량 기반(capacity-based) 로그 보관 메커니즘(log retention mechanism)이 있다고 가정할 때, 이미 삭제된 메시지를 다시 처리하길 원하는 소비자가 있다면 어떻게 해야 할까? 한 가지 방법은 오래된 데이터는 HDFS[20] 같은 대용량 저장소 시스템이나 객체 저장소(object storage)에 보관해 두는 것이다.

여기까지 성공적으로 마친 여러분, 축하한다. 멋지게 마무리한 스스로를 마음껏 격려하도록 하자!

4장 요약

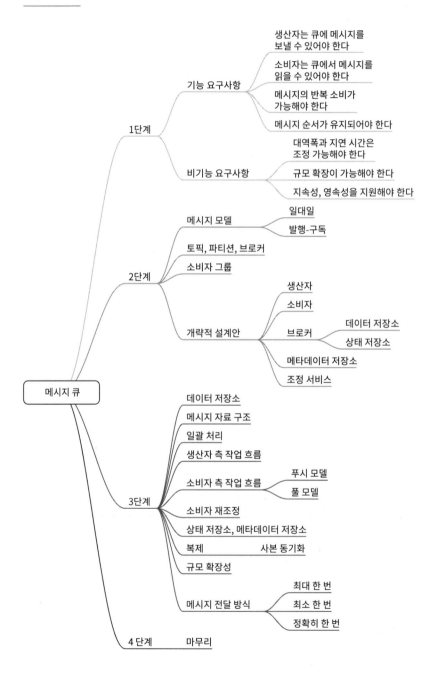

생산자는 큐에 메시지를
보낼 수 있어야 한다

소비자는 큐에서 메시지를
읽을 수 있어야 한다

메시지의 반복 소비가
가능해야 한다

메시지 순서가 유지되어야 한다

기능 요구사항

대역폭과 지연 시간은
조정 가능해야 한다

규모 확장이 가능해야 한다

지속성, 영속성을 지원해야 한다

비기능 요구사항

1단계

일대일

발행-구독

메시지 모델

토픽, 파티션, 브로커

소비자 그룹

생산자

소비자

데이터 저장소

상태 저장소

브로커

메타데이터 저장소

조정 서비스

개략적 설계안

2단계

메시지 큐

데이터 저장소

메시지 자료 구조

일괄 처리

생산자 측 작업 흐름

푸시 모델

풀 모델

소비자 측 작업 흐름

소비자 재조정

상태 저장소, 메타데이터 저장소

복제   사본 동기화

규모 확장성

최대 한 번

최소 한 번

정확히 한 번

메시지 전달 방식

3단계

4 단계   마무리

참고 문헌

[1] 큐 길이 제한(Queue Length Limit). *https://www.rabbitmq.com/maxlength.html*

[2] 아파치 주키퍼(Apache ZooKeeper). *https://en.wikipedia.org/wiki/Apache_ZooKeeper*

[3] etcd. *https://etcd.io/*

[4] MySQL. *https://www.mysql.com/*

[5] 디스크와 메모리 성능 비교(Comparison of disk and memory performance). *https://deliveryimages.acm.org/10.1145/1570000/1563874/jacobs3.jpg*

[6] 푸시 모델 vs 풀 모델(Push vs. pull). *https://kafka.apache.org/documentation/#design_pull*

[7] 카프카 2.0 매뉴얼(Kafka 2.0 Documentation). *https://kafka.apache.org/20/documentation.html#consumerconfigs*

[8] 카프카에서의 ZooKeeper 사용 중단(Kafka No Longer Requires ZooKeeper). *https://towardsdatascience.com/kafka-no longer-requires-zookeeper-ebfbf3862104*

[9] 《데이터 중심 애플리케이션 설계》 5장 "복제"(153쪽~197쪽).

[10] 아파치 카프카에서의 ISR(ISR in Apache Kafka). *https://www.cloudkarafka.com/blog/what-does-in-sync-in-apache-kafka-really-mean.html*

[11] 지역적으로 가까운 사본에서 데이터를 가져갈 수 있도록 하는 방안(Allow consumers to fetch from closest replica). *https://cwiki.apache.org/confluence/display/KAFKA/KIP-392%3A+Allow+consumers+to+fetch+from+closest+replica*

[12] 카프카에서의 복제(Hands-free Kafka Replication). *https://www.confluent.io/blog/hands-free-kafka-replication-a-lesson-in-operational-simplicity/*

[13] 카프카 하이 워터마크(Kafka high watermark). *https://rongxinblog.wordpress.com/2016/07/29/kafka-high-watermark/*

[14] 카프카 미러링(Kafka mirroring). *https://cwiki.apache.org/confluence/pages/viewpage.action?pageId=27846330*

[15] RocketMQ에서의 메시지 필터링(Message filtering in RocketMQ). *https://partners-intl.aliyun.com/help/doc-detail/29543.htm*

[16] RocketMQ에서의 메시지 예약 전송 및 지연 전송(Scheduled messages and delayed messages in Apache RocketMQ). *https://partners-intl.aliyun.com/help/doc-detail/43349.htm*

[17] 해시 및 계층적 타이밍 휠(Hashed and hierarchical timing wheels). *http://www.cs.columbia.edu/~nahum/w6998/papers/sosp87-timing-wheels.pdf*

[18] AMQP(Advanced Message Queuing Protocol). *https://en.wikipedia.org/wiki/Advanced_Message_Queuing_Protocol*

[19] 카프카 프로토콜 가이드(Kafka protocol guide). *https://kafka.apache.org/protocol*

[20] HDFS. *https://hadoop.apache.org/docs/r1.2.1/hdfs_design.html*

5장

지표 모니터링 및 경보 시스템

이번 장에서는 규모 확장이 용이한 지표 모니터링(metrics monitoring) 및 경보 시스템(alerting system)의 설계안을 살펴보도록 하겠다. 잘 설계된 지표 모니터링 및 경보 시스템은 인프라의 상태를 선명하게 볼 수 있도록 하여 높은 가용성과 안정성을 달성하는 데 중추적 역할을 한다.

그림 5.1은 업계에서 가장 널리 사용되는 몇 가지 지표 모니터링 및 경보 서비스다. 이번 장에서는 대형 IT 업체에서 내부적으로 사용하는 것과 유사한 서비스를 설계해 볼 것이다.

그림 5.1 널리 사용되는 지표 모니터링 및 경보 서비스 사례

1단계: 문제 이해 및 설계 범위 확정

지표 모니터링 및 경보 시스템의 의미는 회사마다 다를 수 있으므로, 면접관과 상의하여 정확한 요구사항을 알아내는 것이 중요하다. 예를 들어, 면접관이 인

프라 지표에 관심이 있다면 웹 서버 에러 로그나 액세스 로그(access log)에 초점을 맞춘 시스템을 만들면 곤란하다.

구체적인 설계 진행에 앞서, 문제를 확실히 이해하고 설계 범위를 확정하도록 하자.

지원자: 시스템의 고객은 누구인가요? 페이스북이나 구글 같은 대형 IT 업체가 회사 내부에서 사용할 시스템을 설계하는 것인가요? 아니면 데이터독(Datadog)[1]이나 스플렁크(Splunk)[2] 같은 SaaS 제품을 설계하는 것인가요?

면접관: 좋은 질문입니다. 회사 내부에서 사용할 시스템이라고 합시다.

지원자: 어떤 지표를 수집해야 하나요?

면접관: 시스템 운영 지표(operational system metrics)를 수집해야 합니다. 이 운영 지표는 CPU 부하, 메모리 사용률, 디스크 사용량 같은 저수준의 운영체제 사용률 지표일 수도 있고요, 서버가 처리하는 초당 요청 수(requests per second)나 웹 서버 프로세스 개수 같은 고차원적 개념에 관계된 지표일 수도 있습니다. 하지만 사업 지표(business metrics)는 이 시스템이 처리해야 할 지표가 아닙니다.

지원자: 이 시스템으로 모니터링할 인프라 규모는 어느 정도입니까?

면접관: 일간 능동 사용자 수는 1억 명이고요(100million), 1000개의 서버 풀이 있고, 풀마다 100개의 서버 하드웨어를 유지하고 있습니다.

지원자: 지표 데이터는 얼마나 오래 유지해야 하나요?

면접관: 1년 동안은 보관해야 한다고 합시다.

지원자: 데이터를 장기 보관 전용 저장소로 옮길 때 지표의 해상도(resolution)을 낮추어도 괜찮을까요?

면접관: 좋은 질문입니다. 새로 수집한 데이터는 7일 동안 보관하는 것으로 하죠. 7일 뒤에는 1분 단위 데이터로 만들어 30일 동안 보관하고요. 그 뒤에는 1시간 단위 데이터로 변환해서 보관하는 것으로 합시다.

지원자: 경보 채널로는 어떤 것들을 지원해야 할까요?

면접관: 이메일, 전화, 페이저듀티(PagerDuty)[3], 웹훅(Webhook, 즉 HTTP 프로토콜을 지원하는 엔드포인트) 등을 지원하는 것으로 합시다.

지원자: 에러 로그나 액세스 로그 등에 대한 수집 기능도 제공해야 하나요?

면접관: 아닙니다.

지원자: 분산 시스템 추적(distributed system tracing) 기능도 제공해야 하나요?

면접관: 필요 없습니다.

개략적 요구사항 및 가정

이제 면접관으로부터 요구사항도 받았고 설계 범위도 확정했다. 요구사항을 다시 정리하면 다음과 같다.

- 대규모 인프라를 모니터링 해야 함
  - 일간 능동 사용자 수 1억 명(100million)
  - 서버 풀 1,000개, 풀당 서버 수 100개. 서버당 100개의 운영 지표를 수집한다고 치면 모니터링 해야 하는 지표의 수는 천만 개 수준
  - 데이터 보관 기간은 1년
  - 수집한 그대로 데이터를 보관하는 기간은 일주일. 그 뒤에는 1분 단위 데이터로 변환한 후에 30일간 보관. 그 뒤에는 1시간 단위 데이터로 변환한 뒤에 1년간 보관.

- 모니터링할 지표는 다양한데, 예를 들면 다음과 같은 것이 있음
  - CPU 사용률
  - 요청 수
  - 메모리 사용량
  - 메시지 큐 내의 메시지 수

비기능 요구사항

- 규모 확장성: 시스템은 늘어나는 지표 수와 경보의 양에 맞게 확장될 수 있어야 한다.

- 낮은 응답 지연: 대시보드(dashboard)와 경보(alert)를 신속하게 처리할 수 있도록, 질의(query)에 대한 낮은 응답 지연을 보장해야 한다.
- 안정성: 높은 안정성을 제공하여 중요 경보를 놓치지 않도록 해야 한다.
- 유연성: 기술은 계속 변화하므로, 미래의 신기술을 쉽게 통합할 수 있도록 유연하게 변경 가능한 파이프라인을 이용해 구축한 시스템이어야 한다.

고려하지 않아도 되는 요구사항은 다음과 같다.

- 로그 모니터링(log monitoring): 일래스틱서치(Elasticsearch), 로그스태시(Logstash), 키바나(Kibana) 등이 로그 모니터링 용도로 널리 사용되는 시스템이다.[4]
- 분산 시스템 추적(distributed system tracing): 서비스에 대한 요청이 분산 시스템 내부를 어떻게 흘러 다니는지 추적할 수 있도록 하는 시스템을 말한다. 요청이 한 서비스에서 다른 서비스로 이동할 때마다 데이터를 수집한다.[5][6]

2단계: 개략적 설계안 제시 및 동의 구하기

이번 절에서는 시스템 구축을 위한 기본적 사항과 데이터 모델, 그리고 개략적 설계안을 논의한다.

기본적 사항

지표 모니터링 및 경보 시스템은 일반적으로 그림 5.2의 다섯 가지 컴포넌트를 이용한다.

- 데이터 수집(data collection): 여러 출처로부터 지표 데이터를 수집한다.
- 데이터 전송(data transmission): 지표 데이터를 지표 모니터링 시스템으로 전송한다.
- 데이터 저장소(data storage): 전송되어 오는 데이터를 정리하고 저장한다.
- 경보(alerting): 밀려오는 데이터를 분석하고, 이상 징후를 감지하고, 경보를 발생시킨다. 이 시스템은 다양한 통신 채널로 경보를 발송할 수 있어야 한다.

- 시각화(visualization): 데이터를 차트나 그래프 등으로 제공한다. 엔지니어는 데이터를 시각적으로 보여주면 패턴, 추이, 문제점을 더 쉽게 파악한다.

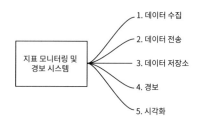

그림 5.2 시스템의 다섯 가지 구성 요소

데이터 모델

지표 데이터는 통상 시계열(time series) 데이터 형태로 기록한다. 값 집합에 타임스탬프가 붙은 형태로 기록한다는 뜻이다. 시계열 각각에는 고유한 이름이 붙고, 선택적으로 레이블(label)을 붙이기도 한다.

두 가지 사례를 살펴보자.

사례 1

프로덕션에서 사용 중인 서버 인스턴스 i631의 20:00 시점의 CPU 부하를 알고 싶다고 해 보자.

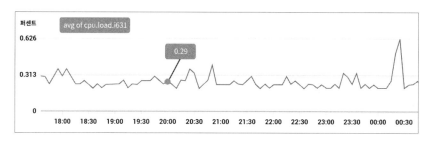

그림 5.3 서버 부하 모니터링 사례

그림 5.3에 강조 표시된 지점의 데이터는 표 5.1과 같이 표현할 수 있다.

metric_name	cpu.load
labels	host:i631,env:prod
timestamp	1613707265
value	0.29

표 5.1 테이블로 표현한 데이터

이 예제에 사용된 시계열 데이터는 지표 이름(metric name), 레이블(host:i631, env:prod), 그리고 특정한 시각에 측정된 지표 데이터로 구성되어 있음을 확인할 수 있다.

사례2

지난 10분간 us-west 지역(region)에 위치한 모든 웹 서버의 CPU 부하 평균값은 얼마인가? 이 질문에 답하려면 개념적으로는 지표 이름이 CPU.load이고 레이블에 포함된 지역 이름이 us-west인 다음과 같은 데이터를 저장소에서 가져와 평균값을 구하면 될 것이다.

```
CPU.load host=webserver01,region=us-west 1613707265 50
CPU.load host=webserver01,region=us-west 1613707265 62
CPU.load host=webserver02,region=us-west 1613707265 43
CPU.load host=webserver02,region=us-west 1613707265 53
...
CPU.load host=webserver01,region=us-west 1613707265 76
CPU.load host=webserver01,region=us-west 1613707265 83
```

즉, 각 행의 마지막에 기록된 CPU 부하 수치의 평균을 구하면 되는 것이다. 위사례에 포함된 각 행의 데이터 형식은 행 프로토콜(line protocol)을 따르고 있다. 시장에 공개되어 있는 많은 모니터링 소프트웨어가 이 공통 형식을 준수한다. 프로메테우스(Prometheus)나 OpenTSDB가 그 사례다.[7][8]

모든 시계열 데이터는 다음 정보로 구성된다.[9]

이름	자료형
지표 이름	문자열
태그/레이블 집합	<키:값> 쌍의 리스트(List)
지표 값 및 그 타임스탬프의 배열	<값, 타임스탬프> 쌍의 배열(Array)

표 5.2 : 시계열 데이터

데이터 접근 패턴

그림 5.4에서 y축에 붙은 레이블은 하나의 시계열 데이터를 나타내고(이름과 레이블을 통해 유일하게 식별되는 데이터), x축에 붙은 레이블은 시간이다.

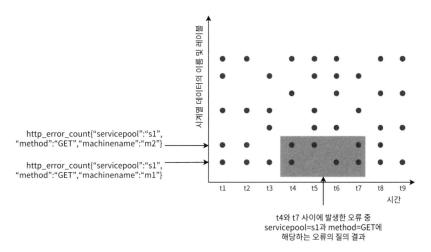

그림 5.4 데이터 접근 패턴

이 시스템에 대한 쓰기 부하는 막대하다. 시점을 막론하고 많은 시계열 데이터가 기록될 수 있다. "개략적 요구사항" 절에서 언급하였듯이, 매일 천만 개 운영 지표가 기록된다. 상당수의 지표는 발생 빈도도 높다. 따라서 이 시스템으로 오는 트래픽은 단연 쓰기가 압도적이다.

반면 읽기 부하는 일시적으로 치솟았다 사라지는(spiky) 편이라고 봐야 한다. 시각화와 경보 서비스는 데이터베이스에 대한 읽기 연산을 발생시킨다. 따라서 그래프나 경보를 확인하는 패턴에 따라 읽기 연산은 일시적으로 증가하였다가 잠잠해질 수 있다.

다시 말하면 이 시스템은 언제나 많은 양의 쓰기 연산 부하를 감당해야 하지만, 읽기 연산의 부하는 잠시 급증하였다가 곧 사라지곤 한다는 것이다.

데이터 저장소 시스템

데이터 저장소 시스템은 본 설계안의 핵심이다. 우리는 지표 모니터링 및 경보 시스템을 위한 저장소 시스템을 직접 설계하거나, MySQL[10] 같은 범용의 저장소 시스템을 사용하는 선택지 가운데 어떤 것도 추천하지 않는다.

범용 데이터베이스는 이론적으로는 시계열 데이터를 처리할 수 있지만 이 설계안이 감당하려는 부하 규모에 맞추려면 전문가 수준의 튜닝(tuning)이 필요하다. 특히 관계형 데이터베이스는 시계열 데이터를 대상으로 통상적으로 수행하는 연산에 최적화되어 있지 않다. 예를 들어 시계열 데이터의 지수 이동 평균(exponential moving average) 값을 지속적으로 갱신하는 질의문을 SQL로 작성한다고 해 보자. 복잡해서 읽기 까다로울 것이다(상세 설계안을 설명하면서 사례를 살펴보겠다). 태그/레이블에 대한 질의를 지원하려면 태그마다 인덱스(index)를 지정해야 한다는 문제도 있다. 게다가 범용 관계형 데이터베이스는 많은 양의 쓰기 연산이 지속적으로 발생하는 환경에서는 좋은 성능을 보이지 못한다. 따라서 본 설계안이 감당하려는 연산 규모에 맞추려면 데이터베이스 튜닝에 상당한 노력을 기울여야만 할 것이고, 설사 그렇게 하더라도 만족할 만한 성능이 나오지 않을 수도 있다.

NoSQL은 어떨까? 시계열 데이터를 효율적으로 처리할 수 있다고 알려진 NoSQL 데이터베이스들이 시장에 나와 있기는 하다. 예를 들어 카산드라(Cassandra)나 빅테이블(Bigtable)은 공히 시계열 데이터 처리에 사용될 수 있다.[11] 하지만 이런 데이터베이스에 시계열 데이터를 효과적으로 저장하고 질의하기 위해서는 확장이 용이한 스키마를 설계해야 하는데, 그러려면 해당 NoSQL 데이터베이스의 내부 구조에 대한 해박한 지식이 필요하다. 기업에 필요한 규모를 지원하는 시계열 데이터베이스가 시장에 나와 있는 만큼 범용 NoSQL 데이터베이스를 사용하는 방안은 그다지 매력적이지 않다.

시계열 데이터에 최적화된 저장소 시스템은 시장에 많다. 잘 최적화된 덕에, 같은 양의 시계열 데이터를 더 적은 서버에 보관할 수 있다. 이런 데이터베이스 상당수는 시계열 데이터 분석에 적합하며 SQL보다 사용하기 쉬운 질의 인터페이스도 갖추고 있다. 심지어 데이터 보관 기간을 설정하거나 데이터 집계(aggregation) 기능을 제공하는 제품도 나와 있다. 어떤 시계열 데이터베이스가 시장에 나와 있는지 몇 가지 사례를 살펴보자.

OpenTSDB는 분산 시계열 데이터베이스지만 하둡(Hadoop)과 HBase에 기반하고 있어서 하둡/HBase 클러스터를 구성하고 운영해야 하므로 복잡하다. X(구 트위터)는 MetricsDB[12]를 사용하고, 아마존은 타임스트림(Timestream)이라는 제품을 출시하였다.[13] DB-engines에서 조사한 결과에 따르면[14], 시장에서 가장 인기 있는 시계열 데이터베이스 두 가지는 InfluxDB[15] 그리고 프로메테우스(Prometheus)이다. 다량의 시계열 데이터를 저장하고 빠른 실시간 분석을 지원하는 것이 특징이다. 두 제품 모두 메모리 캐시와 디스크 저장소를 함께 사용한다. 영속성(durability) 요건과 높은 성능 요구사항도 잘 만족한다. 그림 5.5에서 보듯이, 8CPU 코어와 32GB 램을 갖춘 InfluxDB 서버 한 대로 초당 250,000회의 쓰기 연산 처리가 가능하다.

vCPU 또는 CPU	RAM	IOPS	초당 쓰기 연산 횟수	초당 질의 횟수	고유한 시계열 개수
2-4 코어	2-4 GB	500	< 5,000	< 5	< 100,000
4-6 코어	8-32 GB	500-1000	< 250,000	< 25	< 1,000,000
8+ 코어	32+ GB	1000+	> 250,000	> 25	> 1,000,000

그림 5.5 InfluxDB 벤치마킹 결과

시계열 데이터베이스는 특수한 데이터베이스이므로, 이력서에 특별히 언급하지 않았다면 면접관도 내부 구조를 이해하는지 묻지는 않을 것이다. 면접에서 중요한 것은 지표 데이터는 본질적으로 시계열 데이터이므로 InfluxDB 같은 시계열 데이터베이스에 저장할 수 있음을 설명하는 것이다.

좋은 시계열 데이터베이스는 막대한 양의 시계열 데이터를 레이블(어떤 데이터베이스에서는 태그(tag)라고 부르기도 한다) 기준으로 집계하고 분석하는 기능을 제공한다. 예를 들어 InfluxDB는 레이블 기반의 신속한 데이터 질의

를 지원하기 위해 레이블별로 인덱스를 구축한다.[15] 레이블을 이용할 때 데이
터베이스 과부하를 피하는 지침도 제공한다. 핵심은 각 레이블이 가질 수 있는
값의 가짓수(cardinality)가 낮아야 한다는 것이다. 이 기능은 데이터 시각화에
특히 중요하며, 범용 데이터베이스로 구축하기는 매우 까다롭다.

개략적 설계안

그림 5.6은 개략적 설계도다.

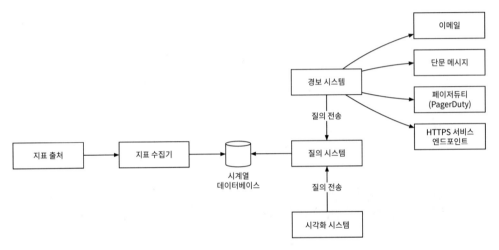

그림 5.6 개략적 설계안

- 지표 출처(metrics source): 지표 데이터가 만들어지는 곳으로 애플리케이션
  서버, SQL 데이터베이스, 메시지 큐 등 어떤 것이든 가능하다.
- 지표 수집기(metrics collector): 지표 데이터를 수집하고 시계열 데이터에
  기록하는 역할을 한다.
- 시계열 데이터베이스(time-series database): 지표 데이터를 시계열 데이터
  형태로 보관하는 저장소다. 다량의 시계열 데이터를 분석하고 요약하는 데
  적합하도록 설계된 질의 인터페이스를 제공한다.
- 질의 서비스(query service): 질의 서비스는 시계열 데이터베이스에 보관된
  데이터를 질의하고 가져오는 과정을 돕는 서비스다. 좋은 시계열 데이터베
  이스를 골랐다면 이 서비스는 많은 일을 하지 않아도 된다. 심지어는 해당

데이터베이스의 질의 인터페이스로 대신할 수도 있다.

- 경보 시스템(alerting system): 경보를 받아야 하는 다양한 대상으로 경보 알림을 전송하는 역할을 하는 시스템이다.
- 시각화 시스템(visualization system): 지표를 다양한 형태의 그래프/차트로 시각화 하는 기능을 제공하는 시스템이다.

3단계: 상세 설계

시스템 설계 면접을 보는 지원자는 몇 가지 핵심적 컴포넌트나 처리 흐름에 대한 상세 설계안을 제시할 수 있어야 한다. 이번 절에서는 다음 주제에 대해 좀 더 상세히 알아보겠다.

- 지표 수집
- 지표 전송 파이프라인의 규모 확장
- 질의 서비스
- 저장소 계층
- 경보 시스템
- 시각화 시스템

지표 수집

카운터(counter)나 CPU 사용량 같은 지표를 수집할 때는 때로 데이터가 소실되어도 아주 심각한 문제는 아니다. 지표를 보내는 클라이언트는 성공적으로 데이터가 전송되었는지 신경 쓰지 않아도 상관없다. 그러면 지금부터 지표가 어떤 흐름으로 수집되는지 살펴보자. 이번 절에서 다룰 부분은 그림 5.7의 점선 표시 사각형 안쪽이다.

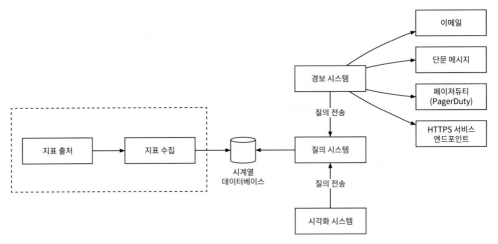

그림 5.7 지표 수집 흐름

풀 vs 푸시 모델

지표 데이터 수집 방법에는 두 가지 모델이 있다. 어느 쪽이 더 나은가? 일상적으로 논쟁을 불러일으키는 질문이지만 딱히 정답은 없다. 지금부터 좀 더 자세히 알아보자.

풀 모델

그림 5.8은 HTTP 기반 풀 모델을 이용하는 지표 수집 흐름을 보여 준다. 실행 중인 애플리케이션에서 주기적으로 지표 데이터를 가져오는 지표 수집기가 이 흐름의 중심이다.

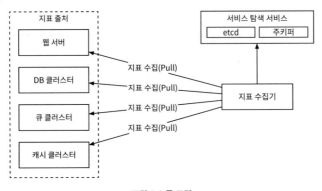

그림 5.8 풀 모델

이 접근법에서 지표 수집기는 데이터를 가져올 서비스 목록을 알아야 한다. '지표 수집기' 서버 안에 모든 서비스 엔드포인트의 DNS/IP 정보를 담은 파일을 두면 가장 간단하다. 하지만 이 방안은 서버가 수시로 추가/삭제되는 대규모 운영 환경에는 적용하기 어렵다. 다행스럽게도, etcd[16]나 아파치 주키퍼[17] 같은 서비스 탐색(Service Discovery) 기술을 활용하면 이 문제는 해결할 수 있다. 다시 말해 각 서비스는 자신의 가용성(availability) 관련 정보를 서비스 탐색 서비스(이하 SDS)에 기록하고, SDS는 서비스 엔드포인트 목록에 변화가 생길 때마다 지표 수집기에 통보하는 것이다.

SDS에는 언제 어디서 지표를 수집하면 되는지에 관한 설정 정보를 기록한다.(그림 5.9)

그림 5.9 서비스 탐색 서비스

그림 5.10은 서비스 탐색 기술을 사용하는 풀 모델 기반 지표 수집 흐름을 좀 더 상세히 보여 준다.

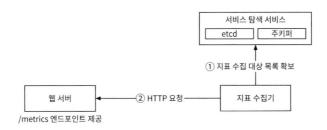

그림 5.10 서비스 탐색 기술 기반 풀 모델

1. 지표 수집기는 SDS에서 서비스 엔드포인트 설정 메타데이터 목록을 가져온다. 각 메타데이터에는 지표 수집 주기(pulling interval), IP 주소, 타임아웃(timeout), 재시도 인자(retry parameter) 등이 기록되어 있다.

2. 지표 수집기는 사전에 합의된 HTTP 엔드포인트에서 (가령 /metrics 같은) 지표 데이터를 가져온다. 이런 엔드포인트를 수집기에 노출하기 위해서, 통상 서비스에 특정 클라이언트 라이브러리를 추가한다. 그림 5.10의 경우, 웹 서버 서비스에 해당 라이브러리를 추가한다.

3. 지표 수집기는 서비스 엔드포인트 목록의 변화를 통지 받기 위한 변경 이벤트 알림(change event notification) 콜백을 서비스 탐색 컴포넌트에 등록할 수 있다. 물론 그렇게 하는 대신 주기적으로 서비스 탐색 컴포넌트에서 엔드포인트 목록을 다시 가져와도 된다.

수천 대 서버가 만들어 내는 지표 데이터를 수집하려면 지표 수집기 서버 한 대로는 부족하다. 지표 수집기 서버 풀을 만들어야 본 설계안에서 다루는 지표 데이터 규모를 감당할 수 있다. 지표 수집기 서버를 여러 대 둘 때 흔히 빚어지는 문제는 여러 서버가 같은 출처에서 데이터를 중복해서 가져올 가능성이 있다는 것이다. 따라서 지표 수집 서버 간에 모종의 중재 메커니즘이 존재해야 한다.

이 메커니즘을 구현하는 한 가지 방안은 안정 해시 링(consistent hash ring)을 사용하는 것이다. 즉, 해시 링 구간마다 해당 구간에 속한 서버로부터 생산되는 지표의 수집을 담당하는 수집기 서버를 지정하는 것이다. 이렇게 하면 특정 서버의 지표 데이터는 항상 하나의 수집 서버가 처리함을 보장할 수 있다. 예제를 통해 살펴보자.

그림 5.11의 예제에는 지표 데이터를 만드는 서버 여섯 대와, 지표 수집기 서버 네 대가 배치되어 있다. 각 수집기 서버는 특정한 서버 집합의 지표만을 수집한다. 가령 수집기 서버 2는 서버 1과 5에서 나오는 지표만 수집한다.

푸시 모델

그림 5.12에서 보듯 푸시 모델은 지표 출처에 해당하는 서버, 즉 웹 서버나 데이터베이스 서버 같은 서버가 직접 지표를 수집기에 전송하는 모델이다.

푸시 모델의 경우, 모니터링 대상 서버에 통상 수집 에이전트(collection agent)라고 부르는 소프트웨어를 설치한다. 수집 에이전트는 해당 장비에서 실

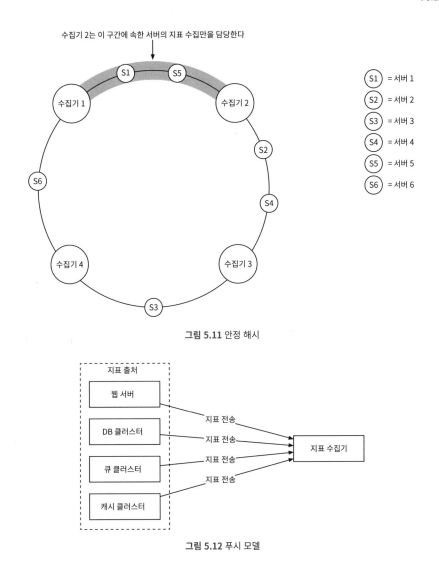

수집기 2는 이 구간에 속한 서버의 지표 수집만을 담당한다

S1 = 서버 1
S2 = 서버 2
S3 = 서버 3
S4 = 서버 4
S5 = 서버 5
S6 = 서버 6

그림 5.11 안정 해시

그림 5.12 푸시 모델

행되는 서비스가 생산하는 지표 데이터를 받아 모은 다음 주기적으로 수집기에 전달한다. 간단한 카운터 지표의 경우에는 수집기에 보내기 전에 에이전트가 직접 데이터 집계 등의 작업을 처리할 수도 있다.

데이터 집계(aggregation)는 수집기에 보내는 데이터의 양을 줄이는 효과적인 방법이다. 데이터 전송 트래픽의 양이 막대하여 수집기가 일시적으로 전송되는 데이터를 처리하지 못하게 되어 오류를 반환하면, 에이전트는 내부의 소규모 버퍼에 데이터를 일시적으로 보관한 다음(디스크에 기록해 둔다든지 하여) 나중에 재전송할 수도 있을 것이다. 하지만 만일 에이전트가 위치한 서버 클러스터가 자동 규모 확장(auto scaling)이 가능하도록 설정되어 있다면 서버가 동적으로 추가되거나 삭제되는 과정에서 해당 데이터는 소실될 수도 있다.

푸시 모델을 채택한 지표 수집기가 밀려드는 지표 데이터를 제때 처리하지 못하는 일을 방지하려면, 지표 수집기 클러스터 자체도 자동 규모 확장이 가능하도록 구성하고 그 앞에 로드밸런서를 두는 것이 바람직하다.(그림 5.13) 이때 클러스터의 크기는 지표 수집기 서버 CPU 부하에 따라 자동으로 늘어나거나 줄어들도록 설정한다.

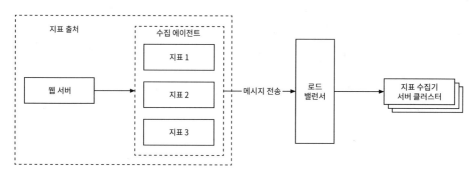

그림 5.13 로드밸런서 및 지표 수집기 클러스터의 자동 규모 확장

풀 모델 vs 푸시 모델 장단점 비교

우리 상황에 적합한 모델은 무엇인가? 인생의 많은 질문이 그렇지만 여기에도 정답은 없다. 실제로 이 두 모델은 구분 없이 널리 사용되고 있다.

- 풀 모델을 채택한 유명한 사례로는 프로메테우스가 있다.
- 푸시 모델을 채택한 유명한 사례로는 아마존 클라우드와치(CloudWatch)[18], 그래파이트(Graphite)[19] 등이 있다.

오히려 면접에서는 두 모델의 장단점을 비교할 수 있는 능력을 보이는 것이 더 중요하다. 표 5.3에 푸시 모델과 풀 모델의 장단점을 비교 정리하여 두었다.[20][21][22][23]

	풀 모델	푸시 모델
손쉬운 디버깅	애플리케이션 서버에 /metrics 엔드포인트를 두도록 강제하므로 필요하다면 언제든 지표 데이터를 볼 수 있으며, 심지어 랩톱에서도 가능하다. **풀 모델이 더 낫다.**	
상태 진단 (health check)	애플리케이션 서버가 풀 요청에 응답하지 않으면 바로 해당 서버에 장애가 발생한 것으로 진단할 수 있다. **풀 모델 쪽이 쉽다.**	지표 수집기가 지표를 받지 못하면 네트워크 장애가 원인인지 서버 장애가 원인인지 알기 어렵다.
생존 기간이 짧은 프로세스		생명 주기가 짧은 일괄 작업 프로세스의 경우 수집기가 미처 지표를 끌어가기도 전에 종료되어 버릴 수 있다. **그런 점에서는 푸시 모델이 낫다.** 풀 모델도 푸시 게이트웨이(push gateway)를 도입하면 해당 문제점을 해결할 수 있다.[24]
방화벽 등의 복잡한 네트워크 구성	수집기 서버가 지표 데이터를 제대로 끌어가려면 모든 /metrics 엔드포인트가 접근 가능하도록 구성되어야 한다. 데이터센터를 여러 개 사용하는 경우에는 문제가 될 수 있다. 네트워크 인프라를 세심히 설계해야 할 것이다.	지표 수집기가 로드밸런서 및 자동 규모 확장 클러스터 형태로 구성되었다면 어디서 오는 지표라도 수집 가능하다. **푸시 모델이 낫다.**
성능	풀 모델은 일반적으로 TCP를 사용한다.	푸시 모델은 보통 UDP를 사용한다. 푸시 모델의 지표 전송 지연이 더 낮다는 뜻이다. 이에 대한 반론은 TCP 연결을 맺는 데드는 오버헤드가 지표 데이터를 전송하는 것에 비해 낮다는 것이다.
데이터 신빙성	지표 데이터를 가져올 애플리케이션 서버의 목록이 이미 정의된 상태이므로 해당 서버에서 수집한 데이터는 믿을 수 있다.	아무나 지표 수집기에 데이터를 보낼 수 있다는 문제가 있다. 지표 전송을 허용할 서버의 목록을 수집기 측에 유지하거나 인증(authentication)을 강제하면 문제를 해결할 수 있다.

표 5.3 풀 vs 푸시 모델

앞서 언급한 대로 풀 모델과 푸시 모델 가운데 무엇이 나은지는 논쟁적인 주제이고 정답도 없다. 서버리스(serverless) 기술이 각광받음에 따라[25] 많은 조직이 두 모델을 모두 지원하고 있다. 지표 수집 에이전트를 설치할 서버가 마땅히 존재하지 않을 수도 있다는 점을 감안해야 한다는 뜻이다.

지표 전송 파이프라인의 규모 확장

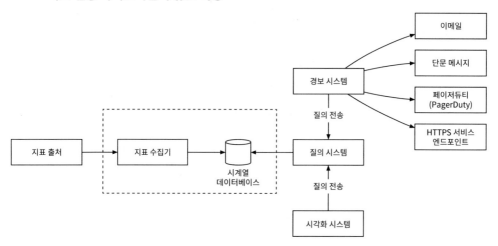

그림 5.14 지표 전송 파이프라인

지표 수집기와 시계열 데이터베이스를 좀 더 자세히 살펴보자. 풀 모델과 푸시 모델 가운데 무엇을 채택할지 여부에 관계없이, 지표 수집기는 서버 클러스터 형태이며 엄청난 양의 데이터를 받아 처리해야 한다. 아울러 이 클러스터는 자동으로 규모 확장이 가능하도록 설정하여 언제나 데이터 처리에 충분한 수집기 서버가 존재하도록 해야 한다.

하지만 시계열 데이터베이스에 장애가 생기면 데이터 손실이 발생할 가능성이 있다. 그림 5.15와 같이 큐를 두면 그런 문제를 해소할 수 있다.

이 도면에서 지표 수집기는 지표 데이터를 카프카와 같은 큐 시스템에 전송한다. 그러면 아파치 스톰(Storm)이나 플링크(Flink), 스파크(Spark) 같은 소비자, 즉 스트림 처리 서비스가 해당 데이터를 받아 시계열 데이터베이스에 저장한다. 이 접근법에는 몇 가지 장점이 있다.

- 카프카는 고도로 안정적이고 규모 확장성이 뛰어난 분산 메시지 플랫폼이다.
- 데이터 수집 컴포넌트와 처리 컴포넌트 사이의 결합도를 낮춘다.
- 데이터베이스에 장애가 생겨도 데이터는 소실되지 않는다. 카프카에 보관해 두면 되기 때문이다.

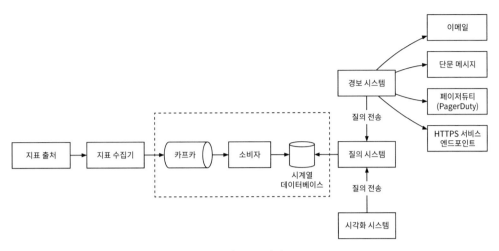

그림 5.15 큐 추가

카프카를 통한 규모 확장

카프카에 내장된 파티션 메커니즘을 사용하면 시스템의 규모를 다양한 방법으로 확장할 수 있다.

- 대역폭 요구사항에 따라 파티션의 수를 설정한다.
- 지표 이름에 따라 어떤 지표를 어느 파티션에 배치할지 결정하면 소비자는 지표 이름에 따라 데이터를 집계할 수 있다.
- 태그/레이블에 따라 지표 데이터를 더욱 세분화한 파티션으로 나눈다.
- 중요 지표가 먼저 처리될 수 있도록 지표를 분류하고 우선순위를 지정한다.

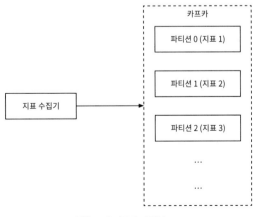

그림 5.16 카프카 파티션

카프카의 대안

상용 규모의 카프카 시스템 구축은 쉽지 않다. 따라서 카프카 도입을 제안하면 면접관이 반대할 수도 있다. 게다가 시장에는 큐 없이도 대규모 데이터 처리가 가능한 모니터링 시스템이 있다. 페이스북의 메모리 기반 시계열 데이터베이스 시스템 고릴라(Gorilla)가 주요 사례다.[26] 고릴라는 일부에 네트워크 장애가 발생해도 높은 수준의 쓰기 연산 가용성을 유지한다. 이런 시스템을 쓴다면 카프카 같은 메시지 큐가 없어도 같은 수준의 안정성을 제공할 수 있다고 주장할 수 있다.

데이터 집계 지점

지표 집계는 다양한 지점에서 실행 가능하다. 수집 에이전트에서 할 수도 있고(클라이언트 측 집계 방안) 데이터 수집(ingestion) 파이프라인에서 할 수도 있으며(저장소 기록 전에 집계하는 방안) 질의 시점에 할 수도 있다(저장소 기록 후에 집계하는 방안). 각각의 선택지를 좀 더 자세히 살펴보자.

수집 에이전트가 집계하는 방안: 클라이언트에 설치된 수집 에이전트는 복잡한 집계 로직은 지원하기 어렵다. 어떤 카운터 값을 분 단위로 집계하여 지표 수집기에 보내는 정도는 가능하다.

데이터 수집 파이프라인에서 집계하는 방안: 데이터를 저장소에 기록하기 전에 집계할 수 있으려면 보통 플링크 같은 스트림 프로세싱 엔진이 필요하다. 데이터베이스에는 계산 결과만 기록하므로, 실제로 기록되는 양은 엄청나게 줄어들 것이다. 하지만 이 방안은 늦게 도착하는 지표 데이터의 처리가 어렵고, 원본 데이터를 보관하지 않기 때문에 정밀도나 유연성 측면에서 손해를 보게 된다는 문제가 있다.

질의 시에 집계하는 방안: 데이터를 날것 그대로 보관한 다음 질의할 때 필요한 시간 구간에 맞게 집계한다. 데이터 손실 문제는 없으나 질의를 처리하는 순간에 전체 데이터세트를 대상으로 집계 결과를 계산해야 하므로 속도는 느릴 것이다.

질의 서비스

질의 서비스는 질의 서버 클러스터 형태로 구현되며, 시각화 또는 경보 시스템에서 접수된 요청을 시계열 데이터베이스를 통해 처리하는 역할을 담당한다. 이런 질의 처리 전담 서비스를 두면 클라이언트(시각화 또는 경보 시스템)와 시계열 데이터베이스 사이의 결합도를 낮출 수 있다. 그렇게 되면 시계열 데이터베이스를 자유롭게 다른 제품으로 교체할 수도 있다.

캐시 계층

질의 결과를 저장할 캐시 서버를 도입하면 시계열 데이터베이스에 대한 질의 부하를 낮추고 질의 서비스의 성능을 높일 수 있다. 그림 5.17을 보자.

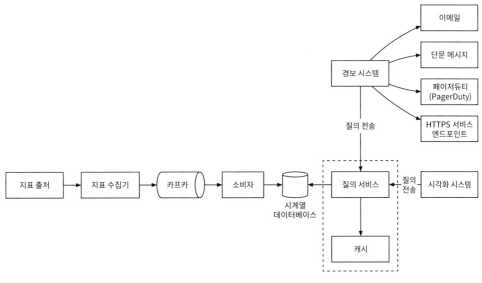

그림 5.17 캐시 계층

질의 서비스를 두면 곤란한 경우

대부분의 상용 시각화 및 경보 시스템은 시장에서 널리 사용되는 시계열 데이터베이스와의 연동을 처리하는 강력한 플러그인을 이미 갖추고 있는 경우가 많다. 별도 캐시를 도입할 필요가 없는 시계열 데이터베이스가 있다는 것도 고려할 사항이다.

시계열 데이터베이스 질의어

프로메테우스나 InfluxDB 같은 널리 사용되는 지표 모니터링 시스템들은 SQL
이 아닌 독자 질의어를 제공한다. 시계열 데이터는 SQL로는 질의하기가 까다
롭기 때문이다. 예를 들어, 지수 이동 평균(exponential moving average) 계산
식을 SQL로 작성하면 훨씬 복잡하다.[27]

```
select id ,
       temp ,
       avg(temp) over ( partition by group_nr order by time_read )
       as rolling_avg
from (
    select id ,
       temp ,
       time_read ,
       interval_group ,
       id - row_number () over ( partition by interval_group order
       by time_read ) as group_nr
    from (
       select id ,
       time_read ,
       "epoch":: timestamp + "900 seconds":: interval * (extract(
epoch from time_read ):: int4 / 900) as interval_group ,
       temp
       from readings
    ) t1
) t2
order by time_read ;
```

하지만 시계열 데이터베이스 분석에 최적화된 플럭스(Flux)라는 언어로 작성
하면(플럭스는 InfluxDB의 질의어이기도 하다) 다음과 같이 간단한 질의문이
만들어진다. 이해하기 훨씬 쉽다.

```
from(db:"telegraf")
    |> range(start:-1h)
    |> filter(fn: (r) => r._measurement == "foo")
    |> exponentialMovingAverage(size:-10s)
```

저장소 계층

이제 저장소 계층을 좀 더 자세히 살펴보자.

시계열 데이터베이스는 신중하게 선택할 것

페이스북에서 내놓은 연구 논문[26]에 따르면 운영 데이터 저장소에 대한 질의의 85%는 지난 26시간 내에 수집된 데이터를 대상으로 한다. 이 사실을 잘 활용하는 시계열 데이터베이스를 고르면 성능 측면에서 큰 이득을 볼 수 있다. 데이터 저장 엔진의 설계에 관심 있는 독자는 InfluxDB 저장소 엔진의 설계 문서를 읽어 보기 바란다.[28]

저장 용량 최적화

개략적 설계안을 제시하면서 설명하였듯이, 지표 모니터링 시스템에 저장할 데이터의 양은 막대하다. 이 문제를 공략하는 몇 가지 전략을 살펴보자.

데이터 인코딩 및 압축

데이터를 인코딩하고 압축하면 크기를 상당히 줄일 수 있다. 좋은 시계열 데이터베이스는 대부분 이 기능을 내장하고 있다. 간단한 예제를 하나 살펴보자.

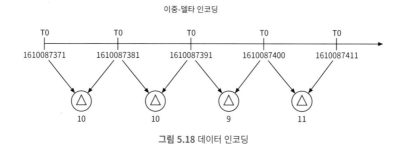

그림 5.18 데이터 인코딩

그림 5.18에서 보듯 1610087371과 1610087381은 딱 10초만큼만 다른 값이며, 타임스탬프 하나를 온전히 표현하는 데는 32비트가 필요하지만 10을 표현하는 데는 4비트면 충분하다. 따라서 데이터를 완전한 형태로 저장하는 대신 기준값과의 차이를 1610087371, 10, 10, 9, 11과 같이 저장한다.

다운샘플링

다운샘플링(downsampling)은 데이터의 해상도를 낮춰 저장소 요구량을 줄이는 기법이다. 본 설계안에 요구된 데이터 보관 기간은 1년이므로, 낡은 데이터는 해상도를 줄여도 된다. 예를 들어, 엔지니어와 데이터 과학자에게 요청하여 지표 보관 기간별로 규칙을 정해달라고 할 수 있다. 아래의 사례를 보자.

- 7일 이내 데이터: 샘플링을 적용하지 않는다.
- 30일 이내 데이터: 1분 해상도로 낮춰 보관한다.
- 1년 이내 데이터: 1시간 해상도로 낮춰 보관한다.

또 다른 구체적인 사례 하나를 살펴보자. 10초 해상도 데이터를 30초 해상도 데이터로 집계하는 사례다.

지표	타임스탬프	호스트명	지표 값
cpu	2021-10-24T19:00:00Z	host-a	10
cpu	2021-10-24T19:00:10Z	host-a	16
cpu	2021-10-24T19:00:20Z	host-a	20
cpu	2021-10-24T19:00:30Z	host-a	30
cpu	2021-10-24T19:00:40Z	host-a	20
cpu	2021-10-24T19:00:50Z	host-a	30

표 5.4 10초 해상도 데이터

표 5.4의 10초 해상도 데이터를 30초 해상도 데이터로 집계한 결과는 표 5.5와 같다.

지표	타임스탬프	호스트명	지표 값(avg)
cpu	2021-10-24T19:00:00Z	host-a	19
cpu	2021-10-24T19:00:30Z	host-a	25

표 5.5 30초 해상도 데이터

냉동 저장소

냉동 저장소(cold storage)는 잘 사용되지 않는 비활성 상태 데이터를 보관하는 곳이다. 냉동 저장에 드는 비용은 일반 저장소에 비해 훨씬 낮다.

대체적으로 시각화와 경보 시스템은 직접 만들기보다 상용품을 가져다 쓰는 편이 훨씬 낫다.

경보 시스템

하지만 면접 대비를 위해 경보 시스템의 구성 방법은 한번 살펴보자. 그림 5.19은 경보 시스템의 구성 사례다.

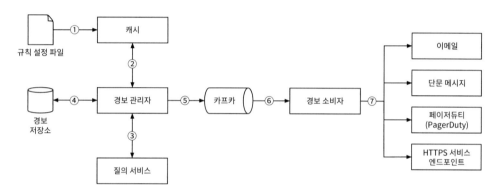

그림 5.19 경보 시스템

경보를 처리 흐름은 다음과 같다.

1. 설정 파일을 가져와 캐시 서버에 보관한다. 경보 규칙은 디스크에 파일 상태로 보관하며, 규칙을 정의하는 데는 YAML이 널리 사용된다.[29] 다음은 경보 규칙을 YAML로 표현한 사례다.

```
- name: instance_down
rules:

# Alert for any instance that is unreachable for >5
minutes.
- alert: instance_down
    expr: up == 0
    for: 5m
    labels:
    severity: page
```

2. 경보 관리자(alert manager)는 경보 설정 내역을 캐시에서 가져온다.

3. 설정된 규칙에 근거하여 경보 관리자는 지정된 시간마다 질의 서비스(query service)를 호출한다. 그리고 질의 결과가 설정된 임계값(threshold)을 위반하면 경보 이벤트를 생성한다. 그 외에도 경보 관리자는 다음과 같은 작업을 수행한다.

   • 경보 필터링, 병합(merge), 중복 제거(dedupe): 가령 짧은 시간 동안 같은 인스턴스에서 발생한 경보는 다음과 같이 병합할 수 있다.(그림 5.20)

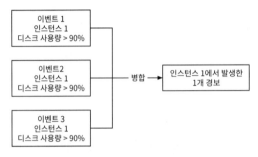

그림 5.20 경보 병합

   • 접근 제어(access control): 사람의 실수로 빚어지는 장애를 막고 시스템의 보안을 유지하려면 특정한 경보 관리 작업은 반드시 특정한 개인만이 수행할 수 있도록 제한해야 한다.

   • 재시도(retry): 경보 관리자는 경보 상태를 확인하고 알림이 최소 한 번은 전달됨을 보장해야 한다.

4. 경보 저장소는 카산드라 같은 형태의 키-값 저장소다. 모든 경보의 상태(비활성화, 응답 대기, 경보 발령, 문제 해결 등)가 여기 보관된다. 알림이 적어도 한 번 이상 전달되도록 보장하는 구실을 한다.

5. 경보 이벤트를 카프카에 전달한다.

6. 경보 소비자는 카프카에서 경보 이벤트를 읽는다.

7. 경보 소비자는 카프카에서 읽은 경보 이벤트를 처리하여 이메일, 단문 메시지, 페이저듀티(PagerDuty), HTTP 서비스 엔드포인트 등의 다양한 채널로 알림을 전송한다.

경보 시스템 – 만들 것인가 구매할 것인가

기업이 필요로 하는 규모를 바로 지원 가능한 경보 시스템은 시장에 많다. 그리고 대부분이 유명 시계열 데이터베이스와 통합되어 있다. 또한 이메일이나 페이저듀티 등, 다양한 알림 채널을 지원한다. 따라서 실무에서는 경보 시스템을 밑바닥부터 구현하겠다는 아이디어는 수용되기 어렵다. 따라서 면접에서는 (특히 선임 개발자 면접의 경우에는) 본인 선택을 정당화할 수 있도록 준비해야 한다.

시각화 시스템

시각화 시스템은 데이터 계층 위에 만들어진다. 지표 대시보드(dashboard)에는 지표를 다양한 시간 범위로 표시하고, 경보 대시보드에는 다양한 경보의 상태를 표시한다. 그림 5.21은 현재 서버가 처리하고 있는 요청의 수, 메모리/CPU 사용률, 페이지 로드 시간, 트래픽 양, 로그인 현황 등의 지표 정보를 표시하는 대시보드 사례다.[30]

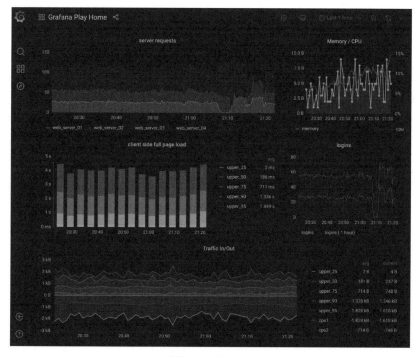

그림 5.21 그라파나 UI

품질 좋은 시각화 시스템은 구현하기 어렵다. 따라서 상용품을 구입해서 쓰자고 주장하는 것이 바람직하다. 예를 들어 그라파나(Grafana)는 그런 용도에 아주 잘 맞는 시스템이다. 인기 있는 상용 시계열 데이터베이스 시스템과의 궁합도 좋다.

4단계: 마무리

이번 장에서는 지표 모니터링 경보 시스템의 설계안을 살펴보았다. 데이터 수집, 시계열 데이터베이스, 경보, 시각화 등에 대해 개략적으로 살펴본 후, 중요 기술과 컴포넌트에 대해 집중적으로 살펴보았다.

- 지표 데이터 수집 모델: 풀 모델 vs 푸시 모델
- 카프카를 활용한 규모 확장 방안
- 최적 시계열 데이터베이스의 선정
- 다운샘플링을 통한 데이터 크기 절감
- 경보/시각화 시스템: 구현할 것인가 구입할 것인가

이런 논의를 통해 설계안을 몇 차례 다듬었고, 최종안은 다음과 같다.

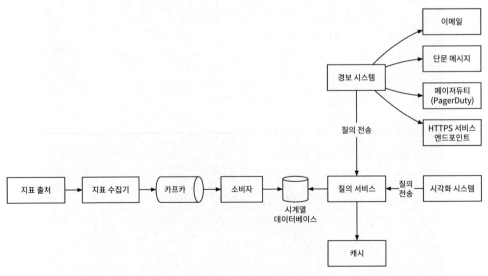

그림 5.22 최종 설계안

여기까지 성공적으로 마친 여러분, 축하한다. 멋지게 마무리한 스스로를 마음껏 격려하도록 하자!

5장 요약

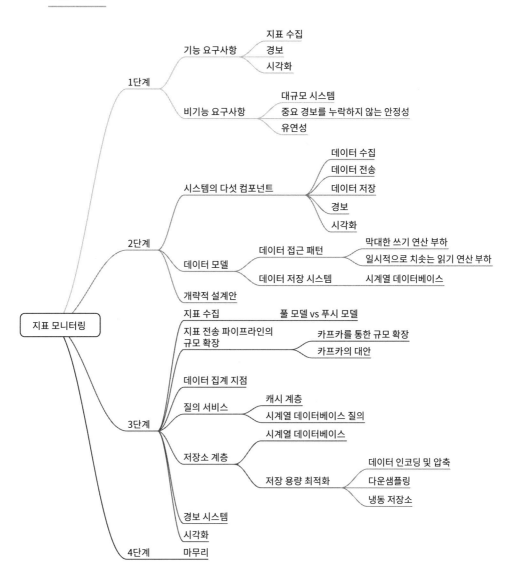

참고 문헌

[1] 데이터독(Datadog). *https://www.datadoghq.com/*

[2] 스플렁크(Splunk). *https://www.splunk.com/*

[3] 페이저듀티(PagerDuty). *https://www.pagerduty.com/*

[4] 일래스틱 제품군(Elastic stack). *https://www.elastic.co/elastic-stack*

[5] 대퍼(Dapper): 대규모 분산 시스템 추적 인프라(Dapper, a Large-Scale Distributed Systems Tracing Infrastructure). *https://research.google/pubs/pub36356/*

[6] 집킨(Zipkin) 시스템을 활용한 분산 시스템 추적(Distributed Systems Tracing with Zipkin). *https://blog.twitter.com/engineering/en_us/a/2012/distributed-systems-tracing-with-zipkin.html*

[7] 프로메테우스(Prometheus). *https://prometheus.io/docs/introduction/overview/*

[8] OpenTSDB - A Distributed, Scalable Monitoring System. *http://opentsdb.net/*

[9] 데이터 모델(Data model). *https://prometheus.io/docs/concepts/data_model/*

[10] MySQL. *https://www.mysql.com/*

[11] 시계열 데이터베이스를 위한 스키마 설계(Schema design for time-series data | Cloud Bigtable Documentation). *https://cloud.google.com/bigtable/docs/schema-design-time-series?hl=ko*

[12] MetricsDB. 트위터에서 지표 데이터 저장에 사용하는 데이터베이스: *https://blog.twitter.com/engineering/en_us/topics/infrastructure/2019/metricsdb.html*

[13] 아마존 타임스트림(Amazon Timestream). *https://aws.amazon.com/timestream/*

[14] DB-Engines가 선정한 시계열 데이터베이스 순위(DB-Engines Ranking of time-series DBMS). *https://db-engines.com/en/ranking/time+series+dbms*

[15] InfluxDB. *https://www.influxdata.com/*

[16] etcd. *https://etcd.io/*

[17] 주키퍼를 활용한 서비스 탐색(Service Discovery with ZooKeeper). *https://cloud.spring.io/spring-cloud-zookeeper/1.2.x/multi/multispring-cloud-zookeeper-discovery.html*

[18] 아마존 클라우드와치(Amazon CloudWatch). *https://aws.amazon.com/cloudwatch/*

[19] 그래파이트(Graphite). *https://graphiteapp.org/*

[20] 푸시 모델 vs 풀 모델(Push vs Pull). *http://bit.ly/3aJEPxE*

[21] 풀 모델은 규모 확장이 가능한가 아닌가?(Pull doesn't scale - or does it?) *https://prometheus.io/blog/2016/07/23/pull-does-not-scale-or-does-it/*

[22] 모니터링 아키텍처(Monitoring Architecture). *https://developer.lightbend.com/guides/monitoring-at-scale/monitoring-architecture/architecture.html*

[23] 모니터링 시스템에서의 푸시/풀 모델 장단점 비교(Push vs Pull in Monitoring Systems). *https://giedrius.blog/2019/05/11/push-vs-pull-in-monitoring-systems/*

[24] 푸시 게이트웨이(Pushgateway). *https://github.com/prometheus/pushgateway*

[25] 서버리스 아키텍처를 활용한 애플리케이션 구축(Building Applications with Serverless Architectures). *https://aws.amazon.com/lambda/serverless-architectures-learn-more/*

[26] 고릴라(Gorilla): 고속의 규모 확장 용이 메모리 기반 시계열 데이터베이스(Gorilla. A Fast, Scalable, In-Memory Time Series Database): *http://www.vldb.org/pvldb/vol8/p1816-teller.pdf*

[27] 왜 우리는 플럭스라는 새로운 데이터 스크립트/질의 언어를 개발했나(Why We're Building Flux, a New Data Scripting and Query Language). *https://www.influxdata.com/blog/why-were-building-flux-a-new-data-scripting-and-query-language/*

[28] InfluxDB의 저장소 엔진(InfluxDB storage engine). *https://docs.influxdata.com/influxdb/v2.0/reference/internals/storage-engine/*

[29] YAML. *https://en.wikipedia.org/wiki/YAML*

[30] 그라파나 시스템 시연(Grafana Demo). *https://play.grafana.org/*

6장

광고 클릭 이벤트 집계

페이스북, 유튜브, 틱톡 등 온라인 미디어 생태계의 급성장 덕에, 디지털 광고
가 전체 광고 매출에서 차지하는 비중은 날로 커지고 있다. 그 결과 광고 클
릭 이벤트 추적 작업의 중요성도 지극히 높아지고 있는 실정이다. 이번 장에서
는 페이스북이나 구글 규모에 걸맞는 광고 클릭 이벤트 집계 시스템(ad click
event aggregation system)을 설계해 보겠다.

기술적인 세부사항을 깊이 살펴보기 전에 온라인 광고의 핵심 개념부터 살
펴보자. 이번 장의 내용을 이해하는데 도움이 될 것이다. 온라인 광고의 핵심
적 혜택은 실시간 데이터를 통해 광고 효과를 정량적으로 측정할 수 있다는 점
이다.

디지털 광고의 핵심 프로세스는 RTB(Real-Time Bidding), 즉 실시간 경매라
부른다. 이 경매 절차를 통해 광고가 나갈 지면(inventory)을 거래한다. 그림
6.1은 온라인 광고 프로세스가 어떻게 동작하는지 보여 준다.

그림 6.1 RTB 동작 절차

RTB 프로세스에서 속도는 중요하다. 보통 1초 내에 모든 프로세스가 마무리되어야 하기 때문이다.

데이터의 정확성도 중요하다. 광고 클릭 이벤트 집계는 온라인 광고가 얼마나 효율적이었는지 측정하는 데 결정적인 역할을 하며, 결과적으로 광고주가 얼마나 많은 돈을 지불할지에 영향을 끼친다. 클릭 집계 결과에 따라 광고 캠페인 관리자는 광고 예산을 조정하기도 하고, 타깃 그룹이나 키워드를 변경하는 등 광고 전략을 수정하기도 한다. 온라인 광고에 사용되는 핵심 지표로는 CTR(Click-Through Rate, 클릭률)[1], CVR(Conversion Rate, 전환률)[2] 등이 있으며, 집계된 광고 클릭 데이터에 기반하여 계산한다.

1단계: 문제 이해 및 설계 범위 확정

다음과 같은 질문을 던지면 요구사항을 명확하게 하고 설계 범위를 좁힐 수 있다.

지원자: 입력 데이터는 어떤 형태입니까?

면접관: 여러 서버에 분산된 로그 파일입니다. 클릭 이벤트는 수집될 때마다 이 로그 파일의 끝에 추가됩니다. 클릭 이벤트에는 ad_id, click_time-stamp, user-id, ip, country 등의 속성이 있습니다.

지원자: 데이터의 양은 어느 정도입니까?

면접관: 매일 10억 개의 광고 클릭이 발생하고, 광고는 2백만 회 게재됩니다. 광고 클릭 이벤트의 수는 매년 30%씩 증가한다고 하겠습니다.

지원자: 가장 중요하게 지원해야 할 질의는 어떤 것입니까?

면접관: 다음의 3가지 질의를 지원해야 합니다.

- 특정 광고에 대한 지난 M분간의 클릭 이벤트 수
- 지난 1분간 가장 많이 클릭된 광고 100개. 질의 기간과 광고 수는 변경 가능해야 한다. 집계는 매분 이루어진다.
- ip, user_id, country 등의 속성을 기준으로 상기 2개 질의 결과를 필터링 할 수 있어야 한다.

지원자: 엣지 케이스(edge case)에 대해 걱정해야 하나요? 다음과 같은 경우를 생각해 볼 수 있을 것 같습니다.

- 예상보다 늦게 도착하는 이벤트가 있을 수 있다
- 중복된 이벤트가 있을 수 있다
- 시스템 일부가 언제든지 다운될 수 있으므로 시스템 복구를 고려해 야 한다

면접관: 좋네요. 그런 점들을 고려하기로 합시다.

지원자: 지연 시간 요건은 어떻습니까?

면접관: 모든 처리가 수 분 내에 이루어져야 합니다. RTB와 광고 클릭 집계의 지연 시간 요건은 매우 다르다는 점에 유의하세요. RTB 지연 시간은 응답성 요구사항 때문에 일반적으로 1초 미만이어야 하지만, 광고 클릭 이벤트 집계는 주로 광고 과금 및 보고에 사용되기 때문에 몇 분 정도의 지연은 허용됩니다.

위에서 수집한 정보를 통해 파악한 기능 및 비기능 요구사항은 다음과 같다.

기능 요구사항

- 지난 M분 동안의 ad_id 클릭 수 집계
- 매분 가장 많이 클릭된 상위 100개 광고 아이디를 반환
- 다양한 속성에 따른 집계 필터링을 지원
- 데이터의 양은 페이스북이나 구글 규모(자세한 시스템 규모 요구사항은 아래 개략적 추정치에 관한 절 참고)

비기능 요구사항

- 집계 결과 정확성은 데이터가 RTB 및 광고 과금에 사용되므로 중요
- 지연되거나 중복된 이벤트를 적절히 처리할 수 있어야 함
- 견고성(reliability): 부분적인 장애는 감내할 수 있어야 함
- 지연 시간 요구사항: 전체 처리 시간은 최대 수 분을 넘지 않아야 함

개략적 추정

시스템 규모 및 풀어야 할 잠재적 문제점을 파악하기 위해 개략적인 규모를 추정해 보도록 하자.

- 일간 능동 사용자(DAU) 수는 10억 명(1billion)
- 각 사용자는 하루에 평균 1개 광고를 클릭한다고 가정. 따라서 하루에 10억 건의 광고 클릭 이벤트가 발생
- 광고 클릭 $QPS = \dfrac{10^9 \text{ 이벤트}}{\text{하루 } 10^5\text{초}} = 10{,}000$
- 최대 광고 클릭 QPS는 평균 QPS의 다섯 배, 즉 50,000QPS로 가정
- 광고 클릭 이벤트 하나당 0.1KB의 저장 용량이 필요하다고 가정. 따라서 일일 저장소 요구량은 0.1KB × 10억 = 100GB이며, 월간 저장 용량 요구량은 대략 3TB

2단계: 개략적 설계안 제시 및 동의 구하기

이번 절에서는 질의 API, 데이터 모델, 그리고 개략적 설계안 등을 살펴볼 것이다.

질의 API 설계

API를 설계하는 목적은 클라이언트와 서버 간의 통신 규약을 만드는 것이다. 소비자 앱(consumer app)의 클라이언트는 일반적으로 제품의 최종 사용자다. 하지만 본 설계안의 클라이언트는 대시보드를 이용하는 데이터 과학자, 제품 관리자, 광고주 같은 사람들이다. 그들이 대시보드를 이용하는 순간 집계 서비스에 질의가 발생한다.

더 좋은 질의 API를 설계할 수 있도록 기능 요구사항을 검토해 보자.

- 지난 M분 동안 각 ad_id에 발생한 클릭 수 집계
- 지난 M분 동안 가장 많은 클릭이 발생한 상위 N개 ad_id 목록 반환
- 다양한 속성을 기준으로 집계 결과를 필터링하는 기능 지원

이 세 가지 요구사항은 두 개 API만 있으면 지원할 수 있다. 필터링 기능은 호출 인자를 통해 지원할 수 있기 때문이다.

API 1: 지난 M분간 각 ad_id에 발생한 클릭 수 집계

API	용도
GET /v1/ads/{:ad_id}/aggregated_count	주어진 ad_id에 발생한 이벤트 수를 집계하여 반환

표 6.1 클릭 수 집계 API

위 API 호출에 이용할 수 있는 호출 인자는 다음과 같다.

인자명	뜻	자료형
from	집계 시작 시간 (기본값은 현재 시각부터 1분 전)	long
to	집계 종료 시간 (기본값은 현재 시각)	long
filter	필터링 전략 식별자. 가령 filter=001는 미국 이외 지역에서 발생한 클릭은 제외하라는 뜻	long

표 6.2 GET /v1/ads/{:ad_id}/aggregated_count에 이용할 수 있는 호출 인자

그 결과로 반환되는 응답은 다음과 같다.

필드명	뜻	자료형
ad_id	광고(ad) 식별자	string
count	집계된 클릭 횟수	long

표 6.3 GET /v1/ads/{:ad_id}/aggregated_count API의 응답

API 2: 지난 M분간 가장 많은 클릭이 발생한 상위 N개 ad_id 목록

API	용도
GET /v1/ads/popular_ads	지난 M분간 가장 많은 클릭이 발생한 상위 N개 광고 목록 반환

표 6.4 API /v1/ads/popular_ads

이 API에 사용할 수 있는 호출 인자 목록은 다음과 같다.

인자명	뜻	자료형
count	상위 몇 개의 광고를 반환할 것인가	integer
window	분 단위로 표현된 집계 윈도 크기	integer
filter	필터링 전략 식별자	long

표 6.5 /v1/ads/popular_ads에 대한 호출 인자

응답은 다음과 같다.

필드명	뜻	자료형
ad_ids	광고 식별자 목록	array

표 6.6 /v1/ads/popular_ads API의 응답

데이터 모델

이 시스템이 다루는 데이터는 두 종류로 나눌 수 있다. 즉, 원시 데이터(raw data)와 집계 결과 데이터(aggregated)다.

원시 데이터

아래는 로그 파일에 포함된 원시 데이터의 사례다.

[AdClickEvent] ad001, 2021-01-01 00:00:01, user 1, 207.148.22.22, USA

이런 데이터를 구조화된 형식(structured way)으로 표현하면 표 6.7 같은 형태를 띠게 된다. 이런 데이터가 여러 애플리케이션 서버에 산재해 있는 것이다.

ad_id	click_timestamp	user_id	ip	country
ad001	2021-01-01 00:00:01	user1	207.148.22.22	USA
ad001	2021-01-01 00:00:02	user1	207.148.22.22	USA
ad002	2021-01-01 00:00:02	user2	209.153.56.11	USA

표 6.7 원시 데이터

집계 결과 데이터

표 6.8은 광고 클릭 이벤트가 매분 집계된다고 가정하였을 때의 집계 결과다.

ad_id	click_minute	count
ad001	202101010000	5
ad001	202101010001	7

표 6.8 집계 결과 데이터

광고 필터링을 지원하기 위해 이 테이블에 filter_id를 추가한다. 같은 ad_id와 click_minute 값을 갖는 레코드를 filter_id가 가리키는 필터 적용 결과에 따라 집계하면 표 6.9와 같은 결과가 만들어진다. 필터의 정의는 표 6.10과 같다.

ad_id	click_minute	filter_id	count
ad001	202101010000	0012	2
ad001	202101010000	0023	3
ad001	202101010001	0012	1
ad001	202101010001	0023	6

표 6.9 필터를 사용해 집계한 데이터

filter_id	region	ip	user_id
0012	US	0012	*
0013	*	0023	123.1.2.3

표 6.10 필터 테이블

지난 M분 동안 가장 많이 클릭된 상위 N개의 광고를 반환하는 질의를 지원하기 위해서는 다음 구조를 사용한다.

most_clicked_ads		
window_size	integer	분 단위로 표현된 집계 윈도 크기
update_time_minute	timestamp	마지막으로 갱신된 타임스탬프 (1분 단위)
most_clicked_ads	array	JSON 형식으로 표현된 ID 목록

표 6.11 지난 M분간 가장 많이 클릭된 상위 N개의 광고 질의용 테이블

비교

원시 데이터를 저장하는 방안과 집계 결과 데이터만 보관하는 방안의 장단점을 비교해보면 표 6.12와 같다.

	원시 데이터만 보관하는 방안	집계 결과 데이터만 보관하는 방안
장점	• 원본 데이터를 손실 없이 보관 • 데이터 필터링 및 재계산 지원	• 데이터 용량 절감 • 빠른 질의 성능
단점	• 막대한 데이터 용량 • 낮은 질의 성능	• 데이터 손실. 원본 데이터가 아닌 계산/유도된 데이터를 저장하는 데서 오는 결과. 예를 들어 10개의 원본 데이터는 1개의 데이터로 집계/축약될 수 있다.

표 6.12 원시 데이터 vs 집계 결과 데이터

원시 데이터 형태로 저장하는 것이 좋을까, 아니면 집계 결과 데이터로 저장하는 것이 좋을까? 둘 다 저장할 것을 추천한다. 이유는 다음과 같다.

• 문제가 발생하면 디버깅에 활용할 수 있도록 원시 데이터도 보관하는 것이 좋다. 버그로 집계 데이터가 손상되면 버그 수정 후에 원시 데이터에서 집계 결과를 다시 만들 수 있다.

• 원시 데이터는 양이 엄청나므로 직접 질의하는 것은 비효율적이다. 이 문제를 완화하려면 집계 결과 데이터를 질의하는 것이 바람직하다.

• 원시 데이터는 백업 데이터로 활용된다. 재계산을 하는 경우가 아니라면 일반적으로는 원시 데이터를 질의할 필요는 없다. 오래된 원시 데이터는 냉동 저장소(cold storage)로 옮기면 비용을 절감할 수 있다.

• 집계 결과 데이터는 활성 데이터(active data) 구실을 한다. 질의 성능을 높이기 위해 튜닝하는 것이 보통이다.

올바른 데이터베이스의 선택

올바른 데이터베이스를 선택하려면 다음과 같은 사항을 평가해 보아야 한다.

• 데이터는 어떤 모습인가? 관계형 데이터인가? 문서 데이터인가? 아니면 이진 대형 객체(Binary Large Object, BLOB)인가?

- 작업 흐름이 읽기 중심인가 쓰기 중심인가? 아니면 둘 다인가?
- 트랜잭션(transaction)을 지원해야 하는가?
- 질의 과정에서 SUM이나 COUNT 같은 온라인 분석 처리(OLAP) 함수를 많이 사용해야 하는가?[3]

우선 원시 데이터부터 살펴보자. 일상적인 작업을 위해서라면 원시 데이터는 질의할 필요가 없지만, 데이터 과학자나 기계 학습 엔지니어가 사용자 반응 예측, 행동 타기팅, 관련성 피드백 등을 연구하는 경우에는 유용하다.[4]

개략적 추정치를 계산하면서 살펴보았듯이, 이 설계안이 다루는 시스템에서 발생하는 평균 쓰기 QPS는 10,000이고 최대 QPS는 50,000이다. 따라서 이 시스템은 쓰기 중심 시스템이다. 원시 데이터는 백업과 재계산 용도로만 이용되므로 이론적으로는 읽기 연산 빈도는 낮다.

관계형 데이터베이스로도 할 수는 있겠으나 이정도 규모의 쓰기 연산이 가능하도록 구성하기는 어렵다. 쓰기 및 시간 범위 질의에 최적화된 카산드라나 InfluxDB를 사용하는 것이 좀 더 바람직하다.

ORC[5], 파케이(Parquet)[6], AVRO[7] 같은 칼럼형(columnar) 데이터 형식 가운데 하나를 사용하여 아마존 S3에 데이터를 저장하는 방법도 있다. 각 파일의 최대 크기를 제한하면(가령 10GB) 원시 데이터 기록 담당 스트림 프로세서는 최대 크기에 도달하면 자동으로 새 파일을 만든다. 하지만 이 구성은 많은 사람들에게 낯설 것이므로, 본 설계안에서는 카산드라를 활용한다.

집계 데이터는 본질적으로 시계열 데이터이며 이 데이터를 처리하는 워크플로는 읽기 연산과 쓰기 연산을 둘 다 많이 사용한다. 각 광고에 대해 매 분마다 데이터베이스에 질의를 던져 고객에게 최신 집계 결과를 제시해야 하기 때문이다. 대시보드를 자동으로 새로 고치거나, 적시에 경보를 날리는 데 유용하다. 총 200만 개의 광고가 있다고 하였으므로 읽기 연산이 많이 발생할 수밖에 없다. 집계 서비스가 데이터를 매 분 집계하고 그 결과를 기록하므로 쓰기 작업도 아주 빈번하게 이루어진다. 원시 데이터와 집계 결과 데이터를 저장하는 데는 같은 유형의 데이터베이스를 활용하는 것이 가능하다.

질의 API 설계, 데이터 모델에 관해 살펴보았으니 이제 개략적 설계안을 꿰맞춰 보자.

개략적 설계안

실시간으로 빅데이터를 처리할 때[8] 데이터는 보통 무제한으로 시스템에 흘러 들어왔다가 흘러 나간다. 집계 서비스도 마찬가지다. 다만 입력은 원시 데이터 (무제한 데이터 스트림)이고, 출력은 집계 결과다.(그림 6.2)

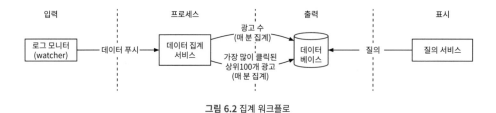

그림 6.2 집계 워크플로

비동기 처리

지금 제시한 설계안은 데이터를 동기식으로 처리한다. 이런 방식은 생산자와 소비자 용량이 항상 같을 수는 없으므로 좋지 않다. 트래픽이 갑자기 증가하여 발생하는 이벤트 수가 소비자의 처리 용량을 훨씬 넘어서는 경우, 소비자는 메모리 부족 오류 등의 예기치 않은 문제를 겪게 될 수 있다. 동기식 시스템의 경우, 특정 컴포넌트의 장애는 전체 시스템 장애로 이어진다.

이 문제를 해결하는 일반적인 방안은 카프카 같은 메시지 큐를 도입하여 생산자와 소비자의 결합을 끊는 것이다. 그 결과로 전체 프로세스는 비동기 방식으로 동작하게 되고, 생산자와 소비자의 규모를 독립적으로 확장해 나갈 수 있게 된다.

지금까지 설명한 내용을 종합하면 그림 6.3의 개략적 설계안이 완성된다. 로그 감시자, 집계 서비스, 데이터베이스는 두 개의 메시지 큐로 분리되어 있다. 데이터베이스 기록 프로세스는 메시지 큐에서 데이터를 꺼내 데이터베이스가 지원하는 형식으로 변환한 다음 기록하는 역할을 수행한다.

첫 번째 메시지 큐에는 어떤 데이터가 들어오나? 표 6.13과 같이 광고 클릭 이벤트 데이터가 기록된다.

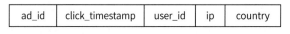

ad_id	click_timestamp	user_id	ip	country

표 6.13 첫 메시지 큐에 입력되는 데이터

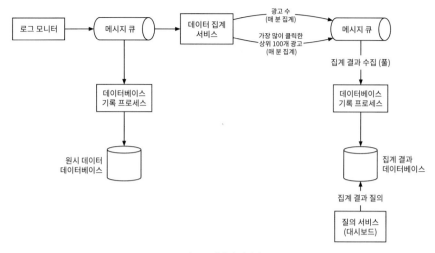

그림 6.3 개략적 설계안

두 번째 메시지 큐에는 어떤 데이터가 입력되나? 두 가지 유형의 데이터가 입력될 수 있다.

1. 분 단위로 집계된 광고 클릭 수

ad_id	click_minute	count

표 6.14 두 번째 메시지 큐에 입력되는 데이터

2. 분 단위로 집계한, 가장 많이 클릭한 상위 N개 광고

update_time_minute	most_clicked_ads

표 6.15 두 번째 메시지 큐에 입력되는 데이터

왜 집계 결과를 데이터베이스에 바로 기록하지 않는지 궁금할 것이다. 간단하게 답하자면 정확하게 한 번(exactly once) 데이터를 처리하기 위해(atomic commit, 즉 원자적 커밋) 카프카 같은 시스템을 두 번째 메시지 큐로 도입해야 하기 때문이다.[9]

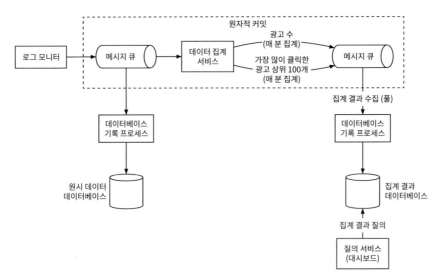

그림 6.4 정확하게 한 번 처리하기 위한 메커니즘

이제 집계 서비스에 대해 좀 더 자세히 알아보자.

집계 서비스

광고 클릭 이벤트를 집계하는 좋은 방안 하나는 맵리듀스(MapReduce) 프레임
워크를 사용하는 것이다. 맵리듀스 프레임워크에 좋은 모델은 유향 비순환 그래
프(directed acyclic graph, DAG)다.[10] DAG 모델의 핵심은 다음 쪽 그림 6.5와 같
이 시스템을 맵/집계/리듀스 노드 등의 작은 컴퓨팅 단위로 세분화하는 것이다.
각 노드는 한 가지 작업만 처리하며, 처리 결과를 다음 노드에 인계한다.

맵 노드

맵 노드(map node)는 데이터 출처에서 읽은 데이터를 필터링하고 변환하는
역할을 담당한다. 예를 들어 그림 6.6의 맵 노드는 `ad_id % 2 = 0`의 조건을 만
족하는 데이터를 노드 1로 보내고, 그렇지 않은 데이터는 노드 2로 보낸다.

그런데 과연 맵 노드는 필수일까? 카프카 파티션이나 태그를 구성한 다음에
집계 노드가 카프카를 직접 구독하도록 하면 안 되는 것일까? 물론 그런 방법
도 동작하기는 하겠지만, 입력 데이터를 정리하거나 정규화해야 하는 경우에

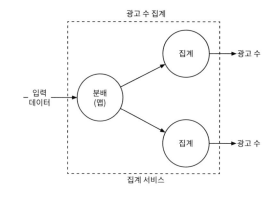

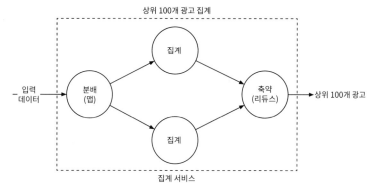

그림 6.5 집계 서비스

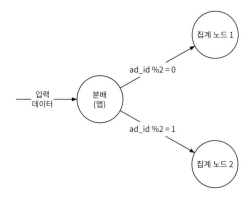

그림 6.6 맵 연산

는 맵 노드가 필요하다. 맵 노드가 필요한 또 한 가지 이유는 데이터가 생성되
는 방식에 대한 제어권이 없는 경우에는 동일한 ad_id를 갖는 이벤트가 서로

다른 카프카 파티션에 입력될 수도 있다는 점이다.

집계 노드

집계 노드는 ad_id별 광고 클릭 이벤트 수를 매 분 메모리에서 집계한다. 맵리듀스 패러다임에서 사실 집계 노드는 리듀스 프로세스의 일부다. 따라서 맵-집계-리듀스 프로세스는 실제로는 맵-리듀스-리듀스 프로세스라고도 할 수 있다.

리듀스 노드

리듀스 노드는 모든 '집계' 노드가 산출한 결과를 최종 결과로 축약한다. 예를 들어 그림 6.7의 집계 노드 각각은 자기 관점에서 가장 많은 클릭이 발생한 광고 3개를 추려 리듀스 노드로 보낸다. 리듀스 노드는 그 결과를 모아 최종적으로 3개의 광고만 남긴다.

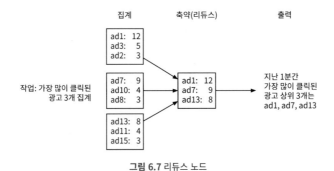

그림 6.7 리듀스 노드

DAG는 맵리듀스 패러다임을 표현하기 위한 모델이다. 빅데이터를 입력으로 받아 병렬 분산 컴퓨팅 자원을 활용하여 빅데이터를 작은, 또는 일반적 크기 데이터로 변환할 수 있도록 설계된 모델이다.

이 모델의 중간 데이터는 메모리에 저장될 수 있으며, 노드 간 통신은 TCP로 처리할 수도 있고(노드들이 서로 다른 프로세스에서 실행되는 경우) 공유 메모리로 처리할 수도 있다(서로 다른 스레드에서 실행되는 경우).

주요 사용 사례

이제 맵리듀스 프레임워크가 어떻게 동작하는지는 이해하였으니, 이번 설계
안에서 지원해야 하는 주요 집계 사례를 지원하는 데 어떻게 활용될 수 있는지
살펴보자.

- 지난 M분간 ad_id에 발생한 클릭 이벤트 수 집계
- 지난 M분간 가장 많은 클릭이 발생한 상위 N개의 ad_id 집계
- 데이터 필터링

사례 1: 클릭 이벤트 수 집계

그림 6.8과 같이, 맵 노드는 시스템에 입력되는 이벤트를 ad_id % 3을 기준으
로 분배하며, 이렇게 분배한 결과는 각 집계 노드가 집계한다.

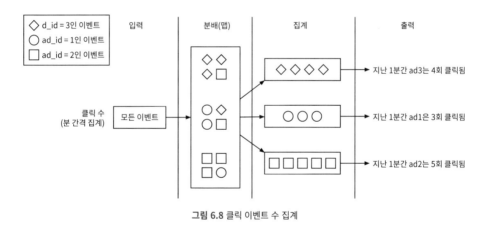

그림 6.8 클릭 이벤트 수 집계

사례 2: 가장 많이 클릭된 상위 N개 광고 반환

그림 6.9는 가장 많이 클릭된 상위 광고 3개를 가져오는 방법의 단순화된 설계
안이다. 이 방안은 상위 N개 광고로도 확장될 수 있다. 입력 이벤트는 ad_id 기
준으로 분배되고 각 집계 노드는 힙을 내부적으로 사용하여 상위 3개 광고를
효율적으로 식별한다. 마지막 단계의 리듀스 노드는 전달 받은 9개의 광고 가
운데(집계 노드마다 3개의 광고를 전달) 지난 1분간 가장 많이 클릭된 광고 3
개를 골라낸다.

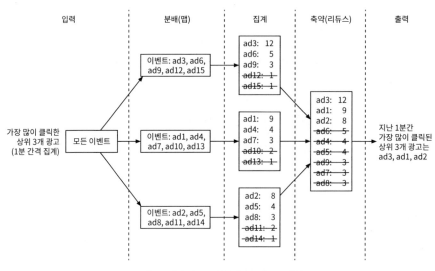

그림 6.9 가장 많이 클릭된 상위 N개 광고 반환

사례 3: 데이터 필터링

"미국 내 광고 ad001에 대해 집계된 클릭 수만 표시" 같은 데이터 필터링을 지원하려면 필터링 기준을 사전에 정의한 다음에 해당 기준에 따라 집계하면 된다. 예를 들어 이 기준을 ad001과 ad002에 적용하면 표 6.16과 같다.

ad_id	click_minute	country	count
ad001	202101010001	USA	100
ad001	202101010001	GPB	200
ad001	202101010001	others	3000
ad002	202101010001	USA	10
ad002	202101010001	GPB	25
ad002	202101010001	others	12

표 6.16 집계 결과(국가에 따른 필터링 지원)

이런 기법을 스타 스키마(star schema)라고 부른다.[11] 데이터 웨어하우스(data warehouse)에서 널리 쓰이는 기법으로, 필터링에 사용되는 필드는 차원(dimension)이라 부른다. 이 접근법에는 다음과 같은 장점이 있다.

- 이해하기 쉽고 구축하기 간단하다.
- 기존 집계 서비스를 재사용하여 스타 스키마에 더 많은 차원을 생성할 수 있다. 다른 추가 컴포넌트는 필요하지 않다.
- 결과를 미리 계산해 두는 방식이므로, 필터링 기준에 따라 데이터에 빠르게 접근할 수 있다.

이 접근법에는 많은 버킷(bucket)과 레코드가 생성된다는 한계가 있다. 필터링 기준이 많을 경우 더더욱 그렇다.

3단계: 상세 설계

이번 절에서는 다음 항목들을 더욱 자세히 살펴본다.

- 스트리밍 vs 일괄 처리
- 시간과 집계 윈도(aggregation window)
- 전달 보증(delivery guarantee)
- 시스템의 규모 확장
- 데이터 모니터링 및 정확성
- 최종 설계 다이어그램
- 결함 내성(fault tolerance)

스트리밍 vs 일괄 처리

그림 6.3의 개략적 아키텍처는 일종의 스트림 처리 시스템(stream processing system)이다. 표 6.17에 세 가지 유형의 시스템을 서로 비교한 결과를 요약하였다.[12]

본 설계안은 스트림 처리와 일괄 처리 방식을 모두 사용한다. 스트림 처리는 데이터를 오는 대로 처리하고 거의 실시간으로 집계된 결과를 생성하는 데 사용한다. 일괄 처리는 이력 데이터를 백업하기 위해 활용한다.

일괄 및 스트리밍 처리 경로를 동시에 지원하는 시스템의 아키텍처를 람다(lambda)라고 부른다.[13] 람다 아키텍처의 단점은 두 가지 처리 경로를 지원하

	서비스 (온라인 시스템)	일괄 처리 시스템 (오프라인 시스템)	스트리밍 시스템 (실시간에 가깝게 처리하는 시스템)
응답성	클라이언트에게 빠르게 응답	클라이언트에게 응답할 필요가 없음	클라이언트에게 응답할 필요가 없음
입력	사용자의 요청	유한한 크기를 갖는 입력. 큰 규모의 데이터	입력에 경계가 없음 (무한 스트림)
출력	클라이언트에 대한 응답	구체화 뷰, 집계 결과 지표 등	구체화 뷰, 집계 결과 지표 등
성능 측정 기준	가용성, 지연 시간	처리량	처리량, 지연 시간
사례	온라인 쇼핑	맵리듀스	플링크(Flink)[14]

표 6.17 세 가지 유형의 시스템 비교

므로 유지 관리해야 할 코드가 두 벌이라는 점이다. 카파 아키텍처(Kappa architecture)는 일괄 처리와 스트리밍 처리 경로를 하나로 결합하여 이 문제를 해결한다.[15] 핵심 아이디어는 단일 스트림 처리 엔진을 사용하여 실시간 데이터 처리 및 끊임없는 데이터 재처리 문제를 모두 해결하는 것이다. 그림 6.10에 이 두 아키텍처를 비교했다.

본 시스템의 개략적 설계안은 카파 아키텍처를 따른다. 따라서 이력 데이터의 재처리도 실시간 집계 서비스를 거친다. 상세한 내용은 "데이터 재계산" 절에서 다룬다.

데이터 재계산

때로 이미 집계한 데이터를 다시 계산해야 하는 경우가 있는데, 이를 이력 데이터 재처리(historical data replay)라고도 부른다. 예를 들어 집계 서비스에 중대한 버그가 있었다고 하자. 버그 발생 시점부터 원시 데이터를 다시 읽어 집계 데이터를 재계산하고 고쳐야 할 것이다. 그림 6.11은 이 재계산 흐름을 요약해 보여 준다.

1. 재계산 서비스는 원시 데이터 저장소에서 데이터를 검색한다. 일괄 처리 프로세스를 따른다.

2. 추출된 데이터는 전용 집계 서비스로 전송된다. 전용 집계 서비스를 두는

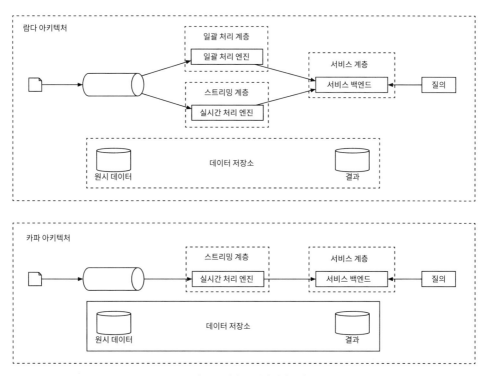

그림 6.10 람다 vs 카파 아키텍처

    것은 실시간 데이터 처리 과정이 과거 데이터 재처리 프로세스와 간섭하는
일을 막기 위해서다.

3. 집계 결과는 두 번째 메시지 큐로 전송되어 집계 결과 데이터베이스에 반
    영된다.

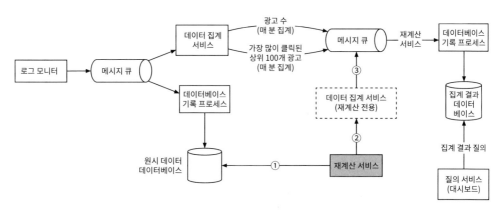

그림 6.11 재계산 서비스

재계산 프로세스는 데이터 집계 서비스를 재사용하기는 하지만 처리 대상 데이터는 다른 곳에서 읽는다(즉, 원시 데이터를 직접 읽는다).

시간

집계를 하려면 타임스탬프가 필요하다. 타임스탬프는 두 가지 다른 위치에서 만들어질 수 있다.

- 이벤트 시각(event time): 광고 클릭이 발생한 시각이다.
- 처리 시각(processing time): 집계 서버가 클릭 이벤트를 처리한 시스템 시각이다.

네트워크 지연이나 비동기적 처리 환경(데이터는 메시지 큐를 거쳐야 한다) 때문에 이벤트가 발생한 시각과 처리 시각 사이의 격차는 커질 수 있다. 그림 6.12를 보자. 이벤트 1은 집계 서비스에 무려 다섯 시간 뒤에 도착하였다.

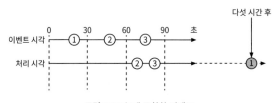

그림 6.12 늦게 도착한 이벤트

이벤트가 발생한 시각을 집계에 사용하는 경우에는 지연된 이벤트 처리 문제를 잘 해결해야 한다. 처리 시각을 집계에 사용하는 경우에는 집계 결과가 부정확할 수 있다는 점을 고려해야 한다. 완벽한 솔루션은 없다. 따라서 두 방안의 장단점을 고려해 적절한 결정을 내려야 한다.

	장점	단점
이벤트 발생 시각	광고 클릭 시점을 정확히 아는 것은 클라이언트이므로 집계 결과가 보다 정확	클라이언트가 생성한 타임스탬프에 의존하는 방식이므로 클라이언트에 설정된 시각이 잘못되었거나 악성 사용자가 타임스탬프를 고의로 조작하는 문제에서 자유로울 수 없음
처리 시각	서버 타임스탬프가 클라이언트 타임스탬프보다 안정적	이벤트가 시스템에 도착한 시각이 한참 뒤인 경우에는 집계 결과가 부정확해짐

표 6.18 이벤트 발생 시각을 이용하는 방안 vs 처리 시각을 이용하는 방안

데이터 정확도는 아주 중요하므로, 이 책에서는 이벤트 발생 시각을 사용할 것을 추천한다. 이 경우 시스템에 늦게 도착한 이벤트를 올바르게 처리하려면 어떻게 하는 것이 좋을까? '워터마크(watermark)'라는 기술을 일반적으로 사용한다.

그림 6.13을 보자. 광고 클릭 이벤트를 1분 단위로 끊어지는 텀블링 윈도 (tumbling window)를 사용해 집계하는 사례다(자세한 내용은 "집계 윈도" 절을 참고하기 바란다). 이벤트 발생 시각을 기준으로 이벤트가 어떤 윈도에 속하는지 결정하면 윈도 1은 이벤트 2를 집계하지 못하게 되고 윈도 3은 이벤트 5를 집계하는 데 실패하게 된다. 이벤트가 집계 윈도가 끝나는 시점보다 살짝 늦게 도착하기 때문이다.

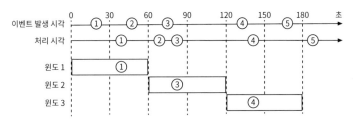

그림 6.13 집계 윈도에 누락되는 이벤트

이 문제는 그림 6.14처럼 "워터마크"를 이용하여 해결한다(각 윈도 마지막에 붙은 여분의 사각형이 워터마크다). 워터마크는 집계 윈도의 확장으로 본다. 이렇게 하면 집계 결과의 정확도를 높일 수 있다. 가령 15초 워터마크를 윈도마다 붙이면 윈도 1은 이벤트 2를 집계할 수 있고 윈도 3은 이벤트 5를 집계할 수 있게 된다.

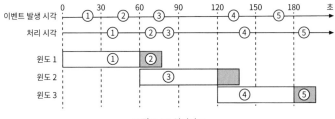

그림 6.14 워터마크

워터마크의 크기는 비즈니스 요구사항에 따라 달리 잡는다. 워터마크 구간이 길면 늦게 도착하는 이벤트도 포착할 수 있지만 시스템의 이벤트 처리 시간은 늘어난다. 워터마크가 짧으면 데이터 정확도는 떨어지지만 시스템의 응답 지연은 낮아진다.

워터마크 기법으로도 시간이 한참 흐른 후에 시스템에 도달하는 이벤트는 처리할 수 없다. 발생할 확률이 낮은 이벤트 처리를 위해 시스템을 복잡하게 설계하면 투자 대비 효능(Return on Investment, ROI)은 떨어진다. 게다가 사소한 데이터 오류는 하루치 데이터 처리를 마감할 때 조정할 수 있다(자세한 내용은 "조정" 절을 참고하기 바란다). 워터마크 기법에는 단점도 있음에 유의하자. 즉, 워터마크를 사용하면 데이터의 정확도는 높아지지만 대기 시간이 늘어나 전반적인 지연 시간은 늘어난다.

집계 윈도

마틴 클레프만(Martin Kleppmann)의 저서 《데이터 중심 애플리케이션 설계》[16]에 따르면, 윈도에는 텀블링 윈도(tumbling window, 고정 윈도(fixed window)라고도 한다), 호핑 윈도(hopping window), 슬라이딩 윈도(sliding window), 세션 윈도(session window)의 네 종류가 있다. 이 가운데에서 본 설계안과 관련이 있는 텀블링 윈도와 슬라이딩 윈도를 살펴보자.

그림 6.15의 텀블링 윈도는 시간을 같은 크기의 겹치지 않는 구간으로 분할한다. 따라서 매 분 발생한 클릭 이벤트를 집계하기에 아주 적합하다(요구사항 1).

그림 6.15 텀블링 윈도

그림 6.16의 슬라이딩 윈도는 데이터 스트림을 미끄러져(sliding) 나아가면서 같은 시간 구간 안에 있는 이벤트를 집계한다. 슬라이딩 윈도는 서로 겹칠 수

있다. 따라서 본 시스템의 두 번째 요구사항, 즉 지난 M분간 가장 많이 클릭된 상위 N개 광고를 알아내기에 적합하다.

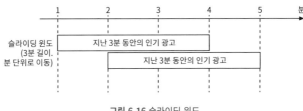

그림 6.16 슬라이딩 윈도

전달 보장

집계 결과는 과금 등에 활용될 수 있기 때문에 데이터의 정확성과 무결성이 아주 중요하다. 시스템은 다음 질문에 답할 수 있어야 한다.

- 이벤트의 중복 처리를 어떻게 피할 수 있는가?
- 모든 이벤트의 처리를 어떻게 보장할 수 있는가?

카프카와 같은 메시지 큐는 보통 세 가지 유형의 전달 방식을 지원한다. 최대한 번(at-most once), 최소 한 번(at-least once), 그리고 정확히 한 번(exactly once).

어떤 전달 방식을 택할 것인가

약간의 중복은 괜찮다면 대체로 '최소 한 번'이 적절하다.

하지만 본 설계안이 다루는 시스템은 그렇지 않다. 데이터의 몇 퍼센트 차이가 수백만 달러 차이로 이어질 수 있다. 따라서 '정확히 한 번' 방식을 권장한다. 실제 광고 집계 시스템에 대해 더 자세히 알고 싶은 독자는 엘프(Yelp)가 이를 어떻게 구현하였는지 살펴보기 바란다.[17]

데이터 중복 제거

가장 흔한 데이터 품질 이슈 가운데 하나는 중복된 데이터다. 중복 데이터는 다양한 곳에서 발생할 수 있는데, 이번 절에서는 다음 두 가지 흔한 사례를 살펴본다.

- 클라이언트 측: 예를 들어, 한 클라이언트가 같은 이벤트를 여러 번 보내는 경우다. 악의적인 의도로 전송되는 중복 이벤트를 처리하는 데는 광고 사기/위험 제어(ad fraud/risk control) 컴포넌트가 적합하다. 이런 컴포넌트에 관심이 있다면 [18]을 읽어 보기 바란다.
- 서버 장애: 집계 도중에 집계 서비스 노드에서 장애가 발생하였고 업스트림 (upstream) 서비스가 이벤트 메시지에 대해 응답(acknowledgement)을 받지 못하였다면, 같은 이벤트가 다시 전송되어 재차 집계될 가능성이 있다. 이 문제에 대해서 좀 더 자세히 살펴보자.

그림 6.17은 집계 서비스 노드(aggregator)에 발생한 장애의 결과로 중복 데이터가 생기는 과정을 보여준다. 이 노드는 업스트림 카프카에 오프셋을 저장하여 데이터 소비 상태를 관리한다.

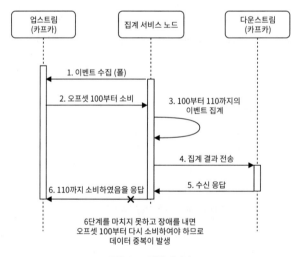

그림 6.17 중복 데이터

집계 서비스 노드에 장애가 생겨 6단계를 실행하지 못하면 100에서 110까지의 이벤트는 이미 다운스트림에 전송되었으나 새 오프셋은 업스트림 카프카에 반영되지 않았다. 따라서 새로 복구된 집계 서비스 노드는 오프셋 100부터 이벤트를 다시 소비하려 할 것이고, 그 결과로 데이터 중복이 발생한다.

이 문제의 가장 간단한 해결책은 그림 6.18과 같이 HDFS나 S3 같은 외부 파일 저장소에 오프셋을 기록하는 것이다. 하지만 이 방안에도 문제는 있다.

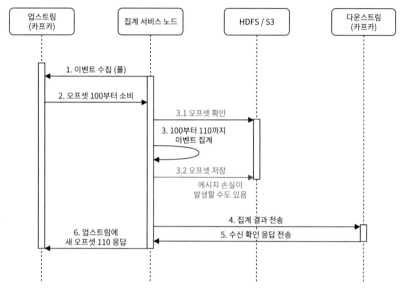

그림 6.18 오프셋 기록

3단계에서 집계 서비스 노드는 외부 저장소에 보관된 마지막 오프셋이 100인 경우에만 오프셋 100부터 110까지의 이벤트를 처리한다. 저장소에 저장된 오프셋이 110이었다면 오프셋 110 이전 이벤트는 전부 무시한다.

하지만 이 설계에는 큰 문제가 있다. 집계 결과를 다운스트림으로 전송하기 전에 오프셋을 HDFS나 S3에 저장하고 있는데(단계 3.2), 만일 그 직후 집계 서비스 노드에 장애가 발생하여 4단계를 완료하지 못했다면? 외부 저장소에 저장된 오프셋은 110이므로, 복구된 집계 서비스 노드는 100부터 110까지의 이벤트를 다시 처리할 시도는 하지 않는 것이다.

따라서 데이터 손실을 막으려면 다운스트림에서 집계 결과 수신 확인 응답을 받은 후에 오프셋을 저장해야 한다. 이렇게 수정한 흐름도가 그림 6.19이다.

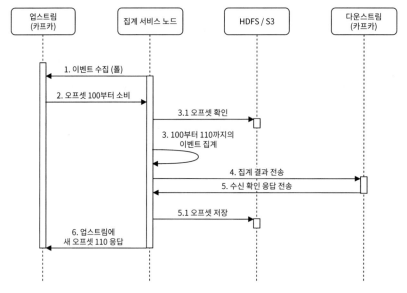

그림 6.19 수신 확인 후 오프셋 저장

이 수정된 설계안에서는 5.1단계 실행 전에 집계 서비스 노드에 장애가 생기면 복구 후에 100부터 110까지의 이벤트를 다운스트림에 다시 보낼 수 있다. 이벤트를 정확하게 한 번만 처리하고 싶다면 4단계부터 6단계까지의 작업을 하나의 분산 트랜잭션(distributed transaction)에 넣어야 한다. 분산 트랜잭션은 여러 노드에서 작동하는 트랜잭션으로, 그 안에서 실행하는 작업 가운데 하나라도 실패하면 모든 작업의 상태를 실행 전으로 되돌리게 된다.

지금까지 살펴봤듯이, 대규모 시스템에서 데이터 중복을 없애기는 쉽지 않다. 이벤트를 정확히 한 번 처리하는 것은 난이도가 아주 높은 작업이다. 자세한 내용이 궁금하다면 [9]를 읽어보기 바란다.

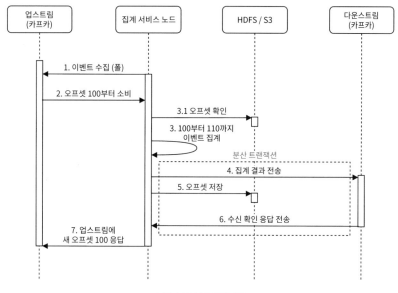

그림 6.20 분산 트랜잭션

시스템 규모 확장

간략히 추정해 본 결과, 사업은 매년 30%씩 성장하며 트래픽은 3년마다 두 배가 된다. 이 성장세를 뒷받침하려면 어떻게 해야 할까? 지금부터 살펴보자.

본 설계안은 메시지 큐, 집계 서버, 데이터베이스의 세 가지 독립 구성 요소로 이루어져 있다. 이 구성요소들은 상호 결합도가 낮으므로 각기 독립적으로 규모를 늘릴 수 있다.

메시지 큐의 규모 확장

메시지 큐의 규모 확장법에 대해서는 이미 4장 "분산 메시지 큐"에서 광범위하게 설명했으므로 여기서는 몇 가지 요점만 간략하게 다루도록 하겠다.

생산자(producer): 생산자 인스턴스 수에는 제한을 두지 않으므로 따라서 확장성은 쉽게 달성할 수 있다.

소비자(consumer): 소비자 그룹 내의 재조정(rebalancing) 메커니즘은 노드 추가/삭제를 통해 그 규모를 쉽게 조정할 수 있도록 한다. 그림 6.21의 예제는 2

개 소비자를 더 추가하여 각 소비자가 오직 한 파티션에서만 이벤트를 소비할
수 있도록 한 사례다.

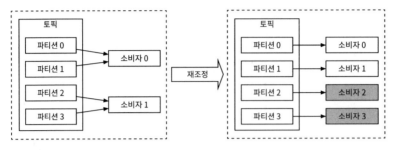

그림 6.21 소비자 추가

시스템에 수백 개 카프카 소비자가 있는 경우에는 재조정 작업 시간이 길어져
서 수 분 이상 걸리게 될 수 있다. 따라서 더 많은 소비자를 추가하는 작업은 시
스템 사용량이 많지 않은 시간에 실행하여 영향을 최소화하는 것이 좋다.

브로커(broker)

- 해시 키

  같은 `ad_id` 를 갖는 이벤트를 같은 카프카 파티션에 저장하기 위해 `ad_id`를
  해시 키로 사용한다. 그렇게 하면 집계 서비스는 같은 `ad_id`를 갖는 이벤트
  를 전부 같은 파티션에서 구독할 수 있다.

- 파티션의 수

  파티션의 수가 변하면 같은 `ad_id`를 갖는 이벤트가 다른 파티션에 기록되는
  일이 생길 수 있다. 따라서 사전에 충분한 파티션을 확보하여 프로덕션 환
  경에서 파티션의 수가 동적으로 늘어나는 일은 피하는 것이 좋다.

- 토픽의 물리적 샤딩

  보통 하나의 토픽만으로 충분한 경우는 거의 없다. 지역에 따라 여러 토픽
  을 둘 수도 있고(`topic_north_america`, `topic_europe_topic_asia` 등) 사업
  유형에 따라 둘 수도 있을 것이다(`topic_web_ads`, `topic_mobile_ads` 등).

◦ 장점: 데이터를 여러 토픽으로 나누면 시스템의 처리 대역폭을 높일 수
  있다. 단일 토픽에 대한 소비자의 수가 줄면 소비자 그룹의 재조정 시간
  도 단축된다.
◦ 단점: 복잡성이 증가하고 유지 관리 비용이 늘어난다.

집계 서비스의 규모 확장

앞서 개략적 설계안을 살펴보면서 집계 서비스는 본질적으로 맵리듀스 연산으
로 구현된다고 설명한 바 있다. 그림 6.22는 이 연산이 실제로 어떻게 상호 연
결되는지를 보여 준다.

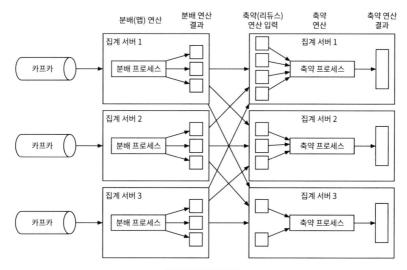

그림 6.22 집계 서비스

자세한 내용이 궁금하다면 [19]를 읽어보기 바란다. 집계 서비스의 규모는 노
드의 추가/삭제를 통해 수평적으로 조정이 가능하다. 관련된 한 가지 흥미로운
질문은 집계 서비스의 처리 대역폭을 높이려면 어떻게 하느냐는 것이다. 두 가
지 선택지가 있다.

방안 #1: 그림 6.23에서처럼, ad_id마다 별도의 처리 스레드를 두는 방안이다.

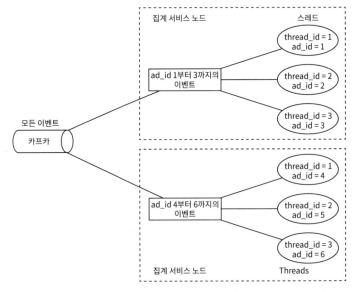

그림 6.23 다중 스레드

방안 #2: 집계 서비스 노드를 아파치 하둡 YARN[20] 같은 자원 공급자(resource provider)에 배포하는 방식이다. 다중 프로세싱(multi-processing)을 활용하는 방안이다.

두 가지 방안 가운데는 첫 번째가 더 구현하기 쉽다. 자원 공급자에 대한 의존 관계도 없다. 하지만 실제로는 두 번째 방안이 더 많이 쓰인다. 더 많은 컴퓨팅 자원을 추가하여 시스템 규모를 확장할 수 있기 때문이다.

데이터베이스의 규모 확장

카산드라(Cassandra)는 안정 해시(consistent hash)와 유사한 방식으로 수평적인 규모 확장을 기본적으로 지원하고 있다.

데이터는 각 노드에 균등하게 분산한다. 이때 사본도 적당한 수만큼 만들어 분산한다. 각 노드는 해시 링 위의 특정 해시 값 구간의 데이터 보관을 담당하며, 다른 가상 노드의 데이터 사본도 보관한다.

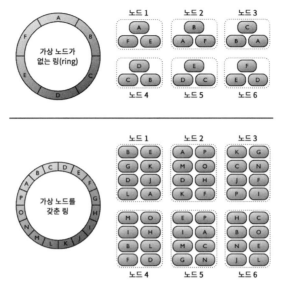

그림 6.24 가상 노드[21]

클러스터에 새 노드를 추가하면 가상 노드 간의 균형은 자동으로 다시 조정된다. 수동으로 샤딩을 조정하는 과정은 필요하지 않다. 더 자세한 내용이 궁금하다면 카산드라의 공식 문서를 참고하기 바란다.[21]

핫스팟 문제

다른 서비스나 샤드보다 더 많은 데이터를 수신하는 서비스나 샤드를 핫스팟(hotspot)이라 부른다. 광고 클릭 집계 시스템의 경우, 큰 회사는 수백만 달러에 달하는 광고 예산을 집행하고 그런 회사의 광고에는 더 많은 클릭이 발생하기 때문에 핫스팟 문제가 생길 수 있다. 이벤트 파티션을 ad_id로 나누기 때문에, 어떤 집계 서비스 노드는 다른 노드보다 더 많은 광고 클릭 이벤트를 수신하게 될 것이고, 그러다 보면 서버 과부하 문제가 발생할 수 있다.

　이 문제는 더 많은 집계 서비스 노드를 할당하여 완화할 수 있다. 그림 6.25의 예제를 살펴보자. 각 집계 서비스 노드는 100개 이벤트만 처리할 수 있다고 가정하였다.

1. 집계 서비스 노드에 300개 이벤트가 도착하였다. 한 노드가 감당할 수 있는 양을 초과하였다. 따라서 자원 관리자(resource manager)에게 추가 자원을 신청한다.
2. 자원 관리자는 해당 서비스 노드에 과부하가 걸리지 않도록, 추가 자원을 할당한다(본 예제의 경우에는 두 개의 집계 서비스 노드를 추가하였다).
3. 원래 집계 서비스 노드는 각 서비스 노드가 100개씩의 이벤트를 처리할 수 있도록 이벤트를 세 개 그룹으로 분할한다.
4. 집계가 끝나 축약된 결과는 다시 원래 집계 서비스 노드에 기록된다.

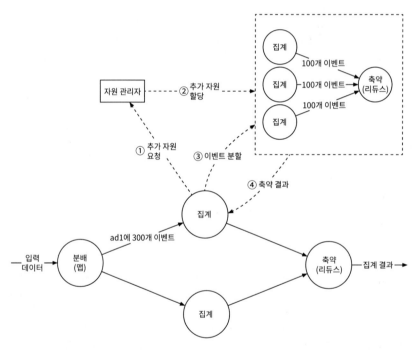

그림 6.25 추가 집계 서비스 노드의 할당

더 복잡한 방법도 있다. 전역-지역 집계(Global-Local Aggregation)나 분할 고유 집계(Split Distinct Aggregation) 같은 방안이 그것이다. 자세한 내용은 [22]를 참고하기 바란다.

결함 내성

지금부터 집계 서비스의 결함 내성(fault tolerance)에 대해 알아보자. 집계는 메모리에서 이루어지므로 집계 노드에 장애가 생기면 집계 결과도 손실된다. 하지만 업스트림 카프카 브로커에서 이벤트를 다시 받아오면 그 숫자를 다시 만들어 낼 수 있다.

카프카 데이터를 원점부터 다시 재생하여 집계하면 시간이 오래 걸린다. 그러니 업스트림 오프셋 같은 '시스템 상태'를 스냅숏으로 저장하고 마지막으로 저장된 상태부터 복구해 나가는 것이 바람직하다. 본 설계안에서 '시스템 상태'에 해당하는 정보는 업스트림 오프셋뿐만이 아니다. 지난 M분간 가장 많이 클릭된 광고 N개 같은 데이터도 시스템 상태의 일부로 저장해야 한다.

그림 6.26은 스냅숏에 어떤 데이터가 보관되는지를 보여주는 간단한 예제다.

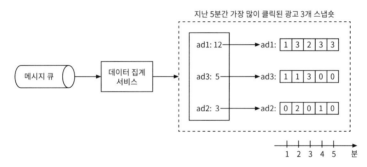

그림 6.26 스냅숏 데이터

스냅숏을 이용하면 집계 서비스의 복구 절차가 단순해진다. 어떤 집계 서비스 노드 하나에 장애가 발생하면 해당 노드를 새 것으로 대체한 다음 마지막 스냅숏에서 데이터를 복구하면 된다.(그림 6.27) 스냅숏을 마지막으로 찍은 후에 도착한 새로운 이벤트는, 새 집계 서비스 노드가 카프카 브로커에서 읽어가 다시 처리할 것이다.

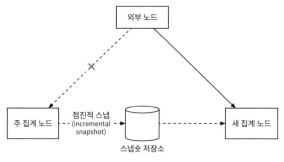

그림 6.27 집계 노드의 복구

데이터 모니터링 및 정확성

앞서 언급했듯 집계 결과는 RTB(Real-Time Bidding) 및 청구서 발행 목적으로 사용될 수 있다. 그러므로 시스템이 정상적으로 동작하는지 모니터링하고 데이터 정확성을 보장하는 것은 아주 중요한 과제다.

지속적 모니터링

다음과 같은 지표는 지속적으로 모니터링해야 한다.

- 지연 시간(latency): 데이터를 처리하는 각 단계마다 지연시간이 추가될 수 있으므로, 시스템의 중요 부분마다 시각(timestamp) 추적이 가능하도록 해야 한다. 기록된 시각 사이의 차이를 지연 시간 지표로 변환해서 모니터링하면 된다.
- 메시지 큐 크기: 큐의 크기가 갑자기 늘어난다면 더 많은 집계 서비스 노드를 추가해야 할 수 있다. 카프카는 분산 커밋 로그(distributed commit log) 형태로 구현된 메시지 큐이므로, 카프카를 사용하는 경우에는 레코드 처리 지연 지표(records-lag)를 대신 추적하면 된다.
- 집계 노드의 시스템 자원: CPU, 디스크, JVM 같은 것에 관계된 지표다.

조정

조정(reconciliation)은 다양한 데이터를 비교하여 데이터 무결성을 보증하는 기법을 일컫는다. 은행 업계라면 은행에서 만든 데이터와 비교하면 되겠지만 광고 클릭 집계 결과는 비교할 제3자가 없다.

한 가지 방법은 매일 각 파티션에 기록된 클릭 이벤트를 이벤트 발생 시각에 따라 정렬한 결과를 일괄 처리하여 만들어 낸 다음, 실시간 집계 결과와 비교해 보는 것이다. 더 높은 정확도가 필요하다면 더 작은 집계 윈도를 사용하면 될 것이다(예: 1시간). 윈도 크기에 관계없이 일부 이벤트는 늦게 도착할 수 있으므로 배치 작업 결과가 실시간 집계 결과와 정확히 일치하지 않을 수 있다는 점은 유념해야 한다("시간" 절 참고).

그림 6.28은 조정 프로세스를 고려하여 수정한 설계안이다.

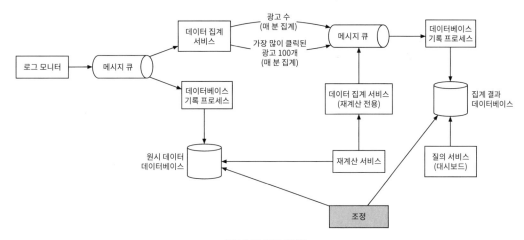

그림 6.28 최종 설계안

대안적 설계안

일반적인 지식을 검증하는 시스템 설계 면접에서는 빅데이터 파이프라인에 사용되는 전문적 소프트웨어의 동작 메커니즘까지 묻지는 않을 것이다. 사고 프로세스를 설명하고 타협적 선택지 사이의 장단점을 설명하는 능력을 보이는 것이 중요하다. 그래서 이 책에서도 일반적인 해법을 제안하는 것이다. 다른 한 가지 가능한 설계안은 광고 클릭 데이터를 하이브(Hive)에 저장한 다음 빠른 질의는 일래스틱서치(ElasticSearch) 계층을 얹어서 처리하는 것이다. 집계는 클릭하우스(ClickHouse)[23]나 드루이드(Druid)[24] 같은 OLAP 데이터베이스를 통해 처리할 수 있을 것이다. 그림 6.29는 해당 대안의 아키텍처이다.

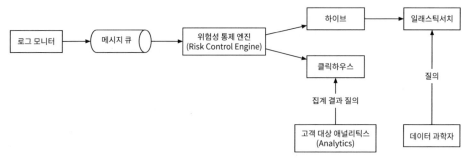

그림 6.29 대안적 설계안

이 설계안에 대한 좀 더 자세한 내용은 [25]를 참고하기 바란다.

4단계: 마무리

이번 장에서는 페이스북이나 구글 규모의 광고 클릭 이벤트 집계 시스템을 설계하는 프로세스를 다루어 보았다. 다음과 같은 주제를 다루었다.

- 데이터 모델 및 API 설계
- 맵리듀스(MapReduce) 데이터 처리 패러다임을 통해 광고 클릭 이벤트를 집계하는 방안
- 메시지 큐, 집계 서비스, 데이터베이스의 규모 확장 방안
- 핫스팟 문제를 해결하는 방안
- 시스템의 지속적 모니터링
- 데이터 조정을 통한 정확성 보증 방안
- 결함 내성

광고 클릭 이벤트 집계 시스템은 전형적인 빅데이터 처리 시스템이다. 아파치 카프카, 아파치 플링크, 아파치 스파크 같은 업계 표준 솔루션에 대한 사전 지식이나 경험이 있다면 이해하고 설계하기 쉬울 것이다.

이번 장도 성공적으로 마무리한 여러분, 축하한다! 스스로를 마음껏 격려하도록 하자!

6장 요약

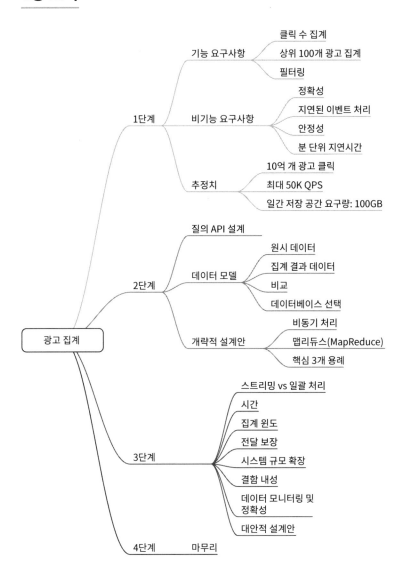

참고 문헌

[1] 클릭률 정의(Clickthrough rate: Definition). *https://support.google.com/google-ads/answer/2615875?hl=en*

[2] 전환률 정의(Conversion rate: Definition). *https://support.google.com/google-ads/answer/2684489?hl=en*

[3] OLAP 함수(OLAP functions). *https://docs.oracle.com/database/121/OLAXS/olap_functions.htm#OLAXS169*

[4] RTB 프로세스를 통한 광고 표시 및 행위 이력 기반 광고 타기팅(Display Advertising with Real-Time Bidding(RTB) and Behavioural Targeting). *https://arxiv.org/pdf/1610.03013.pdf*

[5] 하이브 언어 매뉴얼 ORC(LanguageManual ORC). *https://cwiki.apache.org/confluence/display/hive/languagemanual+orc*

[6] 파케이(Parquet). *https://databricks.com/glossary/what-is-parquet*

[7] AVRO란 무엇인가(What is avro). *https://www.ibm.com/topics/avro*

[8] 빅데이터(Big Data). *https://www.datakwery.com/techniques/big-data/*

[9] 아파치 플링크가 데이터를 정확히 한 번 처리하기 위해 사용하는 메커니즘(An Overview of End-to-End Exactly-Once Processing in Apache Flink). *https://flink.apache.org/features/2018/03/01/end-to-end-exactly-once-apache-flink.html*

[10] DAG 모델(DAG model). *https://en.wikipedia.org/wiki/Directed_acyclic_graph*

[11] 스타 스키마 및 파워 BI의 중요성 이해(Understand star schema and the importance for Power BI). *https://docs.microsoft.com/en-us/power-bi/guidance/star-schema*

[12] 《데이터 중심 애플리케이션 설계》(마틴 클레프만(Martin Kleppmann) 지음, 정재부 김영준 이도경 옮김, 위키북스, 2018. 원제는 *Designing Data-Intensive Applications*(O'Reilly Media, 2017)).

[13] 람다 아키텍처(Lambda architecture). *https://databricks.com/glossary/lambda-architecture*

[14] 아파치 플링크(Apache Flink). *https://flink.apache.org/*

[15] 카파 아키텍처(Kappa architecture). *https://hazelcast.com/glossary/kappa-architecture/*

[16] 스트림 프로세싱, 《데이터 중심 애플리케이션 설계》에서.

[17] 광고 스트림을 정확히 한 번 처리하기 위해 사용하는 메커니즘(End-to-end Exactly-once Aggregation Over Ad Streams). *https://www.youtube.com/watch?v=hzxytnPcAUM*

[18] 광고 트래픽 품질(Ad traffic quality). *https://www.google.com/ads/adtraffic quality/*

[19] 하둡 맵리듀스 메커니즘의 이해(Understanding MapReduce in Hadoop). *https://www.section.io/engineering-education/understanding-map-reduce-in-hadoop/*

[20] 아파치 YARN에서의 플링크 구동(Flink on Apache Yarn). *https://ci.apache.org/projects/flink/flink-docs-release-1.13/docs/deployment/resource-providers/yarn/*

[21] 가상 노드를 활용한 클러스터 내 데이터 분산 방안(How data is distributed across a cluster using virtual nodes). *https://docs.datastax.com/en/cassandra-oss/3.0/cassandra/architecture/archDataDistributeDistribute.html*

[22] 플링크 성능 튜닝(Flink performance tuning). *https://nightlies.apache.org/flink/flink-docs-master/docs/dev/table/tuning/*

[23] 클릭하우스(ClickHouse). *https://clickhouse.com/*

[24] 드루이드(Druid). *https://druid.apache.org/*

[25] 광고 이벤트를 실시간으로 정확히 한 번 처리하기 위한 아파치 플링크, 카프카, 피노 기반 방안(Real-Time Exactly-Once Ad Event Processing with Apache Flink, Kafka, and Pinot). *https://eng.uber.com/real-time-exactly-once-ad-event-processing/*

7장

호텔 예약 시스템

이번 장에서는 메리어트 인터내셔널 같은 호텔 체인의 예약 시스템을 설계할 것이다. 이 장에서 다루는 설계와 기법은 다른 인기 면접 문제에 활용될 수도 있다.

- 에어비앤비 시스템 설계
- 항공권 예약 시스템 설계
- 영화 티켓 예매 시스템 설계

1단계: 문제 이해 및 설계 범위 확정

호텔 예약 시스템은 복잡하고 그 컴포넌트는 시스템을 사업에 어떻게 이용할지에 따라 달라진다. 설계 시작 전에 면접관에게 질문을 던져 범위를 명확히 하자.

지원자: 시스템 규모는 어느 정도입니까?

면접관: 5000개 호텔에 100만 개 객실을 갖춘 호텔 체인을 위한 웹사이트를 구축한다고 가정합시다.

지원자: 대금은 예약 시에 지불하나요, 아니면 호텔에 도착했을 때 지불하나요?

면접관: 시간 제한이 있으니 예약할 때 전부 지불한다고 합시다.

지원자: 고객은 객실을 호텔의 웹사이트에서만 예약할 수 있나요, 아니면 전화 같은 다른 시스템으로도 할 수 있나요?

면접관: 호텔 웹사이트나 앱에서만 가능하다고 합시다.

지원자: 예약을 취소할 수도 있어야 하나요?

면접관: 물론입니다.

지원자: 고려할 다른 사항이 더 있을까요?

면접관: 네. 10% 초과 예약이 가능해야 합니다. 즉, 실제 객실 수보다 더 많은 객실을 판매할 수 있어야 한다는 것입니다. 호텔은 일부 고객이 예약을 취소할 것을 예상하여 초과 예약을 허용하곤 합니다.

지원자: 시간이 제한되어 있으므로, 객실 검색은 범위에 넣지 않겠습니다. 다음과 같은 사항에만 집중해 보려고 합니다.

- 호텔 정보 페이지 표시
- 객실 정보 페이지 표시
- 객실 예약 지원
- 호텔이나 객실 정보를 추가/삭제/갱신하는 관리자 페이지 지원
- 초과 예약 지원

면접관: 좋습니다.

면접관: 한 가지 잊은 게 있네요. 객실 가격은 유동적입니다. 그날 객실에 여유가 얼마나 있는지에 따라 달라진다고 하겠습니다. 또한 매일 달라질 수 있다고 가정하겠습니다.

지원자: 유념하겠습니다.

그 다음으로는 중요 비기능 요구사항에 대해 이야기해 볼 수 있을 것이다.

비기능 요구사항

- 높은 수준의 동시성(concurrency) 지원: 성수기, 대규모 이벤트 기간에는 일부 인기 호텔의 특정 객실을 예약하려는 고객이 많이 몰릴 수 있다.

- 적절한 지연 시간: 사용자가 예약을 할 때는 응답 시간이 빠르면 이상적이겠으나 예약 요청 처리에 몇 초 정도 걸리는 것은 괜찮다.

개략적 규모 추정

- 총 5,000개 호텔, 100만 개의 객실이 있다고 가정한다.
- 평균적으로 객실의 70%가 사용 중이고, 평균 투숙 기간은 3일이라고 가정한다.
- 일일 예상 예약 건수: $\dfrac{1백만 \times 0.7}{3} = 233{,}333$ (올림 하여 약 240,000)
- 초당 예약 건수 $= \dfrac{240{,}000}{하루에\ 10^5초} = \sim 3$. 따라서 초당 예약 트랜잭션 수(TPS)는 그다지 높지 않다.

다음으로 시스템 내 모든 페이지의 QPS(Queries-per-seoncd)를 계산해 보자. 일반적으로 고객이 이 웹사이트를 사용하는 흐름에는 세 가지 단계가 있다.

1. 호텔/객실 상세 페이지: 사용자가 호텔/객실 정보를 확인한다 (조회 발생)
2. 예약 상세 정보 페이지: 사용자가 날짜, 투숙 인원, 결제 방법 등의 상세 정보를 예약 전에 확인한다 (조회 발생)
3. 객실 예약 페이지: 사용자가 '예약' 버튼을 눌러 객실을 예약한다 (트랜잭션 발생)

대략 10%의 사용자가 다음 단계로 진행하고 90%의 사용자는 최종 단계에 도달하기 전에 흐름을 이탈한다고 하자. 아울러 다음 단계에 표시될 내용을 미리 계산해 두는 방안은 고려하지 않는다고 가정할 것이다. 그림 7.1에 단계별 QPS를 어림잡은 결과를 제시하였다.

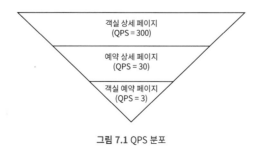

그림 7.1 QPS 분포

최종 예약 TPS(Transaction Per Second)는 3이라는 것을 알고 있으므로, 그 수치에서 역산한 결과다. 예약 페이지의 QPS는 30, 그리고 객실 정보 확인 페이지의 QPS는 300이다.

2단계: 개략적 설계안 제시 및 동의 구하기

이번 절에서는 다음 사항을 살펴본다.

- API 설계
- 데이터 모델
- 개략적 설계안

API 설계

호텔 예약 시스템의 API 설계안을 살펴보자. 가장 중요한 API를 RESTful 관례에 따라 나열해 보았다.

예약 시스템 설계에 필요한 부분에만 집중하였음에 유의하자. 호텔 웹사이트 전부를 완성하려면 특정 기준에 맞는 객실을 검색하는 등의 직관적 기능도 필요하다. 하지만 그런 기능 구현에 필요한 API는 중요하긴 해도 기술적으로 도전적이지는 않다. 따라서 이번 장에서 다루지는 않겠다.

호텔 관련 API

API	설명
GET /v1/hotels/id	호텔의 상세 정보 반환
POST /v1/hotels	신규 호텔 추가. 호텔 직원만 사용 가능
PUT /v1/hotels/id	호텔 정보 갱신. 호텔 직원만 사용 가능
DELETE /v1/hotels/id	호텔 정보 삭제. 호텔 직원만 사용 가능

표 7.1 호텔 관련 API

객실 관련 API

API	설명
GET /v1/hotels/:id/rooms/id	객실 상세 정보 반환
POST /v1/hotels/:id/rooms	신규 객실 추가. 호텔 직원만 사용 가능
PUT /v1/hotels/:id/rooms/id	객실 정보 갱신. 호텔 직원만 사용 가능
DELETE /v1/hotels/:id/rooms/id	객실 정보 삭제. 호텔 직원만 사용 가능

표 7.2 객실 관련 API

예약 관련 API

API	설명
GET /v1/reservations	로그인 사용자의 예약 이력 반환
GET /v1/reservations/id	특정 예약의 상세 정보 반환
POST /v1/reservations	신규 예약
DELETE /v1/reservations/id	예약 취소

표 7.3 예약 관련 API

신규 예약 접수는 아주 중요한 기능이다. 새 예약을 만들 때 API(POST /v1/reservations)에 전달하는 인자의 형태는 다음과 같다.

```
{
  "startDate": "2021-04-28",
  "endDate":"2021-04-30",
  "hotelID":"245",
  "roomID":"U12354673389",
  "reservationID":"13422445"
}
```

researvationID는 이중 예약을 방지하고 동일한 예약은 단 한 번만 이루어지도록 보증하는 멱등 키(idempotent key)다. 여기서 이중 예약은 같은 날 같은 객실에 예약이 중복으로 이루어지는 것을 말한다. 자세한 내용은 "동시성 문제" 절을 참고하라.

데이터 모델

어떤 데이터베이스를 사용할지 결정하기 전에 데이터 접근 패턴부터 자세히 살펴보자. 호텔 예약 시스템은 다음 질의를 지원해야 한다.

질의 1: 호텔 상세 정보 확인

질의 2: 지정된 날짜 범위에 사용 가능한 객실 유형 확인

질의 3: 예약 정보 기록

질의 4: 예약 내역 또는 과거 예약 이력 정보 조회

대략적인 추정 과정을 통해 시스템 규모가 크지 않은 것은 알았으나 대규모 이벤트가 있는 경우에는 트래픽이 급증할 수도 있으니 대비해야 한다. 이런 요구 사항을 종합적으로 고려하였을 때 본 설계안에서는 관계형 데이터베이스를 선택할 것이다. 이유는 다음과 같다.

- 관계형 데이터베이스는 읽기 빈도가 쓰기 연산에 비해 높은 작업 흐름을 잘 지원한다. 호텔 웹사이트/앱을 방문하는 사용자의 수는 실제로 객실을 예약하는 사용자에 비해 압도적으로 많다. NoSQL 데이터베이스는 대체로 쓰기 연산에 최적화되어 있다. 관계형 데이터베이스는 읽기가 압도적인 작업 흐름은 충분히 잘 지원한다.
- 관계형 데이터베이스는 ACID 속성(원자성, 일관성, 격리성, 영속성)을 보장한다. ACID 속성은 예약 시스템을 만드는 경우 중요하다. 이 속성이 만족되지 않으면 잔액이 마이너스가 되는 문제, 이중 청구 문제, 이중 예약 문제 등을 방지하기 어렵다. ACID 속성이 충족되는 데이터베이스를 사용하면 애플리케이션 코드는 훨씬 단순해지고 이해하기 쉬워진다. 관계형 데이터베이스는 일반적으로 ACID 속성을 보장한다.
- 관계형 데이터베이스를 사용하면 데이터를 쉽게 모델링할 수 있다. 비즈니스 데이터의 구조를 명확하게 표현할 수 있을 뿐 아니라 엔티티(호텔, 객실, 객실 유형 등) 간의 관계를 안정적으로 지원할 수 있다.

관계형 데이터베이스를 저장소로 선택했으니 스키마 설계를 살펴보자. 그림 7.2는 가장 단순하게 설계한 스키마다. 많은 지원자가 호텔 예약 시스템을 설

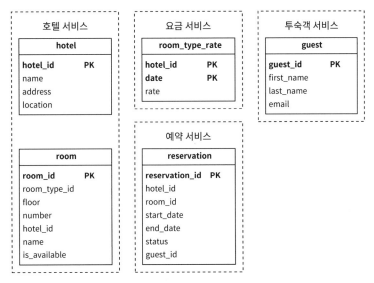

그림 7.2 데이터베이스 스키마

계할 때 선택하는, 가장 자연스러운 스키마다.

대부분의 속성은 설명이 필요 없으므로 reservation 테이블의 status 필드에 대해서만 설명하도록 하겠다. 이 필드는 pending, paid, refunded, canceled, rejected 즉 결제 대기, 결제 완료, 환불 완료, 취소, 승인 실패의 다섯 상태 가운데 하나를 값으로 가질 수 있다. 이를 상태 천이도(state machine) 다이어그램으로 표현하면 그림 7.3과 같다.

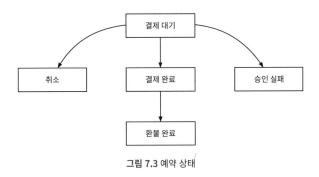

그림 7.3 예약 상태

이 스키마 디자인에는 큰 문제가 있다. room_id가 있으므로 에어비앤비 같은 회사에는 적합하다. 하지만 호텔의 경우에는 그렇지 않다. 사용자는 특정 객실을 예약하는 것이 아니라 특정 호텔의 특정 객실 유형을 예약하기 때문이다. 여기서 객실 유형은 스탠다드 룸, 킹 사이즈 룸, 퀸 사이즈 룸 등이 될 수 있다. 객실 번호는 예약할 때가 아닌, 투숙객이 체크인 하는 시점에 부여된다. 이 요구사항을 반영하려면 데이터 모델을 손볼 필요가 있다. 3단계 "상세 설계"의 "개선된 데이터 모델" 항목을 참고하기 바란다.

개략적 설계안

이 호텔 예약 시스템에는 마이크로서비스(microservice) 아키텍처를 사용한다. 지난 몇 년 동안 이 아키텍처는 많은 인기를 끌었다. 마이크로서비스 아키텍처를 채택한 회사로는 아마존, 넷플릭스, 우버, 에어비앤비, X(구 트위터) 등이 있다. 이 아키텍처의 장점을 더 자세히 알고 싶다면 [1][2]를 참고하기 바란다.

마이크로서비스 아키텍처로 호텔 예약 시스템을 설계한 결과를 개략적으로 요약하면 그림 7.4와 같다.

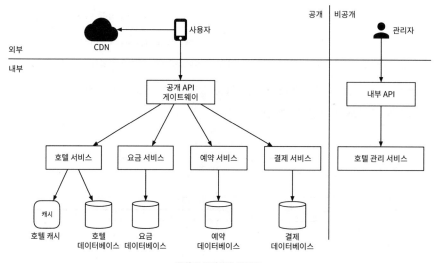

그림 7.4 개략적 설계안

각 구성요소를 위에서 아래로 간략하게 살펴보자.

- 사용자: 휴대폰이나 컴퓨터로 객실을 예약하는 당사자다.
- 관리자(호텔 직원): 고객 환불, 예약 취소, 객실 정보 갱신 등의 관리 작업을 수행할 권한이 있는 호텔 직원이다.
- CDN(콘텐츠 전송 네트워크): 자바스크립트 코드 번들, 이미지, 동영상, HTML 등 모든 정적 콘텐츠를 캐시하여 웹사이트 로드 성능을 개선하는 데 이용된다.
- 공개 API 게이트웨이: 처리율 제한(rate limiting), 인증 등의 기능을 지원하는 완전 관리형 서비스(fully managed service)다. 엔드포인트 기반으로 특정 서비스에 요청을 전달할 수 있도록 구성된다. 예를 들어 호텔 홈페이지 요청은 호텔 서비스로, 호텔 객실 예약 요청은 예약 서비스로 전달하는 역할을 담당한다.
- 내부 API: 승인된 호텔 직원만 사용 가능한 API로, 내부 소프트웨어나 웹사이트를 통해서 사용 가능하다. VPN(Virtual Private Network, 즉 가상 사설망) 등의 기술을 사용해 외부 공격으로부터 보호한다.
- 호텔 서비스: 호텔과 객실에 대한 상세 정보를 제공한다. 호텔과 객실 데이터는 일반적으로 정적이라서 쉽게 캐시해 둘 수 있다.
- 요금 서비스: 미래의 어떤 날에 어떤 요금을 받아야 하는지 데이터를 제공하는 서비스다. 재미있는 것은 객실의 요금은 해당 날짜에 호텔에 얼마나 많은 손님이 몰리느냐에 따라 달라진다는 것이다.
- 예약 서비스: 예약 요청을 받고 객실을 예약하는 과정을 처리한다. 객실이 예약되거나 취소될 때 잔여 객실 정보를 갱신하는 역할도 담당한다.
- 결제 서비스: 고객의 결제를 맡아 처리하고, 절차가 성공적으로 마무리되면 예약 상태를 결제 완료로 갱신하며 실패한 경우에는 승인 실패로 업데이트한다.
- 호텔 관리 서비스: 승인된 호텔 직원만 사용 가능한 서비스다. 임박한 예약 기록 확인, 고객 객실 예약, 예약 취소 등의 기능을 제공한다.

다이어그램을 조금 더 깔끔하고 단순하게 그리기 위해, 그림 7.4에서는 마이크로서비스 간 상호작용을 나타내는 화살표 상당수를 생략하였다. 예를 들어 그림 7.5에서 보듯, 예약 서비스와 요금 서비스 사이에는 화살표가 있어야 한다. 예약 서비스는 총 객실 요금을 계산하기 위해 요금 서비스에 질의할 필요가 있기 때문이다. 아울러 호텔 관리 서비스와 다른 대부분의 서비스 사이에는 화살표가 있어야 한다. 관리자가 호텔 관리 서비스를 통해 데이터를 변경하면 해당 데이터를 담당하는 실제 서비스로 요청이 전달되어 갱신이 처리된다.

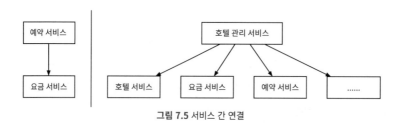

그림 7.5 서비스 간 연결

실제 상업적으로 이용되는 시스템의 서비스 간 통신에는 gRPC와 같은 고성능 원격 프로세저 호출(Remote Procedure Call, RPC) 프레임워크를 사용하곤 한다. 이런 프레임워크에는 많은 이점이 있다. 특히 gRPC에 대한 자세한 내용이 궁금하다면 [3]을 참고하라.

3단계: 상세 설계

개략적인 설계안을 살펴보았으니, 다음 주제를 좀 더 자세히 살펴보자.

- 개선된 데이터 모델
- 동시성 문제
- 시스템의 규모 확장
- 마이크로서비스 아키텍처에서의 데이터 일관성 문제에 대한 해결 방안

개선된 데이터 모델

개략적 설계안에서 이미 살펴본 대로, 호텔 객실을 예약할 때는 특정 객실이 아니라 특정한 객실 유형을 예약하게 된다. 이 요구사항을 수용하려면 API와 스키마의 어떤 부분을 변경하는 것이 좋을까?

예약 API의 경우 호출 인자 가운데 roomID는 roomTypeID로 변경한다. 따라서 API는 다음과 같이 달라진다.

POST /v1/reservations

호출 인자:

```
{
  "startDate": "2021-04-28",
  "endDate":"2021-04-30",
  "hotelID":"245",
  "roomTypeID":"U12354673389",
  "reservationID":"13422445"
}
```

스키마는 그림 7.6과 같이 바뀐다.

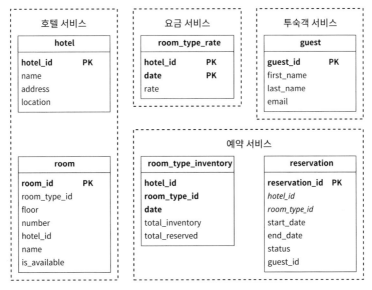

그림 7.6 갱신된 스키마

가장 중요하게 바뀐 부분은 다음과 같다.

room: 객실에 관계된 정보를 담는다.
room_type_rate: 특정 객실 유형의 특정 일자 요금 정보를 담는다.

reservation: 투숙객 예약 정보를 담는다.

room_type_inventory: 호텔의 모든 객실 유형을 담는 테이블이다. 예약 시스템에 아주 중요하니, 각 열의 의미를 자세히 짚어보자.

- hotel_id: 호텔 식별자.
- room_type_id: 객실 유형 식별자.
- date: 일자.
- total_inventory: 총 객실 수에서 일시적으로 제외한 객실 수를 뺀 값이다. 일부 객실은 유지보수를 위해 예약 가능 목록에서 빼 둘 수 있어야 한다.
- total_reserved: 지정된 hotel_id, room_type_id, date에 예약된 모든 객실의 수.

다르게 설계하는 방법도 있을 수 있으나 날짜당 하나의 레코드를 사용하면 날짜 범위 내에서 예약을 쉽게 관리하고 질의할 수 있다. 그림 7.6에서 보듯이, 이 테이블의 기본 키는 (hotel_id, room_type_id, date)의 복합 키다. 이 테이블은 2년 이내 모든 미래 날짜에 대한 가용 객실 데이터 질의 결과를 토대로 미리 채워 놓고, 시간이 흐름에 따라 새로 추가해야 하는 객실 정보는 매일 한 번씩 일괄 작업을 돌려 반영한다.

스키마 설계를 끝냈으니 이제 저장 용량을 추정해 보자. 앞서 언급했듯이 5,000개의 호텔이 있고 각 호텔에는 20개의 객실 유형이 있다고 가정한다. 그렇다면 위 테이블에 저장해야 하는 레코드의 수는 5,000 × 20 × 2년 × 365일 = 7,300만 개 정도가 된다. 많은 데이터가 아니므로 데이터베이스 하나면 저장하기 충분하다. 하지만 그렇다고 데이터베이스 서버를 하나만 두면 SPOF(Single-Point-Of-Failure) 문제를 피할 수 없다. 고가용성을 달성하려면 여러 지역, 또는 가용성 구역(availability zone)에 데이터베이스를 복제해 두어야 한다.

표 7.4는 room_type_inventory 테이블에 보관되는 데이터 예제다.

room_type_inventory 테이블은 고객이 특정 유형의 객실을 예약할 수 있는지 여부를 확인할 때 사용한다. 예약 프로세스의 입력과 출력은 다음과 같다.

hotel_id	room_type_id	date	total_inventory	total_reserved
211	1001	2021-06-01	100	80
211	1001	2021-06-02	100	82
211	1001	2021-06-03	100	86
211	1001	…	…	…
211	1001	2025-05-31	100	0
211	1002	2021-06-01	200	164
2210	101	2021-06-01	30	23
2210	101	2021-06-02	30	25

표 7.4 room_type_inventory 테이블 데이터 예제

- 입력: startDate (2021-07-01), endDate (2021-07-03), roomTypeId, hotelId, numberOfRoomsToReserve
- 출력: 해당 유형의 객실에 여유가 있고 사용자가 예약 가능한 상태이면 True 를 반환하고, 아니면 False를 반환한다.

SQL 관점에서 보자면 다음 두 절차로 구성된다고 볼 수 있다.

1. 주어진 기간에 해당하는 레코드들을 구한다.

```
SELECT date, total_inventory, total_reserved
FROM room_type_inventory
WHERE room_type_id = ${roomTypeId} AND hotel_id = ${hotelId}
AND date between ${startDate} and ${endDate}
```

그 결과로 다음과 같은 데이터가 반환된다.

date	total_inventory	total_reserved
2021-07-01	100	97
2021-07-02	100	96
2021-07-03	100	95

표 7.5 잔여 객실 현황

2. 반환된 각 레코드마다 다음 조건을 확인한다.

```
if ((total_reserved + ${numberOfRoomsToReserve}) <= total_
inventory)
```

레코드의 모든 행을 검사한 결과 True가 반환되면 주어진 기간 내 모든 날짜에 충분한 객실이 있다는 뜻이다.

앞서 보았던 요구사항 가운데 하나는 10%의 초과 예약이 가능하도록 해 달라는 것이었다. 이 새로운 스키마를 사용하면 쉽게 구현할 수 있다.

```
if ((total_reserved + ${numberOfRoomsToReserve}) <= 110% * total_
inventory)
```

이 시점에 면접관은 이런 질문을 던질 수 있다. "예약 데이터가 단일 데이터베이스에 담기에 너무 크면 어떻게 하시겠어요?" 다음과 같은 방안을 생각해 볼 수 있다.

- 현재 및 향후 예약 데이터만 저장한다. 예약 이력은 자주 접근하지 않으므로 아카이빙 하거나 심지어 냉동 저장소(cold storage)로 옮길 수도 있다.
- 데이터베이스를 샤딩한다. 가장 자주 사용되는 질의는 예약을 하거나 투숙객 이름으로 예약을 확인하는 질의일 것이다. 두 질의 모두 우선 호텔을 먼저 알아야 하므로, hotel_id가 샤딩 키로 적합하다. 데이터는 hash(hotel_id) % number_of_servers로 샤딩해 두면 된다.

동시성 문제

또 하나 중요한 문제는 이중 예약을 어떻게 방지할 것이냐 하는 것이다. 두 가지 문제를 해결해야 한다.

1. 같은 사용자가 예약 버튼을 여러 번 누를 수 있다.
2. 여러 사용자가 같은 객실을 동시에 예약하려 할 수 있다.

우선 첫 번째 시나리오부터 살펴보자. 그림 7.7처럼 두 개 예약이 만들어질 것이다.

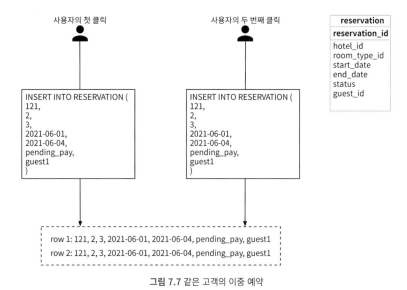

그림 7.7 같은 고객의 이중 예약

이 문제를 푸는 일반적 접근법으로는 다음의 두 가지가 있다.

- 클라이언트 측 구현: 클라이언트가 요청을 전송하고 난 다음에 '예약' 버튼을 회색으로 표시하거나, 숨기거나, 비활성화하는 것이다. 이렇게 하면 대부분의 이중 클릭 문제는 해결할 수 있다. 하지만 그다지 안정적인 방법은 아니다. 가령 사용자가 자바스크립트를 비활성화하면 클라이언트 측 확인 절차는 우회할 수 있다.

- 멱등(idempotent) API: 예약 API 요청에 멱등 키를 추가하는 방안이다. 몇 번을 호출해도 같은 결과를 내는 API를 멱등 API라고 부른다. 그림 7.8은 reservation_id를 멱등 키로 사용하여 이중 예약 문제를 해결하는 방안이다. 상세한 절차는 그 아래에 설명하였다.

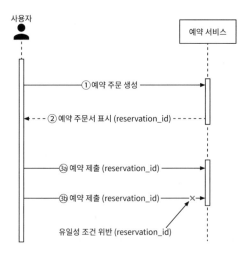

그림 7.8 유일성 조건

1. 예약 주문서를 만든다. 고객이 예약 세부 정보를 입력하고 '계속' 버튼을 누르면 예약 서비스는 예약 주문을 생성한다.

2. 고객이 검토할 수 있도록 예약 주문서를 반환한다. 이때 API는 반환 결과에 reservation_id를 넣는다. 이 식별자는 전역적 유일성을 보증하는 ID 생성기가 만들어 낸 것이어야 한다. 반환된 주문서를 UI는 그림 7.9와 같은 형태로 사용자에게 표시할 것이다.

3a. 검토가 끝난 예약을 전송한다. 이때 요청에도 reservation_id가 붙는다. 이 값은 예약 테이블의 기본 키(primary key)이기도 하다.(그림 7.6) 유의할 것은, 꼭 reservation_id를 멱등 키로 써야 할 필요는 없다는 것이다. 이미 있

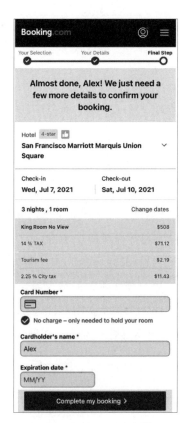

그림 7.9 주문서 확인 페이지[4]

는데다, 본 설계안의 목적에 잘 맞기 때문에 썼을 뿐이다.

3b. 사용자가 예약 완료 버튼을 한 번 더 누르는 바람에 같은 예약이 다시 서버로 전송된다. reservation_id가 예약 테이블의 기본 키(primary key)이므로, 기본 키의 유일성 조건이 위반되어 새로운 레코드는 생성되지 않는다. 따라서 이중 예약 문제를 피할 수 있다.

그림 7.10은 데이터베이스 기본 키의 유일성 조건이 이중 예약 문제를 어떻게 방지하게 되는지를 좀 더 자세히 보여 준다.

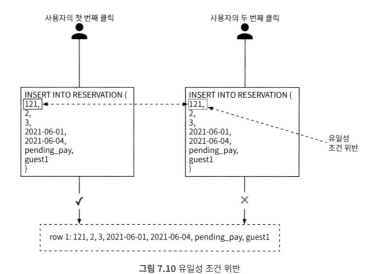

그림 7.10 유일성 조건 위반

시나리오 2: 여러 사용자가 잔여 객실이 하나밖에 없는 유형의 객실을 동시에 예약하려 하면 무슨 일이 생길까? 그림 7.11의 예제를 살펴보자.

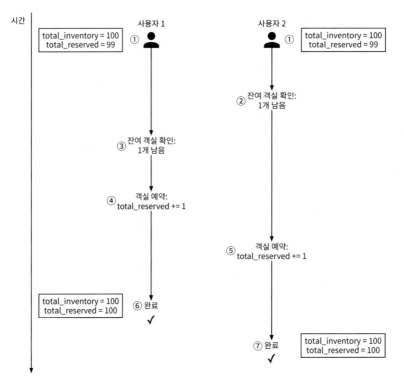

그림 7.11 경쟁 조건

1. 데이터베이스 트랜잭션 격리 수준이 가장 높은 수준, 즉 직렬화 가능 수준 (serializable)[5]으로 설정되어 있지 않다고 하자. 그런 상황에서 사용자 1과 사용자 2가 동시에 같은 유형의 객실을 예약하려고 하지만 남은 객실은 하나뿐이다. 사용자 1의 트랜잭션을 트랜잭션 1이라고 하고, 사용자 2는 트랜잭션 2라고 하자. 현재 호텔에는 100개 객실이 있고 그중 99가 예약 중이다.

2. 트랜잭션 2는 (total_reserved+ rooms_to_book) <= total_inventory인지 검사한다. 객실이 하나 남은 상황이므로 True가 반환된다.

3. 트랜잭션 1도 (total_reserved+ rooms_to_book) <= total_inventory인지 검사한다. 객실이 하나 남은 상황이므로 True가 반환된다.

4. 트랜잭션 1이 먼저 객실을 예약하고 객실 예약 현황을 갱신하여 reserved_room의 값은 100이 된다.

5. 그 직후 트랜잭션 2가 해당 객실을 예약한다. 데이터베이스의 ACID 속성에

서 I, 즉 Isolation은 각 트랜잭션은 다른 트랜잭션과는 무관하게 작업을 완료해야만 한다는 뜻이다. 따라서 트랜잭션 1이 변경한 데이터는 트랜잭션 1이 완료되기 전에는(commit) 트랜잭션 2에 보이지 않는다. 따라서 트랜잭션 2 관점에서 total_reserved의 값은 여전히 99다. 따라서 트랜잭션 2도 예약을 완료하고 객실 예약 현황을 갱신한다. 따라서 reserved_room의 값은 100이 된다. 결과적으로 한 객실에 이중 예약이 발생하였다.

6. 트랜잭션 1이 변경 사항을 성공적으로 데이터베이스에 반영한다.
7. 트랜잭션 2가 변경 사항을 성공적으로 데이터베이스에 반영한다.

이 문제를 해결하려면 어떤 형태로든 락(lock)을 활용해야 한다. 다음과 같은 락 메커니즘을 살펴보겠다.

- 비관적 락
- 낙관적 락
- 데이터베이스 제약 조건(constraint)

하지만 해결책을 알아보기에 앞서 객실 예약에 쓰이는 SQL 질의문의 의사 코드(pseudo code)부터 살펴보겠다. 두 부분으로 구성된다.

- 잔여 객실 확인
- 객실 예약

```
# 1단계: 예약 가능 객실 현황 확인
SELECT date, total_inventory, total_reserved
FROM room_type_inventory
WHERE room_type_id = ${roomTypeId} AND hotel_id = ${hotelId}
AND date between ${startDate} and ${endDate}

# 1단계에서 반환되는 모든 객실에 다음 사항 확인
if((total_reserved + ${numberOfRoomsToReserve}) > 110% * total_
inventory) {
    Rollback
}

# 2단계: 객실 예약
UPDATE room_type_inventory
```

```
SET total_reserved = total_reserved + ${numberOfRoomsToReserve}
WHERE room_type_id = ${roomTypeId}
AND date between ${startDate} and ${endDate}
```

Commit

방안 1: 비관적 락

비관적 락[6]은 비관적 동시성 제어 방안이라고도 불리며, 사용자가 레코드를 갱신하려고 하는 순간 즉시 락을 걸어 동시 업데이트를 방지하는 기술이다. 해당 레코드를 갱신하려는 다른 사용자는 먼저 락을 건 사용자가 변경을 마치고 락을 해제할 때까지 기다려야 한다.

MySQL의 경우 "SELECT ⋯ FOR UPDATE" 문을 실행하면 SELECT가 반환한 레코드에 락이 걸린다. 가령 그림 7.12와 같이 트랜잭션 1이 먼저 실행되었다고 하자. 다른 트랜잭션은 트랜잭션 1이 종료되기를 기다려야만 한다. 상세한 내용은 그림에 수록된 질의문과 코멘트를 확인하도록 하자.

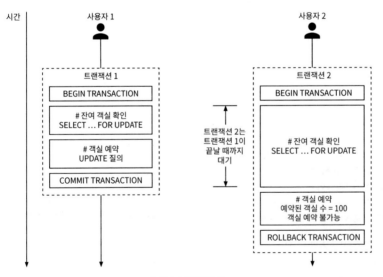

그림 7.12 비관적 락

그림 7.12에서 트랜잭션 1이 먼저 레코드에 락을 걸기 때문에 트랜잭션 2의 "SELECT … FOR UPDATE" 문은 트랜잭션 1이 끝날 때까지 기다려야 한다. 트랜잭션 1이 끝나고 나면 예약된 객실 수는 100이 되므로 사용자 2는 객실을 예약할 수 없다.

장점:

• 애플리케이션이 변경 중이거나 변경이 끝난 데이터를 갱신하는 일을 막을 수 있다.

• 구현이 쉽고 모든 갱신 연산을 직렬화하여 충돌을 막는다. 비관적 락은 데이터에 대한 경합이 심할 때 유용하다.

단점:

• 여러 레코드에 락을 걸면 교착 상태(deadlock)가 발생할 수 있다. 교착 상태가 생기지 않는 애플리케이션 코드 작성은 까다로울 수 있다.

• 확장성이 낮다. 트랜잭션이 너무 오랫동안 락을 해제하지 않고 있으면 다른 트랜잭션은 락이 걸린 자원에 접근할 수 없다. 이는 특히 트랜잭션의 수명이 길거나 많은 엔티티에 관련된 경우, 데이터베이스 성능에 심각한 영향을 끼친다.

이런 이유로 예약 시스템에 비관적 락 메커니즘을 사용하는 것은 권장하지 않는다.

방안 2: 낙관적 락

낙관적 락[7]은 낙관적 동시성 제어라고도 불리는 방안으로 여러 사용자가 동시에 같은 자원을 갱신하려 시도하는 것을 허용한다.

낙관적 락은 일반적으로 버전 번호(version number)와 타임스탬프(time-stamp)의 두 가지 방법으로 구현한다. 서버 시계는 시간이 지남에 따라 부정확해질 수 있으므로 일반적으로는 버전 번호를 더 나은 선택지로 본다. 따라서 지금부터 버전 번호로 낙관적 락을 어떻게 구현하는지 설명하도록 하겠다.

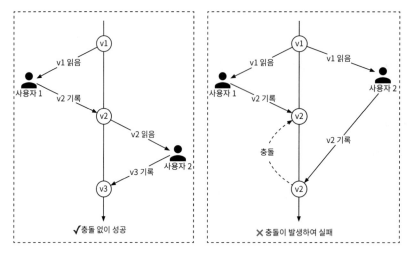

그림 7.13 낙관적 락

그림 7.13은 두 사용자가 같은 데이터를 갱신하는데 성공하는 사례와 실패하는 사례다.

1. 데이터베이스 테이블에 version이라는 새 열을 추가한다.
2. 사용자가 데이터베이스 레코드를 수정하기 전에 애플리케이션은 해당 레코드의 버전 번호를 읽는다.
3. 사용자가 레코드를 갱신할 때 애플리케이션은 버전 번호에 1을 더한 다음 데이터베이스에 다시 기록한다.
4. 이때 유효성 검사를 한다. 즉, 다음 버전 번호는 현재 버전 번호보다 1만큼 큰 값이어야 한다. 이 유효성 검사가 실패하면 트랜잭션은 중단(abort)되고 사용자는 단계 2부터 다시 모든 절차를 반복한다.

낙관적 락은 일반적으로 비관적 락보다 빠르다. 데이터베이스에 락을 걸지 않기 때문이다. 하지만 동시성 수준이 아주 높으면 성능이 급격하게 나빠진다.

왜 그런가? 많은 클라이언트가 같은 호텔 객실을 동시에 예약하는 경우를 생각해 보자. 잔여 객실 수를 읽을 수 있는 클라이언트 수에 제한이 없으므로, 모든 클라이언트는 같은 잔여 객실 수와 같은 버전 번호 정보를 취득하게 될 것이다. 하지만 실제로 버전 번호 갱신에 성공하는 클라이언트는 오직 하나이며,

다른 모든 클라이언트는 버전 번호 검사에 실패했다는 메시지를 받게 될 것이다. 실패한 클라이언트는 이제 다시 예약을 시도해야 한다(retry). 그러나 다음 번 시도에서도 성공하는 클라이언트는 오직 하나일 것이고, 역시 나머지 클라이언트는 다시 시도해야 한다. 최종 결과는 정확하겠지만, 반복되는 재시도 때문에 사용자는 아주 불쾌한 경험을 하게 될 것이다.

장점:

- 애플리케이션이 유효하지 않은 데이터를 편집하는 일을 막는다.
- 데이터베이스 자원에 락을 걸 필요가 없다. 사실 데이터베이스 관점에서 보면 락은 없다. 버전 번호를 통해 데이터 일관성을 유지할 책임은 애플리케이션에 있다.
- 낙관적 락은 데이터에 대한 경쟁이 치열하지 않은 상황에 적합하다. 그런 상황에서는 락을 관리하는 비용 없이 트랜잭션을 실행할 수 있다.

단점:

- 데이터에 대한 경쟁이 치열한 상황에서는 성능이 좋지 못하다.

낙관적 락은 호텔 예약 시스템에 적합한 선택지다. 예약 QPS가 일반적으로는 높지 않기 때문이다.

방안 3: 데이터베이스 제약 조건

이 접근법은 낙관적 락과 아주 유사하다. 지금부터 그 동작 방식을 알아보자. room_type_inventory 테이블에 다음 제약 조건을 추가한다.

```
CONSTRAINT `check_room_count` CHECK((`total_inventory - total_
reserved ` >= 0))
```

앞서 살펴본 사례와 동일한 상황이 이 제약 조건으로 어떻게 처리되는지를 그림 7.14에서 보여 주고 있다. 사용자가 객실을 예약하려 하면 total_reserved의 값이 101이 되므로 total_inventory - total_reserved >= 0의 제약 조건을 위반하게 된다(100 - 101 < 0). 따라서 트랜잭션은 중단되고 데이터는 트랜잭션 실행 전 상태로 돌아간다(rollback).

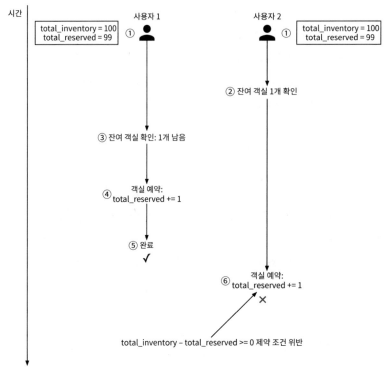

그림 7.14 데이터베이스 제약 조건

장점

- 구현이 쉽다.
- 데이터에 대한 경쟁이 심하지 않을 때 잘 동작한다.

단점

- 낙관적 락과 마찬가지로 데이터에 대한 경쟁이 심하면 실패하는 연산 수가 엄청나게 늘어날 수 있다. 사용자는 객실이 있다고 보고 예약을 시도하겠지만 정작 예약하려고 하면 "객실이 없습니다"라는 응답을 보게 될 것이다. 사용자 입장에서는 괴로운 경험이다.
- 데이터베이스 제약 조건은 애플리케이션 코드와 달라서 버전을 통제하기 어렵다.

- 제약 조건을 허용하지 않는 데이터베이스도 있으므로, 데이터베이스를 다른 제품으로 교체하려고 하면 문제가 생길 수도 있다.

이 접근법은 구현이 쉽고 호텔 예약의 경우에는 데이터에 대한 경쟁이 심하지 않으므로(낮은 QPS), 좋은 선택지라고 할 수 있을 것이다.

시스템 규모 확장

일반적으로 호텔 예약 시스템에 대한 부하는 높지 않다. 하지만 면접관이 이런 질문을 던질 수도 있다. "만약 호텔 예약 시스템이 해당 호텔 웹사이트에만 연동되는 것이 아니라 booking.com이나 expedia.com 같은 유명한 여행 예약 웹사이트와 연동되어야 한다면 어떨까요?" 그 경우 QPS는 천 배 늘어날 수 있다.

시스템 부하가 높을 때는 무엇이 병목이 될 수 있을지 이해해야 한다. 본 시스템의 모든 서비스는 무상태 서비스이므로 서버를 추가하는 것으로 성능 문제는 해결할 수 있다. 하지만 모든 상태 정보가 보관되는 데이터베이스는 단순히 데이터베이스 서버를 늘리는 것만으로는 성능 문제를 해결할 수 없다. 지금부터 데이터베이스의 규모를 늘리는 방법을 좀 더 자세히 살펴보자.

데이터베이스 샤딩

데이터베이스의 규모를 늘리는 한 가지 방법은 샤딩(sharding)을 적용하는 것이다. 데이터베이스를 여러 대 두고, 각각에 데이터의 일부만 보관하도록 하는 것이 기본적인 아이디어다.

데이터베이스를 샤딩할 때는 데이터를 어떻게 분배할지 먼저 정해야 한다. "데이터 모델" 항목에서 언급했지만, 이 시스템의 대부분 질의는 hotel_id를 필터링 조건으로 사용한다. 따라서 자연스럽게 hotel_id를 샤딩 조건으로 쓰면 좋다는 결론에 도달하게 된다. 그림 7.15는 데이터베이스 부하를 16개 샤드로 분산하는 사례다. QPS가 30,000이면 샤딩 후에 각 샤드는 $\frac{30,000}{16} = 1875QPS$ 를 처리하게 되는데, 한 대 MySQL 서버로 감당할 수 있는 부하다.

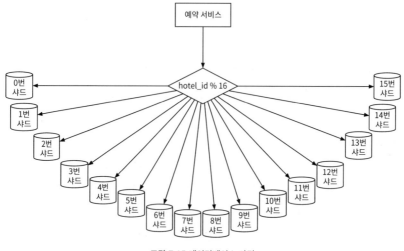

그림 7.15 데이터베이스 샤딩

캐시

호텔 잔여 객실 데이터에는 재미있는 특성이 있다. 오직 현재 그리고 미래의 데이터만이 중요하다는 것이다. 고객이 과거의 어떤 객실을 예약하려 하지는 않을 것이기 때문.

따라서 데이터를 보관할 때 낡은 데이터는 자동적으로 소멸되도록 TTL (Time-To-Live)을 설정할 수 있다면 바람직하다. 이력 데이터는 다른 데이터베이스를 통해 질의하도록 하면 된다. 레디스(Redis)는 이런 상황에 적합한데 TTL과 LRU(Least Recently Used) 캐시 교체 정책을 사용하여 메모리를 최적으로 활용할 수 있기 때문이다.

데이터 로딩 속도와 데이터베이스 확장성이 문제가 되기 시작하면(가령 booking.com이나 expedia.com의 예약 규모를 지원해야 해서) 데이터베이스 앞에 캐시 계층을 두고 잔여 객실 확인 및 객실 예약 로직이 해당 계층에서 실행되도록 할 수 있다.(그림 7.16) 이렇게 하면 요청 가운데 일부만 잔여 객실 데이터베이스가 처리하고 나머지는 캐시가 담당한다. 그러나 레디스 캐시 데이터에는 잔여 객실이 충분해 보여도 데이터베이스를 다시 한 번 확인할 필요는 있다는 점에 유의하자. 잔여 객실 수에 대한 최종적 진실은 결국 데이터베이스 안에 있기 때문이다.

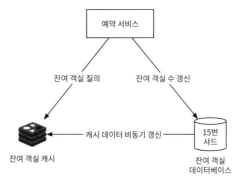

그림 7.16 캐시

이 시스템의 각 컴포넌트를 이제 하나씩 살펴보자.

예약 서비스: 다음과 같은 잔여 객실 관리 API를 제공한다.

- 지정된 호텔과 객실 유형, 주어진 날짜 범위에 이용 가능한 객실의 수를 질의
- 객실을 예약하고 total_reserved의 값을 1 증가
- 고객이 예약을 취소하면 잔여 객실 수를 갱신

잔여 객실 캐시: 모든 잔여 객실 관리에 필요한 질의는 레디스로 구현되는 잔여 객실 캐시로 옮긴다. 따라서 사전에 잔여 객실 정보를 캐시에 미리 저장해 두어야 한다. 캐시는 다음과 같은 구조를 갖는 키-값 저장소다.

- 키: hotelID_roomTypeID_{날짜}
- 값: 주어진 호텔 ID, 객실 유형 ID, 그리고 날짜에 맞는 잔여 객실 수

호텔 예약 시스템의 경우 잔여 객실 확인 작업 때문에 읽기 연산 빈도가 쓰기 연산보다 훨씬 많다. 대부분의 읽기 연산은 캐시가 처리한다.

잔여 객실 데이터베이스: 잔여 객실 수에 대한 가장 믿을 만한 정보가 보관되는 장소다.

캐시가 주는 새로운 과제

캐시 계층을 추가하면 시스템의 확장성과 처리량은 대폭 증가하지만 데이터베이스와 캐시 사이의 데이터 일관성 유지에 관한 새로운 도전에 직면하게 된다.

사용자가 객실을 예약할 때 아무 문제가 없는 경우에는 다음의 두 가지 작업이 이루어진다.

1. 잔여 객실 수를 질의하여 충분한지 확인한다. 이 질의는 캐시에서 실행된다.
2. 잔여 객실 데이터를 갱신한다. 데이터베이스가 먼저 갱신되고, 캐시에는 비동기적으로 변경 내역이 반영된다. 이 비동기적 갱신 작업은 애플리케이션 측에서 수행할 수도 있는데, 그 경우 애플리케이션은 데이터베이스에 데이터를 저장한 다음에 캐시 데이터를 수정한다. 변경 데이터 감지(Change Data Capture, CDC)라는 메커니즘을 사용하는 방법도 있다.[8] CDC는 데이터베이스에서 발생한 변화를 감지하여 해당 변경 내역을 다른 시스템에 적용할 수 있도록 하는 메커니즘이다. 보편적으로 많이 사용되는 솔루션으로는 드베지움(Debezium)이라는 것이 있다.[9] 데이터베이스에서 발생한 변경 내역을 읽는 소스 커넥터(source connector)로 하여금 데이터베이스 변화를 감지하여 레디스 같은 캐시 시스템에 반영하도록 하는 방안이다.[10]

잔여 객실 데이터에 대한 변화를 데이터베이스에 먼저 반영하므로 캐시에는 최신 데이터가 없을 가능성이 있다. 예를 들어, 데이터베이스 데이터 관점에서 보면 잔여 객실이 없는데 캐시 질의 결과에는 여전히 남은 객실이 있다고 나오는 등의 (혹은 그 반대로 잔여 객실이 있는데 캐시 질의 결과에는 남는 객실이 없다고 나오는 등의) 문제가 있을 수 있다.

하지만 좀 더 깊이 생각해 보면 이런 불일치는 데이터베이스가 최종적으로 잔여 객실 확인을 하도록 하면 문제가 되지 않는다는 것을 알 수 있다.

예를 들어 살펴보자. 캐시 질의 결과로는 잔여 객실이 있는 것으로 나오지만 데이터베이스 데이터를 기준으로 하면 잔여 객실이 없는 경우다. 사용자는 질의 결과 객실이 있으므로 예약을 시도할 것이다. 해당 요청이 데이터베이스에 도달하면 유효성 검사가 수행되고 남은 객실이 없음이 확인될 것이다. 그 결과 클라이언트는 다른 사람이 방금 마지막 객실을 예약했다는 오류 메시지를 보게 된다. 사용자가 웹사이트를 새로 고침(refresh)하면 데이터베이스와 캐시의 동기화는 새로 고침 버튼이 눌리기 전에 끝났을 것이므로 잔여 객실이 없다는 사실을 확인하게 될 것이다.

장점
- 읽기 질의를 캐시가 처리하므로 데이터베이스의 부하가 크게 줄어든다.
- 읽기 질의를 메모리에서 실행하므로 높은 성능을 보장할 수 있다.

단점
- 데이터베이스와 캐시 사이의 데이터 일관성을 유지하는 것은 어려운 문제다. 데이터 불일치가 사용자 경험에 어떤 영향을 끼치게 될지 신중하게 따져보아야 한다.

서비스 간 데이터 일관성
전통적인 모노리스 아키텍처(monolith architecture)의 경우[11] 데이터의 일관성을 보장하기 위해 관계형 데이터베이스를 공유하는 것이 보통이다. 그러나 본 설계안이 채택한 마이크로서비스 기반 아키텍처는 예약 서비스가 예약 및 잔여 객실 API를 모두 담당하도록 하고, 예약 테이블과 잔여 객실 테이블을 동일한 관계형 데이터베이스에 저장하는 하이브리드 접근법을 택했다. "동시성 문제" 절에서 설명한 대로, 이렇게 하면 관계형 데이터베이스의 ACID 속성을 활용하여 예약 처리 과정에서 발생하는 많은 동시성 문제를 효과적으로 처리할 수 있다.

그러나 면접관이 마이크로서비스 순수주의자라면 이 하이브리드 접근법에 이의를 제기할 가능성이 있다. 마이크로서비스 아키텍처라면 각 마이크로서비스가 독자적인 데이터베이스를 갖추고 있어야 하는 것으로 생각하고 있을 수 있기 때문이다.

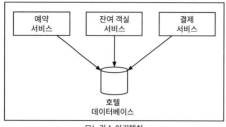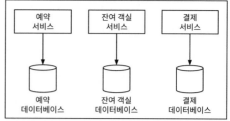

그림 7.17 모노리스 vs 마이크로서비스

하지만 이런 교조주의적 접근은 다양한 데이터 일관성 문제를 낳는다. 마이크로서비스 설계에 대해 이야기하는 것은 이번이 처음인 만큼, 어떻게 그리고 왜 일관성 문제가 발생하는지 설명하고 넘어가도록 하겠다. 이해를 돕기 위해 지금부터 살펴볼 예제에는 두 개 서비스만 포함하였다. 실제 기업에서 쓰이는 환경이라면 그 수는 수백 개가 넘을 수도 있다. 그림 7.18의 모노리스 아키텍처의 경우에는 여러 연산을 하나의 트랜잭션으로 묶어 ACID 속성이 만족되도록 보장할 수 있다.

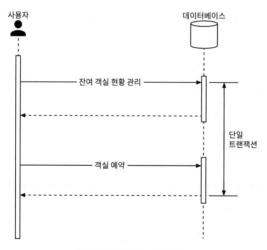

그림 7.18 모노리스 아키텍처

하지만 각 서비스가 독자적인 데이터베이스를 갖도록 하면, 논리적으로는 하나의 원자적 연산이 여러 데이터베이스에 걸쳐 실행되는 일을 피할 수 없다.

하나의 트랜잭션으로 데이터 일관성을 보증하는 기법을 사용할 수 없다는 뜻
이다. 그림 7.19의 사례와 같이 예약 데이터베이스 갱신 연산이 실패하였다고
해 보자. 잔여 객실 데이터베이스에 기록된 예약 객실 수는 원래 값으로 돌아
가야 한다. 모든 것이 문제없이 정상적으로 실행되는 경로(happy path)는 하
나뿐이지만, 실패하면 데이터의 불일치 문제가 발생할 수 있는 실행 경로는
많다.

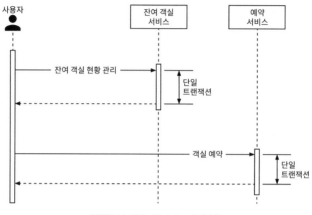

그림 7.19 마이크로서비스 아키텍처

이런 데이터 일관성 문제를 해결하기 위해 업계에서 널리 사용되는 방법을 개
략적으로만 소개하면 다음과 같다. 더 자세한 내용은 참고 문헌을 읽어보기 바
란다.

- 2단계 커밋(2-phase commit, 2PC)[12]: 2PC는 여러 노드에 걸친 원자적 트랜
  잭션 실행을 보증하는 데이터베이스 프로토콜이다. 즉, 모든 노드가 성공
  하든 아니면 실패하든 둘 중 하나로 트랜잭션이 마무리되도록 보증한다는
  것이다. 2PC는 비중단 실행이 가능한 프로토콜이 아니기 때문에(blocking
  protocol) 어느 한 노드에 장애가 발생하면 해당 장애가 복구될 때까지 진행
  이 중단된다. 성능이 뛰어난 프로토콜은 아니다.
- 사가(Saga)[13]: 사가는 각 노드에 국지적으로 발생하는 트랜잭션을 하나로
  엮은 것이라 보면 된다. 각각의 트랜잭션은 완료되면 다음 트랜잭션을 시작

하는 트리거로 쓰일 메시지를 만들어 보낸다. 어느 한 트랜잭션이라도 실패하면 사가는 그 이전 트랜잭션의 결과를 전부 되돌리는 트랜잭션들을 순차적으로 실행한다. 2PC는 여러 노드에 걸친 하나의 트랜잭션을 통해 ACID 속성을 만족시키는 개념이지만 사가는 각 단계가 하나의 트랜잭션이라서 결과적 일관성(eventual consistency)에 의존하는 것으로 보아야 한다.

마이크로서비스 간의 데이터 불일치를 해결하기 위해 사용되는 복잡한 메커니즘은 시스템 전체 설계의 복잡성을 크게 증가시킨다. 증가한 복잡성이 그만한 가치가 있는지 결정하는 것은 설계자의 몫이다. 본 설계안의 경우에는 그만한 가치는 없다고 판단하였으므로 예약 및 잔여 객실 정보를 동일한 관계형 데이터베이스에 저장하는 좀 더 실용적인 접근 방식을 선택하였다.

4단계: 마무리

이번 장에서는 호텔 예약 시스템의 설계안을 살펴보았다. 요구사항을 수집하고 규모를 파악하기 위한 추정치를 계산하는 것부터 시작하였다. 개략적인 설계안으로 API 설계, 데이터 모델 초안, 시스템 아키텍처 다이어그램 등을 제시하였다. 상세 설계안을 진행하는 과정에서는 특정한 객실이 아닌 객실 유형에 대한 예약이 이루어져야 한다는 사실을 깨닫고 그에 맞게 데이터베이스 스키마 설계안을 변경하였다. 경쟁 조건이 발생할 수 있는 시나리오에 대해 깊이 있게 논의하였고, 다음과 같은 해결책도 살펴보았다.

- 비관적 락
- 낙관적 락
- 데이터베이스 제약 조건

데이터베이스 샤딩, 레디스 캐시 등 시스템 규모 확장을 위한 전략도 살펴보았다. 마지막으로 마이크로서비스 아키텍처에서 발생할 수 있는 데이터 일관성 문제를 살펴보면서 몇 가지 해법도 훑어보았다.

이번 장도 성공적으로 마무리한 여러분, 축하한다! 스스로를 마음껏 격려하도록 하자!

7장 요약

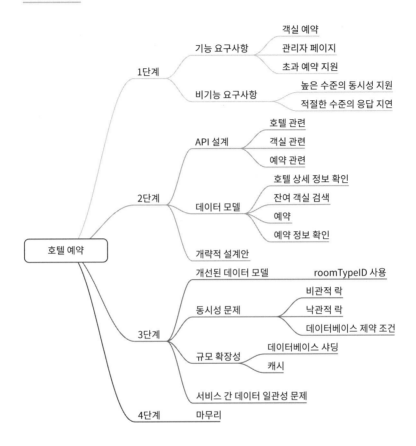

참고 문헌

[1]   마이크로서비스 아키텍처의 장점(What Are The Benefits of Microser-
       vices Architecture?) *https://www.appdynamics.com/topics/benefits-of-micro
       services*

[2]   마이크로서비스(Microservices). *https://en.wikipedia.org/wiki/Microservices*

[3]   gRPC. *https://www.grpc.io/docs/what-is-grpc/introduction/*

[4]   Booking.com iOS app.

[5]   직렬화 가능(Serializability). *https://en.wikipedia.org/wiki/Serializability*

[6] 낙관적 락 vs 비관적 락(Optimistic and pessimistic record locking). *https://ibm.co/3Eb293O*

[7] 낙관적 동시성 제어(Optimistic concurrency control). *https://en.wikipedia. org/wiki/Optimistic_concurrency_control*

[8] 변경 데이터 감지(Change data capture). *https://docs.oracle.com/cd/ B10500_01/server.920/a96520/cd c.htm*

[9] 드베지움(Debezium). *https://debezium.io/*

[10] 레디스 싱크(Redis sink). *https://bit.ly/3r3AEUD*

[11] 모노리스 아키텍처(Monolithic Architecture). *https://microservices.io/ patterns/monolithic.html*

[12] 2단계 커밋 프로토콜(Two-phase commit protocol). *https://en.wikipedia. org/wiki/Two-phase_commit_protocol*

[13] 사가(Saga). *https://microservices.io/patterns/data/saga.html*

8장

분산 이메일 서비스

이번 장에서는 지메일(Gmail), 아웃룩(Outlook) 또는 야후 메일(Yahoo! Mail) 같은 대규모 이메일 서비스를 설계해 본다. 인터넷의 성장으로 이메일의 양은 폭발적으로 증가했다. 2020년 기준으로 지메일의 활성 사용자는 18억 명 이상 이고, 아웃룩은 전 세계적으로 4억 명 이상의 사용자를 보유하고 있다.[1][2]

그림 8.1 널리 사용되는 이메일 서비스

1단계: 문제 이해 및 설계 범위 확정

오랜 세월동안 이메일 서비스는 복잡성과 규모 면에서 크게 달라졌다. 현대적 이메일 서비스는 다양한 기능을 갖춘 복잡한 시스템이다. 그런 시스템을 45분 안에 설계할 방법은 없다. 따라서 설계를 시작하기 전에 질문을 던져 범위를 좁혀야 한다.

지원자: 얼마나 많은 사람들이 사용하는 제품입니까?
면접관: 10억 명입니다.

지원자: 다음 기능이 중요할 것 같은데요.

- 인증
- 이메일 발송/수신
- 모든 이메일 가져오기
- 읽음 여부에 따른 이메일 필터링
- 제목, 발신인, 메일 내용에 따른 검색 기능
- 스팸 및 바이러스 방지 기능

면접관: 좋습니다. 하지만 인증은 건너뛰기로 하죠. 나머지 기능에만 집중합시다.

지원자: 사용자는 메일 서버에 어떻게 연결하나요?

면접관: 전통적으로는 SMTP, POP, IMAP 등의 프로토콜과 서비스 제공자 전용 프로토콜을 사용해 접속합니다. 이런 프로토콜은 구식(legacy)이라 볼 수 있겠습니다만 여전히 많이 사용되고 있습니다. 이번 면접에서는 HTTP를 사용한다고 가정하도록 하죠.

지원자: 첨부 파일도 지원해야 하나요?

면접관: 그렇습니다.

비기능 요구사항

이제 중요한 비기능 요구사항들을 살펴보자.

- **안정성**: 이메일 데이터는 소실되어서는 안 된다.
- **가용성**: 이메일과 사용자 데이터를 여러 노드에 자동으로 복제하여 가용성을 보장해야 한다. 아울러 부분적으로 장애가 발생해도 시스템은 계속 동작해야 한다.
- **확장성**: 사용자 수가 늘어나도 감당할 수 있어야 한다. 사용자나 이메일이 많아져도 시스템 성능은 저하되지 않아야 한다.
- **유연성과 확장성**: 새 컴포넌트를 더하여 쉽게 기능을 추가하고 성능을 개선할 수 있는 유연하고 확장성 높은 시스템이어야 한다. POP나 IMAP 같은 기

존 이메일 프로토콜은 기능이 매우 제한적이다(자세한 내용은 개략적 설계
안을 제시할 때 살펴보도록 하겠다). 따라서 유연성과 확장성을 갖추려면
맞춤형 프로토콜이 필요할 수도 있다.

개략적인 규모 추정

설계해야 할 시스템 규모를 파악하고 해결할 과제를 알아내기 위해, 문제의 규
모를 개략적이나마 추정해보자. 이메일은 막대한 저장 용량을 요구하는 애플
리케이션임을 감안하였다.

- 10억 명의 사용자
- 한 사람이 하루에 보내는 평균 이메일 수는 10건이라고 가정한다. 따라서
  이메일 전송 $QPS = \dfrac{10^9 \times 10}{10^5} = 100,000$이다.
- 한 사람이 하루에 수신하는 이메일 수는 평균 40건이라고 가정하고[3], 이메
  일 하나의 메타데이터는 평균 50KB로 가정한다. 메타데이터는 주어진 이메
  일에 대한 모든 정보이며, 첨부 파일은 포함하지 않는다.
- 메타데이터는 데이터베이스에 저장한다고 가정한다. 1년간 메타데이터를
  유지하기 위한 스토리지 요구사항은 10억 명 사용자 × 하루 40건의 이메일
  × 365일 × 50KB = 730PB에 달한다.
- 첨부 파일을 포함하는 이메일의 비율은 20%이며, 첨부 파일의 평균 크기는
  500KB라고 가정한다.
- 1년간 첨부 파일을 보관하는 데 필요한 저장 용량은 10억 명 사용자 × 하루
  40개 이메일 × 365일 × 20% × 500KB = 1,460PB에 달한다.

많은 데이터를 처리해야 한다는 것이 분명하게 드러났다. 따라서 분산 데이터
베이스 솔루션이 필요하다.

2단계: 개략적 설계안 제시 및 동의 구하기

이번 절에서는 이메일 서버에 대해 알아야 할 몇 가지 기본적인 사항과 더불어
이메일 서버가 시간이 흐름에 따라 어떻게 진화하는지 논의한다. 그런 후에 분

산 이메일 서버의 개략적 설계안을 살펴볼 것이다. 이번 절의 내용은 다음과 같이 구성되어 있다.

- 이메일 101
- 전통적 메일 서버
- 분산 메일 서버

이메일 101

이메일을 주고받는 프로토콜에는 여러 가지가 있다. 지금까지 대부분의 메일 서버는 POP, IMAP, SMTP 같은 프로토콜을 사용해 왔다.

이메일 프로토콜

- **SMTP**: SMTP는 Simple Mail Transfer Protocol의 줄임말로, 이메일을 한 서버에서 다른 서버로 보내는 표준 프로토콜이다.
- 이메일을 **가져오는** 목적으로 가장 널리 사용되는 프로토콜로는 POP(Post Office Protocol)과 IMAP(Internet Mail Access Protocol)이 있다.
- **POP**: 이메일 클라이언트가 원격 메일 서버에서 이메일을 수신하고 다운로드하기 위해 사용하는 표준 프로토콜이다. 일단 단말로 다운로드된 이메일은 서버에서 삭제된다. 결과적으로 한 대 단말에서만 이메일을 읽을 수 있다. 이 프로토콜의 상세한 내용은 RFC 1939[4]에 기술되어 있으니 참고하기 바란다. 이 프로토콜을 사용하는 클라이언트는 이메일을 일부만 읽을 수 없다. 이메일을 확인하려면 전부 내려 받아야 한다. 따라서 용량이 큰 첨부 파일이 붙은 이메일은 읽으려면 시간이 오래 걸린다.
- **IMAP**: 이메일 클라이언트가 원격 메일 서버에서 이메일을 수신하는 데 사용되는 또 다른 표준 프로토콜이다. POP과 달리 클릭하지 않으면 메시지는 다운로드 되지 않으며, 메일 서버에서 지워지지도 않는다. 따라서 여러 단말에서 이메일을 읽을 수 있다. 개인 이메일 계정에서 가장 널리 사용되는 프로토콜이다. 인터넷 속도가 느려도 잘 동작하는데, 이메일을 실제로 열기 전에는 헤더만 다운로드하기 때문이다.

- **HTTPS**: HTTPS는 기술적으로 보자면 메일 전송 프로토콜은 아니다. 하지만 웹 기반 이메일 시스템의 메일함 접속에 이용될 수 있다. 예를 들어 마이크로소프트 아웃룩은 액티브싱크(ActiveSync)라는 HTTPS 기반 자체 프로토콜을 통해 모바일 단말과의 통신을 처리한다.[5]

도메인 이름 서비스(DNS)

DNS 서버는 수신자 도메인의 메일 교환기 레코드(Mail Exchange, MX) 검색에 이용된다. 가령 명령행(command-line)에서 gmail.com의 DNS 레코드를 검색해 보면 다음과 같은 MX 레코드가 표시될 것이다.

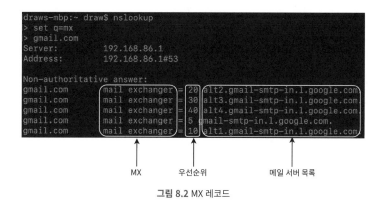

```
draws-mbp:~ draw$ nslookup
> set q=mx
> gmail.com
Server:         192.168.86.1
Address:        192.168.86.1#53

Non-authoritative answer:
gmail.com    mail exchanger = 20 alt2.gmail-smtp-in.l.google.com
gmail.com    mail exchanger = 30 alt3.gmail-smtp-in.l.google.com
gmail.com    mail exchanger = 40 alt4.gmail-smtp-in.l.google.com
gmail.com    mail exchanger = 5 gmail-smtp-in.l.google.com.
gmail.com    mail exchanger = 10 alt1.gmail-smtp-in.l.google.com
```

MX   우선순위   메일 서버 목록

그림 8.2 MX 레코드

우선순위 값은 선호도를 나타내는 것으로, 그 값이 낮으면 우선순위가 높아서 선호되는 것으로 이해하면 된다. 그림 8.2의 경우 gmail-smtp-in.l.google.com 가 우선순위가 가장 높으므로(5) 최우선으로 쓰인다. 송신자 측 메일 서버는 이 메일 서버에 접속하여 메시지를 보내려고 시도한다. 연결에 실패하면 그다음으로 우선순위가 높은 메일 서버인 alt1.gmail-smtp-in.l.google.com(우선순위 10)에 연결을 시도할 것이다.

첨부 파일

이메일 첨부 파일은 이메일 메시지와 함께 전송되며 일반적으로 Base64 인코딩을 사용한다.[6] 일반적으로 첨부 파일에는 크기 제한이 있다. 예를 들어 아웃록과 지메일은 2021년 6월부터 첨부 파일의 크기를 각각 20MB와 25MB로 제한하고 있다. 이 수치는 설정이 가능하며 개인 계정이냐 기업 계정이냐에 따라 다르다. 다목적 인터넷 메일 확장(Multi-purpose Internet Mail Extension, MIME)은 인터넷을 통해 첨부 파일을 전송할 수 있도록 하는 표준 규격이다.[7]

전통적 메일 서버

분산 메일 서버에 대해 자세히 알아보기 전에 기존 메일 서버의 역사와 동작 방식을 간단히 살펴보자. 이메일 서버 시스템의 규모 확장에 대한 좋은 교훈을 얻을 수 있을 것이다. 전통적인 메일 서버는 보통 서버 한 대로 운용되는, 사용자가 많지 않을 때 잘 동작하는 시스템이다.

전통적 메일 서버 아키텍처

그림 8.3에 앨리스라는 사용자가 밥에게 메일을 보내면 전통적 메일 서버에 무슨 일이 벌어지는지 요약하였다.

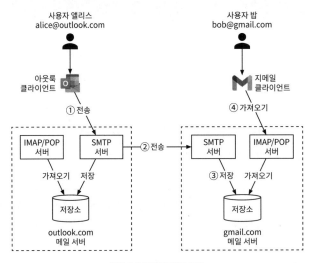

그림 8.3 전통적 메일 서버

이 프로세스는 4단계로 구성된다.

1. 앨리스는 아웃룩 클라이언트에 로그인하여 이메일을 작성하고 '보내기' 버

튼을 누른다. 이메일은 아웃룩 메일 서버로 전송된다. 아웃룩 클라이언트와 메일 서버 사이의 통신 프로토콜은 SMTP이다.

2. 아웃룩 메일 서버는 DNS(그림에는 없음) 질의를 통해 수신사 SMTP 서버 주소를 찾는다. 이 경우에는 지메일의 SMTP 서버 주소다. 주소를 알고 나면 해당 메일 서버로 이메일을 보낸다. 메일 서버 간 통신 프로토콜도 SMTP다.

3. 지메일 서버는 이메일을 저장하고 수신자인 밥이 읽어갈 수 있도록 한다.

4. 밥이 지메일에 로그인하면 지메일 클라이언트는 IMAP/POP 서버를 통해 새 이메일을 가져온다.

저장소

전통적 메일 서버는 이메일을 파일 시스템의 디렉터리에 저장한다. 이때 각각의 이메일은 고유한 이름을 가진 별도 파일로 보관한다. 각 사용자의 설정 데이터와 메일함은 사용자 디렉터리에 보관한다. 해당 목적으로 Maildir이라는 이름의 디렉터리가 널리 사용된다.(그림 8.4)

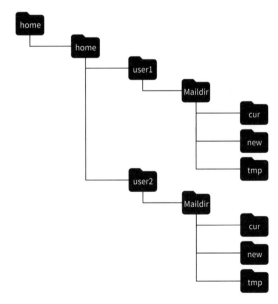

그림 8.4 Maildir

파일과 디렉터리를 활용하는 방안은 사용자가 많지 않을 때는 잘 동작하나 수십억 개의 이메일을 검색하고 백업하는 목적으로 활용하기에는 곤란했다. 이메일의 양이 많아지고 파일 구조가 복잡해지면 디스크 I/O가 병목이 되곤 했다. 아울러 이메일을 서버의 파일 시스템에 보관하였으므로 가용성과 안정성 요구사항도 만족할 수 없었다. 디스크 손상이나 서버 장애가 언제든 발생할 수 있었다. 따라서 더 안정적인 분산 데이터 저장소 계층이 필요했다.

이메일의 기능은 1960년대에 발명된 이래로 텍스트 중심에서 멀티미디어, 메일 타래(threading)[8], 검색, 레이블 등 다양한 기능을 지원하도록 발전해 왔다. 하지만 POP, IMAP, SMTP 같은 이메일 프로토콜은 오래 전에 발명되어 이런 기능을 지원하도록 설계되지 않았고, 수십억 명의 사용자를 지원하도록 확장할 수도 없었다.

분산 메일 서버

분산 메일 서버는 현대적 사용 패턴을 지원하고 확장성과 안정성 문제를 해결한다. 이번 절에서는 이메일 API, 분산 이메일 서버 아키텍처, 이메일 발송 및 수신 흐름을 살펴본다.

이메일 API

이메일 API의 의미는 메일 클라이언트마다, 그리고 이메일 생명주기 단계마다 달라질 수 있다. 예를 들어 보자면 이렇다.

- 모바일 단말 클라이언트를 위한 SMTP/POP/IMAP API
- 송신 측 메일 서버와 수신 측 메일 서버 간의 SMTP 통신
- 대화형 웹 기반 이메일 애플리케이션을 위한 HTTP 기반 RESTful API

이 책에서는 지면 관계로 가장 중요한 API만 다룬다. 웹메일 통신에는 일반적으로 HTTP 프로토콜이 쓰인다.

1. **POST /v1/messages 엔드포인트**

   To, Tc, Bcc 헤더에 명시된 수신자에게 메시지를 전송한다.

2. **GET /v1/folders 엔드포인트**

주어진 이메일 계정에 존재하는 모든 폴더를 반환한다.

응답 형식

```
[{
  id: string      고유한 폴더 식별자
  name: string    폴더 이름
                  RFC6154[9]에 따르면, 기본 폴더는 다음 폴더 가운데 하나다.
                  All, Archive, Drafts, Flagged, Junk, Sent,
                  Trash
  user_id: string 계정 소유자 ID
}]
```

3. **GET /v1/folders/{:folder_id}/messages 엔드포인트**

주어진 폴더 아래의 모든 메시지를 반환한다. 지극히 단순화한 명세임에 유의하자. 실제로는 페이지 분할(pagination)을 지원해야 하는 등, 훨씬 복잡할 수 있다.

응답 형식

메시지 객체 목록.

4. **GET /v1/messages/{:message_id} 엔드포인트**

주어진 특정 메시지에 대한 모든 정보를 반환한다. 메시지는 이메일 애플리케이션의 핵심 구성 요소로, 발신자, 수신자, 메시지 제목, 본문, 첨부 파일 등의 정보로 구성된다.

응답 형식

메시지 객체.

```
{
  user_id: string                       // 계정주의 ID
  from: name: string, email: string     // 발신자의 <이름, 이메일> 쌍
  to: [name: string, email: string]     // 수신자 <이름, 이메일> 쌍의 목록
  subject: string                       // 이메일 제목
  body: string                          // 이메일 본문
  is_read: Boolean                      // 수신자가 메시지를 읽었는지 여부
}
```

분산 메일 서버 아키텍처

소수 사용자를 처리하는 이메일 서버 구성은 어렵지 않지만 한 대 이상의 서버로 규모를 늘리는 것은 까다롭다. 이는 전통적인 이메일 서버가 단일 장비 위에서만 동작하도록 설계되었기 때문이다. 여러 서버 사이에 데이터를 동기화하는 것은 어려운 작업이고, 수신자 메일 서버에서 이메일이 스팸으로 잘못 분류되지 않도록 하려면 아주 까다로운 문제들을 풀어야 한다. 이번 절에서는 클라우드 기술을 활용하여 이런 문제를 쉽게 푸는 방법을 알아본다. 개략적인 설계안은 그림 8.5와 같다.

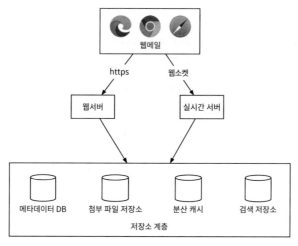

그림 8.5 개략적 설계안

각 컴포넌트를 좀 더 자세히 살펴보자.

웹메일(webmail): 사용자는 웹브라우저를 사용해 메일을 받고 보낸다.

웹서버: 웹서버는 사용자가 이용하는 요청/응답 서비스로, 로그인, 가입, 사용자 프로파일 등에 대한 관리 기능을 담당한다. 본 설계안의 경우 이메일 발송, 폴더 목록 확인, 폴더 내 모든 메시지 확인 등의 모든 이메일 API 요청은 전부 웹서버를 통한다.

실시간 서버: 실시간 서버는 새로운 이메일 내역을 클라이언트에 실시간으로

전달하는 역할을 담당한다. 실시간 서버는 지속성 연결을 맺고 유지해야 하므로 상태 유지(stateful) 서버다. 실시간 통신 지원 방안으로는 롱 폴링(long polling)이나 웹소켓(WebSocket)[1] 등이 있다. 그 중에는 웹소켓이 좀 더 우아하지만 브라우저 호환성 문제가 있을 수 있다. 한 가지 해결책은 기본적으로는 웹소켓을 쓰되 여의치 않으면 롱 폴링을 백업으로 이용하는 것이다.

실제로 사용되는 메일 서버 플랫폼 가운데 웹소켓 위에 프로토콜을 구축한 사례로는 아파치 제임스(Apache James)[10]가 있다. 웹소켓 위에 JMAP(JSON Meta Application Protocol)을 구현하였다.[11]

메타데이터 데이터베이스: 이메일 제목, 본문, 발신인, 수신인 목록 등의 메타데이터를 저장하는 데이터베이스다. 이 데이터베이스로 무엇을 사용할 것인지는 상세 설계를 진행하면서 살펴보겠다.

첨부 파일 저장소: 아마존 S3(Simple Storage Service) 같은 객체 저장소를 사용할 것이다. S3는 이미지나 동영상 등의 대용량 파일을 저장하는 데 적합한, 확장이 용이한 저장소 인프라다. 첨부 파일로는 25MB까지 붙일 수 있도록 하겠다. 카산드라 같은 컬럼 기반 NoSQL 데이터베이스는 이 용도로는 적당하지 않은데 이유는 다음과 같다.

- 카산드라가 BLOB(Binary Large Object) 자료형을 지원하고 해당 자료형이 지원하는 데이터의 최대 크기가 2GB이긴 하지만 실질적으로는 1MB 이상의 파일을 지원하지 못한다.[12]
- 카산드라에 첨부 파일을 저장하면 레코드 캐시를 사용하기 어렵다. 첨부 파일이 너무 많은 메모리를 잡아먹을 것이기 때문이다.

분산 캐시: 최근에 수신된 이메일은 자주 읽을 가능성이 높으므로 클라이언트로 하여금 메모리에 캐시해 두도록 하면 메일을 표시하는 시간을 많이 줄일 수 있다. 리스트(list) 같은 다양한 기능을 제공하는 데다 규모 확장도 용이하므로 본 설계안에서는 레디스를 활용할 것이다.

---

1 (옮긴이) 롱 폴링, 웹소켓 등 실시간 통신 지원 방안 관련해서는 《가상 면접 사례로 배우는 대규모 시스템 설계 기초》의 12장 "채팅 시스템 설계"에서 자세히 설명한다.

검색 저장소: 검색 저장소는 분산 문서 저장소(distributed document store)다. 고속 텍스트 검색을 지원하는 역 인덱스(inverted index)를 자료 구조로 사용한다.[13] 더 자세한 내용은 상세 설계를 진행하면서 살펴보겠다.

이제 분산 메일 서버에 가장 중요한 컴포넌트들이 무엇인지 보았으니, 다음 두 가지 주된 작업 흐름을 살펴보도록 하자.

- 이메일 전송 절차
- 이메일 수신 절차

이메일 전송 절차

이메일을 보내는 절차는 그림 8.6과 같다.

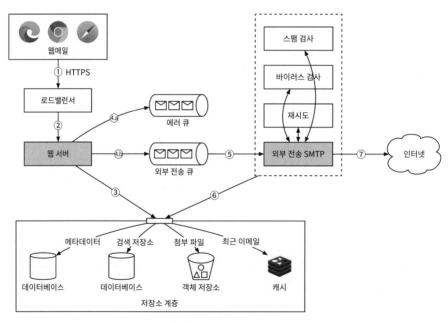

그림 8.6 이메일 전송 절차

1. 사용자가 웹메일 환경에서 메일을 작성한 다음 전송 버튼을 누른다. 요청은 로드밸런서로 전송된다.

2. 로드밸런서는 처리율 제한(rate limit) 한도를 넘지 않는 선에서 요청을 웹 서버로 전달한다.

3. 웹 서버는 다음 역할을 담당한다.

   - 기본적인 이메일 검증: 이메일 크기 한도처럼 사전에 미리 정의된 규칙을 사용하여 수신된 이메일을 검사한다.

   - 수신자 이메일 주소 도메인이 송신자 이메일 주소 도메인과 같은지 검사: 같다면 웹 서버는 이메일 내용의 스팸 여부와 바이러스 감염 여부를 검사한다. 검사를 문제없이 통과한 이메일은 송신인의 '보낸 편지함'과 수신인의 '받은 편지함'에 저장된다. 수신인 측 클라이언트는 RESTful API를 사용하여 이메일을 바로 가져올 수 있으며, 4단계 이후는 수행할 필요가 없다.

4. 메시지 큐

   4.a 기본적인 검증을 통과한 이메일은 외부 전송 큐로 전달된다. 큐에 넣기에 첨부 파일의 크기가 너무 큰 이메일의 경우에는 첨부 파일은 객체 저장소에 따로 저장하고 큐에 전달하는 이메일 안에는 해당 저장 위치에 대한 참조 정보만 보관한다.

   4.b 기본적인 검증에 실패한 이메일은 에러 큐에 보관한다.

5. 외부 전송 담당 SMTP 작업 프로세스는 외부 전송 큐에서 메시지를 꺼내어 이메일의 스팸 및 바이러스 감염 여부를 확인한다.

6. 검증 절차를 통과한 이메일은 저장소 계층 내의 '보낸 편지함'에 저장된다.

7. 외부 전송 담당 SMTP 작업 프로세스가 수신자의 메일 서버로 메일을 전송한다.

외부 전송 큐에 보관되는 모든 메시지에는 이메일을 생성하는 데 필요한 모든 메타데이터가 포함되어 있다. 분산 메시지 큐는 비동기적 메일 처리를 가능케 하는 핵심적 컴포넌트다. 웹 서버에서 외부 전송 담당 SMTP 프로세스를 분리함으로써 전송용 SMTP 프로세스의 규모를 독립적으로 조정할 수 있게 된다.

  외부 전송 큐의 크기를 모니터링할 때는 각별히 주의해야 한다. 메일이 처리되지 않고 큐에 오랫동안 남아있으면 그 이유를 분석해야 한다. 다음과 같은 문제가 있을 수 있다.

- 수신자 측 메일 서버에 장애 발생: 나중에 메일을 다시 전송해야 한다. 지수적 백오프(Exponential Backoff)가 좋은 전략일 수 있다.[14]
- 이메일을 보낼 큐의 소비자 수가 불충분: 더 많은 소비자를 추가하여 처리 시간을 단축하는 방법을 생각해 볼 수 있다.

이메일 수신 절차

그림 8.7은 이메일 수신 절차를 보여 준다.

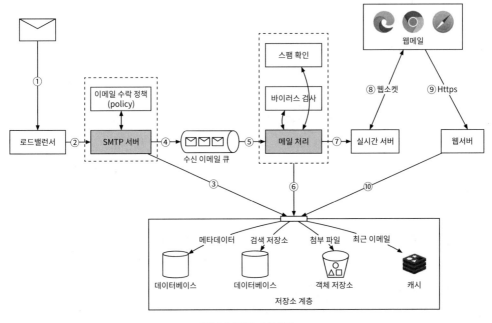

그림 8.7 이메일 수신 절차

1. 이메일이 SMTP 로드밸런서에 도착한다.
2. 로드밸런서는 트래픽을 여러 SMTP 서버로 분산한다. SMTP 연결에는 이메일 수락 정책을 구성하여 적용할 수 있다. 예를 들어 유효하지 않은 이메일은 반송하도록 하면 불필요한 이메일 처리를 피할 수 있다.
3. 이메일의 첨부 파일이 큐에 들어가기 너무 큰 경우에는 첨부 파일 저장소 (S3)에 보관한다.

4. 이메일을 수신 이메일 큐에 넣는다. 이 큐는 메일 처리 작업 프로세스와 SMTP 서버 간의 결합도를 낮추어 각자 독립적으로 규모 확장이 가능하도록 한다. 갑자기 수신되는 이메일의 양이 폭증하는 경우 버퍼 역할도 한다.

5. 메일 처리 작업 프로세스(worker)는 스팸 메일을 걸러내고 바이러스를 차단하는 등의 다양한 역할을 한다. 아래의 절차들은 검증 작업이 끝난 이메일을 대상으로 한다.

6. 이메일을 메일 저장소, 캐시, 객체 저장소 등에 보관한다.

7. 수신자가 온라인 상태인 경우 이메일을 실시간 서버로 전달한다.

8. 실시간 서버는 수신자 클라이언트가 새 이메일을 실시간으로 받을 수 있도록 하는 웹소켓 서버다.

9. 오프라인 상태 사용자의 이메일은 저장소 계층에 보관한다. 해당 사용자가 온라인 상태가 되면 웹메일 클라이언트는 웹 서버에 RESTful API를 통해 연결한다.

10. 웹 서버는 새로운 이메일을 저장소 계층에서 가져와 클라이언트에 반환한다.

3단계: 상세 설계

이메일 서버의 모든 구성 요소를 살펴보았으니 몇 가지 핵심 요소에 대해 더 자세히 알아보고 규모 확장 방안을 점검하도록 하자.

- 메타데이터 데이터베이스
- 검색
- 전송 가능성(deliverability)
- 규모 확장성

메타데이터 데이터베이스

이번 절에서는 이메일 메타데이터의 특성을 알아보고 올바른 데이터베이스와 데이터 모델을 고르는 문제, 그리고 이메일 타래(threads) 지원 방안에 대해 알아본다.(보너스 점수)

이메일 메타데이터의 특성

- 이메일의 헤더는 일반적으로 작고, 빈번하게 이용된다.
- 이메일 본문의 크기는 작은 것부터 큰 것까지 다양하지만 사용 빈도는 낮다. 일반적으로 사용자는 이메일을 한 번만 읽는다.
- 이메일 가져오기, 읽은 메일로 표시, 검색 등의 이메일 관련 작업은 사용자별로 격리 수행되어야 한다. 다시 말하자면 어떤 사용자의 이메일은 해당 사용자만 읽을 수 있어야 하고, 그 이메일에 대한 작업도 그 사용자만이 수행할 수 있어야 한다.
- 데이터의 신선도는 데이터 사용 패턴에 영향을 미친다. 사용자는 보통 최근 메일만 읽는다. 만들어진 지 16일 이하 데이터에 발생하는 읽기 질의 비율은 전체 질의의 82%에 달한다.[15]
- 데이터의 높은 안정성이 보장되어야 한다. 데이터 손실은 용납되지 않는다.

올바른 데이터베이스의 선정

지메일이나 아웃룩 정도의 규모가 되면 보통 초당 입/출력 연산 빈도(Input/Output Operations Per Second, IOPS)를 낮추기 위해 맞춤 제작한 데이터베이스를 사용하는데[16] 시스템에 큰 부담이 되기 때문이다. 올바른 데이터베이스 선택은 쉽지 않다. 가능한 모든 선택지를 미리 살펴보면 도움이 된다.

- 관계형 데이터베이스: 관계형 데이터베이스를 고르는 주된 동기는 이메일을 효율적으로 검색할 수 있기 때문이다. 이메일 헤더와 본문에 대한 인덱스를 만들어 두면 간단한 검색 질의는 빠르게 처리할 수 있다. 하지만 관계형 데이터베이스는 데이터 크기가 작을 때 적합하다. 보통 이메일은 수 KB보다 크고 HTML이 포함되면 쉽게 100KB가 넘어간다. BLOB 자료형을 쓰면 큰 이메일도 처리할 수 있지 않느냐고 주장할 수도 있겠으나, 비정형 BLOB 자료형 데이터에 대한 검색 질의 성능은 좋지 않다. BLOB 자료형이 고정된 크기 페이지를 연결하여 큰 데이터를 저장하도록 하고 있어서 해당 컬럼의 데이터를 접근할 때마다 많은 디스크 I/O가 발생한다는 것이 기본적 이유다. 따라서 MySQL이나 PostgreSQL 같은 관계형 데이터베이스는 바람직하지 않다.

- 분산 객체 저장소: 또 하나 생각해 볼 수 있는 방안은 이메일의 원시 데이터를 그대로 아마존 S3 같은 객체 저장소에 보관하는 것이다. 객체 저장소는 백업 데이터를 보관하기에는 좋지만 이메일의 읽음 표시, 키워드 검색, 이메일 타래 등의 기능을 구현하기에는 그다지 좋지 않다.
- NoSQL 데이터베이스: 지메일은 구글 빅테이블(Bigtable)을 저장소로 사용한다. 따라서 충분히 실현 가능한 방안이다. 하지만 빅테이블은 오픈소스로 공개되어 있지 않고 그들이 이메일 검색을 빅테이블 위에서 어떻게 구현했는지는 여전히 미스터리한 부분이다. 카산드라가 좋은 대안이 될 수도 있겠지만 대형 이메일 서비스 제공 업체 가운데 카산드라를 사용하는 곳은 아직 확인된 바가 없다.

이상의 분석 결과에 따르면 본 설계안이 필요로 하는 기능을 완벽히 지원하는 데이터베이스는 없다고 봐도 좋을 것 같다. 대형 이메일 서비스 업체는 대체로 독자적인 데이터베이스 시스템을 만들어 사용한다. 하지만 제한된 면접 시간에 새로운 분산 데이터베이스를 설계하고 구현할 시간은 없다. 다만 해당 데이터베이스가 다음 조건을 충족해야 한다는 점은 설명할 수 있도록 하자.

- 어떤 단일 칼럼의 크기는 한 자릿수 MB 정도일 수 있다.
- 강력한 데이터 일관성이 보장되어야 한다.
- 디스크 I/O가 최소화되도록 설계되어야 한다.
- 가용성이 아주 높아야 하고 일부 장애를 감내할 수 있어야 한다.
- 증분 백업(incremental backup)이 쉬워야 한다.

데이터 모델

데이터를 저장하는 한 가지 방법은 user_id를 파티션 키로 사용하여 특정한 사용자의 데이터는 항상 같은 샤드에 보관하는 것이다. 이 데이터 모델의 한 가지 문제는 메시지를 여러 사용자와 공유할 수 없다는 것이다. 하지만 본 면접의 요구사항과는 관계 없으므로, 걱정할 필요는 없다.

그러니 이제 테이블을 정의해 보자. 기본 키는 파티션 키(partition key)와 클러스터 키(clustering key)의 두 가지 부분으로 구성된다.

- 파티션 키: 데이터를 여러 노드에 분산하는 구실을 한다. 일반적으로 통용되는 규칙은 데이터가 모든 노드에 균등하게 분산되도록 하는 파티션 키를 골라야 한다는 것이다.
- 클러스터 키: 같은 파티션에 속한 데이터를 정렬하는 구실을 한다.

개략적으로 보자면 이메일 서비스의 데이터 계층은 다음과 같은 질의를 지원해야 한다.

- 주어진 사용자의 모든 폴더를 구한다.
- 특정 폴더 내의 모든 이메일을 표시한다.
- 메일을 새로 만들거나, 삭제하거나, 가져온다.
- 이미 읽은 메일 전부, 또는 아직 읽지 않은 메일 전부를 가져온다.
- 보너스 점수를 받을 수 있는 질의: 이메일 타래를 전부 가져온다.

각 질의를 순서대로 살펴보자.

질의 1: 특정 사용자의 모든 폴더 질의

표 8.1에서 보듯이, 파티션 키는 user_id다. 따라서 어떤 사용자의 모든 폴더는 같은 파티션 안에 있다.

K	파티션 키
C↑	클러스터 키 (오름차순)
C↓	클러스터 키 (내림차순)

folders_by_user

user_id	UUID	K
folder_id	UUID	
folder_name	TEXT	

표 8.1 사용자별 폴더 목록

질의 2: 특정 폴더에 속한 모든 이메일 표시

사용자가 자기 메일 폴더를 열면 이메일은 가장 최근 이메일부터 오래된 것 순서로 정렬되어 표시된다. 같은 폴더에 속한 모든 이메일이 같은 파티션에 속하도록 하려면 <user_id, folder_id> 형태의 복합 파티션 키를 사용해야 한다. 또한 email_id도 눈여겨볼 필요가 있다. 이 칼럼의 자료형은 TIMEUUID[17]이며, 이메일을 시간순으로 정렬하는 데 사용되는 클러스터 키다.

emails_by_folder		
user_id	UUID	K
folder_id	UUID	K
email_id	TIMEUUID	C↓
from	TEXT	
subject	TEXT	
preview	TEXT	
is_read	BOOLEAN	

표 8.2 폴더별 이메일

질의 3: 이메일 생성/삭제/수신

지면 관계로 이메일 상세 정보를 가져오는 방법만 설명하도록 하겠다. 이 질의를 지원하기 위해 표 8.3의 두 테이블이 필요하다. 다음과 같은 간단한 질의를 통해 특정 이메일의 상세 정보를 가져올 수 있다.

```
SELECT * FROM emails_by_user WHERE email_id = 123;
```

한 이메일에는 여러 첨부 파일이 있을 수 있다. email_id와 filename 필드를 같이 사용하면 모든 첨부 파일을 질의할 수 있다.

emails_by_user		
user_id	UUID	K
email_id	TIMEUUID	C↓
from	TEXT	
to	LIST<TEXT>	
subject	TEXT	
body	TEXT	
attachments	LIST<filename|size>	

attachments		
email_id	TIMEUUID	C
filename	TEXT	K
url	TEXT	

표 8.3 사용자별 이메일

질의 4: 읽은, 또는 읽지 않은 모든 메일

관계형 데이터베이스로 도메인 모델을 구현하는 경우, 읽은 메일 전부는 다음과 같이 질의할 수 있다.

```
SELECT * FROM emails_by_folder
WHERE user_id = <user_id > and folder_id = <folder_id > and
  is_read = true
ORDER BY email_id
```

읽지 않은 메일 전부를 가져오는 질의도 이것과 아주 비슷하다. is_read = true를 is_read = false로 바꾸기만 하면 된다.

  하지만 본 설계안의 데이터 모델은 NoSQL이다. NoSQL 데이터베이스는 보통 파티션 키와 클러스터 키에 대한 질의만 허용한다. emails_by_folder 테이블의 is_read 필드는 이에 해당하지 않으므로, 대부분의 NoSQL 데이터베이스는 위의 질의문을 실행하지 못한다.

  이 문제를 해결하는 한 가지 방안은 주어진 폴더에 속한 모든 메시지를 가져온 다음에 애플리케이션 단에서 필터링을 수행하는 것이다. 하지만 이 방안은 본 설계안이 지향하는 대규모 서비스에는 그다지 적합하지 않다.

  이런 문제는 NoSQL 데이터베이스 테이블을 비정규화(denormalization)하여 해결하는 것이 보통이다. 즉, emails_by_folder 테이블을 표 8.4의 두 테이블로 분할하는 것이다.

- read_emails: 읽은 상태의 모든 이메일을 보관하는 테이블
- unread_emails: 읽지 않은 모든 이메일을 보관하는 테이블

읽지 않은 메일을 읽은 메일로 변경하려면 해당 이메일을 unread_emails 테이블에서 삭제한 다음 read_emails 테이블로 옮기면 된다.

  또한 특정 폴더 안의 읽지 않은 모든 메일을 가져오는 질의는 다음과 같이 표현하면 된다.

```
SELECT * FROM unread_emails
WHERE user_id = <user_id> and folder_id = <folder_id>
ORDER BY email_id;
```

read_emails		
user_id	UUID	K
folder_id	UUID	K
email_id	TIMEUUID	C ↓
from	TEXT	
subject	TEXT	
preview	TEXT	

unread_emails		
user_id	UUID	K
folder_id	UUID	K
email_id	TIMEUUID	C ↓
from	TEXT	
subject	TEXT	
preview	TEXT	

표 8.4 읽은 메일과 읽지 않은 메일을 위한 테이블

이런 비정규화는 흔한 관행이다. 애플리케이션 코드가 좀 더 복잡해지고 관리하기 까다로워지겠지만, 질의 성능은 대규모 서비스에 어울리는 수준으로 개선한다.

보너스: 이메일 타래 가져오기

이메일 타래(threads)는 많은 이메일 클라이언트가 지원하는 기능으로, 모든 답장을 최초 메시지에 타래로 엮어 보여주는 기능이다.[8] 사용자는 특정한 대화에 관련된 모든 메일을 한 번에 확인할 수 있게 된다. 전통적으로 이메일 타래는 JWZ 같은 알고리즘을 통해 구현한다.[18] 이 알고리즘에 대해 상세히 살펴보지는 않겠으나, 기본적 아이디어는 간단하게 설명하고 넘어가겠다.

이메일 헤더에는 보통 다음의 세 가지 필드가 있다.

```
{
  "headers" {
    "Message-Id": "<7BA04B2A-430C-4D12-8B57-862103C34501@gmail.com>",
    "In-Reply-To": "<CAEWTXuPfN=LzECjDJtgY9Vu03kgFvJnJUSHTt6 TW@gmail.com>",
    "References": ["<7BA04B2A-430C-4D12-8B57-862103C34501@gmail .com>"]
  }
}
```

Message-Id	메시지 식별자. 메시지를 보내는 클라이언트가 생성한다.
In-Reply-To	이 메시지가 어떤 메시지에 대한 답신인지 나타내는 식별자.
References	타래에 관계된 메시지 식별자 목록.

표 8.5 이메일 헤더

이 필드들이 있으면 이메일 클라이언트는 타래 내의 모든 메시지가 사전에 메모리로 로드되어 있는 경우 전체 대화 타래를 재구성해 낼 수 있게 된다.

일관성 문제

높은 가용성을 달성하기 위해 다중화(replication)에 의존하는 분산 데이터베이스는 데이터 일관성과 가용성 사이에서 타협적인 결정을 내릴 수밖에 없다. 이메일 시스템의 경우에는 데이터의 정확성이 아주 중요하므로, 모든 메일함은 반드시 하나의 주(primary) 사본을 통해 서비스된다고 가정해야 한다. 따라서 장애가 발생하면 클라이언트는 다른 사본을 통해 주 사본이 복원될 때까지 동기화/갱신 작업을 완료할 수 없다. 데이터 일관성을 위해 가용성을 희생하는 것이다.

이메일 전송 가능성

메일 서버를 구성하고 이메일을 보내는 것은 쉽다. 하지만 특정 사용자의 메일함에 실제로 메일이 전달되도록 하는 것은 어려운 문제다. 이메일이 스팸 폴더에 들어가 버리면 수신자가 메일을 읽을 가능성은 아주 낮아진다. 스팸 메일은 심각한 문제다. 스태티스타(Statista) 사에서 수행한 연구에 따르면[19] 메일 가운데 50%가 스팸으로 분류된다. 새로 구성한 메일 서버가 보내는 메일은 십중팔구 스팸 폴더로 떨어지는데, 인터넷에서 좋은 평판(reputation)을 쌓을 기회가 전혀 없었기 때문이다. 이메일의 전송 가능성을 높이기 위해서는 다음과 같은 요소들을 고려해야만 한다.

전용 IP: 이메일을 보낼 때는 전용 IP 주소를 사용하라. 대부분의 이메일 서비스 사업자는 아무 이력이 없는 IP 새로운 IP 주소에서 온 메일을 무시한다.

범주화: 범주가 다른 이메일은 다른 IP 주소를 통해 보내라. 예를 들어 마케팅 목적의 이메일은 중요한 이메일과 같은 서버에서 발송하지 말라. 그렇지 않으면 ISP가 모든 이메일을 판촉 메일로 분류해 버릴 수도 있다.

발신인 평판: 새로운 이메일 서버의 IP 주소는 사용 빈도를 서서히 올리는 것이 좋다. 그래야 좋은 평판이 쌓이고 오피스365, 지메일, 야후 메일 등의 대형 사업자가 해당 IP 주소에서 발송되는 메일을 스팸으로 분류할 가능성이 낮아진다. 아마존 SES(Simple Email Service)에 따르면, 새로운 IP 주소를 메일 발송에

아무 문제 없이 쓸 수 있게 되는 데는 대략 2주에서 6주가 걸린다.[20]

스팸 발송자의 신속한 차단: 스팸을 뿌리는 사용자는 서버 평판을 심각하게 훼손하기 전에 시스템에서 신속히 차단해야 한다.

피드백 처리: 불만 신고가 접수되는 비율을 낮추고 스팸 계정을 신속히 차단하기 위해서는 ISP 측에서의 피드백을 쉽게 받아 처리할 수 있는 경로를 만드는 것이 중요하다. 이메일이 전달되지 못하거나 사용자로부터 불만 신고가 접수된 경우 다음과 같은 일들이 벌어질 수 있다.

- 경성 반송(hard bounce): 수신인의 이메일 주소가 올바르지 않아 ISP가 전달을 거부한 경우.
- 연성 반송(soft bounce): ISP 측의 이메일 처리 자원 부족 등의 이유로 일시적으로 이메일을 전달할 수 없었던 경우.
- 불만 신고(complaint): 수신인이 '스팸으로 신고' 버튼을 누른 경우.

그림 8.8은 반송이나 불만 신고를 수집하고 처리하는 절차를 보여준다. 위의 세 가지 경우 각각에 대해 별도의 큐를 유지하여 별도로 관리할 수 있도록 한다.

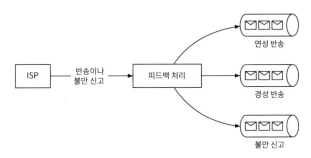

그림 8.8 피드백 유형별 처리

이메일 인증: 버라이즌이 제공한 2018년도 데이터 유출 조사 보고서에 따르면 피싱(phishing)이나 프리텍스팅(pretexting)이 전체 유출 사고에서 차지하는 비중은 93%에 달한다.[21] 피싱에 대응하는 보편적 전략으로는 SPF(Sender Policy Framework)[22], DKIM(DomainKeys Identified Mail)[23], DMARC(Domain-based Message Authentication, Reporting and Conformance)[24] 등이 있다.

그림 8.9은 지메일 메시지의 헤더 예다. 이 헤더에는 발송자 도메인 @info6. citi.com이 SPF, DKIM, DMARC의 검증을 거쳤다는 사실이 기록되어 있다.

Message ID	<617.3471674588.202105030141197779035.0039766680@info6.citi.com>
Created at:	Sun, May 2, 2021 at 6:41 PM (Delivered after 17 seconds)
From:	Citi Alerts <alerts@info6.citi.com> Using XyzMailer
To:	██████████████████ @gmail.com>
Subject:	Your Citi® account statement is ready
SPF:	PASS with IP 63.239.204.146 Learn more
DKIM:	'PASS' with domain info6.citi.com Learn more
DMARC:	'PASS' Learn more

그림 8.9 지메일 헤더 예제

이 모든 용어를 기억하고 있을 필요는 없다. 명심해야 할 것은 이메일이 목적지에 성공적으로 도착하도록 하기가 어렵다는 사실이다. 도메인 지식이 필요한 것은 물론이고, ISP와 좋은 관계를 유지할 필요도 있다.

검색

기본적인 이메일 검색은 보통 이메일 제목이나 본문에 특정 키워드가 포함되었는지 찾는 것을 뜻한다. 고급 기능에는 '발신인(From)', '제목(Subject)', '읽지 않음' 같이 메일 속성에 따른 필터링 기능이 포함된다. 검색 기능을 제공하려면 이메일이 전송, 수신, 삭제될 때마다 색인(indexing) 작업을 수행해야 한다. 그에 반해 검색은 사용자가 '검색' 버튼을 누를 때만 실행된다. 따라서 이메일 시스템의 검색 기능에서는 쓰기 연산이 읽기 연산보다 훨씬 많이 발생한다. 구글 검색과 비교해 보면 이 차이는 확연히 두드러진다.(표 8.6)

	범위	정렬	정확도
구글 검색	인터넷 전체	관련성에 따라	색인에 시간이 걸리므로 새로운 항목은 검색 결과에 즉시 나타나지 않을 수 있다
이메일 검색	사용자의 메일함	시각, 첨부 파일, 날짜 범위 내, 읽음 여부 등의 속성을 기준으로 정렬	색인 작업은 거의 실시간으로 이루어져야 하고 검색 결과는 정확해야 한다

표 8.6 구글 검색 vs 이메일 검색

검색 기능을 지원하기 위해 일래스틱서치(ElasticSearch)를 이용하는 방안과 데이터 저장소에 내장된 기본 검색 기능을 활용하는 방안의 두 가지 선택지를 지금부터 비교해 보도록 하겠다.

방안 1: 일래스틱서치

일래스틱서치 기술을 활용해 검색 기능을 구현할 경우의 개략적 설계안은 그림 8.10과 같다. 질의가 대부분 사용자의 이메일 서버에서 실행되므로 user_id를 파티션 키로 사용하여 같은 사용자의 이메일은 같은 노드에 묶어 놓는다.

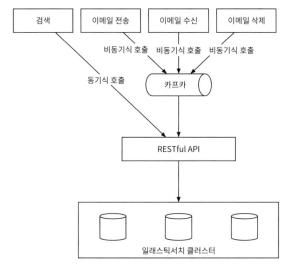

그림 8.10 일래스틱서치

사용자는 검색 버튼을 누른 다음 결과가 수신될 때까지 기다린다. 따라서 검색 요청은 동기(sync) 방식으로 처리되어야 한다. 하지만 '이메일 전송', '이메일 수신', '이메일 삭제' 같은 이벤트는 처리 결과를 클라이언트로 전달할 필요는 없다. 필요한 것은 색인 작업인데, 이 프로세스는 후면(background) 작업 형태로 처리될 수 있다. 본 설계안은 카프카를 활용하여 색인 작업을 시작하는 서비스와 실제로 색인을 수행할 서비스 사이의 결합도를 낮추는 방안을 채택하였다.

일래스틱서치는 2021년 6월 기준으로 가장 널리 사용되고 있는 검색 엔진 데이터베이스이며[25] 이메일 검색에 필요한 텍스트 기반 검색을 잘 지원한다. 일

래스틱서치를 사용할 경우 한 가지 까다로운 문제는 주 이메일 저장소와 동기
화를 맞추는 부분이다.

방안 2: 맞춤형 검색 솔루션

대규모 이메일 서비스 사업자는 보통 자기 제품에 고유한 요구사항을 만족시
키기 위해 검색 엔진을 자체적으로 개발해 사용한다. 이메일 검색 엔진의 설계
는 아주 복잡한 과제이며, 이번 장에서 다룰 내용은 아니다. 여기서는 자체적
으로 검색 솔루션을 구현하는 경우에 마주하게 될 주요 과제인 디스크 I/O 병
목 문제만 간단하게 다루도록 하겠다.

개략적 규모 추정을 진행하면서 살펴보았듯이 매일 저장소에 추가되는 메타
데이터와 첨부 파일의 양은 페타바이트(PB) 수준이다. 한편, 하나의 이메일 계
정에 오십 만개가 넘는 이메일이 저장되는 것도 드문 일은 아니다. 그러니 이
메일 색인 서버의 주된 병목은 보통 디스크 I/O다.

색인을 구축하는 프로세스는 다량의 쓰기 연산을 발생시킬 수밖에 없으므로
LSM(Log-Structured Merge) 트리를 사용하여[26] 디스크에 저장되는 색인을 구
조화하는 것이 바람직한 전략일 것이다.(그림 8.11) 쓰기 경로는 순차적 쓰기 연
산(sequential write)만 수행하도록 최적화되어 있다. LSM 트리는 빅테이블이

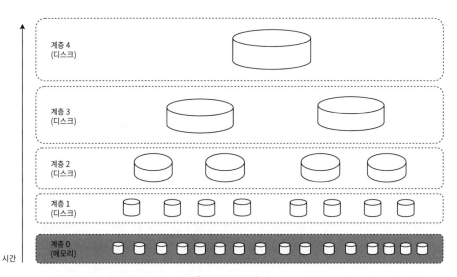

그림 8.11 LSM 트리

나 카산드라, RocksDB 같은 데이터베이스의 핵심 자료 구조다. 새로운 이메일이 도착하면 우선 메모리 캐시로 구현되는 0번 계층에 추가된다. 메모리에 보관된 데이터의 양이 사전에 정의된 임계치를 넘으면 데이터는 다음 계층에 병합된다. LSM을 사용하는 또 다른 이유는 자주 바뀌는 데이터를 그렇지 않은 데이터와 분리하기 위해서다. 예를 들어 이메일 데이터는 보통 바뀌지 않지만 이메일 폴더의 정보는 상이한 필터링 규칙들 때문에 자주 바뀌는 경향이 있다. 따라서 데이터를 두 개 파트로 나누고, 어떤 요청이 폴더 변경에 관한 것이면 폴더 정보만 바꾸고 이메일 데이터는 내버려 둔다.

이메일 검색 기능에 관심 있는 독자는 마이크로소프트 익스체인지 서버의 검색 기능이 어떻게 동작하는지 설명하는 참고문헌[27]을 읽어 보기 바란다.

이 두 가지 방안의 장단점을 비교해 보면 다음과 같다.

비교항목	일래스틱서치	맞춤형 검색 엔진
규모 확장성	어느 정도까지 확장 가능	이메일 사용 패턴에 따라 시스템을 최적화할 수 있으므로 규모 확장이 용이
시스템 복잡도	두 가지 상이한 시스템을 동시에 유지해야 함: 데이터 저장소와 일래스틱서치	하나의 시스템
데이터 일관성	한 데이터의 두 사본이 존재. 하나는 메타데이터 저장소에 있고 다른 하나는 일래스틱서치 내에 있다. 따라서 데이터 일관성을 유지하기 까다롭다.	메타데이터 저장소에 하나의 사본만이 유지됨
데이터 손실 가능성	없다. 색인이 손상되면 주 저장소의 데이터를 사용해 복구한다.	없다.
개발 비용	통합하기 쉬운 편이지만 대규모의 이메일 검색이 필요한 경우에는 일래스틱서치를 전담하는 팀이 필요할 수 있다.	맞춤형 검색 솔루션 구현이 필요하므로 굉장히 많은 엔지니어링 노력이 필요하다.

표 8.7 일래스틱서치 vs 맞춤형 검색 엔진

소규모의 이메일 시스템을 구축하는 경우에는 일래스틱서치가 좋은 선택지다. 통합하기 쉽고 엔지니어링에 많은 노력이 필요하지도 않다. 대규모 시스템을 구축하는 경우에도 일래스틱서치를 사용할 수는 있겠지만 이메일 검색 인프라를 개발하고 관리하는 전담 팀이 필요할 수 있다. 지메일이나 아웃룩 규모의 이메일 시스템을 지원하려면 독립적인 검색 전용 시스템을 두기보다는 데이터베이스에 내장된 전용 검색 솔루션을 사용하는 것이 바람직할 수도 있다.

규모 확장성 및 가용성

각 사용자의 데이터 접근 패턴은 다른 사용자와 무관하므로, 시스템의 대부분 컴포넌트는 수평적으로 규모 확장이 가능할 것으로 기대할 수 있다.

가용성을 향상시키기 위해서는 데이터를 여러 데이터센터에 다중화하는 것이 필요하다. 사용자는 네트워크 토폴로지 측면에서 보았을 때 자신과 물리적으로 가까운 메일 서버와 통신한다. 장애 때문에 네트워크 파티션(network partition), 즉 통신이 불가능한 네트워크 영역이 생기게 되면 사용자는 다른 데이터센터에 보관된 메시지를 이용한다.(그림 8.12)

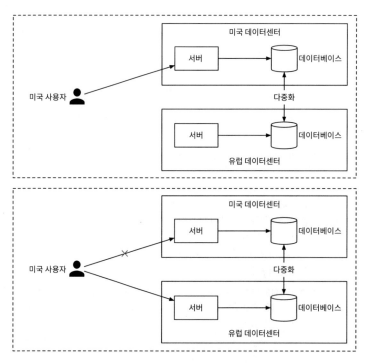

그림 8.12 여러 데이터센터를 통한 시스템 다중화

4단계: 마무리

이번 장에서는 대규모 이메일 서버의 설계안을 만들어 보았다. 요구사항을 수집한 뒤 개략적인 추정 작업을 진행하여 시스템의 규모를 가늠하였다. 개략적 설계안을 만드는 과정에서 전통적인 이메일 서버가 어떻게 설계되어 있는지 알아보았고, 왜 그런 서버들이 현대적 사용 패턴을 충족하기 어려운지도 살펴보았다. 이메일 API에 대해 논의하였고, 이메일을 보내고 받는 프로세스의 개략적 설계안도 살펴보았다. 마지막으로는 메타데이터 데이터베이스, 이메일 전송 가능성 문제, 검색과 규모 확장성 문제를 심도 있게 살펴보았다.

면접장에서 시간이 좀 남는다면 추가로 논의해 볼 만한 주제로는 다음과 같은 것들이 있다.

- 결함 내성(fault tolerance): 시스템의 많은 부분에 장애가 발생할 수 있다. 노드 장애, 네트워크 문제, 이벤트 전달 지연 등의 문제에 어떻게 대처할지 살펴보면 좋을 것이다.

- 규정 준수(compliance): 이메일 서비스는 전 세계 다양한 시스템과 연동해야 하고 각 나라에는 준수해야 할 법규가 있다. 예를 들어 유럽에서는 GD-PR(General Data Protection Regulation) 기준에 따라 개인 식별 정보(Personally Identifiable Information, PII)를 처리하고 저장해야 한다.[28] 합법적 감청(legal intercept)은 이 분야의 또 다른 대표적 특징이다.[29]

- 보안(security): 이메일 보안은 중요하다. 이메일에는 민감한 정보가 포함되기 때문이다. 지메일은 피싱이나 멀웨어 공격을 방지하는 피싱 방지(phishing protection), 안전하지 않은 사이트를 경고하는 안전 브라우징(safe browsing), 보안 결함이 있는 첨부 파일에 대한 사전 경고(proactive alert), 의심스러운 로그인 시도를 차단하는 계정 안전(account safety), 송신자가 메시지에 대한 보안 정책을 설정할 수 있도록 하는 기밀 모드(confidential mode), 타인이 이메일 내용을 엿보지 못하도록 하는 이메일 암호화(email encryption) 등의 보안 관련 기능을 제공한다.[30]

- 최적화(optimization): 때로는 같은 이메일이 여러 수신자에게 전송되기 때문에 똑같은 첨부 파일이 그룹 이메일 객체 저장소(S3)에 여러 번 저장되는 경우가 있다. 저장하기 전에 저장소에 이미 동일한 첨부 파일이 있는지 확인하면 저장 연산 실행 비용을 최적화할 수 있다.

여기까지 마친 여러분, 축하한다. 스스로를 마음껏 격려하도록 하자!

8장 요약

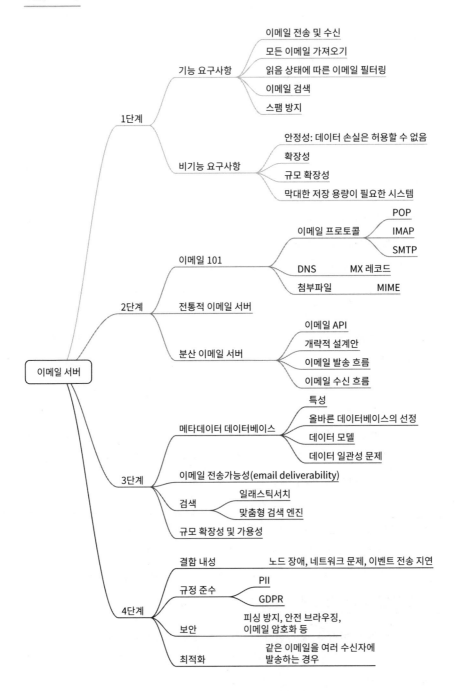

이메일 서버

1단계

기능 요구사항
- 이메일 전송 및 수신
- 모든 이메일 가져오기
- 읽음 상태에 따른 이메일 필터링
- 이메일 검색
- 스팸 방지

비기능 요구사항
- 안정성: 데이터 손실은 허용할 수 없음
- 확장성
- 규모 확장성
- 막대한 저장 용량이 필요한 시스템

2단계

이메일 101
- 이메일 프로토콜
  - POP
  - IMAP
  - SMTP
- DNS   MX 레코드
- 첨부파일   MIME

전통적 이메일 서버

분산 이메일 서버
- 이메일 API
- 개략적 설계안
- 이메일 발송 흐름
- 이메일 수신 흐름

3단계

메타데이터 데이터베이스
- 특성
- 올바른 데이터베이스의 선정
- 데이터 모델
- 데이터 일관성 문제

이메일 전송가능성(email deliverability)

검색
- 일래스틱서치
- 맞춤형 검색 엔진

규모 확장성 및 가용성

4단계

결함 내성   노드 장애, 네트워크 문제, 이벤트 전송 지연

규정 준수
- PII
- GDPR

보안   피싱 방지, 안전 브라우징, 이메일 암호화 등

최적화   같은 이메일을 여러 수신자에 발송하는 경우

참고 문헌

[1] 지메일 활성 사용자 수(Number of Active Gmail Users). *https://financ-esonline.com/number-of-active-gmail-users/*

[2] 아웃룩(Outlook). *https://en.wikipedia.org/wiki/Outlook.com*

[3] 2021년에는 매일 얼마나 많은 메일이 전송되었나?(How Many Emails Are Sent Per Day in 2021?) *https://review42.com/resources/how-many-emails-are-sent-per-day/*

[4] RFC 1939 - Post Office Protocol - Version 3. *http://www.faqs.org/rfcs/rfc1939.html*

[5] 액티브싱크(ActiveSync). *https://en.wikipedia.org/wiki/ActiveSync*

[6] 첨부 파일(Email attachment). *https://en.wikipedia.org/wiki/Email_attachment*

[7] MIME. *https://en.wikipedia.org/wiki/MIME*

[8] 대화 타래(Threading). *https://en.wikipedia.org/wiki/Conversation_threading*

[9] 특별한 메일함을 위한 IMAP LIST 확장(IMAP LIST Extension for Special-Use Mailboxes). *https://datatracker.ietf.org/doc/html/rfc6154* .

[10] 아파치 제임스(Apache James). *https://james.apache.org/*

[11] JMAP 웹소켓 서브-프로토콜(A JSON Meta Application Protocol(JMAP) Subprotocol for WebSocket). *https://datatracker.ietf.org/doc/rfc8887/*

[12] 카산드라의 제약조건(Cassandra Limitations). *https://cwiki.apache.org/confluence/display/CASSANDRA2/CassandraLimitations*

[13] 역 인덱스(Inverted index). *https://en.wikipedia.org/wiki/Inverted_index*

[14] 지수적 백오프(Exponential backoff). *https://en.wikipedia.org/wiki/Exponential_backoff*

[15] QQ 이메일 시스템의 최적화 (중문) (QQ Email System Optimization: in Chinese). *https://www.slideshare.net/areyouok/06-qq-5431919*

[16] IOPS. *https://en.wikipedia.org/wiki/IOPS*

[17] UUID와 TIMEUUID 자료형(UUID and timeuuid types). *https://docs.datastax.com/en/cql-oss/3.3/cql/cql_reference/uuid_type_r.html*

[18] 메시지 타래(Message threading). *https://www.jwz.org/doc/threading.html*

[19] 전 세계적 스팸 메일 규모(Global spam volume). *https://www.statista.com/statistics/420391/spam-email-traffic-share/*

[20] 전용 IP 주소의 예열 프로세스(Warming up dedicated IP addresses). *https://docs.aws.amazon.com/ses/latest/dg/dedicated-ip-warming.html*

[21] 2013 데이터 유출 조사 보고서(2018 Data Breach Investigations Report). *https://enterprise.verizon.com/resources/reports/DBIR_2018_Report.pdf*

[22] SPF(Sender Policy Framework). *https://en.wikipedia.org/wiki/Sender_Policy_Framework*

[23] DKIM(DomainKeys Identified Mail). *https://en.wikipedia.org/wiki/Domain Keys_Identified_Mail*

[24] 도메인 기반 메시지 인증, 보고 및 준수(Domain-based Message Authentication, Reporting & Conformance). *https://dmarc.org/*

[25] 검색 엔진 순위(DB-Engines Ranking of Search Engines). *https://db-engines.com/en/ranking/search+engine*

[26] LSM 트리(Log-structured merge-tree). *https://en.wikipedia.org/wiki/Log-structured_merge-tree*

[27] 익스체인지의 검색 기능: 마이크로소프트 익스체인지 컨퍼런스 2014(Microsoft Exchange Conference 2014 Search in Exchange). *https://www.youtube.com/watch?v=5EXGCSzzQak&t=2173s*

[28] GDPR(General Data Protection Regulation). *https://en.wikipedia.org/wiki/General_Data_Protection_Regulation*

[29] 합법적 감청(Lawful interception). *https://en.wikipedia.org/wiki/Lawful_interception*

[30] 이메일 안전성(Email safety). *https://safety.google/intl/en_us/gmail/*

9장

S3와 유사한 객체 저장소

이번 장에서는 아마존 S3(Simple Storage Service)와 유사한 객체 저장소 서비스를 설계해 보겠다. S3는 AWS(Amazon Web Service)가 제공하는 서비스로 RESTful API 기반 인터페이스로 이용 가능한 객체 저장소다. AWS S3에 대해 잘 알려진 사실로는 다음과 같은 것들이 있다.

- 2006년 6월에 서비스를 시작했다.
- 2010년부터는 버전 관리(versioning) 기능, 버킷 정책(bucket policy), 멀티파트 업로드(multipart upload) 기능을 제공하기 시작했다.
- 2011년부터는 서버 측 암호화, 여러 객체 삭제, 객체 만료 등을 지원하기 시작했다.
- 2013년에 아마존은 S3에 저장된 객체가 2조 개에 달한다고 보고했다.
- 수명 주기 정책(life cycle policy), 이벤트 알림(event notification), 지역 간 복제(cross-region replication) 등의 기능은 2014년에서 2015년 사이에 도입되었다.
- 2021년, 아마존은 S3에 저장된 객체가 100조 개가 넘는다고 보고했다.

객체 저장소에 대해 더 자세히 살펴보기 전에, 일반적으로 저장소란 어떤 시스템인지 알아보고, 몇 가지 용어를 정의하도록 하겠다.

저장소 시스템 101

개략적으로 보면 저장소 시스템(storage system)에는 다음 세 가지 부류가 있다.

- 블록(block) 저장소
- 파일(file) 저장소
- 객체(object) 저장소

블록 저장소

블록 저장소는 1960년대에 처음 등장했다. HDD(Hard Disk Drive)나 SSD(Solid State Drive)처럼 서버에 물리적으로 연결되는 형태의 드라이브는 블록 저장소의 가장 흔한 형태다.

블록 저장소는 원시 블록(raw block)을 서버에 볼륨(volume) 형태로 제공한다. 가장 유연하고 융통성이 높은 저장소다. 서버는 원시 블록을 포맷한 다음 파일 시스템으로 이용하거나 애플리케이션에 블록 제어권을 넘겨버릴 수도 있다. 데이터베이스나 가상 머신 엔진 같은 애플리케이션은 원시 블록을 직접 제어하여 최대한의 성능을 끌어낸다.

블록 저장소는 서버에 물리적으로 직접 연결되는 저장소에 국한되지 않는다. 고속 네트워크를 통해 연결될 수도 있고, 업계 표준 연결 프로토콜인 FC(Fibre Channel)[1]이나 iSCSI[2]를 통해 연결될 수도 있다. 개념적으로 보자면 네트워크를 통해 연결되는 블록 저장소도 원시 블록을 제공한다는 점에서 다르지 않다. 서버 입장에서 보면 물리적으로 연결된 블록 저장소와 마찬가지로 동작한다.

파일 저장소

파일 저장소는 블록 저장소 위에 구현된다. 파일과 디렉터리를 손쉽게 다루는 데 필요한, 더 높은 수준의 추상화(abstraction)를 제공한다. 데이터는 계층적으로 구성되는 디렉터리 안에 보관된다. 파일 저장소는 가장 널리 사용되는 범용 저장소 솔루션이다. SMB/CIFS[3]이나 NFS[4]와 같은 파일 수준 네트워크 프로토콜을 사용하면 하나의 저장소를 여러 서버에 동시에 붙일 수도 있다. 파일 저장소를 사용하는 서버는 블록을 직접 제어하고, 볼륨을 포맷하는 등의 까다로운 작업을 신경 쓸 필요가 없다. 파일 저장소는 단순하기 때문에 폴더나 파일을 같은 조직 구성원에 공유하는 솔루션으로 사용하기 좋다.

객체 저장소

객체 저장소는 새로운 형태의 저장소다. 데이터 영속성을 높이고 대규모 애플리케이션을 지원하며 비용을 낮추기 위해 의도적으로 성능을 희생한다. 실시간으로 갱신할 필요가 없는 상대적으로 '차가운(cold)' 데이터 보관에 초점을 맞추며 데이터 아카이브나 백업에 주로 쓰인다. 모든 데이터를 수평적 구조 내에 객체로 보관한다. 계층적 디렉터리 구조는 제공하지 않는다. 데이터 접근은 보통 RESTful API를 통한다. 다른 유형의 저장소에 비해 상대적으로 느리다. 대부분의 클라우드 사업자는 AWS S3, Azure Blob Storage 같은 객체 저장소 제품을 제공한다.

비교

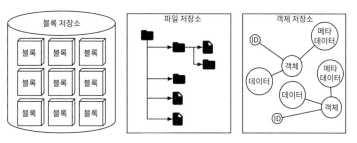

그림 9.1 저장소 유형

표 9.1은 이 세 가지 저장소 유형을 서로 비교한 결과다.

	블록 저장소	파일 저장소	객체 저장소
저장된 내용의 변경 가능성	Y	Y	N (직접 변경은 불가능 하지만 객체 버전을 통해 새로운 버전의 객체를 추가하는 것은 가능)
비용	고	중~고	저
성능	중~고 혹은 최상	중~고	저~중
데이터 일관성	강력	강력	강력[5]
데이터 접근	SAS[6]/iSCSI/FC	표준 파일 접근, CIFS/SMB, NFS	RESTful API
규모 확장성	중	고	최상
적합한 응용	가상 머신(VM), 데이터 베이스 같은 높은 성능이 필요한 애플리케이션	범용적 파일 시스템 접근	이진 데이터, 구조화되지 않은 데이터

표 9.1 저장소 유형별 특성

용어 정리

S3 같은 객체 저장소를 설계하기 위해서는 객체 저장소의 핵심 개념을 먼저 이해할 필요가 있다. 이번 절에서는 객체 저장소에 대해 설명할 때 흔히 사용되는 용어를 개괄하겠다.

버킷(bucket): 객체를 보관하는 논리적 컨테이너. 버킷 이름은 전역적으로 유일해야 한다(globally unique). 데이터를 S3에 업로드하려면 우선 버킷부터 만들어야 한다.

객체(object): 객체는 버킷에 저장하는 개별 데이터를 말한다. 객체는 데이터(페이로드(payload)라고도 한다)와 메타데이터를 갖는다. 객체 데이터로는 어떤 것도 가능하다. 메타데이터는 객체를 기술하는 이름-값 쌍의 집합이다.

버전(versioning): 한 객체의 여러 버전을 같은 버킷 안에 둘 수 있도록 하는 기능이다. 버킷마다 별도 설정이 가능하다. 실수로 지웠거나 덮어 쓴 객체를 복구할 수 있도록 한다.

URI(Uniform Resource Identifier): 객체 저장소는 버킷과 객체에 접근할 수 있
도록 하는 RESTful API를 제공한다. 따라서 각 객체는 해당 API URI를 통해 고
유하게 식별할 수 있다.

SLA(Service-Level Agreement): 서비스 수준 협약(SLA)은 서비스 제공자와 클라
이언트 사이에 맺어지는 계약이다. 예를 들어 아마존 S3 Standard-IA(Standard
-Infrequent Access) 저장소 클래스는 다음 SLA를 만족한다고 공개하고 있다.[7]

- 여러 가용성 구역(availability zone)에 걸쳐 99.999999999%의 객체 내구성
  을 제공하도록 설계
- 하나의 가용성 구역 전체가 소실되어도 데이터 복원 가능
- 연간 99.9%의 가용성 제공

1단계: 문제 이해 및 설계 범위 확정

다음과 같은 질문을 통해 요구사항을 분명히 하고 설계 범위를 좁히자.

지원자: 어떤 기능을 지원해야 하나요?
면접관: 다음 기능을 제공하는 S3와 유사한 객체 저장소 시스템을 설계해 보면
좋을 것 같습니다.

- 버킷 생성
- 객체 업로드 및 다운로드
- 객체 버전
- 버킷 내 객체 목록 출력 기능. aws s3 ls 명령어와 유사해야 한다.[8]

지원자: 데이터의 크기는 어느 정도인가요?
면접관: 아주 큰 객체(수 GB 이상)와 다량의 소형 객체(수 KB 정도)를 효율적
으로 저장할 수 있어야 합니다.
지원자: 매년 추가되는 데이터는 어느 정도입니까?
지원자: 100페타바이트(PB)입니다.

지원자: 99.9999%의 데이터 내구성과 99.99%의 서비스 가용성을 보장한다고 해도 될까요?

면접관: 네. 그 정도면 만족스러운 것 같습니다.

비기능 요구사항

- 100PB 데이터
- 식스 나인(six nines, 99.9999%) 수준의 데이터 내구성
- 포 나인(four nines, 99.99%) 수준의 서비스 가용성
- 저장소 효율성: 높은 수준의 안정성과 성능은 보증하되 저장소 비용은 최대한 낮추어야 한다.

대략적인 규모 추정

객체 저장소는 디스크 용량이나 초당 디스크 IO(IOPS)가 병목이 될 가능성이 높다. 한번 살펴보자.

- 디스크 용량: 객체 크기가 다음 분포를 따른다고 가정하자.
  - 객체 가운데 20%는 그 크기가 1MB 미만의 작은 객체다.
  - 60% 정도의 객체는 1MB~64MB 정도 크기의 중간 크기 객체다.
  - 나머지 20% 정도는 64MB 이상의 대형 객체다.
- IOPS: SATA 인터페이스를 탑재하고 7200rpm을 지원하는 하드 디스크 하나가 초당 100~150회의 임의 데이터 탐색을 지원할 수 있다고 가정한다 (100~150 IOPS).

이 가정에 기반하여 시스템이 저장 가능한 객체 수를 가늠할 수 있다. 계산을 쉽게 하기 위해 객체 유형별 중앙값(median)을 사용하도록 하겠다(즉, 소형 객체는 0.5MB, 중형 크기 객체는 32MB, 대형 크기 객체는 200MB 용량을 기준으로 계산한다). 40%의 저장 공간 사용률을 유지하는 경우 저장소에 수용 가능한 객체의 수는 다음과 같이 계산할 수 있다.

- 100PB = $100 \times 1000 \times 1000 \times 1000MB = 10^{11}MB$

- $$\frac{10^{11} \times 0.4}{0.2 \times 0.5\text{MB} + 0.6 \times 32\text{MB} + 0.2 \times 200\text{MB}} = 6\text{억 } 8\text{천만 개}(0.68\text{billion}) \text{ 객체}$$
- 모든 객체의 메타데이터 크기가 대략 1KB 정도라고 가정하면 모든 메타데이터 정보를 저장하기 위해 0.68TB 정도의 공간이 필요

이 수치들을 직접 사용하지는 않는다. 하지만 시스템 규모가 어느 정도일지 감을 잡아 두면 좋다.

2단계: 개략적 설계안 제시 및 동의 구하기

설계를 진행하기 전에 객체 저장소의 몇 가지 흥미로운 속성을 알아보자. 설계안에 영향을 끼칠 수도 있기 때문이다.

객체 불변성(object immutability): 객체 저장소와 다른 두 가지 유형의 저장소 시스템의 가장 큰 차이는 객체 저장소에 보관되는 객체들은 변경이 불가능하다는 것이다. 삭제한 다음 새 버전 객체로 완전히 대체할 수는 있어도 그 값을 점진적으로 변경할 수는 없다.

키-값 저장소(key-value store): 객체 저장소를 사용하는 경우 해당 객체의 URI를 사용하여 데이터를 가져올 수 있다.(코드 9.1 참조) 이때 URI는 키이고 데이터는 값에 해당하므로 키-값 저장소라고 볼 수 있다.

코드 9.1 객체 URI를 통한 데이터 수신

요청:
```
GET /bucket1/object1.txt HTTP/1.1
```

응답:
```
HTTP/1.1 200 OK
Content-Length: 4567
```

```
[해당 객체의 데이터 4567 바이트]
```

저장은 1회, 읽기는 여러 번: 데이터 접근 패턴 측면에서 보면 쓰기는 1회, 읽기는 여러 번 발생한다. 링크드인 사에서 조사한 결과에 따르면 객체 저장소에 대한 요청 가운데 95%가량이 읽기 요청이다.[9]

소형 및 대형 객체 동시 지원: 다양한 크기의 객체를 문제 없이 저장할 수 있다.

객체 저장소의 설계 철학은 UNIX 파일 시스템의 설계 철학과 아주 비슷하다. UNIX의 경우 파일을 로컬 파일 시스템에 저장하면, 파일의 이름과 데이터는 같은 곳에 저장되지 않는다. 대신 파일 이름은 '아이노드(inode)'라고 불리는 자료 구조에 보관되고[10] 파일의 데이터는 디스크의 다른 위치에 들어간다. 아이노드에는 파일의 데이터가 실제로 보관되는 디스크 상의 위치를 가리키는 파일 블록 포인터 목록이 저장된다. 따라서 로컬 파일을 읽으려고 하면 우선 아이노드에 기록된 메타데이터를 읽어서 파일 블록 포인터 목록을 확보한 다음 그 포인터를 일일이 따라가 데이터를 읽어야 한다.

객체 저장소의 동작 방식도 비슷하다. 객체 저장소의 메타데이터 저장소는 아이노드에 해당하고, 객체 데이터가 저장되는 데이터 저장소는 하드 디스크에 해당한다. 다만 메타데이터 저장소에는 파일 블록 포인터 대신 네트워크를 통해 데이터 저장소에 보관된 객체를 요청하는 데 필요한 식별자(ID)가 보관된다. 그림 9.2에 UNIX 파일 시스템과 객체 저장소의 차이점을 정리했다.

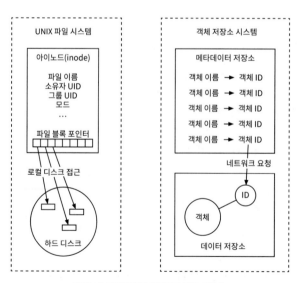

그림 9.2 UNIX 파일 시스템과 객체 저장소

메타데이터와 객체의 실제 데이터를 분리하면 설계가 단순해진다. 데이터 저장소에 보관되는 데이터는 불변이고, 메타데이터 저장소에 보관되는 데이터는 변경 가능하다. 이렇게 분리해 두면 그 두 컴포넌트를 독립적으로 구현하고 최적화할 수 있다. 그림 9.3은 버킷과 객체가 어떤 모습인지 보여준다.

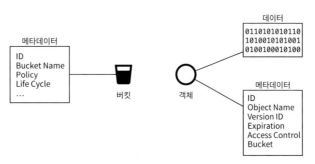

그림 9.3 버킷과 객체

개략적 설계안

그림 9.4는 시스템의 개략적인 설계안이다.

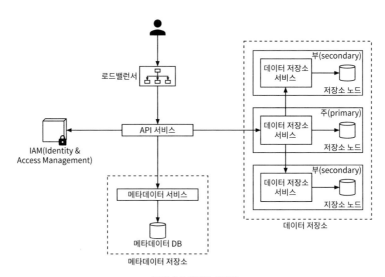

그림 9.4 개략적 설계안

이 시스템의 중요 컴포넌트를 하나씩 살펴보자.

로드밸런서: RESTful API에 대한 요청을 API 서버들에 분산하는 역할을 담당한다.

API 서비스: IAM(Identity & Access Management) 서비스, 메타데이터 서비스, 저장소 서비스에 대한 호출을 조율하는 역할을 담당한다. 무상태(stateless) 서비스이므로 수평적인 규모 확장이 가능하다.

IAM 서비스: 인증(authentication), 권한 부여(authorization), 접근 제어(access control) 등을 중앙에서 맡아 처리한다. 인증은 호출 주체가 누구인지 확인하는 작업이고, 권한 부여는 인증된 사용자가 어떤 작업을 수행할 수 있는지 검증하는 과정이다.

데이터 저장소: 실제 데이터를 보관하고 필요할 때마다 읽어가는 장소다. 모든 데이터 관련 연산은 객체 ID(UUID)를 통한다.

메타데이터 저장소: 객체 메타데이터를 보관하는 장소다.

메타데이터 저장소와 데이터 저장소는 논리적일 구분일 뿐이며 구현 방법은 여러 가지가 있을 수 있다. 예를 들어 RGW(Ceph's Rados Gateway)[11]는 독립적인 메타데이터 저장소를 두지 않는다. 객체 버킷을 포함한 모든 객체는 하나 이상의 라도스(Rados) 객체로 저장된다.

이제 개략적 설계안에 대한 기본적 이해는 되었으니, 객체 저장소가 지원해야 하는 가장 중요한 작업 흐름을 살펴보자.

- 객체 업로드
- 객체 다운로드
- 객체 버전 및 버킷 내 모든 객체 목록 출력. 이 부분은 "상세 설계" 절에서 설명할 것이다.

객체 업로드

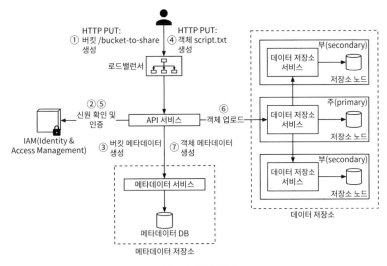

그림 9.5 객체 업로드

객체는 버킷 안에 두어야 한다. 이 예제의 경우에는 우선 bucket-to-share라는 버킷을 만든 다음 해당 버킷에 파일 script.txt를 업로드했다. 그림 9.5는 이 과정을 7단계로 나누어 설명한다.

1. 클라이언트는 bucket-to-share 버킷을 생성하기 위한 HTTP PUT 요청을 보낸다. 이 요청은 API 서비스로 전달된다.
2. API 서비스는 IAM을 호출하여 해당 사용자가 WRITE 권한을 가졌는지 확인한다.
3. API 서비스는 메타데이터 데이터베이스에 버킷 정보를 등록하기 위해 메타데이터 저장소를 호출한다. 버킷 정보가 만들어지면 그 사실을 알리는 메시지가 클라이언트에 전송된다.
4. 버킷이 만들어지고 나면 클라이언트는 script.txt 객체를 생성하기 위한 HTTP PUT 요청을 보낸다.
5. API 서비스는 해당 사용자 신원 및 WRITE 권한 소유 여부를 확인한다.
6. 확인 결과 문제가 없으면 API 서비스는 HTTP PUT 요청 몸체에 실린 객체 데

이터를 데이터 저장소로 보낸다. 데이터 저장소는 해당 데이터를 객체로 저장하고 해당 객체의 UUID를 반환한다.

7. API 서비스는 메타데이터 저장소를 호출하여 새로운 항목을 등록한다. 이 항목에는 object_id(UUID), bucket_id(해당 객체가 속한 버킷), object_name 등의 정보가 포함된다. 그 사례를 살펴보면 표 9.2와 같다.

object_name	object_id	bucket_id
script.txt	239D5866-0052-00F6-014E-C914E61ED42B	82AA1B2E-F599-4590-B5E4-1F51AAE-5F7E4

표 9.2 예제 메타데이터 항목

객체를 업로드하는 API 호출은 다음과 같이 이루어진다.

코드 9.2: 객체 업로드

```
PUT /bucket-to-share/script.txt HTTP/1.1
Host: foo.s3example.org
Date: Sun, 12 Sept 2021 17:51:00 GMT
Authorization: [권한 문자열]
Content-Type: text/plain
Content-Length: 4567
x-amz-meta-author: Alex

[객체 데이터 4567 바이트]
```

객체 다운로드

버킷은 디렉터리 같은 계층 구조를 지원하지 않는다. 하지만 버킷 이름과 객체 이름을 연결하면 폴더 구조를 흉내 내는 논리적 계층을 만들 수는 있다. 예를 들어 객체 이름을 script.txt 대신 bucket-to-share/script.txt와 같이 짓는 것이다. 객체를 가져올 때는 GET 요청에 그 이름을 넣으면 된다. 코드 9.3은 해당 호출의 사례다.

코드 9.3: 객체 다운로드

```
GET /bucket-to-share/script.txt HTTP/1.1
Host: foo.s3example.org
Date: Sun, 12 Sept 2021 18:30:01 GMT
Authorization: [권한 문자열]
```

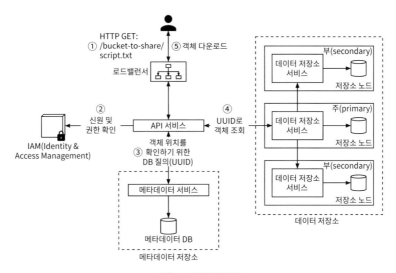

그림 9.6 객체 다운로드

앞서 언급한 대로 데이터 저장소는 객체 이름을 보관하지 않으며 `object_id`(UUID)를 통한 객체 연산만 지원한다. 따라서 객체를 다운로드하려면 객체 이름을 우선 UUID로 변환하여야 한다. 객체 다운로드 프로세스는 다음과 같다.

1. 클라이언트는 `GET /bucket-to-share/script.txt` 요청을 로드밸런서로 보낸다. 로드밸런서는 이 요청을 API 서버로 보낸다.
2. API 서비스는 IAM을 질의하여 사용자가 해당 버킷에 READ 권한을 가지고 있는지 확인한다.
3. 권한이 있음을 확인하면 API 서비스는 해당 객체의 UUID를 메타데이터 저장소에서 가져온다.
4. API 서비스는 해당 UUID를 사용해 데이터 저장소에서 객체 데이터를 가져온다.
5. API 서비스는 `HTTP GET`요청에 대한 응답으로 해당 객체 데이터를 반환한다.

3단계: 상세 설계

이번 절에서는 다음 몇 가지 주제를 좀 더 자세히 살펴본다.

- 데이터 저장소
- 메타데이터 데이터 모델
- 버킷 내의 객체 목록 확인
- 객체 버전
- 큰 파일의 업로드 성능 최적화
- 쓰레기 수집(garbage collection)

데이터 저장소

데이터 저장소 설계를 좀 더 깊이 살펴보자. 앞서 설명한 대로, API 서비스는 사용자의 요청을 받으면 그 요청을 처리하기 위해 다른 내부 서비스들을 호출한다. 객체를 저장하거나 가져오는 작업은 데이터 저장소를 호출하여 처리한다. 그림 9.7은 객체 업로드/다운로드를 처리하기 위해 API 서비스와 데이터 저장소가 어떻게 연동하는지 보여 준다.

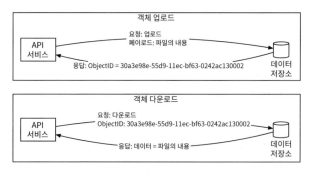

그림 9.7 객체 업로드/다운로드

데이터 저장소의 개략적 설계

데이터 저장소는 그림 9.8에서 보듯 세 가지 주요 컴포넌트로 구성된다.

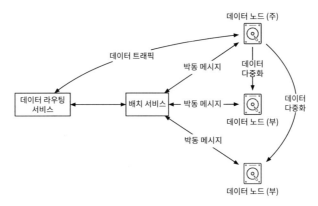

그림 9.8 데이터 저장소 컴포넌트

데이터 라우팅 서비스

데이터 라우팅 서비스는 데이터 노드 클러스터에 접근하기 위한 RESTful 또는 gRPC[12] 서비스를 제공한다. 더 많은 서버를 추가하여 쉽게 규모를 확장할 수 있는 무상태(stateless) 서비스다. 이 서비스는 다음과 같은 역할을 담당한다.

- 배치 서비스(placement service)를 호출하여 데이터를 저장할 최적의 데이터 노드를 판단
- 데이터 노드에서 데이터를 읽어 API 서비스에 반환
- 데이터 노드에 데이터 기록

배치 서비스

배치 서비스(placement service)는 어느 데이터 노드에 데이터를 저장할지 결정하는 역할을 담당한다. 데이터 노드에는 주(primary) 데이터 노드와 부(secondary) 데이터 노드가 있다. 배치 서비스는 내부적으로 가상 클러스터 지도(virtual cluster map)를 유지하는데, 이 지도에는 클러스터의 물리적 형상 정보가 보관된다. 배치 서비스는 이 지도에 보관되는 데이터 노드의 위치 정보를 이용하여 데이터 사본(replica)이 물리적으로 다른 위치에 놓이도록 한다. 이 물리적인 분리는 높은 데이터 내구성을 달성하는 핵심 요소다. 이에 대해서는 "데이터 내구성" 절을 참고하자. 그림 9.9는 가상 클러스터 예제다.

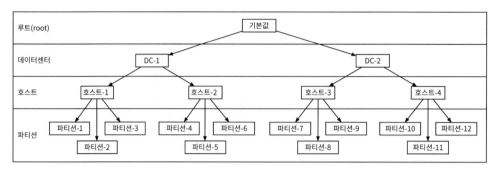

그림 9.9 가상 클러스터 지도

배치 서비스는 모든 데이터 노드와 지속적으로 박동 메시지를 주고받으며 상태를 모니터링한다. 15초의 유예 기간(grace period) 동안 박동 메시지에 응답하지 않는 데이터 노드는 지도에 죽은(down) 노드로 표시한다.

배치 서비스는 아주 중요한 서비스이므로 5개에서 7개의 노드를 갖는 배치 서비스 클러스터를 팩서스(Paxos)[13]나 래프트(Raft)[14] 같은 합의 프로토콜(consensus protocol)을 사용하여 구축할 것을 권장한다. 이 합의 프로토콜은 일부 노드에 장애가 생겨도 건강한 노드 수가 클러스터 크기의 절반 이상이면 서비스를 지속할 수 있도록 보장한다. 예를 들어 7개 노드로 구성된 배치 서비스 클러스터가 있다고 하자. 상기 합의 프로토콜을 사용하면 최대 3개까지의 노드 장애는 감내할 수 있다. 합의 프로토콜에 대해 더 알고 싶은 독자는 [13] [14]를 참고하기 바란다.

데이터 노드

데이터 노드는 실제 객체 데이터가 보관되는 곳이다. 여러 노드에 데이터를 복제함으로써 데이터의 안정성과 내구성을 보증하는데, 이를 다중화 그룹(replication group)이라 부른다.

각 데이터 노드에는 배치 서비스에 주기적으로 박동 메시지를 보내는 서비스 데몬(service daemon)이 돈다. 박동 메시지에는 다음과 같은 중요 정보가 들어 있다.

- 해당 데이터 노드에 부착된 디스크 드라이브(HDD/SSD)의 수
- 각 드라이브에 저장된 데이터의 양

배치 서비스는 못 보던 데이터 노드에서 박동 메시지를 처음 받으면 해당 노드에 ID를 부여하고 가상 클러스터 지도에 추가한 다음, 아래 정보를 반환한다.

- 해당 데이터 노드에 부여한 고유 식별자
- 가상 클러스터 지도
- 데이터 사본을 보관할 위치

데이터 저장 흐름

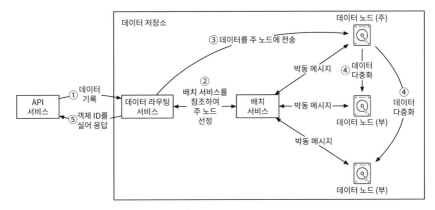

그림 9.10 데이터를 영속적으로 보관하는 흐름

이제 데이터가 어떻게 데이터 노드에 영속적으로 보관되는지 살펴보자.

1. API 서비스는 객체 데이터를 데이터 저장소로 포워딩한다.
2. 데이터 라우팅 서비스는 해당 객체에 UUID를 할당하고 배치 서비스에 해당 객체를 보관할 데이터 노드를 질의한다. 배치 서비스는 가상 클러스터 지도를 확인하여 데이터를 보관할 주 데이터 노드를 반환한다.
3. 데이터 라우팅 서비스는 저장할 데이터를 UUID와 함께 주 데이터 노드에 직접 전송한다.
4. 주 데이터 노드는 데이터를 자기 노드에 지역적으로 저장하는 한편, 두 개

의 부 데이터 노드에 다중화한다. 주 데이터 노드는 데이터를 모든 부 데이터 노드에 성공적으로 다중화하고 나면 데이터 라우팅 서비스에 응답을 보낸다.

5. 객체의 UUID, 즉 객체 ID를 API 서비스에 반환한다.

2단계는 배치 서비스에 UUID를 입력으로 주고 질의하면 해당 객체에 대한 다중화 그룹이 반환된다는 뜻이다. 배치 서비스는 어떻게 그 계산을 수행할까? 계산 결과는 결정적(deterministic)이어야 하고, 다중화 그룹이 추가되거나 삭제되는 경우에도 유지되어야 한다는 점에 유의하자. 이런 종류의 조회 연산 구현에는 보통 안정 해시(consistent hash)를 사용한다.[15]

4단계는 응답을 반환하기 전에 데이터를 모든 부 노드에 다중화한다는 뜻이다. 따라서 모든 데이터 노드에 강력한 데이터 일관성이 보장된다. 하지만 가장 느린 사본에 대한 작업이 완료될 때까지 응답을 반환하지 못하므로, 지연 시간 측면에서는 손해다. 그림 9.11은 데이터 일관성과 지연 시간 사이에 어떤 타협적 관계(trade-off)가 있는지 보여 준다.

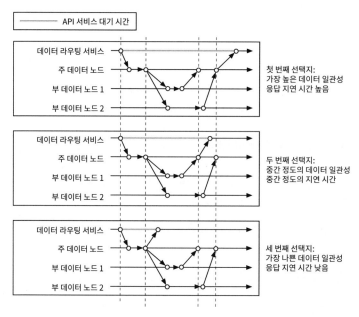

그림 9.11 데이터 일관성과 지연 시간 사이의 타협적 관계

1. 첫 번째 선택지의 경우, 데이터를 세 노드에 전부 보관하면 성공적으로 보관하였다고 간주한다. 데이터 일관성 측면에서는 최선이지만 응답 지연은 가장 높다.

2. 두 번째 선택지의 경우 데이터를 주 데이터 및 두 개 부 노드 가운데 하나에 성공적으로 보관하면 성공적으로 저장하였다고 간주한다. 중간 정도의 데이터 일관성 및 응답 지연을 제공한다.

3. 세 번째 선택지의 경우 데이터를 주 데이터에 보관하고 나면 성공적으로 저장했다고 본다. 데이터 일관성 측면에서는 최악이지만 응답 지연은 가장 낮다.

2와 3 모두 결과적 일관성(eventual consistency)의 한 형태로 볼 수 있다.

데이터는 어떻게 저장되는가

이제 데이터 노드가 데이터를 실제로 어떻게 관리하는지 살펴보자. 가장 단순한 방안은 각각의 객체를 개별 파일로 저장하는 것이다. 그래도 동작하긴 하겠지만 작은 파일이 많아지면 성능이 떨어진다. 작은 파일이 많아지면 두 가지 문제가 생긴다. 첫 번째로, 낭비되는 데이터 블록(block) 수가 늘어난다. 파일 시스템은 파일을 별도의 디스크 블록으로 저장한다. 디스크 블록의 크기는 전부 같으며 볼륨을 초기화할 때 결정되는데, 보통 4KB이다. 그런데 크기가 4KB보다 작은 파일을 저장할 때도 블록 하나를 온전히 쓴다. 따라서 작은 파일이 많아지면 낭비되는 블록이 늘어난다.

두 번째는 시스템의 아이노드(inode) 용량 한계를 초과하는 문제다. 파일 시스템은 파일 위치 등의 정보를 아이노드라는 특별한 유형의 블록에 저장한다. 대부분의 파일 시스템의 경우, 사용 가능한 아이노드의 수는 디스크가 초기화되는 순간에 결정된다. 작은 파일의 수가 수백만에 달하게 되면 이 아이노드가 전부 소진될 가능성이 생긴다. 또한 운영체제는 파일 시스템 메타데이터를 공격적으로 캐싱하는 전략을 취하더라도 아주 많은 양의 아이노드를 효과적으로 처리하지 못한다. 따라서 작은 객체를 개별 파일 형태로 저장하는 방안은 현실에서는 쓸모가 없다.

이 문제는 작은 객체들을 큰 파일 하나로 모아서 해결할 수 있다. 개념적으로는 WAL(Write-Ahead Log)와 같이 객체를 저장할 때 이미 존재하는 파일에 추가하는 방식이다(WAL에 대해서는 4장 "분산 메시지 큐"를 참고하기 바란다). 용량 임계치에 도달한 파일(보통 수 GB정도다)은 읽기 전용 파일로 변경하고 새로운 파일을 만든다. 읽기 전용으로 변경된 파일은 오직 읽기 요청만 처리한다. 그림 9.12은 이 프로세스가 어떻게 동작하는지를 보여 준다.

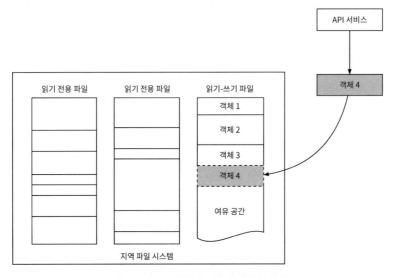

그림 9.12 작은 객체들을 한 파일에 저장하는 방안

읽기-쓰기 파일에 대한 쓰기 연산은 순차적으로 이루어져야 한다는 것에 유의하자. 그림 9.12에서 보듯이 객체는 파일에 일렬로 저장된다. 이 레이아웃을 유지하려면 여러 CPU 코어가 쓰기 연산을 병렬로 진행하더라도 객체 내용이 뒤섞이는 일은 없어야 한다. 파일에 객체를 기록하기 위해서는 자기 순서를 기다려야 한다는 뜻이기도 하다. 많은 코어를 갖는 현대적 서버 시스템의 경우 이렇게 하면 쓰기 대역폭이 심각하게 줄어든다는 문제가 있다. 이를 해결하려면 서버에 오는 요청을 처리하는 코어별로 전담 읽기-쓰기 파일을 두어야 한다.

객체 소재 확인

각각의 데이터 파일 안에 많은 작은 객체가 들어 있다면 데이터 노드는 어떻게 UUID로 객체 위치를 찾을 수 있는 것일까? 다음 정보가 필요할 것이다.

- 객체가 보관된 데이터 파일
- 데이터 파일 내 객체 오프셋(offset)
- 객체 크기

이 소재 확인 작업에 필요한 데이터베이스 스키마는 표 9.3과 같다.

object_mapping
object_id
file_name
start_offset
object_size

표 9.3 object_mapping 테이블

필드	설명
objet_id	객체의 UUID
file_name	객체를 보관하는 파일의 이름
start_offset	파일 내 객체의 시작 주소
object_size	객체의 바이트 단위 크기

표 9.4 object_mapping 테이블 필드 의미

이 정보를 저장하는 데는 두 가지 방법이 있다. RocksDB[16] 같은 파일 기반 키-값 저장소를 이용하는 방법이 첫 번째이고, 관계형 데이터베이스를 이용하는 것이 두 번째다. RocksDB는 SSTable[17]에 기반한 방법으로, 쓰기 연산 성능은 아주 좋지만 읽기 성능은 느리다. 관계형 데이터베이스는 보통 B+ 트리[18] 기반 저장 엔진을 이용하며 읽기 연산 성능은 아주 좋지만 쓰기 성능은 느리다. 앞서 언급하였듯, 이 데이터는 한 번 기록된 후에는 변경되지 않으며, 읽기 연산은 아주 빈번하게 발생한다. 따라서 읽기 연산 성능이 좋은 관계형 데이터베이스가 더 나은 선택이다.

　　그렇다면 이 관계형 데이터베이스는 어떻게 구성하면 좋을까? 객체 위치를 저장하는 테이블의 데이터 양은 막대하다. 하나의 거대 클러스터에 모든 데이터 노드를 저장하는 방안도 가능은 하겠지만 관리하기가 까다로울 것이다. 유의할 것은 데이터 노드에 저장되는 위치 데이터를 다른 데이터 노드와 공유할 필요가 없다는 사실이다. 이 점을 활용하면 데이터 노드마다 관계형 데이터베이스를 설치하는 방안이 가능하다. SQLite[19]는 이런 경우에 딱 맞는 해결책이다. 파일 기반 관계형 데이터베이스로, 평이 아주 좋다.

개선된 데이터 저장 흐름

데이터 노드의 설계를 변경하였으므로, 새로운 객체를 데이터 노드에 저장하는 절차를 다시 짚어보자.(그림 9.13)

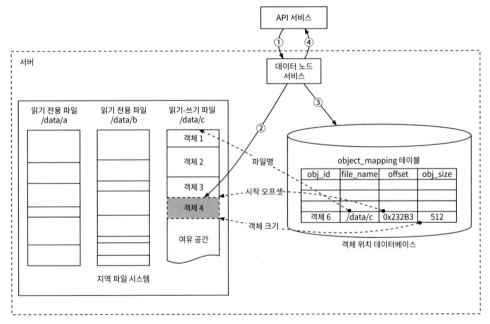

그림 9.13 개선된 데이터 저장 흐름

1. API 서비스는 새로운 객체(**객체 4**)를 저장하는 요청을 데이터 노드 서비스에 전송한다.
2. 데이터 노드 서비스는 **객체 4**를 읽기-쓰기 파일 **/data/c**의 마지막 부분에 추가한다.
3. 해당 객체에 대한 새로운 레코드를 object_mapping 테이블에 추가한다.
4. 데이터 노드 서비스는 API 서비스에 해당 객체의 UUID를 반환한다.

데이터 내구성

데이터의 안정성은 데이터 저장 시스템에 아주 중요하다. 99.9999%(six-nine) 수준의 데이터 내구성을 제공하는 저장소 시스템을 만들려면 무엇이 필요한가? 장애가 발생할 모든 경우를 세심하게 살핀 다음 데이터를 적절히 다중화할 필요가 있다.

하드웨어 장애와 장애 도메인

기록 매체 종류와 관계없이, 하드 디스크 장애는 피할 수 없다. 종류에 따라 내구성에 차이가 있을 수는 있겠으나, 드라이브 한 대로 원하는 내구성 목표를 달성하기는 불가능하다. 내구성을 높이는 검증된 방법은 데이터를 여러 대의 하드 드라이브에 복제하여 어떤 드라이브에서 발생한 장애가 전체 데이터 가용성에 영향을 주지 않도록 하는 것이다. 본 설계안에서는 데이터를 3중 복제한다.

회전식 드라이브의 연간 장애율이 0.81%라고 해 보자.[20] 실제 수치는 제조사와 제조 연월일에 따라 다를 것이다. 데이터를 3중 복제하면 내구성은 $1 - 0.0081^3 = \sim 0.999999$이다. 아주 개략적인 수준의 추정치다. 좀 더 복잡하고 정확한 계산식이 궁금하다면 [20]을 참고하기 바란다.

완전한 내구성 평가를 위해서는 여러 장애 도메인의 영향을 복합적으로 고려할 필요가 있다. 장애 도메인은 중요한 서비스에 문제가 발생했을 때 부정적인 영향을 받는 물리적 또는 논리적 구획을 일컫는다. 가령 현대적인 데이터센터에서 서버는 보통 랙(rack)에 설치되며[21] 랙은 특정한 열(row)/층(floor)/방(room)에 위치한다. 각각의 랙 내 모든 서버는 해당 랙에 부설된 네트워크 스

위치와 파워 서플라이를 공유하므로 해당 랙이 나타내는 장애 도메인 안에 있다. 현대적인 서버 장비 내 컴포넌트들은 마더보드, CPU, 파워 서플라이, HDD 드라이브 등을 공유하므로, 해당 서버 노드가 나타내는 장애 도메인에 속한다.

대규모의 장애 도메인 사례로는 데이터센터의 가용성 구역(Availability Zone, AZ)을 예로 들 수 있다. 가용성 구역은 보통 다른 데이터센터와 물리적 인프라를 공유하지 않는 독립적 데이터센터 하나다. 데이터를 여러 AZ에 복제해 놓으면 장애 여파를 최소화할 수 있다.(그림 9.14) 어떤 수준의 장애 도메인을 선택하느냐가 데이터 내구성에 직접적 영향을 끼치지는 않지만, 대규모의 정전이나 냉방 설비 장애, 자연 재해 등의 극단적 문제에 대한 안정성을 높인다는 점에 유의하자.

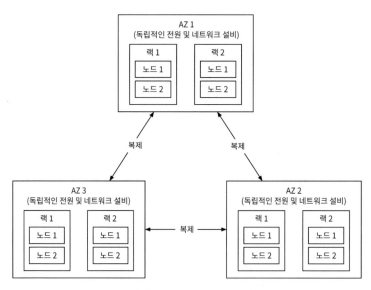

그림 9.14 여러 데이터센터를 활용한 데이터 다중화

소거 코드

데이터를 3중으로 다중화하면 대략 99.9999%의 내구성을 달성할 수 있다. 하지만 내구성을 달성하는 다른 방안은 없을까? 소거 코드(erasure coding)라는 방안도 있다. 소거 코드[22]는 데이터 내구성을 다른 관점에서 달성하려 시도한다. 데이터를 작은 단위로 분할하여 다른 서버에 배치하는 한편, 그 가운데 일부가 소실되었을 때 복구하기 위한 패리티(parity)라는 정보를 만들어 중복성 (redundancy)을 확보하는 것이다. 장애가 생기면 남은 데이터와 패리티를 조합하여 소실된 부분을 복구한다. 그림 9.15의 4+2 소거 코드 사례를 살펴보자.

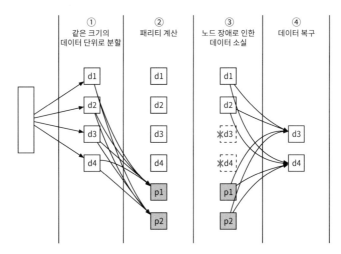

그림 9.15 소거 코드를 통한 데이터 복구

1. 데이터를 네 개의 같은 크기 단위로 분할한다(d1, d2, d3, d4).
2. 수학 공식을 사용하여[23] 패리티 p1, p2를 계산한다. 아주 단순한 예제를 들자면, $p1 = d1 + 2 \times d2 - d3 + 4 \times d4$, $p2 = -d1 + 5 \times d2 + d3 - 3 \times d4$ [24]와 같이 계산할 수 있다.
3. 데이터 d3와 d4가 노드 장애로 소실되었다고 하자.
4. 남은 값 d1, d2, p1, p2와 패리티 계산에 쓰인 수식을 결합하면 d3와 d4를 복원할 수 있다.

소거 코드가 장애 도메인과 어떻게 결부될 수 있는지 그림 9.16의 구체적인 사례를 통해 알아보자. (8 + 4) 소거 코드를 사용하였으므로 원본 데이터는 8조각으로 분할하였고 4개의 패리티를 계산하였다. 그 결과로 만들어진 12조각의 데이터는 전부 같은 크기로, 12개의 장애 도메인에 분산하였다. 소거 코드 이면의 수식 덕에, 최대 4대 노드에 장애가 동시에 발생하더라도 원본 데이터를 복원해 낼 수 있다.

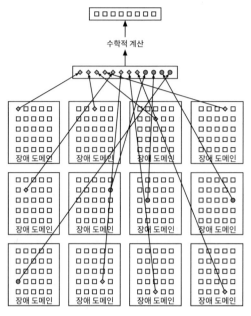

그림 9.16 (8 + 4) 소거 코드

데이터를 다중화 할 경우 데이터 라우터는 객체 데이터를 하나의 건강한 노드에서 읽으면 충분했지만 소거 코드를 사용하면 최대 8개의 건강한 노드에서 데이터를 가져와야 한다. 소거 코드의 구조적 단점이다. 정리하자면 응답 지연은 높아지는 대신 내구성은 향상되고 저장소 비용은 낮아진다. 객체 저장소는 저장 비용이 대부분이므로 이런 타협적 측면은 고려할 가치가 있다.

소거 코드를 사용하면 추가로 어느 정도의 저장 용량이 필요한가? 2개 데이터 블록에 하나의 패리티 블록이 필요하므로 오버헤드는 50%이다.(그림 9.17) 3중 복제 다중화 방안을 채택하는 경우에는 200%이다.(그림 9.17)

소거 코드가 정말로 데이터 내구성을 높이는가? 노드의 연간 장애 발생률이 0.81%라고 하였을 때, 백블레이즈(Backblaze) 사의 계산 결과에 따르면[20] 소거 코드는 99.999999999%(11-nine)의 내구성을 달성할 수 있다. 이 계산에 관계된 수학은 복잡하다. 관심 있는 독자는 [20]을 읽어보기 바란다.

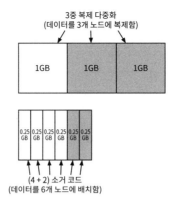

그림 9.17 다중화가 요구하는 추가 용량 vs 소거 코드가 요구하는 추가 용량

표 9.5에서 데이터 다중화와 소거 코드의 장단점을 비교했다.

	다중화	소거 코드
내구성	99.9999%(3중 복제의 경우)	99.999999999%(8 + 4 소거 코드를 사용하는 경우). 따라서 내구성은 **소거 코드가 우월**
저장소 효율성	200%의 저장 용량 오버헤드	50%의 저장 용량 오버헤드. 따라서 **소거 코드가 우월**
계산 자원	계산이 필요 없음. 따라서 **다중화가 우월**	패리티 계산에 많은 계산 자원 소모
쓰기 성능	데이터를 여러 노드에 복제. 추가로 필요한 계산은 없음. 따라서 쓰기 성능은 **다중화 쪽이 우월**	데이터를 디스크에 기록하기 전에 패리티 계산이 필요하므로 쓰기 연산의 응답 지연이 증가
읽기 성능	장애가 발생하지 않은 노드에서 데이터를 읽음. **다중화 쪽의 성능이 우월**	데이터를 읽어야 할 때마다 클러스터 내의 여러 노드에서 데이터를 가져와야 함. 장애가 발생한 경우 빠진 데이터를 먼저 복원하여야 하므로 지연 시간 증가

표 9.5 다중화 vs 소거 코드

요약하자면 응답 지연이 중요한 애플리케이션에는 다중화 방안이 좋고 저장소 비용이 중요한 애플리케이션에는 소거 코드가 좋다. 소거 코드는 비용 효율과 내구성 측면에서 매력적이지만 데이터 노드의 설계 측면에서는 까다롭다. 따라서 본 설계안에서는 다중화 방안에 중점을 두고 설명하겠다.

정확성 검증

소거 코드를 사용하면 적당한 비용으로 높은 데이터 내구성을 달성할 수 있다. 가령 어떤 디스크에 장애가 생긴 사실이 발견되면 해당 데이터 노드에 장애가 생긴 것으로 간주하고 훼손된 데이터는 패리티 데이터 블록을 통해 복구할 수 있다.

하지만 대규모 시스템의 경우, 데이터 훼손 문제는 디스크에 국한되지 않는다. 메모리의 데이터가 망가지는 일도 자주 일어난다. 이 까다로운 문제에 어떻게 대처할 수 있을지 지금부터 살펴보자.

메모리 데이터가 훼손되는 문제는 프로세스 경계에 데이터 검증을 위한 체크섬(checksum)을 두어 해결할 수 있다.[25] 체크섬은 데이터 에러를 발견하는 데 사용되는 작은 크기의 데이터 블록이다. 체크섬은 그림 9.18과 같이 생성한다.

그림 9.18 체크섬 생성

원본 데이터의 체크섬을 알면 전송 받은 데이터의 정확성은 해당 데이터의 체크섬을 다시 계산한 후 다음과 같은 절차로 확인 가능하다.

- 새로 계산한 체크섬이 원본 체크섬과 다르면 데이터가 망가진 것이다.
- 같은 경우에는 아주 높은 확률로 데이터는 온전하다고 볼 수 있다. 물론 그 확률이 100%는 아니지만, 아닐 확률이 아주 낮으므로 현실적으로는 같다고 할 수 있다.

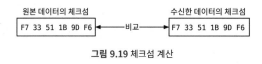

그림 9.19 체크섬 계산

체크섬 알고리즘은 MD5[26], SHA1[27], HMAC[28] 등 다양하다. 좋은 체크섬 알고리즘은 입력이 조금이라도 달라지면 크게 달라진 체크섬을 내놓는다. 이번 장에서는 MD5 같은 간단한 알고리즘을 사용하겠다.

본 설계안의 경우 체크섬은 객체 데이터 끝에 둔다. 파일을 읽기 전용으로 전환하기 직전에 전체 파일의 체크섬을 계산한 다음에 파일 말미에 추가한다. 그림 9.20이 그 배치도다.

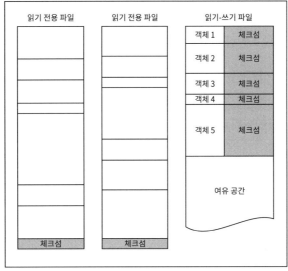

그림 9.20 데이터 노드에 체크섬 추가

(8+4) 소거 코드와 체크섬 확인 메커니즘을 동시에 활용하는 경우에는 객체 데이터를 읽을 때마다 다음의 절차를 수행한다.

1. 객체 데이터와 체크섬을 가져온다.
2. 수신된 데이터의 체크섬을 계산한다.
   a. 두 체크섬이 일치하면 데이터에는 에러가 없다고 간주한다.
   b. 체크섬이 다르면 데이터는 망가진 것이므로 다른 장애 도메인에서 데이터를 가져와 복구를 시도한다.
3. 데이터 8조각을 전부 수신할 때까지 1과 2를 반복한다. 그런 다음 원래 객체를 복원한 다음 클라이언트에게 보낸다.

메타데이터 데이터 모델

이번 절에서는 우선 데이터베이스 스키마를 살펴본 다음 데이터베이스의 규모 확장 방안을 알아본다.

스키마

이 데이터베이스 스키마는 다음 3가지 질의를 지원할 수 있어야 한다.

질의 1: 객체 이름으로 객체 ID 찾기

질의 2: 객체 이름에 기반하여 객체 삽입 또는 삭제

질의 3: 같은 접두어를 갖는 버킷 내의 모든 객체 목록 확인

그림 9.21은 이 조건을 만족하는 데이터베이스 스키마를 보여 준다. bucket과 object의 두 테이블이 필요하다.

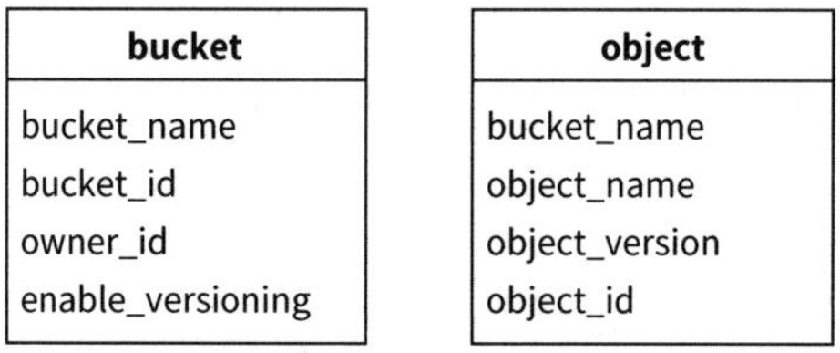

bucket
bucket_name
bucket_id
owner_id
enable_versioning

object
bucket_name
object_name
object_version
object_id

그림 9.21 메타데이터 데이터베이스 스키마

bucket 테이블의 규모 확장

보통 한 사용자가 만들 수 있는 버킷의 수에는 제한이 있으므로, 이 테이블의 크기는 작다. 가령 고객이 백만 명이고 고객마다 10개의 버킷을 갖고 있으며 한 레코드의 크기는 10KB라고 해 보자. 10GB(백만 × 10 × 1KB)의 저장 공간이 필요하므로 전체 테이블은 최신 데이터베이스 서버 한 대에 충분히 저장할 수 있다. 하지만 모든 읽기 요청을 처리하기에는 CPU 용량이나 네트워크 대역폭이 부족할 수 있다. 그런 경우에는 데이터베이스 사본을 만들어 읽기 부하를 분산하면 된다.

object 테이블의 규모 확장

object 테이블에는 객체 메타데이터를 보관한다. 본 설계안이 다루는 규모의 경우 객체 메타데이터를 데이터베이스 서버 한 대에 보관하기는 불가능하다. 따라서 샤딩을 통해 객체 메타데이터 테이블의 규모를 확장한다.

이 테이블을 샤딩하는 한 가지 방법은 bucket_id를 기준으로 삼아 같은 버킷 내 객체는 같은 샤드에 배치되도록 하는 것이다. 하지만 버킷 안에 수십억 개의 객체가 있는 핫스팟 샤드를 지원하지 못하므로 좋은 방안은 아니다.

또 다른 방법은 object_id를 기준으로 샤딩하는 것이다. 부하를 균등하게 분산한다는 측면에서는 괜찮은 방안이다. 하지만 질의 1과 2를 효율적으로 지원하지는 못한다. 그 두 질의는 URI를 기준으로 하기 때문이다.

본 설계안에서는 bucket_name과 object_name를 결합하여 샤딩에 사용하겠다. 대부분의 메타데이터 관련 연산이 객체 URI를 기준으로 하기 때문이다. 예를 들어 객체 ID를 찾는 연산도 입력이 객체 URI이고, 객체를 업로드하는 연산도 마찬가지다. bucket_name과 데이터를 균등하게 분산하려면 object_name의 순서쌍을 해싱한 값을 샤딩 키로 사용하면 된다.

이 샤딩 방안을 활용하면 첫 두 질의는 간단히 지원할 수 있지만 세 번째 질의는 다소 애매하다. 다음 절에서 자세히 살펴보자.

버킷 내 객체 목록 확인

객체 저장소는 객체를 파일 시스템처럼 계층적 구조로 보관하지 않는다. 객체는 s3://<버킷 이름>/<객체 이름>의 수평적 경로로 접근한다. 예를 들어 s3://my-bucket/abc/d/e/f/file.txt 같은 경로가 있다고 하자. 이 경로에서

- mybucket은 버킷 이름이다.
- abc/d/e/f/file.txt는 객체 이름이다.

사용자가 버킷 내 객체들을 잘 정리할 수 있도록 하기 위해 S3는 '접두어(prefix)' 라는 개념을 지원한다. 접두어는 객체 이름의 시작 부분 문자열을 일컫는다. 접두어를 잘 사용하면 디렉터리와 비슷하게 데이터를 정리할 수 있다. 하

지만 접두어는 디렉터리가 아니다. 가령 어떤 접두어에 대응되는 객체 목록을 얻으려 하면 오직 해당 접두어로 시작하는 이름의 객체만 반환될 것이다.

s3://mybucket/abc/d/e/f/file.txt의 경우, 접두어는 abc/d/e/f다.

AWS S3가 제공하는 목록 출력 명령어는 보통 다음과 같이 쓰인다.

1. 어떤 사용자가 가진 모든 버킷 목록 출력.

```
aws s3 list-buckets
```

2. 주어진 접두어를 가진, 같은 버킷 내 모든 객체 목록 출력.

```
aws s3 ls s3://mybucket/abc/
```

이 형태로 명령을 실행하면 주어진 접두어 다음에 오는 슬래시 나머지 부분은 잘린다. 디렉터리 계층을 질의하는 듯한 느낌을 주기 위한 조치다. 가령 버킷 안에 다음과 같은 객체들이 있다고 해 보자.

```
CA/cities/losangeles.txt
CA/cities/sanfranciso.txt
NY/cities/ny.txt
federal.txt
```

'/'를 접두어로 주고 버킷을 질의하면 다음 결과가 출력될 것이다. CA/와 NY/를 접두어로 갖는 모든 객체는 전부 CA/와 NY/로만 표시되는 것이다.

```
CA/
NY/
federal.txt
```

3. 주어진 접두어를 가진, 같은 버킷 내 모든 객체를 재귀적으로 출력. 명령 형태는 다음과 같다.

```
aws s3 ls s3://mybucket/abc/ --recursive
```

방금 살펴본 예제에 이 명령을 적용하면 CA/ 접두어를 갖는 모든 항목이 다음과 같이 출력될 것이다.

```
CA/cities/losangeles.txt
CA/cities/sanfranciso.txt
```

단일 데이터베이스 서버

단일 데이터베이스 서버로 목록 출력 명령어를 어떻게 지원하는지부터 살펴보자. 특정 사용자가 가진 모든 버킷을 출력하려면 다음 질의를 실행하면 된다.

```
SELECT * FROM bucket WHERE owner_id={id}
```

같은 접두어를 갖는, 버킷 내 모든 객체를 출력하려면 다음 질의를 실행한다.

```
SELECT * FROM object
WHERE bucket_id = "123" AND object_name LIKE `abc/%`
```

이 질의문은 bucket_id의 값이 123이며 abc/를 공통 접두어로 갖는 모든 객체를 찾는다. 목록 출력 명령어의 두 번째 용례와 관련하여, 해당 접두어 이후에 더 많은 슬래시 기호가 포함된 이름을 가진 객체들을 디렉터리처럼 보이도록 묶는 작업은 애플리케이션이 담당한다. 이 질의문은 목록 출력 명령어의 세 번째 용례의 구현에도 사용할 수 있다. 그 경우, 애플리케이션은 접두어 이후에 오는 슬래시 기호에 대한 별도 처리는 하지 않는다.

분산 데이터베이스

메타데이터 테이블을 샤딩하면 어떤 샤드에 데이터가 있는지 모르므로 목록 출력 기능을 구현하기가 어렵다. 가장 단순한 해결책은 검색 질의를 모든 샤드에 돌린 다음 결과를 취합하는 것이다. 다음과 같이 한다.

1. 메타데이터 서비스는 모든 샤드에 다음 질의를 돌림

   ```
   SELECT * FROM object
   WHERE bucket_id = "123" AND object_name LIKE `a/b/%`
   ```

2. 메타데이터 서비스는 각 샤드가 반환한 객체들을 취합하여 그 결과를 호출 클라이언트에 반환

이 방법은 동작하기는 하는데 페이지 나눔(patination) 기능을 구현하기 복잡하다. 왜 그런지 설명하기 전에, 단일 데이터베이스 서버를 쓸 때 페이지 나눔 기능은 어떻게 구현하는지 살펴보자. 페이지당 10개 객체 목록을 반환하는 SELECT 질의는 다음과 같이 시작한다.

```
SELECT * FROM object
WHERE bucket_id = "123" AND object_name LIKE `a/b/%`
ORDER BY object_name OFFSET 0 LIMIT 10
```

OFFSET와 LIMIT은 반환되는 결과를 첫 10개 객체로 제한하기 위해 사용하였다. 다음 10개를 얻고자 할 때 사용자는 요청에 힌트를 담아 서버로 하여금 OFFSET 의 값을 10으로 설정하여 두 번째 페이지에 보일 객체에 대한 질의문을 만들도록 한다. 여기서 힌트는 서버가 클라이언트에 각 페이지를 보낼 때 붙여 보내는 커서(cursor)를 말한다. 이 커서 안에는 오프셋 정보가 인코딩되어 있다. 클라이언트는 다음 페이지를 요청할 때 이 커서를 요청에 실어 보내고, 서버는 커서를 디코딩하여 얻은 오프셋 정보를 질의에 심어 다음 페이지를 가져온다. 방금 살펴본 예제의 경우, 두 번째 페이지에 대한 질의문은 다음과 같은 형태일 것이다.

```
SELECT * FROM metadata
WHERE bucket_id = "123" AND object_name LIKE `a/b/%`
ORDER BY object_name OFFSET 10 LIMIT 10
```

이 클라이언트-서버 사이의 요청 루프는 전체 객체 목록의 순회가 끝났음을 알리는 특별한 커서를 서버가 결과에 실어 보내면 끝이 난다.

이제 데이터베이스를 샤딩하면 왜 페이지 나눔 기능을 구현하기 어려운지 살펴보자. 객체가 여러 샤드에 나눠져 있으므로, 샤드마다 반환하는 객체 수는 제각각이다. 어떤 샤드에는 한 페이지를 꽉 채울 10개 객체가 있겠지만, 그보다 적은 수의 객체가 있거나 아예 빈 샤드도 있을 수 있다. 애플리케이션 코드는 모든 샤드의 질의 결과를 받아 취합한 다음 정렬하여 그중 10개만 추려야 한다. 이번에 반환할 페이지에 포함되지 못한 객체는 다음에 다시 고려해야 한다. 샤드마다 추적해야 하는 오프셋이 달라질 수 있다는 이야기다. 따라서 서버는 모든 샤드의 오프셋을 추적하여 커서에 결부시킬 수 있어야 한다. 샤드의 개수가 수백 개라면, 추적해야 할 오프셋도 수백 개다.

이 문제를 해결할 방법이 있긴 하지만 손해 보는 부분도 있다. 객체 저장소는 규모와 내구성 최적화에 치중하고, 객체 목록 출력 명령의 성능을 보장하는 것은 우선순위가 높지 않다. 사실 시중의 상용 객체 저장소가 제공하는 객체 목록 출력 기능의 성능은 최적과는 거리가 있다. 그 사실을 감안하면, 버킷 ID로 샤딩하는 별도 테이블에 목록 데이터를 비정규화하는 것도 한 가지 방법이다. 객체 목록을 출력할 때는 이 테이블에 있는 데이터만 사용하는 것이다. 그렇게 하면 목록 질의문을 한 대의 데이터베이스 서버로 돌릴 수 있으므로, 구현을 단순하게 만들 수 있다.

객체 버전

객체 버전은 버킷 안에 한 객체의 여러 버전을 둘 수 있도록 하는 기능이다. 이 기능이 있으면 실수로 지우거나 덮어 쓴 객체를 쉽게 복구할 수 있다. 예를 들어 문서를 수정한 다음에 같은 버킷 안에 같은 이름으로 저장했다고 하자. 버전 기능이 없으면 해당 문서의 이전 메타데이터는 새 메타데이터로 완전히 대체된다. 이전 문서는 삭제된 것으로 표시되고, 쓰레기 수집기(garbage collector)가 회수한다. 버전 기능이 활성화되어 있으면 객체 저장소는 해당 문서의 모든 이전 버전을 메타데이터 저장소에 유지하고, 이전 버전에 삭제 표시를 한다거나 하지 않는다.

그림 9.22은 버전이 유지되는 객체의 업로드가 어떻게 이루어지는지 보여 준다. 이런 식으로 처리되기 위해서는 우선 해당 객체가 속한 버킷에 버전 기능을 켜 두어야 한다.

1. 클라이언트는 script.txt 객체를 업로드하기 위한 HTTP PUT 요청을 보낸다.
2. API 서비스는 사용자의 신원을 확인하고 해당 사용자가 해당 버킷에 쓰기 권한을 가지고 있는지 확인한다.

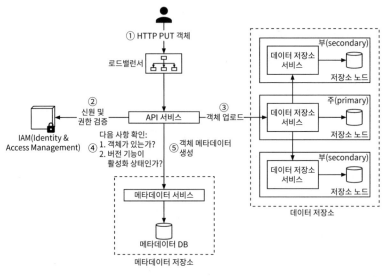

그림 9.22 객체 버전

3. 확인 결과 문제가 없으면 API 서비스는 데이터를 데이터 저장소에 업로드 한다. 데이터 저장소는 새 객체를 만들어 데이터를 영속적으로 저장하고 API 서비스에 새로운 UUID를 반환한다.

4. API 서비스는 메타데이터 저장소를 호출하여 새 객체의 메타데이터 정보를 보관한다.

5. 버전 기능을 지원하기 위해 메타데이터 저장소의 객체 테이블에는 `object_version`이라는 이름의 열이 있다. 이 열은 버전 기능이 활성화 되었을 경우 에만 사용된다. 기존 레코드를 덮어쓰는 대신, `bucket_id`와 `object_name`은 같지만 `object_id`, `object_version`은 새로운 값인 레코드를 추가하는 것이 다. `object_id`는 3단계에서 반환된 새 객체의 UUID이다. `object_version` 은 새로운 레코드가 테이블에 추가될 때 만들어지는 `TIMEUUID` 값이다.[29] 메 타데이터 저장소로 어떤 데이터베이스를 선택하건, 특정 객체의 현재 버전 을 조회하는 연산은 효과적으로 처리될 수 있어야 한다. 같은 `object_name` 을 갖는 항목 가운데 `object_version`에 기록된 `TIMEUUID` 값이 가장 큰 것이 최신 버전이다. 그림 9.23은 버전 정보가 붙은 메타데이터가 어떻게 저장되 는지 보여 준다.

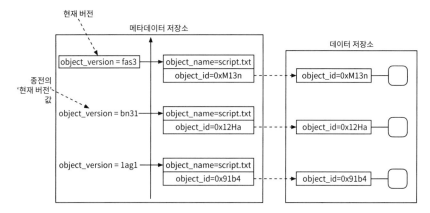

그림 9.23 메타데이터와 버전 정보

버전이 다른 객체를 업로드 하는 것 뿐 아니라 삭제도 가능해야 한다. 삭제 기
능은 어떻게 구현되는지 한번 살펴보자.

객체를 삭제할 때는 해당 객체의 모든 버전을 버킷 안에 그대로 둔 채 단순히
삭제 표식(delete marker)만 추가한다.(그림 9.24)

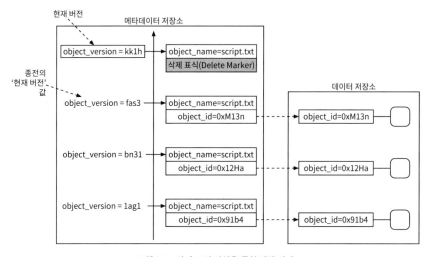

그림 9.24 삭제 표식 삽입을 통한 객체 삭제

삭제 표식은 객체의 새로운 버전이다. 따라서 삽입되는 순간에 해당 객체의 새
로운 '현재 버전'이 된다. 그 상태에서 현재 버전 객체를 가져오는 GET 요청을

보내면 404 Object Not Found 오류가 반환된다.

큰 파일의 업로드 성능 최적화

개략적으로 시스템 규모를 추정할 때 객체 가운데 20% 정도는 크기가 크다고 가정했었다. 몇 GB 이상인 객체도 있을 수 있다. 그런 파일을 버킷에 직접 업로드하는 것도 가능은 하겠지만 시간이 아주 오래 걸릴 것이다. 업로드 중간에 네트워크에 문제가 생기면 처음부터 다시 업로드해야 한다는 문제도 있다. 그보다 더 나은 방법은 큰 객체는 작게 쪼갠 다음 독립적으로 업로드하는 것이다. 모든 조각이 업로드되고 나면 객체 저장소는 그 조각을 모아서 원본 객체를 복원한다. 이 과정을 멀티파트(multipart) 업로드라고 부른다.

그림 9.25은 멀티파트 업로드가 어떻게 동작하는지를 보여 준다.

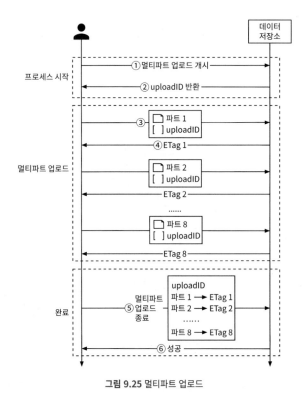

그림 9.25 멀티파트 업로드

1. 클라이언트가 멀티파트 업로드를 시작하기 위해 객체 저장소 호출

2. 데이터 저장소가 uploadID 반환. 해당 업로드를 유일하게 식별할 ID.

3. 클라이언트는 파일을 작은 객체로 분할한 뒤에 업로드 시작. 파일 크기는 1.6GB이고 클라이언트가 이 파일을 8조각으로 나눈다고 가정하면 조각 하나의 크기는 200MB일 것이다. 클라이언트는 각 파트를 2단계에서 받은 uploadID와 함께 데이터 저장소에 올린다.

4. 조각 하나가 업로드 될 때마다 데이터 저장소는 ETag를 반환한다. ETag는 기본적으로 해당 조각에 대한 MD5 해시 체크섬이다. 멀티파트 업로드가 정상적으로 되었는지 검사할 때 이용한다.

5. 모든 조각을 업로드하고 나면 클라이언트는 멀티파트 업로드를 종료하라는 요청을 보내는데, 이 요청에는 uploadID, 조각 번호 목록, 그리고 ETag 목록이 포함되어야 한다.

6. 데이터 저장소는 전송 받은 조각 번호 목록을 사용해 원본 객체를 복원한다. 객체의 크기가 정말 크기 때문에 복원에는 몇 분가량이 소요될 수도 있다. 복원이 끝나면 클라이언트로 성공 메시지가 반환된다.

이 접근법에 생길 수 있는 한 가지 문제는 객체 조립이 끝난 뒤에는 조각들은 더 이상 쓸모가 없다는 것이다. 이런 조각을 삭제하여 저장 용량을 확보하는 쓰레기 수집 프로세스를 구현할 필요가 있을 수 있다.

쓰레기 수집

쓰레기 수집(garbage collection)은 더 이상 사용되지 않는 데이터에 할당된 저장 공간을 자동으로 회수하는 절차다. 본 시스템의 경우 다음과 같은 경우에 쓰레기 데이터가 생길 수 있다.

- 객체의 지연된 삭제(lazy object deletion): 삭제했다고 표시는 하지만 실제로 지우지는 않는다.
- 갈 곳 없는 데이터(orphaned data): 반쯤 업로드된 데이터, 또는 취소된 멀티파트 업로드 데이터.
- 훼손된 데이터(corrupted data): 체크섬 검사에 실패한 데이터.

쓰레기 수집기는 객체를 데이터 저장소에서 바로 지우지 않는다. 삭제된 객체
는 정리(compaction) 메커니즘을 주기적으로 실행하여 지운다.

쓰레기 수집기는 사용되지 않는 사본에 할당된 저장 공간을 회수하는 역할
도 담당한다. 데이터를 다중화하는 경우 객체는 주 저장소 노드에서 뿐 아니라
부 저장소 노드에서도 지워야 한다. (8+4) 소거 코드를 사용하는 경우에는 객
체 하나를 지울 때 12개 노드에서 전부 지워야 한다.

그림 9.26은 쓰레기 수집기의 정리 메커니즘이 어떻게 동작하는지 보여
준다.

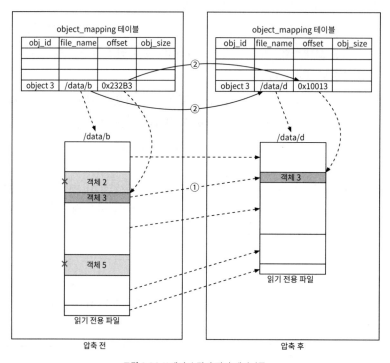

그림 9.26 쓰레기 수집기 정리 메커니즘

1. 쓰레기 수집기는 **/data/b**의 객체를 **/data/d**로 복사한다. 그 과정에서 '객체
   2'와 '객체 5'는 건너뛴다는 것에 유의하자. 삭제된 객체임을 알리는 플래그
   값이 참인 객체들이기 때문이다.

2. 모든 객체를 복사한 다음 쓰레기 수집기는 object_mapping 테이블을 갱신한다. 예를 들어 '객체 3'의 경우, object_id 그리고 object_size의 값은 변하지 않는다. 하지만 file_name과 start_offset의 값은 새 위치를 가리키도록 수정된다. 데이터의 일관성을 보장하기 위해 file_name과 start_offset에 대한 갱신 연산은 같은 트랜잭션 안에서 수행하는 것이 바람직하다.

그림 9.26에서 보았듯이 정리 후 새 파일 크기는 종전보다 작다. 작은 파일을 많이 만들지 않기 위해 쓰레기 수집기는 보통 압축할 읽기 전용 파일이 많아질 때까지 기다린다. 그리고 압축을 진행하면서 여러 읽기 전용 파일에 기록된 객체를 하나의 파일로 모은다.

4단계: 마무리

이번 장에서 우리는 S3와 유사한 객체 저장소의 개략적 설계안을 살펴보았다. 블록 저장소, 파일 저장소, 객체 저장소가 서로 어떻게 다른지도 비교하였다.

이번 면접의 핵심은 객체 저장소를 설계하는 것이므로, 객체 업로드, 다운로드, 버킷 내 객체 목록 표시, 객체 버전 등의 기능이 보통 어떻게 구현되는지도 살펴보았다.

상세 설계를 진행하는 동안에는 데이터 저장소와 메타데이터 저장소가 어떻게 구현되는지 자세히 들여다보았다. 데이터가 데이터 저장소에 어떻게 영속적으로 저장되는지 살펴보았고, 데이터의 안정성과 내구성을 높이는 두 가지 방안, 즉 다중화와 소거 코드에 대해서도 살펴보았다. 메타데이터 저장소에 대해서는 멀티파트 업로드가 어떻게 실행되는지 보았으며 쓰레기 수집 방법에 대해서도 자세히 살펴보았다.

이번 장도 성공적으로 마무리한 여러분, 축하한다! 스스로를 마음껏 격려하도록 하자!

9장 요약

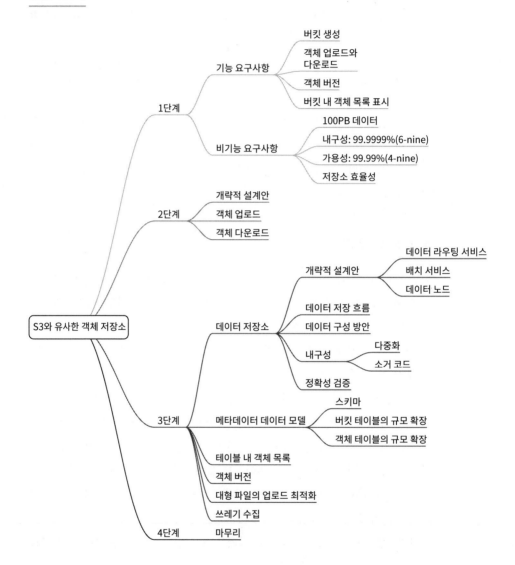

참고 문헌

[1]   FC(Fibre channel). *https://en.wikipedia.org/wiki/Fibre_Channel*

[2]   iSCSI. *https://en.wikipedia.org/wiki/ISCSI*

[3]   서버 메시지 블록(Server Message Block). *https://en.wikipedia.org/wiki/Server_Message_Block*

[4]   네트워크 파일 시스템(Network File System). *https://en.wikipedia.org/wiki/Network_File_System*

[5]   아마존 S3의 강 데이터 일관성(Amazon S3 Strong Consistency). *https://aws.amazon.com/s3/consistency/*

[6]   시리얼 연결을 지원하는 SCSI(Serial Attached SCSI). *https://en.wikipedia.org/wiki/Serial_Attached_SCSI*

[7]   아마존 S3 SLA(Amazon S3 Service Level Agreement). *https://aws.amazon.com/s3/sla/*

[8]   AWS의 CLI 서비스(AWSCLIlscommand). *https://docs.aws.amazon.com/cli/latest/reference/s3/ls.html*

[9]   앰브리: 링크드인의 규모 확장이 용이한 지역적으로 분산된 객체 저장소 (Ambry. LinkedIn'sScalableGeo-DistributedObjectStore): *https://assured-cloud-computing.illinois.edu/files/2014/03/Ambry-LinkedIns-Scalable-GeoDistributed-Object-Store.pdf*

[10] 아이노드(inode). *https://en.wikipedia.org/wiki/Inode*

[11] RGW(Ceph's Rados Gateway). *https://docs.ceph.com/en/pacific/radosgw/index.html*

[12] gRPC. *https://grpc.io/*

[13] 팩서스(Paxos). *https://en.wikipedia.org/wiki/Paxos_(computer_science)*

[14] 래프트(Raft). *https://raft.github.io/*

[15] 안정 해시(Consistent hashing). *https://www.toptal.com/big-data/consistent-hashing*

[16] RocksDB. *https://github.com/facebook/rocksdb*

[17] SSTable. *https://www.igvita.com/2012/02/06/sstable-and-log-structured-storage-leveldb/*

[18] B+ 트리(B+ tree). *https://en.wikipedia.org/wiki/B%2B_tree*

[19] SQLite. *https://www.sqlite.org/index.html*

[20] 데이터 내구성 계산법(Data Durability Calculation). *https://www.backblaze.com/blog/cloud-storage-durability/*

[21] 랙(Rack). *https://en.wikipedia.org/wiki/19-inch_rack*

[22] 소거 코드(Erasure Coding). *https://en.wikipedia.org/wiki/Erasure_code*

[23] 리드-솔로몬 에러 교정법(Reed-Solomon error correction). *https://en.wikipedia.org/wiki/Reed%E2%80%93Solomon_error_correction*

[24] 소거 코드란(Erasure Coding Demystified). *https://www.youtube.com/watch?v=Q5kVuM7zEUI*

[25] 체크섬(Checksum). *https://en.wikipedia.org/wiki/Checksum*

[26] MD5. *https://en.wikipedia.org/wiki/MD5*

[27] SHA-1. *https://en.wikipedia.org/wiki/SHA-1*

[28] HMAC. *https://en.wikipedia.org/wiki/HMAC*

[29] TIMEUUID. *https://docs.datastax.com/en/cql-oss/3.3/cql/cql_reference/timeuuid_functions_r.html*

10장

System Design Interview Volume 2

실시간 게임 순위표

이번 장에서는 온라인 모바일 게임의 리더보드, 즉 순위표를 설계해 보겠다. 순위표란 무엇인가? 특정 토너먼트나 경연에서 누가 선두를 달리고 있는지 보여주기 위해 게임 등에서 흔히 사용하는 장치다. 사용자는 과제나 도전을 완료하면 포인트를 받으며, 가장 많은 포인트를 획득한 사람이 순위표의 맨 위에 자리한다. 그림 10.1은 모바일 게임 순위표의 예다. 순위표에는 주요 경쟁자의 순위뿐 아니라 순위표를 보는 사용자의 순위도 함께 표시된다.

순위	플레이어	포인트
1	Aquaboys	976
2	B 팀	956
3	베를린의 천사들	890
4	그렌델팀	878

그림 10.1 순위표

1단계: 문제 이해 및 설계 범위 확정

순위표는 꽤 간단히 구현 가능하지만 복잡성을 더할 수 있는 여러 가지 문제가 있으므로 요구사항을 분명히 확인해 두어야 한다.

지원자: 순위표의 점수는 어떻게 계산하나요?

면접관: 사용자는 경기에서 승리하면 포인트를 얻습니다. 이 포인트로 점수를 계산하면 됩니다. 사용자는 경기에서 이길 때마다 1점의 포인트를 추가로 획득하게 됩니다.

지원자: 모든 플레이어가 순위표에 포함되어야 하나요?

면접관: 네.

지원자: 한 순위표는 얼마 동안이나 유효한가요?

면접관: 매달 새로운 토너먼트를 시작할 때마다 새로운 순위표를 만듭니다.

지원자: 상위 10명의 사용자만 신경 써도 되나요?

면접관: 상위 10명의 사용자와 특정 사용자의 순위를 순위표에 표시할 수 있어야 합니다. 시간이 허락한다면 어떤 사용자보다 4순위 위 또는 아래에 있는 사용자들까지 반환하는 방법도 논의해 보죠.

지원자: 토너먼트에 참가하는 사용자는 몇 명인가요?

면접관: 평균 일간 활성 사용자 수(DAU) 500만 명, 월간 활성 사용자 수(MAU) 2,500만 명으로 가정하겠습니다.

지원자: 토너먼트 기간 동안 평균 몇 경기가 진행되나요?

면접관: 각 선수는 하루 평균 10경기를 치릅니다.

지원자: 두 플레이어의 점수가 같을 경우 어떻게 순위를 결정하나요?

면접관: 이 경우 두 사람의 순위는 동일합니다. 시간이 허락한다면 동점자 사이의 순위를 가르는 방법도 이야기해보도록 합시다.

지원자: 순위표가 실시간이어야 하나요?

면접관: 예, 실시간 또는 가능한 실시간에 가깝게 결과를 표시했으면 좋겠습니다. 누적된 결과 이력을 보여주는 것은 바람직하지 않습니다.

기능 요구사항

이제 모든 요구사항을 수집했으므로 기능 요구사항을 나열해 보자.

- 순위표에 상위 10명의 플레이어를 표시한다.
- 특정 사용자의 순위를 표시한다.
- 어떤 사용자보다 4순위 위와 아래에 있는 사용자를 표시한다.(보너스 문제)

기능 요구사항을 명확히 하는 것 외에, 비기능 요구사항을 이해하는 것도 중요하다.

비기능 요구사항

- 점수 업데이트는 실시간으로 순위표에 반영한다.
- 일반적인 확장성, 가용성 및 안정성 요구사항.

개략적 규모 추정

본 설계를 통해 해결해야 할 문제의 잠재적 규모와 과제를 결정하기 위한 몇 가지 계산 결과를 살펴보자.

게임을 하는 사용자가 24시간 동안 고르게 분포한다고 가정하면 DAU가 500만 명인 게임의 경우 초당 평균 50명의 사용자가 게임을 플레이하게 된다 ($\frac{5,000,000\,\mathrm{DAU}}{10^5\unicode{cho}}$ =~ 50). 하지만 그렇게 사용량이 균등한 경우는 별로 없으며, 서로 다른 시간대의 사람들이 동시에 게임을 할 수 있는 북미 지역 기준 저녁 시간이 피크 시간대일 가능성이 높다. 이를 고려하기 위해 최대 부하는 평균의 다섯 배라고 가정하겠다. 따라서 초당 최대 250명의 사용자를 감당할 수 있어야 한다.

사용자 점수 획득 QPS: 한 사용자가 하루 평균 10개의 게임을 플레이한다고 가정하면, 점수를 획득하는 이벤트가 발생하는 QPS는 50×10 =~ 500가량이다. 최대 QPS는 평균의 5배로 가정하였으므로 $500 \times 5 = 2,500$이다.

상위 10명 순위표 가져오기 QPS: 각 사용자가 하루에 한 번 게임을 열고 상위 10명 순위표는 사용자가 처음 게임을 열 때만 표시한다고 가정하면, QPS는 약 50이다.

2단계: 개략적 설계안 제시 및 동의 구하기

이번 절에서는 API 설계, 개략적 아키텍처 및 데이터 모델에 대해 설명하겠다.

API 설계

개략적인 수준에서 보자면 다음의 세 가지 API가 필요하다.

POST /v1/scores

사용자가 게임에서 승리하면 순위표에서 사용자의 순위를 갱신한다. 요청 매개변수는 아래와 같다. 이 API는 게임 서버에서만 호출할 수 있는 내부 API다. 클라이언트는 이 API를 통하지 않고 순위표 점수를 직접 업데이트할 수 없다.

필드	설명
user_id	게임에서 승리한 사용자
points	사용자가 게임에서 승리하여 획득한 포인트 수

표 10.1 요청 인자

응답:

이름	설명
200 OK	사용자의 점수를 성공적으로 갱신한 경우
400 Bad Request	잘못된 인자가 전달되어 사용자 점수를 갱신할 수 없었던 경우

표 10.2 응답

GET /v1/scores

순위표에서 상위 10명의 플레이어를 가져온다.

응답 예제:

```
{
  "data": [
    {
      "user_id ":"user_id1",
      "user_name ":"alice",
```

```
      "rank ": 1,
      "score": 976
    },
    {
      "user_id": "user_id2",
      "user_name": "bob",
      "rank ": 2,
      "score": 965
    }
  ],
  ...
  "total": 10
}
```

GET /v1/scores/{:user_id}

특정 사용자의 순위를 가져온다.

필드	설명
user_id	순위 정보를 가져올 사용자 ID.

표 10.3 요청 인자

응답 예제:

```
{
  "user_info ": {
    "user_id ": "user5",
    "score ": 940,
    "rank ": 6,
  }
}
```

개략적 설계안

그림 10.2는 개략적 설계안의 다이어그램이다. 이 설계안에는 두 가지 서비스
가 포함되어 있다. 게임 서비스(game service)는 사용자가 게임을 플레이할 수
있도록 하고, 순위표 서비스(leaderboard service)는 순위표를 생성하고 표시하
는 역할을 담당한다.

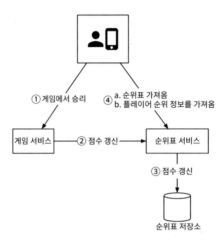

그림 10.2 개략적 설계

1. 사용자가 게임에서 승리하면 클라이언트는 게임 서비스에 요청을 보낸다.
2. 게임 서비스는 해당 승리가 정당하고 유효한 것인지 확인한 다음 순위표 서비스에 점수 갱신 요청을 보낸다.
3. 순위표 서비스는 순위표 저장소에 기록된 해당 사용자의 점수를 갱신한다.
4. 해당 사용자의 클라이언트는 순위표 서비스에 직접 요청하여 다음과 같은 데이터를 가져온다.
   a. 상위 10명 순위표
   b. 해당 사용자 순위

최종적으로 이 설계안을 택하기 전에 다른 대안도 고려하였지만 채택하지 않기로 하였는데, 어떤 대안을 무슨 이유로 채택하지 않았는지 살펴보면 도움이 될 것이다.

클라이언트가 순위표 서비스와 직접 통신해야 하나?

대안 중 하나는 클라이언트가 점수를 정하는 방식이다. 이 방식은 사용자가 프락시를 설치하고 점수를 마음대로 바꾸는 중간자 공격(man-in-the-middle at-tack)[1]을 할 수 있기 때문에 보안상 안전하지 않다는 문제가 있다. 따라서 점수는 서버가 설정해야 한다.

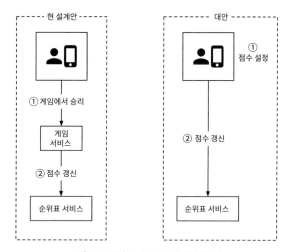

그림 10.3 순위표 점수는 누가 설정하는가

온라인 포커처럼 서버가 게임 전반을 통솔하는 경우에는 클라이언트가 점수를 설정하기 위해 게임 서버를 명시적으로 호출할 필요가 없을 수도 있음에 유의하자. 게임 서버가 모든 게임 로직을 처리하고, 게임이 언제 끝나는지 알기 때문에 클라이언트의 개입 없이도 점수를 정할 수 있다.

게임 서비스와 순위표 서버 사이에 메시지 큐가 필요한가?

이 질문에 대한 답은 게임 점수가 어떻게 사용되는지에 따라 크게 달라진다. 해당 데이터가 다른 곳에서도 이용되거나 여러 기능을 지원해야 한다면 그림 10.4와 같이 카프카에 데이터를 넣는 것이 합리적일 수 있다. 순위표 서비스, 분석(analytics) 서비스, 푸시 알림 서비스 등 여러 소비자가 동일한 데이터를 사용할 수 있기 때문이다. 특히 다른 플레이어에게 점수가 바뀌었음을 알려야

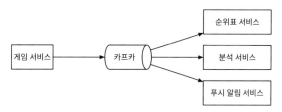

그림 10.4 게임 점수를 여러 서비스에서 사용하는 방안

하는 순번제 게임(turn-based game. 턴제 게임이라고도 한다)이나 멀티플레이어 게임의 경우 더욱 그렇다. 하지만 면접관이 명시적으로 요청한 사항은 아니므로, 본 설계안에는 메시지 큐를 포함시키지 않았다.

데이터 모델

순위표 저장소는 본 시스템의 핵심 구성 요소 중 하나다. 이 저장소 구현에 사용할 수 있는 세 가지 기술, 즉 관계형 데이터베이스, 레디스, NoSQL을 지금부터 살펴보자(다만 NoSQL에 대해서는 "상세 설계" 절에서 설명하겠다).

관계형 데이터베이스

가장 간단한 방안부터 살펴보자. 규모 확장성이 그다지 중요하지 않고 사용자 수가 많지 않다면 어떻게 하는 것이 좋을까?

그런 상황이라면 관계형 데이터베이스 시스템(RDS)을 이용할 가능성이 높다. 각 월별 순위표는 사용자 ID와 점수 열을 갖는 데이터베이스 테이블로 표현할 수 있다. 사용자가 경연에서 승리하면 신규 사용자에게는 1점을 주고, 기존 사용자에게는 원래 점수에 1을 더한다. 사용자의 순위를 결정하려면 점수에 따라 테이블을 내림차순으로 정렬하면 된다. 자세한 내용은 아래에 설명하였다.

순위표 DB 테이블:

leaderboard	
user_id	varchar
score	int

그림 10.5 leaderboard 테이블

실제로 사용되는 시스템이라면 이 테이블에는 game_id, 타임스탬프 등의 추가 정보도 있을 것이다. 하지만 순위표를 질의하거나 갱신하는 기본 로직은 변함 없다. 쉬운 설명을 위해 본 시스템의 경우에는 이번 달 순위표 데이터만 이 테이블에 저장한다고 가정한다.

사용자가 점수를 딴 경우:

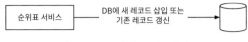

그림 10.6 사용자가 점수를 획득한 경우

점수는 1씩만 늘어난다고 가정하겠다. 해당 월의 순위표에 아직 해당 사용자의 레코드가 없다면 다음과 같이 새로운 레코드를 만들어 넣는다.

```
INSERT INTO leaderboard (user_id, score) VALUES ('mary1934', 1) ;
```

이미 레코드가 있는 사용자의 점수 갱신은 다음과 같이 하면 될 것이다.

```
UPDATE leaderboard set score=score + 1 where user_id='mary1934';
```

특정 사용자 순위 검색

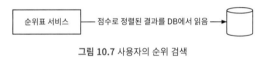

그림 10.7 사용자의 순위 검색

사용자 순위를 가져오려면 순위표 테이블을 점수 기준으로 정렬한 다음에 순위를 매기면 된다.

```
SELECT (@rownum := @rownum + 1) AS rank, user_id, score FROM
leaderboard
ORDER BY score DESC;
```

위 질의를 실행한 결과는 다음 표와 같다.

rank	user_id	score
1	happy_tomato	987
2	mallow	902
3	smith	870
4	mary1934	850

표 10.4 점수로 정렬한 결과

이 방안은 데이터가 많지 않을 때는 효과적이지만, 레코드가 수백만 개 정도로 많아지면 성능이 너무 나빠지는 문제가 있다. 그 이유를 살펴보자.

사용자의 순위를 파악하려면 모든 플레이어를 순위표의 정확한 위치에 정렬해야 한다. 같은 점수를 받은 사용자가 여럿일 수도 있으므로, 순위는 단순히 해당 목록 내의 사용자 위치라고 할 수도 없다.

SQL 데이터베이스는 지속적으로 변화하는 대량의 정보를 신속하게 처리하지 못한다. 수백만 개 레코드에 순위를 매기려면 대략 수십 초 정도가 걸리므로, 실시간성을 요구하는 애플리케이션에는 적합하지 않다. 데이터가 지속적으로 변경되기 때문에 캐시 도입도 불가능하다.

즉, 관계형 데이터베이스는 본 시스템에 요구되는 다량의 읽기 부하를 처리하기 어렵다. 일괄 작업으로 수행하면 RDS를 사용하는 것도 가능하겠지만, 일괄 처리 방식은 사용자에게 실시간 순위를 보여주어야 한다는 요구사항에 적합하지 않다.

할 수 있는 한 가지 최적화는 색인(index)을 추가하고 LIMIT 절을 사용하여 스캔할 페이지 수를 제한하는 것이다. 그 경우 질의문은 다음과 같다.

```
SELECT (@rownum := @rownum + 1) AS rank, user_id, score FROM
leaderboard
ORDER BY score DESC
LIMIT 10
```

하지만 이 방식은 규모 확장성이 좋지 않다. 첫째, 특정 사용자의 순위를 알아내려면 기본적으로 전체 테이블을 훑어야 하므로 성능이 떨어진다. 둘째로, 이 접근 방식으로는 순위표 상단에 있지 않은 사용자의 순위를 간단히 찾을 수 없다.

레디스

수백만 명의 사용자에 대해서도 예측 가능한 성능을 제공하고 복잡한 DB 쿼리 없이도 일반적인 순위표 작업을 쉽게 수행할 방법은 없을까?

한 가지 해결책은 레디스(Redis)를 사용하는 것이다. 레디스는 메모리 기반 키-값 저장소 시스템이다. 메모리에서 동작하므로 빠른 읽기 및 쓰기가 가능하다. 아울러 순위표 시스템 설계 문제를 해결하는 데 이상적인 **정렬 집합**(sorted set)이라는 자료형을 제공한다.

정렬 집합이란?

정렬 집합은 집합과 유사한 자료형이다. 정렬 집합에 저장된 각 원소는 점수에 연결되어 있다. 집합 내 원소는 고유해야 하지만 (집합이므로) 같은 점수는 있을 수도 있다. 점수는 정렬 집합 내 원소를 오름차순 정렬하는 데 이용된다.

  순위표에는 정렬 집합이 정말 딱 어울린다. 정렬 집합은 내부적으로 해시 테이블과 스킵 리스트(skip list)라는 두 가지 자료 구조를 사용한다.[2] 해시 테이블은 사용자의 점수를 저장하기 위해서, 스킵 리스트는 특정 점수를 딴 사용자들의 목록을 저장하기 위해 쓰인다. 사용자는 점수를 기준으로 정렬한다. 정렬 집합을 이해하는 좋은 방법은 그림 10.8과 같이 점수 및 사용자 열이 있는 테이블로 생각하는 것이다. 이 테이블은 점수의 내림차순으로 정렬된다.

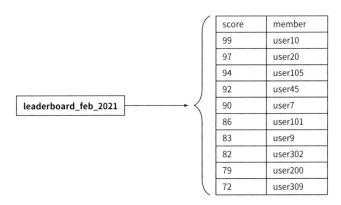

score	member
99	user10
97	user20
94	user105
92	user45
90	user7
86	user101
83	user9
82	user302
79	user200
72	user309

leaderboard_feb_2021

그림 10.8 정렬 집합으로 표현한 2월 순위표

이번 장에서 정렬 집합의 구현은 상세히 설명하지 않겠다. 다만 개념은 개략적으로 살펴보고 넘어가겠다.

  스킵 리스트는 빠른 검색을 가능하게 하는 자료 구조다. 정렬된 연결 리스트(linked list)에 다단계 색인을 두는 구조다. 사례를 들어 설명해 보도록 하겠다. 그림 10.9에서 보듯이, 이 자료 구조의 근간은 정렬된 단방향 연결 리스트(sorted singly-linked list)다. 이 연결 리스트에 삽입, 삭제, 검색 연산을 실행하는 시간 복잡도는 $O(n)$이다.

　이들 연산이 더 빨리 실행되도록 하려면 어떻게 하면 될까? 한 가지 아이디어는 이진 검색 알고리즘처럼 중간 지점에 더 빨리 도달할 수 있도록 하는 것이다. 이를 위해 중간 노드를 하나씩 건너뛰는 1차 색인(level-1 index)을 추가한 다음, 1차 색인 노드를 하나씩 건너뛰는 2차 색인(level-2 index)을 추가한다. 즉, 새로운 색인을 추가할 때마다 이전 차수의 노드를 하나씩 건너뛸 수 있도록 하는 것이다. 노드 사이의 거리가 $n-1$이 되면 더 이상의 색인은 추가하지 않는다. 여기서 n은 노드의 총 개수이다. 그림 10.9에서 볼 수 있듯이, 다단계 색인을 사용하면 45가 있는지 훨씬 빠르게 검색할 수 있다.

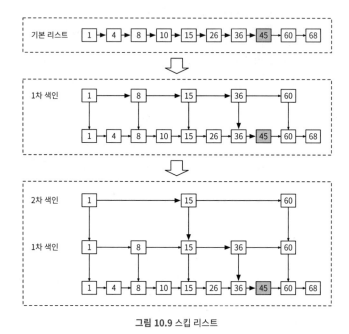

그림 10.9 스킵 리스트

데이터의 양이 적을 때는 스킵 리스트의 속도 개선 효과가 분명하지 않다. 그림 10.10은 5차 색인까지 사용하는 스킵 리스트의 사례다. 기본 리스트만 있는 경우에는 찾는 노드에 도달하기 위해 62개의 노드를 거쳐야 한다. 스킵 리스트의 경우에는 11개의 노드만 통과하면 된다.[3]

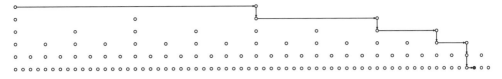

그림 10.10 5차 색인까지 사용하는 스킵 리스트

정렬 집합은 삽입이나 갱신 연산을 할 때 모든 원소가 올바른 위치에 자동으로
배치되며 새 원소를 추가하거나 기존 원소를 검색하는 연산의 시간 복잡도가
$O(\log(n))$이므로 관계형 데이터베이스보다 성능이 좋다.

반대로 관계형 데이터베이스에서 특정 사용자의 순위를 계산하려면 중첩 질
의문을 실행해야 한다.

```
SELECT *,(SELECT COUNT(*) FROM leaderboard lb2
WHERE lb2.score >= lb1.score) RANK
FROM leaderboard lb1
WHERE lb1.user_id = {:user_id};
```

레디스 정렬 집합을 사용한 구현

정렬 집합이 빠르다는 것은 알았으니, 이제 순위표 구현에 사용할 레디스 연산
들을 살펴보자.[4][5][6][7]

- ZADD: 기존에 없던 사용자를 집합에 삽입한다. 기존 사용자의 경우에는 점
  수를 업데이트한다. 실행 소요 시간은 $O(\log(n))$이다.
- ZINCRBY: 사용자 점수를 지정된 값만큼 증가시킨다. 집합에 없는 사용자
  의 점수는 0에서 시작한다고 가정한다. 실행에 소요되는 시간은 $O(\log(n))$
  이다.
- ZRANGE/ZREVRANGE: 점수에 따라 정렬된 사용자 중에 특정 범위에 드는 사용
  자들을 가져온다. 순서(오름차순 또는 내림차순), 항목 수, 시작 위치를 지
  정할 수 있다. 이 작업 실행에는 $O(\log(n)+m)$이 걸리며, 여기서 m은 가져
  올 항목 수(보통 작은 값)이고 n은 정렬 집합의 크기이다.
- ZRANK/ZREVRANK: 오름차순/내림차순 정렬하였을 때 특정 사용자의 위치를
  가져온다. 실행 시간은 $O(\log(n))$이다.

정렬 집합을 사용한 구현의 동작 원리

1. 사용자가 점수를 획득한 경우

그림 10.11 사용자가 점수를 획득한 경우

매월 새로운 순위표를 위한 정렬 집합을 만들고 이전 순위표는 이력 데이터 저장소로 보낸다. 사용자는 경연에서 승리하면 1점을 얻는다. 이때 ZIN-CRBY를 호출하여 순위표상의 사용자 점수를 1만큼 증가시키거나, 아직 순위표 세트에 없는 경우에는 해당 사용자를 순위표 집합에 추가한다. ZIN-CRBY의 문법은 다음과 같다.

ZINCRBY <키> <증분> <사용자>

다음 명령을 실행하면 사용자 mary1934가 경연에 승리한 결과가 순위표에 반영된다.

```
ZINCRBY leaderboard_feb_2021 1 'mary1934'
```

2. 사용자가 순위표 상위 10명을 조회하는 경우

그림 10.12 순위표 상위 10명 조회

가장 높은 점수를 받은 사용자부터 내림차순으로 정렬한 결과를 가져와야 하므로 ZREVRANGE를 호출한다. 사용자 목록뿐 아니라 각 사용자의 현재 점수도 가져와야 하므로 WITHSCORES 속성도 전달해야 한다. 예를 들어 다음 명령을 실행하면 2021년 2월 순위표에서 상위 10명의 사용자 목록을 점수와 함께 가져올 수 있다.[1]

---

1 (옮긴이) ZREVRANGE는 향후 지원이 중단될 명령으로, ZRANGE 명령에 추가 속성을 전달하면 ZREVRANGE와 같은 결과를 얻을 수 있다.

```
ZREVRANGE leaderboard_feb_2021 0 9 WITHSCORES
```

그러면 다음과 같은 목록이 반환된다.

```
[(user2,score2),(user1,score1),(user5,score5)...]
```

3. 사용자가 자기 순위를 조회하는 경우

그림 10.13 특정 사용자의 순위 조회

ZREVRANK를 호출하면 특정 사용자의 순위를 가져올 수 있다. 내림차순으로 정렬한 결과를 기준으로 순위를 매겨야 하므로 **ZRANK**는 사용하지 않는다.

```
ZREVRANK leaderboard_feb_2021 'mary1934'
```

4. 그림 10.14의 예제와 같이, 특정 사용자 순위를 기준으로 일정 범위 내 사용자를 질의하는 경우

순위	플레이어	점수
357	Aquaboys	876
358	B team	845
359	Berlin's Angels	832
360	GrendelTeam	799
361	Mallow007	785
362	Woo78	743
363	milan~114	732
364	G3^^^^2	726
365	Mailso_91_	712

그림 10.14 특정 사용자 직전 순위 사용자 4명, 직후 순위 사용자 4명

명시적으로 주어진 요구사항은 아니지만, ZREVRANGE를 활용하면 특정한 사용자 전/후 순위 사용자 목록을 얻어낼 수 있다. 예를 들어 사용자 Mallow007의 랭크가 361이고 그 전/후 순위 플레이어 4명씩을 가져오려면 다음과 같이 하면 된다.

```
ZREVRANGE leaderboard_feb_2021 357 365
```

저장소 요구사항

최소한 사용자 ID와 점수는 저장해야 한다. 최악의 시나리오는 월간 활성 사용자 2,500만 명 모두가 최소 한 번 이상 게임에서 승리하는 바람에 모두 월 순위표에 올라야 하는 경우다. ID가 24자(character) 문자열이고 점수가 16비트 정수(또는 2바이트)라고 한다면 순위표 한 항목당 26바이트가 필요하다. MAU당 순위표 항목이 하나라는 최악의 시나리오를 가정하면 26바이트 × 2,500만 = 6억 5,000만 바이트 또는 약 650MB의 저장공간이 레디스 캐시에 필요하다. 이 정도라면 스킵 리스트 구현에 필요한 오버헤드와 정렬 집합 해시를 고려해 메모리 사용량을 두 배로 늘린다고 해도 최신 레디스 서버 한 대만으로도 데이터를 충분히 저장할 수 있다.

고려해야 할 또 다른 요소는 CPU 및 I/O 사용량이다. 개략적 추정치에 따르면 갱신 연산의 최대 QPS는 2500/초 정도였다. 이는 단일 레디스 서버로도 충분히 감당할 수 있는 부하다.

다만 한 가지 걱정되는 부분은 데이터의 영속성(persistence)이다. 레디스 노드에도 장애는 발생할 수 있기 때문이다. 다행히도 레디스는 데이터를 디스크에 영속적으로 보관하는 옵션도 지원한다. 그러나 디스크에서 데이터를 읽어 대규모 레디스 인스턴스를 재시작하려면 시간이 많이 걸린다. 그래서 보통은 레디스에 읽기 사본을 두는 식으로 구성한다. 주 서버에 장애가 생기면 읽기 사본을 승격시켜 주 서버로 만들고, 새로운 읽기 사본을 만들어 연결하는 것이다.

MySQL과 같은 관계형 데이터베이스를 사용하는 경우에는 2개의 테이블(사용자 및 점수)이 필요하다. 사용자 테이블에는 사용자 ID와 사용자의 게임 내

이름을 저장한다(실제 게임은 그보다 훨씬 더 많은 데이터를 보관해야 한다). 점수 테이블에는 사용자 ID, 점수, 게임에서 승리한 시각(타임스탬프)을 저장한다. 그런 정보는 경연 기록과 같은 다른 게임 기능 구현에 활용할 수 있으며, 인프라 장애 발생 시 레디스 순위표를 복구하는 데에도 활용할 수 있다.

한 가지 생각해 볼 수 있는 쉬운 성능 최적화 방안은 가장 자주 검색되는 상위 10명의 사용자 정보를 캐시하는 것이다. 데이터 양은 많지 않다.

3단계: 상세 설계

개략적인 설계안을 훑어보았으니, 다음 내용을 자세히 살펴보자.

- 클라우드 서비스 사용 여부
  - 자체 서비스 이용
  - AWS 같은 클라우드 서비스 업체 이용
- 레디스의 규모 확장 문제
- NoSQL을 대안으로 사용하는 방안
- 기타 고려 사항

클라우드 서비스 사용 여부

솔루션 배포 방식은 기존 인프라 구성 형태에 따라 일반적으로 두 가지로 나눌 수 있다. 그 각각을 지금부터 살펴보겠다.

자체 서비스를 이용하는 방안

이 접근 방식에서는 매월 정렬 집합을 생성하여 해당 기간의 순위표를 저장한다. 해당 집합에는 사용자 및 점수 정보를 저장한다. 이름 및 프로필 이미지와 같은 사용자 세부 정보는 MySQL 데이터베이스에 저장한다. 순위표를 가져올 때 API 서버는 순위 데이터와 더불어 데이터베이스에 저장된 사용자 이름과 프로필 이미지도 가져온다. 이 작업이 장기적으로 너무 비효율적이면 상위 사용자 10명의 세부 정보를 저장하는 프로필 캐시를 두어 해결할 수 있다. 그림 10.15는 이 설계안의 다이어그램이다.

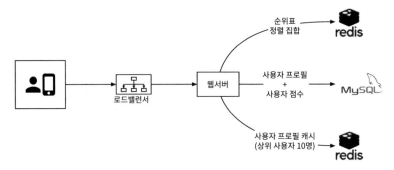

그림 10.15 자체 서비스를 이용하는 방안

클라우드 서비스를 이용하는 방안

두 번째 방안은 클라우드 인프라를 활용하는 것이다. 이번 절에서는 기존 인프라가 AWS에 있어서 클라우드로 순위표를 구축하는 것이 자연스러운 상황이라고 가정한다. 아마존 API 게이트웨이(gateway)와 AWS 람다(Lambda)[8]의 두가지 기술을 사용할 것이다. API 게이트웨이를 사용하면 RESTful API의 HTTP 엔드포인트를 정의하고 아무 백엔드 서비스에나 연결할 수 있다. 이번 절에서는 람다 함수에 연결하는 사례를 살펴본다.(표 10.5)

API	람다 함수
GET /v1/scores	LeaderboardFetchTop10
GET /v1/scores/{:user_id}	LeaderboardFetchPlayerRank
POST /v1/scores	LeaderboardUpdateScore

표 10.5 람다 함수

AWS 람다는 가장 인기 있는 서버리스(serverless) 컴퓨팅 플랫폼 중 하나다. 서버를 직접 준비하거나 관리할 필요 없이 코드를 실행할 수 있다. 람다는 필요할 때만 실행되며 트래픽에 따라 그 규모가 자동으로 확장된다. 서버리스는 클라우드에서 가장 인기 있는 주제 중 하나이며 모든 주요 클라우드 서비스 제공업체가 지원한다. 예를 들어, 구글 클라우드는 클라우드 함수(Cloud Function)라는 제품을[9], 마이크로소프트는 애저 함수(Azure Function)라는 제품을 출시하였다.[10]

개략적으로 설명하자면 우리 게임은 API 게이트웨이를 호출하고, 이 게이트웨이는 적절한 람다 함수를 호출한다. 이 람다 함수는 스토리지 계층(레디스 및 MySQL)의 명령을 호출하여 얻은 결과를 API 게이트웨이에 반환하며, API 게이트웨이는 그 결과를 애플리케이션에 전달한다.

람다 함수를 사용하면 서버 인스턴스를 만들지 않아도 질의를 실행할 수 있다. AWS는 람다 함수에서 레디스를 호출할 수 있도록 하는 클라이언트를 제공한다. 또한 람다를 사용하면 DAU(daily active users) 성장세에 맞춰 자동으로 서비스 규모를 확장할 수 있다. API 게이트웨이와 람다를 사용한 순위표 설계안은 다음과 같다.

사례 1: 점수 획득

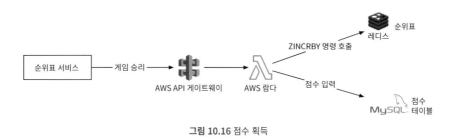

그림 10.16 점수 획득

사례 2: 순위 검색

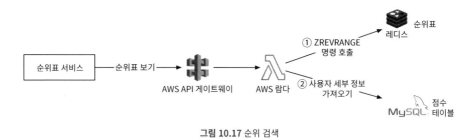

그림 10.17 순위 검색

람다는 서버리스 접근 방식이라 인프라의 규모가 필요에 맞게 자동으로 확장되므로 좋다. 규모 확장, 환경 설정, 유지 보수 등의 문제를 직접 관리할 필요가 없다. 따라서 이제 막 게임을 만들려는 상황이라면 서버리스 기술을 고려해 보기 바란다.

레디스 규모 확장

5백만 DAU 정도라면 한 대의 레디스 캐시 서버로도 충분히 지원할 수 있다. 그러나 원래 규모의 100배인 5억 DAU를 처리해야 한다고 해 보자. 이제 최악의 경우 저장 용량은 65GB(650MB × 100)까지 필요하고, 250,000(2,500 × 100) QPS의 질의를 처리할 수 있어야 한다. 이 정도 규모를 감당하려면 샤딩이 필요하다.

데이터 샤딩 방안

고정 파티션과 해시 파티션의 두 가지 방식을 살펴보고, 그 가운데 하나를 택하도록 하겠다.

고정 파티션

고정 파티션은 순위표에 등장하는 점수의 범위에 따라 파티션을 나누는 방안이다. 가령 한 달 동안 획득할 수 있는 점수 범위가 1에서 1000이라고 해 보자. 그 데이터를 범위별로 나누는 것이다. 일례로 그림 10.18에서처럼 샤드를 10개두고, 각 샤드가 크기 100만큼의 범위를 처리하도록 하는 방안을 생각해 볼 수있다. (예: 1~100, 101~200, 201~300, ...)

그림 10.18 고정 파티션

이 기능이 제대로 작동하려면 순위표 전반에 점수가 고르게 분포되어야 한다. 그렇지 않다면 각 샤드에 할당되는 점수 범위를 조정하여 비교적 고른 분포가되도록 해야 한다. 본 설계안에서는 애플리케이션이 샤딩 처리 주체가 된다고가정하겠다.

그렇다면 특정 사용자의 점수를 입력하거나 갱신할 때는 해당 사용자가 어느 샤드에 있는지 알아야 할 것이다. MySQL 질의를 통해 사용자의 현재 점수를 계산하여 알아내는 것도 한 가지 방법이다. 하지만 사용자 ID와 점수 사이의 관계를 저장하는 2차 캐시를 통해 알아내면 성능을 더 높일 수 있을 것이다. 사용자의 점수가 높아져서 다른 샤드로 옮겨야 할 때는 기존 샤드에서 해당 사용자를 제거한 다음 새 샤드로 옮겨야 한다는 점에 유의해야 한다.

순위표에서 상위 10명의 플레이어를 가져오려면, 가장 높은 점수가 저장되는 샤드(즉, 정렬 집합)에서 상위 10명을 가져오면 된다. 그림 10.18의 경우에는 점수 범위가 [901, 1000]인 마지막 샤드에 상위 10명의 사용자가 있다.

특정 사용자의 순위를 알려면 해당 사용자가 속한 샤드 내 순위뿐 아니라 해당 샤드보다 높은 점수를 커버하는 모든 샤드의 모든 사용자 수를 알아야 한다. 특정 샤드에 속한 모든 사용자 수는 info keyspace 명령을 실행하면 $O(1)$ 시간에 알아낼 수 있다.[11]

해시 파티션

두 번째 접근법은 레디스 클러스터를 사용하는 것으로, 사용자들의 점수가 특정 대역에 과도하게 모여 있는 경우에 효과적이다. 레디스 클러스터는 여러 노드에 데이터를 자동으로 샤딩하는 방법을 제공한다. 안정 해시는 사용하지 않지만, 각각의 키가 특정한 **해시 슬롯**(hash slot)에 속하도록 하는 샤딩 기법을 사용한다. 총 16384개 해시 슬롯이 있으며[12], CRC16(key) % 16384의 연산을 수행하여 어떤 키가 어느 슬롯에 속하는지 계산한다.[13] 따라서 모든 키를 재분배하지 않아도 클러스터에 쉽게 노드를 추가하거나 제거할 수 있다. 그림 10.19에 3개 노드로 구성된 레디스 클러스터의 사례를 살펴보자. 이 사례에서

- 첫 번째 노드에는 해시 슬롯 [0, 5500]이 있다.
- 두 번째 노드에는 해시 슬롯 [5501, 11000]이 있다.
- 세 번째 노드에는 해시 슬롯 [11001, 16383]이 있다.

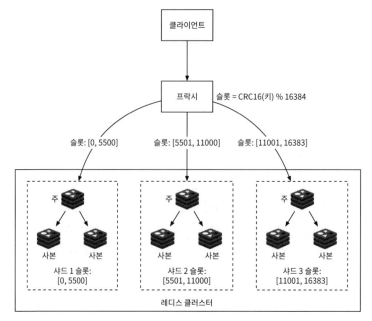

그림 10.19 해시 파티션

점수를 갱신하려면 해당 사용자의 샤드를 찾아(CRC16(key) % 16384로 찾을 수 있음) 거기서 해당 사용자 점수를 변경하기만 하면 된다. 상위 10명의 플레이어를 검색하는 것은 좀 까다롭다. 모든 샤드에서 상위 10명을 받아 애플리케이션 내에서 다시 정렬하는 분산-수집(scatter-gather) 접근법을 사용해야 한다. 그림 10.20이 그 구체적인 사례다. 모든 샤드에 사용자를 질의하는 절차를 병렬화하면 지연 시간을 줄일 수 있다.

이 방법에는 다음과 같은 문제가 있다.

- 상위 k개의 결과를 반환해야 하는 경우(k가 아주 큰 값이라고 하자), 각 샤드에서 많은 데이터를 읽고 또 정렬해야 하므로 지연 시간이 늘어난다.
- 가장 느린 파티션에서 데이터를 다 읽고 나서야 질의 결과를 계산할 수 있으므로 지연 시간이 길어진다.
- 특정 사용자의 순위를 결정할 간단한 방법이 없다.

따라서 고정 파티션 방안을 사용할 것이다.

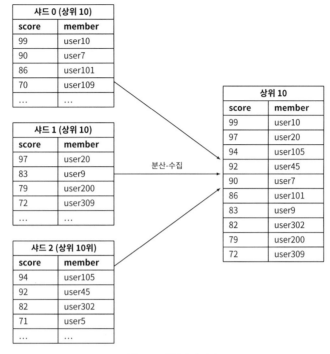

그림 10.20 분산-수집 방안

레디스 노드 크기 조정

레디스 노드의 크기를 조정할 때는 여러 가지를 고려해야 한다.[14] 쓰기 작업이 많은 애플리케이션에는 많은 메모리가 필요하다. 장애에 대비해 스냅숏을 생성할 때 필요한 모든 쓰기 연산을 감당할 수 있어야 하기 때문이다. 쓰기 연산이 많은 애플리케이션에는 메모리를 두 배 더 할당하는 것이 안전하다.

레디스는 성능 벤치마킹을 위해 redis-benchmark라는 도구를 제공한다. 여러 클라이언트가 동시에 여러 질의를 실행하는 것을 시뮬레이션하여 주어진 하드웨어로 초당 얼마나 많은 요청을 처리할 수 있는지 측정한다. 자세한 내용은 [15]를 참고하라.

대안: NoSQL

대안이 될 만한 다른 한 가지 솔루션은 NoSQL 데이터베이스다. 어떤 종류가 좋을까? 다음과 같은 데이터베이스가 이상적이다.

- 쓰기 연산에 최적화되어 있다.
- 같은 파티션 내의 항목을 점수에 따라 효율적으로 정렬 가능하다.

좋은 후보로는 아마존의 DynamoDB[16], 카산드라 또는 MongoDB 등이 있다. 이 장에서는 DynamoDB를 예로 들 것이다. DynamoDB는 안정적인 성능과 뛰어난 확장성을 제공하는 완전 관리형 NoSQL 데이터베이스다. 기본 키(primary key) 이외의 속성을 활용하여 데이터를 효과적으로 질의할 수 있도록, 전역 보조 색인(global secondary index)[17]을 제공한다. 전역 보조 색인은 부모 테이블의 속성(attribute)들로 구성되지만 기본 키는 부모 테이블과는 다르다. 예를 들어 살펴보자.

그림 10.21은 DynamoDB를 사용하도록 고친 시스템 다이어그램이다. 레디스와 MySQL을 DynamoDB로 대체하였다.

그림 10.21 DynamoDB 기반 솔루션

체스 게임의 순위표를 설계한다고 해 보자. 아울러 데이터베이스 테이블은 그림 10.22와 같다고 하자. 순위표와 사용자 테이블을 비정규화(denormalization)한 것으로, 순위표를 화면에 표시하는 데 필요한 모든 정보를 담고 있다.

기본 키	속성			
user_id	score	email	profile_pic	leaderboard_name
lovelove	309	love@test.com	https://cdn.example/3.png	chess#2020-02
i_love_tofu	209	test@test.com	https://cdn.example/p.png	chess#2020-02
golden_gate	103	gold@test.com	https://cdn.example/2.png	chess#2020-03
pizza_or_bread	203	piz@test.com	https://cdn.example/31.png	chess#2021-05
ocean	10	oce@test.com	https://cdn.example/32.png	chess#2020-02
...	...	...	...	...

그림 10.22 순위표 및 사용자 테이블의 비정규화

그러나 이 방안은 규모 확장이 어렵다. 레코드가 많아지면 상위 점수를 찾기 위해 전체 테이블을 뒤져야 하므로 사용자가 많아지면 성능이 떨어진다.

그림 10.23과 같이 game_name#{year-month}을 파티션 키로, 점수를 정렬 키로 사용하면 테이블 전체를 읽어야 하는 일을 피할 수 있다.

전역 보조 색인		속성		
파티션 키 (PK)	정렬 키 (score)	user_id	email	profile_pic
chess#2020-02	309	lovelove	love@test.com	https://cdn.example/3.png
chess#2020-02	209	i_love_tofu	test@test.com	https://cdn.example/p.png
chess#2020-03	103	golden_gate	gold@test.com	https://cdn.example/2.png
chess#2020-02	203	pizza_or_bread	piz@test.com	https://cdn.example/31.png
chess#2020-02	10	ocean	oce@test.com	https://cdn.example/32.png
...	...	...	...	...

그림 10.23 파티션 키 및 정렬 키

이 방법은 부하가 높을 때가 문제다. DynamoDB는 안정 해시를 사용하여 여러 노드에 데이터를 분산한다. 각 항목은 파티션 키에 따라 선정된 노드에 저장된다. 우리가 원하는 것은 데이터를 여러 파티션에 고르게 분산하는 것이다. 하지만 그림 10.23과 같이 테이블을 설계하면 가장 최근 한 달치 데이터가 동일한 파티션에 저장될 뿐 아니라 핫 파티션(hot partition)이 되고 만다. 이 문제는 어떻게 해결하면 좋을까?

한 가지 방법은 데이터를 n개 파티션으로 분할하고 파티션 번호(user_id % number_of_partitions)를 파티션 키에 추가하는 것이다. 쓰기 샤딩(write sharding)이라고 부르는 패턴이다. 하지만 읽기 및 쓰기 작업 모두를 복잡하게 만드므로, 장단점을 꼼꼼히 따져봐야 한다.

두 번째 질문은 얼마나 많은 파티션을 두어야 하느냐는 것이다. 쓰기 볼륨 또는 DAU를 기준으로 결정할 수 있다. 다만 파티션이 받는 부하와 읽기 복잡도 사이에는 타협적인 부분이 있음에 유의하자. 같은 달 데이터를 여러 파티션에 고르게 분산시키면 한 파티션이 받는 부하는 낮아진다. 하지만 특정한 달의 데이터를 읽으려고 하면 모든 파티션을 질의한 결과를 합쳐야 하므로 구현은 훨씬 복잡하다.

파티션 키는 game_name#{year-month}#p{partition_number}와 같다. 그림 10.24은 이 스키마에 맞게 고친 테이블이다.

전역 보조 색인		속성		
파티션 키 (PK)	정렬 키 (score)	user_id	email	profile_pic
chess#2020-02#p0	309	lovelove	love@test.com	https://cdn.example/3.png
chess#2020-02#p1	209	i_love_tofu	test@test.com	https://cdn.example/p.png
chess#2020-03#p2	103	golden_gate	gold@test.com	https://cdn.example/2.png
chess#2020-02#p1	203	pizza_or_bread	piz@test.com	https://cdn.example/31.png
chess#2020-02#p2	10	ocean	oce@test.com	https://cdn.example/32.png
…	…	…	…	…

그림 10.24 새로운 파티션 키

전역 보조 색인은 game_name#{year-month}#p{partition_number}를 파티션 키로, 점수를 정렬 키로 사용하게 구성한다. 그 결과, 같은 파티션 내 데이터는 전부 점수 기준으로 정렬된 n개의 파티션이 만들어진다. 3개의 파티션이 있다고 했을 때 상위 10명의 사용자를 가져오려면 앞서 언급한 '분산-수집' 접근법을 사용하면 된다. 각 파티션에서 상위 10개 결과를 가져온 다음('분산'), 애플리케이션 단에서 그 결과를 모아 정렬하는 것이다('수집'). 그림 10.25가 그 과정을 보여 준다.

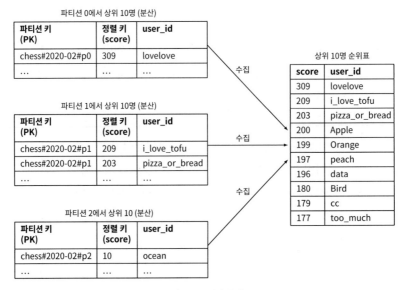

그림 10.25 분산 수집

파티션 수는 어떻게 정하나? 이를 위해서는 신중한 벤치마킹이 필요할 수 있다. 파티션이 많으면 각 파티션의 부하는 줄지만 최종 순위표를 만들기 위해 읽어야 하는 파티션은 더 많으므로 복잡성은 증가한다. 벤치마킹을 통해 장단점을 보다 명확하게 파악할 수 있다.

그러나 앞서 언급한 레디스 파티션 기법과 마찬가지로, 이 접근법으로는 사용자의 상대적 순위를 쉽게 정할 수 없다. 하지만 사용자 위치의 백분위수를 구하는 것은 가능하며, 그것도 충분히 괜찮은 방법일 수 있다. 1,200,001로 정확한 순위를 표시하는 것보다 상위 10~20%에 속한다고 말하는 것이 더 나을 수 있다는 것이다. 규모가 충분히 커서 샤딩이 필요한 상황이라면 모든 샤드의 점수 분포는 거의 같다고 가정할 수 있다. 이 가정이 사실이라면, 각 샤드의 점수 분포를 분석한 결과를 캐시하는 크론 작업(cron job)을 만들어 볼 수 있다.

결과는 다음과 비슷할 것이다.

10번째 백분위수 = 점수 < 100

20번째 백분위수 = 점수 < 500

...

90번째 백분위수 = 점수 < 6500

그러면 사용자의 상대적 순위(가령 90번째 백분위수)를 빠르게 계산할 수 있다.

4단계: 마무리

이번 장에서는 수백만 DAU 규모의 실시간 게임 순위표를 구축하기 위한 솔루션을 설계해 보았다. MySQL 데이터베이스를 사용하는 간단한 솔루션부터 검토하였지만 수백만 명의 사용자를 지원하도록 확장할 방법이 없어서 채택하지 않았다. 결국 정렬 집합을 사용하여 순위표를 구현하기로 하였다. 여러 레디스 캐시에 데이터를 샤딩하여 5억 DAU도 지원할 수 있도록 규모를 확장하는 방안도 살펴보았다. 대안으로서, NoSQL 데이터베이스를 이용하는 방법도 제안하였다.

면접 말미에 시간이 좀 남는다면 다음 몇 가지 주제를 살펴볼 수 있을 것이다.

더 빠른 조회 및 동점자 순위 판정 방안

레디스 해시(Redis Hash)를 사용하면 문자열 필드와 값 사이의 대응관계를 저장해 둘 수 있다. 다음의 두 가지 목적으로 활용할 수 있다.

1. 순위표에 표시할 사용자 ID와 사용자 객체 사이의 대응관계를 저장한다. 이렇게 하면 데이터베이스에 질의하지 않아도 빠르게 사용자 정보를 확인할 수 있다.
2. 두 사용자의 점수가 같은 경우 누가 먼저 점수를 받았는지에 따라 순위를 매길 수 있다. 사용자 ID와 해당 사용자가 마지막으로 승리한 경기의 타임스탬프 사이의 대응관계를 저장해 두는 것이다. 동점자가 나오면 기록된 타임스탬프 값이 오래된 사용자 순위가 높다고 하면 된다.

시스템 장애 복구

레디스 클러스터에도 대규모 장애는 발생할 수 있다. 지금까지 살펴본 설계안을 가정할 때, 사용자가 게임에서 이길 때마다 MySQL 데이터베이스에 타임스탬프와 함께 그 사실을 기록한다는 사실을 활용하는 스크립트를 만들면 간단히 복구할 수 있다. 사용자별로 모든 레코드를 훑으면서, 레코드당 한 번씩 ZINCRBY를 호출하는 것이다. 이렇게 하면 대규모 장애가 발생했을 때 오프라인 상태에서 순위표를 복구할 수 있다.

이번 장도 성공적으로 마무리한 여러분, 축하한다! 스스로를 마음껏 격려하도록 하자!

10장 요약

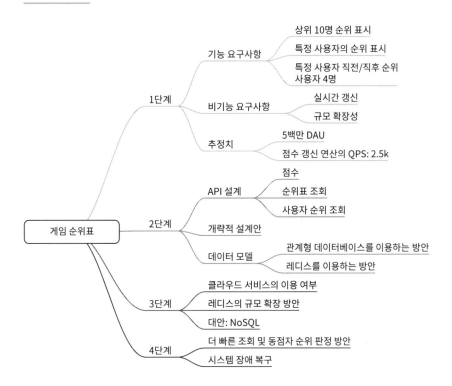

참고 문헌

[1] 중간자 공격(Man-in-the-middle attack). *https://en.wikipedia.org/wiki/Man-in-the-middle_attack*

[2] 레디스 정렬 집합 소스 코드(Redis Sorted Set source code) *https://github.com/redis/redis/blob/unstable/src/t_zset.c*

[3] Geekbang. *https://static001.geekbang.org/resource/image/46/a9/46d283cd82c987153b3fe0c76dfba8a9.jpg*

[4] 레디스로 실시간 순위표를 구축하는 방법(Building real-time Leaderboard with Redis). *https://medium.com/@sandeep4.verm a/building-real-time-leaderboard-with-redis-82c98aa47b9f*

[5] 아마존 일라스티캐시로 게임 순위표를 만드는 방법(Build a real-time

gaming leaderboard with Amazon ElastiCache for Redis). *https://aws. amazon.com/blogs/database/building-a-real-time-gaming-leaderboard -with-amazon-elasticache-for-redis*

[6] 우리는 어떻게 백만 사용자를 실시간으로 지원하는 순위표를 만들었나 (How we created a real-time Leaderboard for a million Users). *https:// levelup.gitconnected.com/how-we-created-a-real-time-leaderboard-for-a-million-users-555aaa3ccf7b*

[7] 순위표(Leaderboards). *https://redislabs.com/solutions/use-cases/leader boards/*

[8] 람다(Lambda). *https://aws.amazon.com/lambda/*

[9] 구글 클라우드 함수(Google Cloud Functions). *https://cloud.google.com/ functions*

[10] 애저 함수(Azure Functions). *https://azure.microsoft.com/en-us/services/ functions/*

[11] 레디스 info 명령어(Info command). *https://redis.io/commands/INFO*

[12] 왜 레디스 클러스터 슬롯은 16384개뿐인가(Why Redis cluster only have 16384 slots). *https://stackoverflow.com/questions/36203532/why-redis-cluster-only-have-16384-slots*

[13] CRC(Cyclic redundancy check). *https://en.wikipedia.org/wiki/Cyclic_redun dancy_check*

[14] 노드 크기를 정하는 방법(Choosing your node size). *https://docs.aws. amazon.com/AmazonElastiCache/latest/red-ug/nodes-select-size.html*

[15] 레디스는 얼마나 빠른가?(How fast is Redis?) *https://redis.io/topics/ benchmarks*

[16] DynamoDB에서의 전역 보조 인덱스 사용법(Using Global Secondary Indexes in DynamoDB). *https://docs.aws.amazon.com/amazondynamodb/ latest/developerguide/GSI.html*

[17] 리더보드와 쓰기 샤딩(Leaderboard & Write Sharding. *https://www.dynamodb guide.com/leaderboard-write-sharding/*

11장

결제 시스템

이번 장에서는 결제 시스템(payment system)을 설계한다. 최근 몇 년 동안 전 세계적으로 전자상거래의 인기는 폭발적으로 증가했다. 전자상거래를 가능하게 하는 것은 바로 결제 시스템이다. 안정적이고 확장 가능하며 유연한 결제 시스템은 필수다.

결제 시스템이란 무엇인가? 위키백과에 따르면 "결제 시스템은 금전적 가치의 이전을 통해 금융 거래를 정산하는 데 사용되는 모든 시스템"이다. 여기에는 가치 교환을 가능하게 하는 제도, 도구, 사람, 규칙, 절차, 표준 및 기술이 포함된다."[1]

결제 시스템은 얼핏 보기에는 이해하기 쉽지만, 작업하기 부담스런 시스템이기도 하다. 작은 실수로도 상당한 매출 손실이 발생하고 사용자의 믿음이 무너질 수 있기 때문이다. 하지만 걱정하지 말라! 이 챕터에서는 결제 시스템을 이해하기 쉽게 설명한다.

1단계: 문제 이해 및 설계 범위 확정

사람마다 결제 시스템에 대한 생각은 다르다. 어떤 사람은 애플 페이(Apple Pay)나 구글 페이(Google Pay) 같은 디지털 지갑(digital wallet)을 생각한다. 다른 사람들은 페이팔(PayPal)이나 스트라이프(Stripe) 같은 결제 처리 백엔드 시스템을 생각한다. 따라서 면접을 시작할 때 정확한 요구사항을 파악해야 한다. 다음은 면접관에게 물어볼 수 있는 질문 사례다.

지원자: 어떤 결제 시스템을 만들어야 하나요?

면접관: 아마존닷컴(Amazon.com)과 같은 전자상거래 애플리케이션을 위한 결제 백엔드를 구축한다고 가정합시다. 고객이 아마존에서 주문을 하면 결제 시스템은 돈의 흐름에 대한 모든 것을 처리해야 합니다.

지원자: 어떤 결제 방법을 지원해야 하나요? 신용 카드, 페이팔, 은행 카드?

면접관: 결제 시스템은 실생활에서 사용 가능한 모든 옵션을 지원해야 합니다. 하지만 이번 면접에서는 신용 카드 결제만 처리해봅시다.

지원자: 신용 카드 결제 처리를 직접 해야 하나요?

면접관: 아닙니다. 스트라이프, 브레인트리(Braintree), 스퀘어(Square) 같은 전문 결제 서비스 업체를 사용합시다.

지원자: 신용 카드 데이터를 시스템에 저장해야 하나요?

면접관: 보안 및 법규 준수에 대한 요건이 아주 까다로운 관계로, 카드 번호를 시스템에 직접 저장하지는 않을 것입니다. 민감한 신용 카드 데이터 처리는 결제 처리 업체에 의존합니다.

지원자: 전 세계를 대상으로 해야 하나요? 다양한 통화 및 국제 결제를 지원해야 합니까?

면접관: 좋은 질문입니다. 예, 전 세계적으로 사용될 수 있는 애플리케이션이지만 이번 면접 동안에는 하나의 통화만 사용한다고 가정하시죠.

지원자: 하루에 몇 건의 결제가 이루어지나요?

면접관: 하루 100만 건의 거래가 이루어진다고 하겠습니다.

지원자: 아마존과 같은 전자상거래 사이트에서 매월 판매자에게 대금을 지급하는 절차를 지원해야 하나요?

면접관: 예.

지원자: 요구사항을 다 파악한 것 같은데요. 다른 주의사항이 있을까요?

면접관: 네. 결제 시스템은 많은 내부 서비스(계정, 분석 등) 및 외부 서비스(결제 서비스 공급자)와 연동합니다. 한 서비스에 장애가 발생하면 서비

스 간 상태가 달라지는 일이 벌어질 수 있는데요. 따라서 조정 작업을 수행하고 불일치하는 부분이 발견되면 교정해야 합니다. 이것도 필수 요건이죠.

이런 질문을 통해 기능 요구사항과 비기능 요구사항을 전부 명확하게 파악할 수 있다. 이번 장에서는 다음을 요구사항을 만족하는 결제 시스템을 설계하는 데 집중한다.

기능 요구사항

- 대금 수신(pay-in) 흐름: 결제 시스템이 판매자를 대신하여 고객으로부터 대금을 수령한다.
- 대금 정산(pay-out) 흐름: 결제 시스템이 전 세계의 판매자에게 제품 판매 대금을 송금한다.

비기능 요구사항

- 신뢰성 및 내결함성: 결제 실패는 신중하게 처리해야 한다.
- 내부 서비스(결제 시스템, 회계 시스템)와 외부 서비스(결제 서비스 제공업체) 간의 조정 프로세스: 시스템 간의 결제 정보가 일치하는지 비동기적으로 확인한다.

개략적인 규모 추정

이 시스템은 하루에 100만 건의 트랜잭션을 처리해야 하는데, 이는 1,000,000 건의 트랜잭션/10^5초 = 초당 10건의 트랜잭션(TPS)이다. 10TPS는 일반적인 데이터베이스로 별 문제 없이 처리 가능한 양이므로, 처리 대역폭 대신 결제 트랜잭션의 정확한 처리에 초점을 맞춰 면접을 진행해야 한다.

2단계: 개략적 설계안 제시 및 동의 구하기

결제 흐름은 자금의 흐름을 반영하기 위해 크게 두 단계로 세분화 된다.

- 대금 수신 흐름
- 대금 정산 흐름

전자상거래 사이트 아마존을 예로 들어보자. 구매자가 주문을 하면 아마존의 은행 계좌로 돈이 들어오는데, 이것이 바로 대금 수신 흐름이다. 이 돈은 아마존의 은행 계좌에 있지만 소유권이 전부 아마존에 있는 것은 아니다. 판매자가 상당 부분을 소유하며, 아마존은 수수료를 받고 자금 관리자 역할만 수행한다. 나중에 제품이 배송되고 나면, 그때까지 계좌에 묶여 있던 판매 대금에서 수수료를 제외한 잔액이 판매자의 은행 계좌로 지급된다. 이것이 대금 정산 흐름이다. 이 흐름을 단순하게 도식화하면 그림 11.1과 같다.

그림 11.1 간소화된 수신 및 정산 흐름

대금 수신 흐름

대금 수신 흐름을 개략적인 다이어그램으로 표현하면 그림 11.2와 같다. 이 시스템의 각 구성 요소를 지금부터 살펴보자.

결제 서비스

결제 서비스(payment service)는 사용자로부터 결제 이벤트를 수락하고 결제 프로세스를 조율한다. 일반적으로 가장 먼저 하는 일은 AML/CFT[2]와 같은 규정을 준수하는지, 자금 세탁이나 테러 자금 조달과 같은 범죄 행위의 증거가 있는지 평가하는 위험 점검(risk check)이다. 결제 서비스는 이 위험 확인을 통과한 결제만 처리한다. 일반적으로 위험 확인 서비스는 매우 복잡하고 고도로

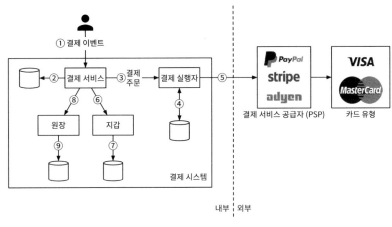

그림 11.2 대금 수신 흐름

전문화되어 있기 때문에 제3자 제공업체를 이용한다.

결제 실행자

결제 실행자(payment executor)는 결제 서비스 공급자(PSP)를 통해 결제 주문 (payment order) 하나를 실행한다. 하나의 결제 이벤트에는 여러 결제 주문이 포함될 수 있다.

결제 서비스 공급자

결재 서비스 공급자, 즉 PSP(Payment Service Provider)는 A 계정에서 B 계정 으로 돈을 옮기는 역할을 담당한다. 본 예제의 경우에는 구매자의 신용 카드 계좌에서 돈을 인출하는 역할을 맡는다.

카드 유형

카드사는 신용 카드 업무를 처리하는 조직이다. 잘 알려진 카드 유형으로는 비자, 마스터카드, 디스커버리(Discovery) 등이 있다. 카드 생태계는 매우 복잡하다.[3]

원장

원장(ledger)은 결제 트랜잭션에 대한 금융 기록이다. 예를 들어 사용자가 판매자에게 1달러를 결제하면 사용자로부터 1달러를 인출하고 판매자에게 1달러를 지급하는 기록을 남긴다. 원장 시스템은 전자상거래 웹사이트의 총 수익을 계산하거나 향후 수익을 예측하는 등, 결제 후 분석(post-payment analysis)에서 매우 중요한 역할을 한다.

지갑

지갑(wallet)에는 판매자(merchant)의 계정 잔액을 기록한다. 특정 사용자가 결제한 총 금액을 기록할 수도 있다. 그림 11.2에서 볼 수 있듯이, 일반적인 결제 흐름은 다음과 같다.

1. 사용자가 '주문하기' 버튼을 클릭하면 결제 이벤트가 생성되어 결제 서비스로 전송된다.
2. 결제 서비스는 결제 이벤트를 데이터베이스에 저장한다.
3. 때로는 단일 결제 이벤트에 여러 결제 주문이 포함될 수 있다. 한 번 결제로 여러 판매자의 제품을 처리하는 경우가 그 예다. 전자상거래 웹사이트에서 한 결제를 여러 결제 주문으로 분할하는 경우, 결제 서비스는 결제 주문마다 결제 실행자를 호출한다.
4. 결제 실행자는 결제 주문을 데이터베이스에 저장한다.
5. 결제 실행자가 외부 PSP를 호출하여 신용 카드 결제를 처리한다.
6. 결제 실행자가 결제를 성공적으로 처리하고 나면 결제 서비스는 지갑을 갱신하여 특정 판매자의 잔고를 기록한다.
7. 지갑 서버는 갱신된 잔고 정보를 데이터베이스에 저장한다.
8. 지갑 서비스가 판매자 잔고를 성공적으로 갱신하면 결제 서비스는 원장을 호출한다.
9. 원장 서비스는 새 원장 정보를 데이터베이스에 추가한다.

결제 서비스 API

결제 서비스에는 RESTful API 설계 규칙을 사용한다.

POST /v1/payments

이 엔드포인트는 결제 이벤트를 실행한다. 앞에서 언급했듯 하나의 결제 이벤트에는 여러 결제 주문이 포함될 수 있다. 요청 매개변수는 아래와 같다:

필드	설명	자료형
buyer_info	구매자 정보	json
checkout_id	해당 결제 이벤트를 식별하는 전역적으로 고유한 ID	string
credit_card_info	암호화된 신용 카드 정보 또는 결제 토큰. PSP마다 다른 값.	json
payment_orders	결제 주문 목록	list

표 11.1 결제 이벤트 실행을 위한 API 인자

payment_orders는 다음 형태를 띤다.

필드	설명	자료형
seller_account	대금을 수령할 판매자	string
amount	해당 주문으로 전송되어야 할 대금	string
currency	주문에 사용된 통화 단위	string (ISO 4217[4])
payment_order_id	해당 주문을 식별하는 전역적으로 고유한 ID	string

표 11.2 payment_orders

payment_order_id가 전역적으로(globally) 고유한 ID라는 점에 유의하자. 결제 실행자가 타사 PSP에 결제 요청을 전송할 때, PSP는 payment_order_id를 중복 제거 ID(deduplication ID)로 사용한다. 멱등 키(idempotency key)라고도 한다.

'amount' 필드의 데이터 유형이 'double'이 아닌 'string'이라는 것에 유의하자. 자료형 'double'은 이 경우에는 바람직하지 않은데, 이유는 다음과 같다.

1. 프로토콜, 소프트웨어, 하드웨어에 따라 직렬화/역직렬화에 사용하는 숫자 정밀도가 다를 수 있다. 이러한 차이가 의도치 않은 반올림 오류를 유발할 수 있다.

2. 이 숫자는 매우 클 수도 있고(예를 들어, 2020년도 일본의 GDP는 약 5×10^{14}엔), 매우 작을 수도 있다(예를 들어, 비트코인 1사토시는 10^{-8}이다).

따라서 전송 및 저장 시 숫자는 문자열로 보관하는 것이 좋다. 표시하거나 계산에 쓸 때만 숫자로 변환한다.

GET /v1/payments/{:id}

이 엔드포인트는 payment_order_id가 가리키는 단일 결제 주문의 실행 상태를 반환한다.

이 결제 API는 잘 알려진 일부 PSP의 API와 유사하다. 결제 API에 대한 더 상세한 내용이 궁금하다면 스트라이프의 API 문서[5]를 참고하기 바란다.

결제 서비스 데이터 모델

결제 서비스에는 결제 이벤트(payment event)와 결제 주문(payment order)의 두 개 테이블이 필요하다. 결제 시스템용 저장소 솔루션을 고를 때 일반적으로 성능은 가장 중요한 고려사항은 아니다. 대신 다음 사항에 중점을 둔다:

1. 안정성이 검증되었는가? 즉, 다른 대형 금융 회사에서 수년(가령 5년 이상) 동안 긍정적인 피드백을 받으며 사용된 적이 있는가?
2. 모니터링 및 데이터 탐사(investigation)에 필요한 도구가 풍부하게 지원되는가?
3. 데이터베이스 관리자(DBA) 채용 시장이 성숙했는가? 다시 말해 숙련된 DBA를 쉽게 채용할 수 있는가? 아주 중요하게 고려해 봐야 할 요소다.

일반적으로는 NoSQL/NewSQL보다는 ACID 트랜잭션을 지원하는 전통적인 관계형 데이터베이스를 선호한다.

결제 이벤트 테이블에는 자세한 결제 이벤트 정보가 저장된다. 테이블 스키마는 다음과 같다.

이름	자료형
checkout_id	string PK
buyer_info	string
seller_info	string
credit_card_info	카드 제공업체에 따라 다르다
is_payment_done	boolean

표 11.3 결제 이벤트

결제 주문 테이블에는 각 결제 주문의 실행 상태가 저장된다. 다음은 해당 테이블의 스키마다.

이름	자료형
payment_order_id	string PK
buyer_account	string
amount	string
currency	string
checkout_id	string FK
payment_order_status	string
ledger_updated	boolean
wallet_updated	boolean

표 11.4 결제 주문

표를 살펴보기 전에 몇 가지 배경 정보를 살펴보자.

- checkout_id는 외래 키다. 한 번의 결제 행위는 하나의 결제 이벤트를 만들고, 하나의 결제 이벤트에는 여러 개의 결제 주문이 포함될 수 있다.
- 구매자의 신용 카드에서 금액을 공제하기 위해 타사 PSP를 호출하면 판매자 대신 전자상거래 웹사이트의 은행 계좌에 이체가 이루어지는데, 이 프로세스를 대금 수신(pay-in)이라 부른다. 제품이 배송되는 등 대금 정산 조건이 충족되면 해당 대금을 판매자에게 정산하는 절차를 시작한다. 그 결과로 전자상거래 웹사이트의 은행 계좌에서 판매자의 은행 계좌로 금액이 이

체된다. 따라서 사용자의 결제를 처리하는 중에는 판매자의 은행 계좌가 아닌, 구매자의 카드 정보만 필요하다.

결제 주문 테이블(표 11.4)에서 payment_order_status는 결제 주문의 실행 상태를 유지하는 열거 자료형(enumerated type, 즉 enum)이다. 실행 상태로는 NOT_STARTED, EXECUTING, SUCCESS, FAILED 등이 있다. 업데이트 로직은 다음과 같다.

1. payment_order_status의 초깃값은 NOT_STARTED다.
2. 결제 서비스는 결제 실행자에 주문을 전송하면 payment_order_status의 값을 EXECUTING로 바꾼다.
3. 결제 서비스는 결제 처리자의 응답에 따라 payment_order_status의 값을 SUCCESS 또는 FAIL로 변경한다.

payment_order_status의 값이 SUCCESS로 결정되면 결제 서비스는 지갑 서비스를 호출하여 판매자 잔액을 업데이트하고 wallet_updated 필드의 값은 TRUE로 업데이트한다. 여기서는 지갑 업데이트가 항상 성공한다고 가정하여 설계를 단순화하였다.

이 절차가 끝나고 나면 결제 서비스는 다음 단계로 원장 서비스를 호출하여 원장 데이터베이스의 ledger_updated 필드를 TRUE로 갱신한다.

동일한 checkout_id 아래의 모든 결제 주문이 성공적으로 처리되면 결제 서비스는 결제 이벤트 테이블의 is_payment_done을 TRUE로 업데이트한다. 일반적으로, 종결되지 않은 결제 주문을 모니터링 하기 위해 주기적으로 실행되는 작업(scheduled job)을 마련해 둔다. 이 작업은 임계값 형태로 설정된 기간이 지나도록 완료되지 않은 결제 주문이 있을 경우 살펴보도록 엔지니어에게 경보를 보낸다.

복식부기 원장 시스템

원장 시스템에는 복식부기(double-entry)라는 아주 중요한 설계 원칙이 있다 (복식부기 회계(accounting)/부기(bookeeping)라고도 한다[6]). 복식부기는 모든 결제 시스템에 필수 요소이며 정확한 기록을 남기는 데 핵심적 역할을 한다. 모든 결제 거래를 두 개의 별도 원장 계좌에 같은 금액으로 기록한다. 한 계좌에서는 차감이 이루어지고 다른 계좌에는 입금이 이루어진다.(표 11.5)

계정	차감	증가
구매자	$1	
판매자		$1

표 11.5 복식부기 시스템

복식부기 시스템에서 모든 거래 항목의 합계는 0이어야 한다. 누군가 1센트를 잃으면 다른 누군가는 1센트를 가져가야 한다. 이 시스템을 활용하면 자금의 흐름을 시작부터 끝까지 추적할 수 있으며 결제 주기 전반에 걸쳐 일관성을 보장할 수 있다. 복식부기 시스템을 구현하는 방법에 대한 상세한 내용은 불변 복식부기 회계 데이터베이스(immutable double-entry accounting database service)에 대한 스퀘어(Square) 사의 엔지니어링 블로그 기사를 참고하기 바란다.[7]

외부 결제 페이지

대부분의 기업은 신용 카드 정보를 내부에 저장하지 않는데, 이는 신용 카드 정보를 내부에 저장할 경우 미국의 PCI DSS(Payment Card Industry Data Security Standard)[8] 같은 복잡한 규정을 준수해야 하기 때문이다. 신용 카드 정보를 취급하지 않기 위해 기업들은 PSP에서 제공하는 외부 신용 카드 페이지(hosted credit card page)를 사용한다. 웹사이트의 경우 이 외부 신용 카드 페이지는 위젯(widget) 또는 iframe이며, 모바일 애플리케이션의 경우에는 결제 SDK에 포함된 사전에 구현된 페이지다. 그림 11.3은 페이팔에 연동된 결제 페이지가 어떤 모습인지 보여준다. 여기서 중요한 점은 우리 결제 서비스가 아니라 PSP가 제공하는 외부 결제 페이지가 직접 고객 카드 정보를 수집한다는 것이다.

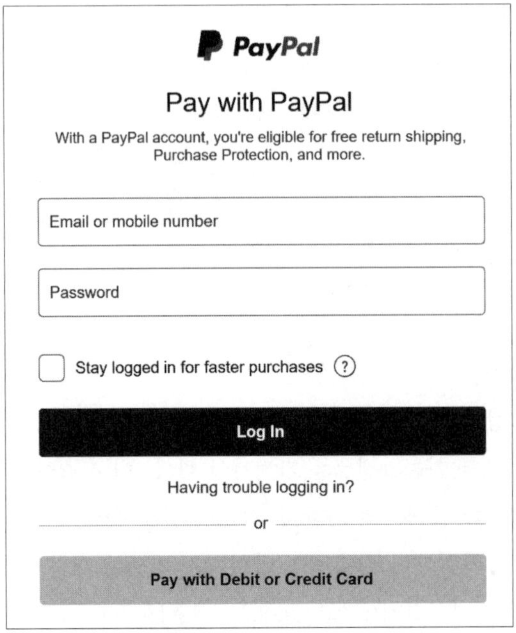

그림 11.3 페이팔이 제공하는 외부 결제 페이지

대금 정산 흐름

대금 정산(pay-out) 흐름의 구성 요소는 대금 수신 흐름과 아주 유사하다. 한 가지 차이는 PSP를 사용하여 구매자의 신용 카드에서 전자상거래 웹사이트 은행 계좌로 돈을 이체하는 대신, 정산 흐름에서는 타사 정산 서비스를 사용하여 전자상거래 웹사이트 은행 계좌에서 판매자 은행 계좌로 돈을 이체한다는 점이다.

일반적으로 결제 시스템은 대금 정산을 위해 티팔티(Tipalti)[9]와 같은 외상 매입금(accounts payable) 지급 서비스 제공업체를 이용한다. 대금 정산에도 다양한 부기 및 규제 요구사항이 있기 때문이다.

3단계: 상세 설계

이번 절에서는 시스템을 더 빠르고 강력하며 안전하게 만드는 데 초점을 맞춘다. 분산 시스템에서 오류와 장애는 피할 수 없을 뿐만 아니라 흔한 일이다. 예를 들어 고객이 '결제' 버튼을 여러 번 누르면 어떻게 될까? 여러 번 요금이 청구되나? 네트워크 연결 불량으로 인한 결제 실패는 어떻게 처리해야 하나? 이번 절에서는 다음 주제를 심도 있게 살펴볼 것이다.

- PSP 연동
- 조정(reconciliation)
- 결제 지연 처리
- 내부 서비스 간 통신
- 결제 실패 처리
- '정확히 한 번(exact-once)' 전달
- 일관성
- 보안

PSP 연동

결제 시스템이 은행이나 비자 또는 마스터카드와 같은 카드 시스템에 직접 연결할 수 있다면 PSP 없이도 결제할 수 있다. 하지만 그런 직접 연결은 아주 특수한 경우로 한정된다. 일반적으로 그런 직접 연결에 투자할 수 있는 것은 아주 큰 회사뿐이다. 대부분의 회사는 다음 두 가지 방법 중 하나로 결제 시스템을 PSP와 연동한다.

1. 회사가 민감한 결제 정보를 안전하게 저장할 수 있다면 API를 통해 PSP와 연동하는 방법을 택할 수 있다. 회사는 결제 웹페이지를 개발하고 민감한 결제 정보를 수집하며, PSP는 은행 연결, 다양한 카드 유형을 지원하는 역할을 한다.
2. 복잡한 규정 및 보안 문제로 인해 민감한 결제 정보를 저장하지 않기로 결정한 경우, PSP는 카드 결제 세부 정보를 수집하여 PSP에 안전하게 저장할 수 있도록 외부 결제 페이지를 제공한다. 대부분의 기업이 택하는 접근법이다.

외부 결제 페이지의 작동 방식은 그림 11.4에서 자세히 설명한다.

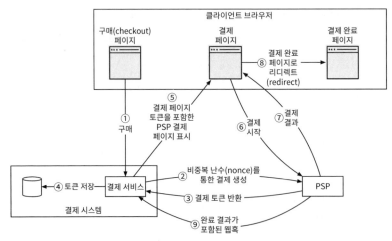

그림 11.4 외부 결제 페이지 이용 흐름

그림 11.4에서는 간결한 설명을 위해 결제 실행자, 원장, 지갑 등은 생략했다. 결제 서비스가 전체 결제 프로세스를 조율한다.

1. 사용자가 클라이언트 브라우저에서 '결제' 버튼을 클릭한다. 클라이언트는 결제 주문 정보를 담아 결제 서비스를 호출한다.

2. 결제 주문 정보를 수신한 결제 서비스는 결제 등록 요청(payment registration request)을 PSP로 전송한다. 이 등록 요청에는 결제 금액, 통화(currency), 결제 요청 만료일, 리디렉션 URL 등의 결제 정보가 포함된다. 결제 주문이 정확히 한 번만 등록될 수 있도록 UUID 필드를 둔다. 이 UUID는 비중복 난수(Number used Only Once, Nonce)라고도 부른다.[10] 일반적으로 이 UUID는 결제 주문의 ID로 사용된다.

3. PSP는 결제 서비스에 토큰을 반환한다. 토큰은 등록된 결제 요청을 유일하게 식별하는, PSP가 발급한 UUID다. 나중에 이 토큰을 사용하여 결제 등록 및 결제 실행 상태를 확인할 수 있다.

4. 결제 서비스는 PSP가 제공하는 외부 결제 페이지를 호출하기 전에 토큰을 데이터베이스에 저장한다.

5. 토큰을 저장하고 나면 클라이언트는 PSP가 제공하는 외부 결제 페이지를 표시한다. 모바일 애플리케이션은 일반적으로 이를 위해 PSP SDK를 연동

한다. 여기서는 스트라이프 사의 웹 연동 사례를 들겠다.(그림 11.5) 스트라이프가 제공하는 자바스크립트 라이브러리에는 결제 UI를 표시하고, 민감한 결제 정보를 수집하고, 결제를 완료하는 등의 작업을 위해 PSP를 직접 호출하는 로직이 포함되어 있다. 민감한 결제 정보는 스트라이프가 수집하며, 이런 정보는 우리 시스템으로는 절대로 넘어오지 않는다. 외부 결제 페이지는 일반적으로 다음 두 가지 정보를 필요로 한다.

a. 4단계에서 받은 토큰: PSP의 자바스크립트 코드는 이 토큰을 사용하여 PSP의 백엔드에서 결제 요청에 대한 상세 정보를 검색한다. 이 과정을 통해 알아내야 하는 중요 정보 하나는 사용자에게서 받을 금액이다.

b. 리디렉션 URL: 결제가 완료되면 호출될 웹 페이지 URL이다. PSP의 자바스크립트는 결제가 완료되면 브라우저를 리디렉션 URL로 돌려보낸다. 일반적으로 리디렉션 URL은 결제 상태를 표시하는 전자상거래 웹 사이트상의 한 페이지다. 9번 단계에 언급된 웹훅(webhook) URL[11]과는 다른 것이다.

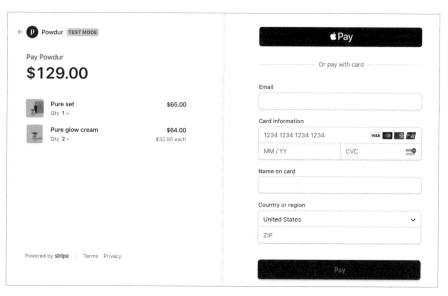

그림 11.5 스트라이프 사의 외부 결제 페이지

6. 사용자는 신용 카드 번호, 소유자 이름, 카드 유효기간 등의 결제 세부 정보를 PSP의 웹 페이지에 입력한 다음 결제 버튼을 클릭한다. PSP가 결제 처리를 시작한다.

7. PSP가 결제 상태를 반환한다.

8. 이제 사용자는 리디렉션 URL 가리키는 웹 페이지로 보내진다. 이때 보통 7 단계에서 수신된 결제 상태가 URL에 추가된다. 예를 들어, `https://your-company.com/?tokenID=JIOUIQ123NSF&payResult=X324FSa`와 같은 형태다.[12]

9. 비동기적으로 PSP는 웹훅을 통해 결제 상태와 함께 결제 서비스를 호출한다. 웹훅은 결제 시스템 측에서 PSP를 처음 설정할 때 등록한 URL이다. 결제 시스템이 웹훅을 통해 결제 이벤트를 다시 수신하면 결제 상태를 추출하여 결제 주문 데이터베이스 테이블의 `payment_order_status` 필드를 최신 상태로 업데이트한다.

지금까지 외부 결제 페이지가 잘 동작할 때 시스템들이 어떻게 상호 연동하는지 설명했다. 그러나 실제로는 위의 아홉 단계 각각이 네트워크 문제로 실패할 수 있다. 실제로 장애가 발생하면 체계적으로 처리할 수 있는 방법이 있을까? 조정(reconciliation)이 바로 그 방법이다.

조정

시스템 구성 요소가 비동기적으로 통신하는 경우 메시지가 전달되거나 응답이 반환된다는 보장이 없다. 이는 시스템 성능을 높이기 위해 비동기 통신을 자주 사용하는 결제 관련 사업에 일반적인 문제다. PSP나 은행 같은 외부 시스템도 비동기 통신을 선호한다. 그렇다면 어떻게 정확성을 보장할 수 있을까?

답은 조정이다. 관련 서비스 간의 상태를 주기적으로 비교하여 일치하는지 확인하는 것이다. 일반적으로 결제 시스템의 마지막 방어선으로 받아들여진다.

매일 밤 PSP나 은행은 고객에게 정산(settlement) 파일을 보낸다. 정산 파일에는 은행 계좌의 잔액과 하루 동안 해당 계좌에서 발생한 모든 거래(transaction) 내역이 기재되어 있다. 조정 시스템은 정산 파일의 세부 정보를 읽어 원장 시스템과 비교한다. 그림 11.6은 조정 프로세스가 시스템의 어디에서 이루어지는지 보여준다.

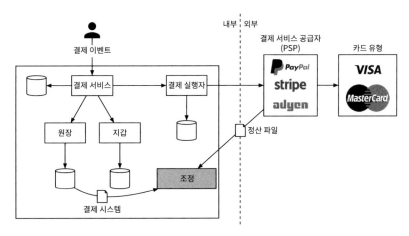

그림 11.6 조정

조정은 결제 시스템의 내부 일관성을 확인할 때도 사용된다. 예를 들어, 원장과 지갑의 상태가 같은지 확인할 수 있다.

조정 중에 발견된 차이는 일반적으로 재무팀에 의뢰하여 수동으로 고친다. 발생 가능한 불일치 문제 및 해결 방안은 다음 세 가지 범주로 나눌 수 있다.

1. 어떤 유형의 문제인지 알고 있으며 문제 해결 절차를 자동화할 수 있는 경우: 원인과 해결 방법을 알고 있으며, 자동화 프로그램을 작성하는 것이 비용 효율적인 경우다. 엔지니어는 발생한 불일치 문제의 분류와 조정 작업을 모두 자동화할 수 있다.
2. 어떤 유형의 문제인지는 알지만 문제 해결 절차를 자동화할 수는 없는 경우: 불일치의 원인과 해결 방법을 알고는 있지만 자동 조정 프로그램의 작성 비용이 너무 높다. 발생한 불일치 문제는 작업 대기열에 넣고 재무팀에서 수동으로 수정하도록 한다.
3. 분류할 수 없는 유형의 문제인 경우: 불일치가 어떻게 발생하였는지 알지 못하는 경우다. 이런 불일치 문제는 특별 작업 대기열에 넣고 재무팀에서 조사하도록 한다.

결제 지연 처리

앞서 설명한 것처럼 결제 요청은 많은 컴포넌트를 거치며, 내부 및 외부의 다양한 처리 주체와 연동한다. 대부분의 경우 결제 요청은 몇 초 만에 처리되지만, 완료되거나 거부되기까지 몇 시간 또는 며칠이 걸리는 경우도 있다. 다음은 결제 요청이 평소보다 오래 걸리게 되는 몇 가지 사례다.

- PSP가 해당 결제 요청의 위험성이 높다고 보고 담당자 검토를 요구하는 경우
- 신용 카드사가 구매 확인 용도로 카드 소유자의 추가 정보를 요청하는 3D 보안 인증(3D Secure Authentication)[13] 같은 추가 보호 장치를 요구하는 경우

결제 서비스는 처리하는 데 시간이 오래 걸리는 이런 요청도 처리할 수 있어야 한다. 구매 페이지가 외부 PSP에 호스팅 되는 경우(요즘은 아주 일반적인 관행이다) PSP는 다음과 같이 처리한다.

- PSP는 결제가 대기(pending) 상태임을 알리는 상태 정보를 클라이언트에 반환하고, 클라이언트는 이를 사용자에게 표시한다. 클라이언트는 또한 고객이 현재 결제 상태를 확인할 수 있는 페이지도 제공한다.
- PSP는 우리 회사를 대신하여 대기 중인 결제의 진행 상황을 추적하고, 상태가 바뀌면 PSP에 등록된 웹훅을 통해 결제 서비스에 알린다.

결제 요청이 최종적으로 완료되면 PSP는 방금 언급한 사전에 등록된 웹훅을 호출한다. 결제 서비스는 내부 시스템에 기록된 정보를 업데이트하고 고객에게 배송을 완료한다.

어떤 PSP는 웹훅을 통해 결제 서비스에 결제 상태 변경을 알리는 대신, 결제 서비스로 하여금 대기 중인 결제 요청의 상태를 주기적으로 확인(polling)하도록 하기도 한다.

내부 서비스 간 커뮤니케이션

내부 서비스 통신에는 동기식과 비동기식의 두 가지 패턴이 있다.

동기식 통신

HTTP와 같은 동기식 통신은 소규모 시스템에서는 잘 작동하지만 규모가 커지면 단점이 분명해진다. 동기식 통신에서 한 요청에 응답을 만드는 처리 주기(cycle)는 관련된 서비스가 많을수록 길어진다. 단점은 다음과 같다.

- 성능 저하: 요청 처리에 관계된 서비스 가운데 하나에 발생한 성능 문제가 전체 시스템의 성능에 영향을 끼친다.
- 장애 격리 곤란: PSP 등의 서비스에 장애가 발생하면 클라이언트는 더 이상 응답을 받지 못한다.
- 높은 결합도: 요청 발신자는 수신자를 알아야만 한다.
- 낮은 확장성: 큐를 버퍼로 사용하지 않고서는 갑작스러운 트래픽 증가에 대응할 수 있도록 시스템을 확장하기 어렵다.

비동기 통신

비동기 통신은 크게 두 가지 범주로 나눌 수 있다.

- 단일 수신자: 각 요청(메시지)은 하나의 수신자 또는 서비스가 처리한다. 일반적으로 공유 메시지 큐를 사용해 구현한다. 큐에는 복수의 구독자가 있을 수 있으나 처리된 메시지는 큐에서 바로 제거된다. 구체적인 예를 살펴보자. 그림 11.7에서 서비스 A와 서비스 B는 모두 같은 메시지 큐를 구독한다. 서비스 A와 서비스 B가 각각 m1과 m2를 처리하면 그림 11.8과 같이 두 메시지는 모두 큐에서 사라진다.

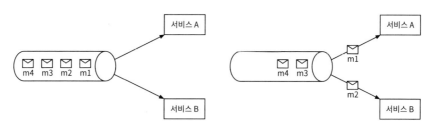

그림 11.7 메시지 큐   그림 11.8 메시지마다 하나의 수신자

- 다중 수신자: 각 요청(메시지)은 여러 수신자 또는 서버가 처리한다. 카프카는 이런 시나리오를 잘 처리할 수 있다. 소비자가 수신한 메시지는 카프카에서 바로 사라지지 않는다. 따라서 동일한 메시지를 여러 서비스가 받아 처리할 수 있다. 따라서 결제 시스템 구현에 적합한데, 하나의 요청이 푸시 알림 전송, 재무 보고 업데이트, 분석 결과 업데이트 등의 다양한 용도에 쓰일 수 있기 때문이다. 그림 11.9의 사례를 보자. 카프카에 발행된 하나의 결제 이벤트가 결제 시스템, 분석 서비스, 결제 청구(billing) 서비스 등에 입력으로 활용된다.

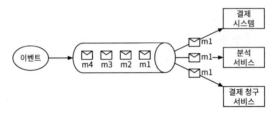

그림 11.9 동일한 메시지에 여러 수신자

일반적으로 보자면 동기식 통신은 설계하기는 쉽지만 서비스의 자율성을 높이기에는 적합하지 않다. 의존성 그래프가 커지면 전반적 성능은 낮아진다. 비동기 통신은 설계의 단순성과 데이터 일관성을 시스템 확장성 및 장애 감내 능력과 맞바꾼 결과다. 비즈니스 로직이 복잡하고 타사 서비스 의존성이 높은 대규모 결제 시스템에는 비동기 통신이 더 나은 선택이다.

결제 실패 처리

모든 결제 시스템은 실패한 결제를 적절히 처리할 수 있어야 한다. 안정성 및 결함 내성은 결제 시스템의 핵심적 요구사항이다. 이 문제를 해결하는 몇 가지 기법을 알아보자.

결제 상태 추적

결제 주기의 모든 단계에서 결제 상태를 정확하게 유지하는 것은 매우 중요하다. 실패가 일어날 때마다 결제 거래의 현재 상태를 파악하고 재시도 또는 환불이 필요한지 여부를 결정한다. 결제 상태는 데이터 추가만 가능한 데이터베이스 테이블에 보관한다.

재시도 큐 및 실패 메시지 큐

실패를 우아하게 처리하기 위해서는 그림 11.10과 같이 재시도 큐(retry queue)와 실패 메시지 큐(dead letter queue)를 두는 것이 바람직하다.

- 재시도 큐: 일시적 오류 같은 재시도 가능 오류는 재시도 큐에 보낸다.
- 실패 메시지 큐[14]: 반복적으로 처리에 실패한 메시지는 결국에는 실패 메시지 큐로 보낸다. 이 큐는 문제가 있는 메시지를 디버깅하고 격리하여 성공적으로 처리되지 않은 이유를 파악하기 위한 검사에 유용하다.

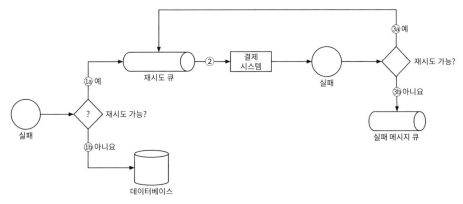

그림 11.10 실패한 결제의 처리

1. 재시도가 가능한지 확인한다.
   (a) 재시도 가능 실패는 재시도 큐로 보낸다.
   (b) 잘못된 입력과 같이 재시도가 불가능한 실패는 오류 내역을 데이터베이스에 저장한다.
2. 결제 시스템은 재시도 큐에 쌓인 이벤트를 읽어 실패한 결제를 재시도한다.
3. 결제 거래가 다시 실패하는 경우에는 다음과 같이 처리한다.
   (a) 재시도 횟수가 임계값 이내라면 해당 이벤트를 다시 재시도 큐로 보낸다.

    (b) 재시도 횟수가 임계값을 넘으면 해당 이벤트를 실패 메시지 큐에 넣는
    다. 이런 이벤트에 대해서는 별도 조사가 필요할 수도 있다.

실무에서 이런 큐가 어떻게 쓰이는지 궁금하다면 우버(Uber)에서 카프카를 활용해 결제 시스템 안정성과 결함 내성 요건을 어떻게 충족하고 있는지 살펴보기 바란다.[15]

정확히 한 번 전달

결제 시스템에 발생 가능한 가장 심각한 문제 중 하나는 고객에게 이중으로 청구하는 것이다. 결제 주문이 정확히 한 번만 실행되도록 결제 시스템을 설계하는 것이 중요하다.[16]

   언뜻 보기에 메시지를 정확히 한 번 전달하는 것은 매우 어려운 문제처럼 느껴지지만, 문제를 두 부분으로 나누면 훨씬 쉽게 해결할 수 있다. 수학적으로 보자면, 다음의 요건이 충족되면 주어진 연산은 정확히 한 번 실행된다.

1. 최소 한 번은 실행된다.
2. 최대 한 번 실행된다.

지금부터 재시도를 통해 최소 한 번 실행을 보증하는 방법과, 멱등성 검사(idempotency check)를 통해 최대 한 번 실행을 보증하는 방법을 알아보도록 하겠다.

재시도

간혹 네트워크 오류나 시간 초과로 인해 결제 거래를 다시 시도해야 하는 경우가 있다. 재시도 메커니즘을 활용하면 어떤 결제가 최소 한 번은 실행되도록 보장 가능하다. 예를 들어, 그림 11.11에서와 같이 클라이언트가 10달러 결제를 시도하지만 네트워크 연결 상태가 좋지 않아 결제 요청이 계속 실패하는 경우를 생각해 보자. 이 사례에서는 네트워크가 결국 복구되어 네 번째 시도 만에 요청이 성공한다.

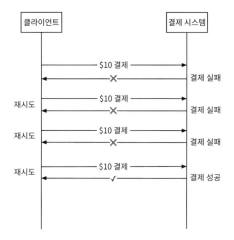

그림 11.11 재시도

재시도 메커니즘을 도입할 때는 얼마나 간격을 두고 재시도할지 정하는 것이 중요하다. 일반적으로 사용되는 전략은 다음과 같다.

- 즉시 재시도(immediate retry): 클라이언트는 즉시 요청을 다시 보낸다.
- 고정 간격(fixed interval): 재시도 전에 일정 시간 기다리는 방안이다.
- 증분 간격(incremental interval): 재시도 전에 기다리는 시간을 특정한 양 만큼 점진적으로 늘려 나가는 방안이다.
- 지수적 백오프(exponential backoff)[17]: 재시도 전에 기다리는 시간을 직전 재시도 대비 두 배씩 늘려 나가는 방안. 예를 들어, 요청이 처음 실패하면 1초 후에 재시도하고, 두 번째로 실패하면 2초, 세 번째로 실패하면 4초를 기다린 후 재시도한다.
- 취소(cancel): 요청을 철회하는 방안. 실패가 영구적이거나 재시도를 하더라도 성공 가능성이 낮은 경우에 흔히 사용되는 방안이다.

적절한 재시도 전략을 결정하는 것은 어렵다. '모든 상황에 맞는' 해결책은 없다. 다만 일반적으로 적용 가능한 지침은, 네트워크 문제가 단시간 내에 해결될 것 같지 않다면 지수적 백오프를 사용하라는 것이다. 지나치게 공격적인 재시도 전략은 컴퓨팅 자원을 낭비하고 서비스 과부하를 유발한다. 에러 코드를 반환할 때는 Retry-After 헤더를 같이 붙여 보내는 것이 바람직하다.

　재시도 시 발생할 수 있는 잠재적 문제는 이중 결제다. 다음 두 가지 시나리오를 살펴보자.

시나리오 1: 결제 시스템이 외부 결제 페이지를 통해 PSP와 연동하는 환경에서 클라이언트가 결제 버튼을 두 번 중복 클릭한다.

시나리오 2: PSP가 결제를 성공적으로 하였으나 네트워크 오류로 인해 응답이 결제 시스템에 도달하지 못했다. 사용자가 '결제' 버튼을 다시 클릭하거나 클라이언트가 결제를 다시 시도한다.

이중 결제를 방지하려면 결제는 '최대 한 번' 이루어져야 한다. '최대 한 번 실행'은 다른 말로 멱등성(idempotency)이라고도 부른다.

멱등성

멱등성은 최대 한 번 실행을 보장하기 위한 핵심 개념이다. 위키백과에 따르면, "멱등성은 수학 또는 컴퓨터 과학적 연산이 가질 수 있는 한 가지 속성으로, 연산을 여러 번 실행하여도 최초 실행 결과가 그대로 보존되는 특성을 일컫는다."[18] API 관점에서 보자면 멱등성은 클라이언트가 같은 API 호출을 여러 번 반복해도 항상 동일한 결과가 나온다는 뜻이다.

　클라이언트(웹 및 모바일 애플리케이션)와 서버 간의 통신을 위해서는 일반적으로 클라이언트가 생성하고 일정 시간이 지나면 만료되는 고유한 값을 멱등 키로 사용한다. 스트라이프, 페이팔 같은 많은 기술 회사가 UUID를 멱등 키로 권장하며 실제로 널리 쓰인다.[19][20] 결제 요청의 멱등성을 보장하기 위해서는 HTTP 헤더에 <멱등 키: 값>의 형태로 멱등 키를 추가하면 된다.

　이제 멱등성의 기본적인 내용은 이해했으니 방금 언급한 이중 결제 문제 해결에 어떻게 도움이 되는지 알아보자.

시나리오 1: 고객이 '결제' 버튼을 빠르게 두 번 클릭하는 경우

그림 11.12에서 사용자가 '결제'를 클릭하면 멱등 키가 HTTP 요청의 일부로 결제 시스템에 전송된다. 전자상거래 웹사이트에서 멱등 키는 일반적으로 결제

가 이루어지기 직전의 장바구니 ID다.

결제 시스템은 두 번째 요청을 재시도로 처리하는데, 요청에 포함된 멱등 키를 이전에 받은 적이 있기 때문이다. 그런 경우 결제 시스템은 이전 결제 요청의 가장 최근 상태를 반환한다.

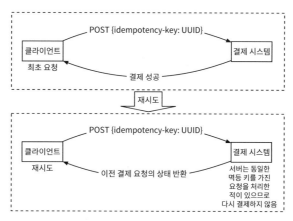

그림 11.12 멱등성

동일한 멱등 키로 동시에 많은 요청을 받으면 결제 서비스는 그 가운데 하나만 처리하고 나머지에 대해서는 429 Too Many Requests 상태 코드를 반환한다.

멱등성을 지원하는 한 가지 방법은 데이터베이스의 고유 키 제약 조건 (unique key constraint)을 활용하는 것이다. 예를 들어, 데이터베이스 테이블의 기본 키를 멱등 키로 사용한다. 그 경우 시스템은 다음과 같이 동작한다.

1. 결제 시스템은 결제 요청을 받으면 데이터베이스 테이블에 새 레코드를 넣으려 시도한다.
2. 새 레코드 추가에 성공했다는 것은 이전에 처리한 적이 없는 결제 요청이라는 뜻이다.
3. 새 레코드 추가에 실패했다는 것은 이전에 받은 적이 있는 결제 요청이라는 뜻이다. 그런 중복 요청은 처리하지 않는다.

시나리오 2: PSP가 결제를 성공적으로 처리했지만 네트워크 오류로 응답이 결제 시스템에 전달되지 못하여, 사용자가 '결제' 버튼을 다시 클릭하는 경우.

그림 11.4와 같이(2단계 및 3단계) 결제 서비스는 PSP에 비중복 난수를 전송하고 PSP는 해당 난수에 대응되는 토큰을 반환한다. 이 난수는 결제 주문을 유일하게 식별하는 구실을 하며, 해당 토큰은 그 난수에 일대일로 대응된다. 따라서 토큰 또한 결제 주문을 유일하게 식별 가능하다.

사용자가 '결제' 버튼을 다시 누른다 해도 결제 주문이 같으니 PSP로 전송되는 토큰도 같다. PSP는 이 토큰을 멱등 키로 사용하므로, 이중 결제로 판단하고 종전 실행 결과를 반환한다.

일관성

결제 실행 과정에서 상태 정보를 유지 관리하는 여러 서비스가 호출된다.

1. 결제 서비스는 비중복 난수, 토큰, 결제 주문, 실행 상태 등의 결제 관련 데이터를 유지 관리한다.
2. 원장은 모든 회계 데이터를 보관한다.
3. 지갑은 판매자의 계정 잔액을 유지한다.
4. PSP는 결제 실행 상태를 유지한다.
5. 데이터는 안정성을 높이기 위해 여러 데이터베이스 사본에 복제될 수 있다.

분산 환경에서는 서비스 간 통신 실패로 데이터 불일치가 발생할 수 있다. 지금부터 결제 시스템에서 발생 가능한 데이터 일관성 문제를 해결하는 기법들을 살펴보자.

내부 서비스 간에 데이터 일관성을 유지하려면 요청이 '정확히 한 번 처리'되도록 보장하는 것이 아주 중요하다.

내부 서비스와 외부 서비스(PSP) 간의 데이터 일관성 유지를 위해서는 일반적으로 멱등성과 조정 프로세스를 활용한다. 외부 서비스가 멱등성을 지원하는 경우, 결제를 재시도할 때는 같은 멱등 키를 사용해야 한다. 그러나 외부 서비스가 멱등 API를 지원하더라도 외부 시스템이 항상 옳다고 가정할 수는 없으므로, 조정 절차를 생략할 수는 없다.

데이터를 다중화하는 경우에는 복제 지연으로 인해 기본 데이터베이스와 사본 데이터가 불일치하는 일이 생길 수 있다. 일반적으로 이 문제에는 두 가지 해결 방법이 있다.

1. 주 데이터베이스에서만 읽기와 쓰기 연산을 처리한다. 이 접근법은 설정하기는 쉽지만 규모 확장성이 떨어진다는 단점이 있다. 사본은 데이터 안정성 보장에만 활용되고 트래픽은 처리하지 않는다. 따라서 자원이 낭비된다.
2. 모든 사본이 항상 동기화되도록 한다. 팩서스(Paxos)[21], 래프트(Raft)[22] 같은 합의 알고리즘을 사용하거나, YugabyteDB[23], CockroachDB[24]와 같은 합의 기반 분산 데이터베이스를 사용한다.

결제 보안

결제 보안은 매우 중요하다. 사이버 공격과 카드 도난에 대응하기 위한 몇 가지 기술을 간략하게 살펴보자.

문제	해결책
요청/응답 도청 (request/response eavesdropping)	HTTPS 사용
데이터 변조(data tempering)	암호화 및 무결성 강화 모니터링
중간자 공격 (man-in-the-middle attack)	인증서 고정(certificate pinning)과 함께 SSL 사용
데이터 손실	여러 지역에 걸쳐 데이터베이스 복제 및 스냅숏 생성
분산 서비스 거부 공격(DDoS)	처리율 제한 및 방화벽[25]
카드 도난	토큰화(tokenization). 실제 카드 번호를 사용하는 대신 토큰을 저장하고 결제에 사용
PCI 규정 준수	PCI DSS는 브랜드 신용 카드를 처리하는 조직을 위한 정보 보안 표준이다.
사기(fraud)	주소 확인, 카드 확인번호(CVV), 사용자 행동분석 등[26][27]

표 11.6 결제 보안

4단계: 마무리

이번 장에서는 대금 수신 흐름과 정산 흐름을 살펴보았다. 재시도, 멱등성, 일관성에 대해서도 자세히 살펴보았다. 결제 오류 처리와 보안에 대한 사항도 이번 장 말미에서 살펴보았다.

결제 시스템은 아주 복잡하다. 많은 주제를 다루었지만 아직도 언급할 가치가 있는 주제가 많이 남아 있다. 그 가운데 대표적인 것들만 아래에 정리했다.

- 모니터링: 주요 지표를 모니터링 하는 것은 모든 현대적 애플리케이션에 아주 중요하다. 광범위한 모니터링을 통해 "특정 결제 수단의 평균 승인율은 얼마인가?", "서버의 CPU 사용량은 얼마인가?" 같은 질문에 답을 얻을 수 있다. 지표들을 한데 모아 대시보드를 만들 수도 있다.
- 경보: 비정상적인 상황이 발생하면 온콜(on-call) 중인 개발자에게 알려 신속하게 대응할 수 있도록 하는 것이 중요하다.
- 디버깅 도구: "왜 결제가 실패하나요?"는 아주 흔한 질문이다. 엔지니어와 고객 지원팀이 더 쉽게 디버깅할 수 있도록 결제 거래의 상태, 처리 서버 기록, PSP 기록 등을 검토할 수 있는 도구를 개발하는 것이 중요하다.
- 환율: 국제적인 결제 시스템을 설계할 때 환율은 중요한 고려사항이다.
- 지역: 지역마다 가용한 결제 수단이 완전히 달라질 수 있다.
- 현금 결제: 현금 결제는 인도, 브라질 등의 국가에서 매우 일반적이다. 우버와 에어비앤비가 현금 결제 방법에 대해 자세한 엔지니어링 블로그 기사를 펴낸 바 있으니, 참고하기 바란다.[28][29]
- 구글/애플 페이 연동: [30]을 읽어 보기 바란다.

이번 장도 성공적으로 마무리한 여러분, 축하한다! 스스로를 마음껏 격려하도록 하자!

11장 요약

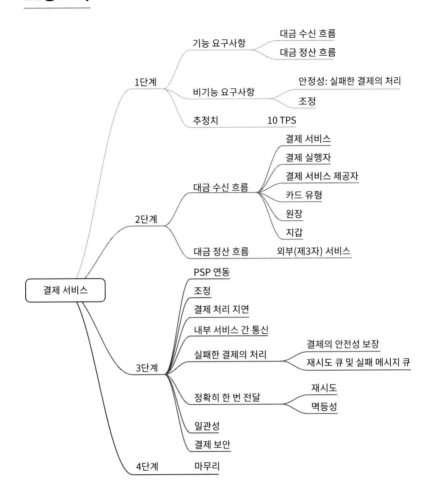

참고 문헌

[1]   결제 시스템(Payment system). *https://en.wikipedia.org/wiki/Payment_system*

[2]   AML/CFT. *https://en.wikipedia.org/wiki/Money_laundering*

[3]   카드 유형(Card scheme). *https://en.wikipedia.org/wiki/Card_scheme*

[4]   ISO 4217. *https://en.wikipedia.org/wiki/ISO_4217*

[5] 스트라이프 API 레퍼런스(Stripe API Reference). *https://stripe.com/docs/api*

[6] 복식부기(Double-entry bookkeeping). *https://en.wikipedia.org/wiki/Double-entry_bookkeeping*

[7] 불변 복식부기 회계 데이터베이스 서비스(Books, an immutable double-entry accounting database service). *https://developer.squareup.com/blog/books-an-immutable-double-entry-accounting-database-service/*

[8] 카드 결제 업계의 데이터 보안 표준(Payment Card Industry Data Security Standard). *https://en.wikipedia.org/wiki/Payment_Card_Industry_Data_Security_Standard*

[9] 티팔티(Tipalti). *https://tipalti.com/*

[10] 비중복 난수(Nonce). *https://en.wikipedia.org/wiki/Cryptographic_nonce*

[11] 스트라이프 웹훅(Webhooks). *https://stripe.com/docs/webhooks*

[12] 맞춤형 결제 성공 페이지 제작법(Customize your success page). *https://stripe.com/docs/payments/checkout/custom-success-page*

[13] 3D 보안(3D Secure). *https://en.wikipedia.org/wiki/3-D_Secure*

[14] 카프카 커넥트: 오류 처리와 실패 메시지 큐를 중심으로(Kafka Connect Deep Dive - Error Handling and Dead Letter Queues). *https://www.confluent.io/blog/kafka-connect-deep-dive-error-handling-dead-letter-queues/*

[15] 스트리밍 결제 시스템에서의 안정적 처리 방안(Reliable Processing in a Streaming Payment System). *https://www.youtube.com/watch?v=5TD8m7w1xE0&list=PLLEUtp5eGr7Dz3fWGUpiSiG3d_WgJe-KJ*

[16] 여러 서비스가 연결된 환경에서의 '정확히 한 번' 시맨틱 보장 방안(Chain Services with Exactly-Once Guarantees). *https://www.confluent.io/blog/chain-services-exactly-guarantees/*

[17] 지수적 백오프(Exponential backoff). *https://en.wikipedia.org/wiki/Exponential_backoff*

[18] 멱등성(Idempotence). *https://en.wikipedia.org/wiki/Idempotence*

[19] 스트라이프에서의 멱등 요청 지원 방안(Stripe idempotent requests).

https://stripe.com/docs/api/idempotent_requests

[20] 멱등성(Idempotency). *https://developer.paypal.com/docs/platforms/develop/idempotency/*

[21] 팩서스(Paxos). *https://en.wikipedia.org/wiki/Paxos_(computer_science)*

[22] 래프트(Raft). *https://raft.github.io/*

[23] YogabyteDB. *https://www.yugabyte.com/*

[24] Cockroachdb. *https://www.cockroachlabs.com/*

[25] DDoS 공격이란 무엇인가(What is DDoS attack). *https://www.cloudflare.com/learning/ddos/what-is-a-ddos-attack/*

[26] 결제 게이트웨이가 온라인 사기를 감지하고 예방하는 방법(How Payment Gateways Can Detect and Prevent Online Fraud). *https://www.chargebee.com/blog/optimize-online-billing-stop-online-fraud/*

[27] 우버의 온라인 사기 감지 시스템(Project RADAR: Intelligent Early Fraud Detection System with Humans in the Loop). *https://www.uber.com/blog/project-radar-intelligent-early-fraud-detection/*

[28] 우버의 인도 지역 현금/전자 지갑 결제 지원 방안 재설계(Re-Architecting Cash and Digital Wallet Payments for India with Uber Engineering). *https://eng.uber.com/india-payments/*

[29] 에어비앤비 결제 플랫폼의 규모 확장(Scaling Airbnb's Payment Platform). *https://medium.com/airbnb-engineering/scaling-airbnbs-payment-platform-43ebfc99b324*

[30] 우버의 결제 연동 사례(Payments Integration at Uber: A Case Study - Gergely Orosz). *https://www.youtube.com/watch?v=yooCE5B0SRA*

12장

전자 지갑

결제 플랫폼은 일반적으로 고객에게 전자 지갑 서비스를 제공하여 고객으로 하여금 지갑에 돈을 넣어 두고 필요할 때 사용할 수 있도록 한다. 예를 들어, 은행 카드에서 전자 지갑에 돈을 이체해 두면 전자상거래 사이트에서 제품을 구매할 때 그 지갑의 돈을 사용하여 결제하는 옵션을 선택할 수 있다. 그림 12.1 은 이 과정을 보여 준다.

그림 12.1 전자 지갑

전자 지갑은 결제 기능만 제공하는 것이 아니다. 일례로 페이팔은 같은 플랫폼의 다른 사용자 지갑으로 직접 송금을 지원한다. 전자 지갑 간 이체는 은행 간 이체보다 빠르며, 일반적으로 추가 수수료를 부과하지 않는다는 중요한 차이가 있다. 그림 12.2는 지갑 간 이체 개념도다.

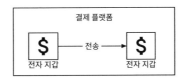

그림 12.2 지갑 간 이체

지갑 간 이체를 지원하는 전자 지갑 애플리케이션의 백엔드를 설계하라는 요청을 받았다고 가정하자. 면접을 시작하면 우선 질문을 던져 요구사항을 명확하게 파악하자.

1단계: 문제 이해 및 설계 범위 확정

지원자: 두 전자 지갑 사이의 이체에만 집중해야 하나요? 다른 기능도 신경 써야 할까요?

면접관: 이체 기능에만 집중합시다.

지원자: 시스템이 지원해야 하는 초당 트랜잭션 수(TPS)는 얼마인가요?

면접관: 1,000,000TPS로 가정하겠습니다.

지원자: 전자 지갑은 정확성에 대한 엄격한 요건이 있을 텐데요. 데이터베이스가 제공하는 트랜잭션 보증(transactional guarantee)[1]이면 충분하다고 볼 수 있을까요?

면접관: 좋습니다.

지원자: 정확성을 증명해야 하나요?

면접관: 좋은 질문입니다. 일반적으로 정확성은 트랜잭션이 완료된 뒤에나 확인할 수 있습니다. 한 가지 검증 방법은 내부 기록과 은행의 명세서를 비교하는 것이죠. 그러나 이런 조정(reconciliation) 작업으로는 데이터 일관성이 깨졌다는 사실은 알 수 있지만 그 차이가 왜 발생했는지는 알기 힘듭니다. 따라서 우리는 재현성(reproducibility)을 갖춘 시스템을 설계하고자 합니다. 즉, 처음부터 데이터를 재생하여 언제든지 과거 잔액을 재구성할 수 있는 시스템을 만들려는 겁니다.

지원자: 가용성 요구사항이 99.99%라고 가정해도 되나요?

면접관: 좋습니다.

지원자: 환전(foreign exchange)이 가능해야 하나요?

면접관: 아니요, 그럴 필요는 없습니다.

요약하자면, 이번 장에서 설계할 전자 지갑은 다음을 지원해야 한다.

- 전자 지갑 간 이체
- 1,000,000TPS
- 99.99%의 안정성
- 트랜잭션
- 재현성

개략적 추정

TPS를 거론한다는 것은 배후에 트랜잭션 기반 데이터베이스를 사용한다는 뜻이다. 오늘날 일반적인 데이터센터 노드에서 실행되는 관계형 데이터베이스는 초당 수천 건의 트랜잭션을 지원할 수 있다. 널리 사용되는 트랜잭션 데이터베이스 제품 가운데 일부의 성능 벤치마크 결과가 [2]에 수록되어 있으니 참고하기 바란다. 본 설계안에서 사용할 데이터베이스 노드는 1,000TPS를 지원할 수 있다고 가정하겠다. 따라서 1백만 TPS를 지원하려면 1,000개의 데이터베이스 노드가 필요하다.

하지만 이 계산은 살짝 부정확하다. 이체 명령을 실행하려면 두 번의 연산이 필요하다. 일단 한 계좌에서 인출 연산을 실행해야 하고, 다른 계좌에서는 입금 연산을 실행해야 한다. 1백만 건의 TPS를 처리하기 위해서는 2백만 TPS를 지원해야 하고. 결국 2000개 노드가 필요하다는 뜻이다.

표 12.1은 '노드당 TPS(즉, 한 노드가 처리 가능한 TPS)'가 달라지면 필요한 노드 수가 어떻게 변하는지 보여 준다. 하드웨어가 같다고 가정할 때, 한 노드가 초당 처리할 수 있는 트랜잭션 수가 많을수록 필요한 총 노드 수는 줄어들어 하드웨어 비용은 낮아진다. 따라서 이번 장의 설계 목표 중 하나는 단일 노드가 처리할 수 있는 트랜잭션 수를 늘리는 것이다.

노드당 TPS	노드 수
100	20,000
1,000	2,000
10,000	200

표 12.1 노드당 TPS와 노드 수 사이의 관계

2단계: 개략적 설계안 제시 및 동의 구하기

이번 절에서는 다음 내용을 설명한다.

- API 설계
- 세 가지 개략적 설계안
  1. 간단한 메모리 기반 솔루션
  2. 데이터베이스 기반 분산 트랜잭션 솔루션
  3. 재현성을 갖춘 이벤트 소싱(event sourcing) 솔루션

API 설계

RESTful 규약을 따를 것이다. 이번 장에서는 하나의 API만 구비하면 된다.

API	기능
POST /v1/wallet/balance_transfer	한 지갑에서 다른 지갑으로 자금 이체

요청 인자는 다음과 같다.

필드	설명	자료형
from_account	자금을 인출할 계좌	string
to_account	자금을 이체할 계좌	string
amount	이체할 금액	string
currency	통화 단위	string(ISO 4217[3])
transaction_id	중복 제거(deduplication)에 사용할 ID	uuid

응답 본문 사례:

```
{
  "status": "success"
  "transaction_id": "01589980-2664-11ec-9621-0242ac130002"
}
```

한 가지 유의할 부분은 'amount' 필드의 자료형이 double이 아니라 string이라는 점이다. 그 이유는 11장 "결제 시스템"에서 설명한 바 있다(377쪽).

그러나 실제로는 float나 double을 택하는 경우도 많은데, 대부분의 프로그래밍 언어와 데이터베이스가 지원하기 때문이다. 정밀도(precision)를 잃을 위험이 있음을 이해하고 사용한다면 적절한 선택일 수도 있다.

인메모리 샤딩

지갑 애플리케이션은 모든 사용자 계정의 잔액을 유지한다. 이 <사용자, 잔액> 관계를 나타내기에 좋은 자료 구조는 해시 테이블이라고도 불리는 맵(map) 또는 키-값 저장소다.

인메모리 저장소로 인기 있는 선택지 하나는 레디스다. 그러나 레디스 노드 한 대로 100만 TPS 처리는 벅차다. 클러스터를 구성하고 사용자 계정을 모든 노드에 균등하게 분산시켜야 한다. 이 절차를 파티셔닝(partitioning) 또는 샤딩(sharding)이라고 한다.

키-값 데이터를 n개 파티션에 고르게 분배하려면 키의 해시 값을 계산하고 이를 파티션의 수 n으로 나누는 것이 한 가지 방법이다. 그 결과로 얻은 나머지 값이 데이터를 저장할 파티션 번호다. 그 절차를 의사 코드(pseudo code)로 표현하면 다음과 같다.

```
String accountID = "A";
Int partitionNumber = 7;
Int myPartition = accountID.hashCode() % partitionNumber;
```

모든 레디스 노드의 파티션 수 및 주소는 한군데 저장해 둔다. 높은 가용성을 보장하는 설정 정보 전문 저장소 주키퍼(ZooKeeper)[4]를 이 용도로 쓰면 좋다.

이 방안의 마지막 구성 요소는 이체 명령 처리를 담당하는 서비스로, 지갑 서비스(wallet service)로 부르겠다. 이 서비스는 다음의 중요한 역할을 담당한다.

1. 이체 명령의 수신
2. 이체 명령의 유효성 검증(validation)
3. 명령이 유효한 것으로 확인되면 이체에 관계된 두 계정의 잔액 갱신. 이 두 계정은 서로 다른 레디스 노드에 있을 수 있다.

이 서비스는 무상태(stateless) 서비스다. 따라서 수평적 규모 확장이 용이하다. 그림 12.3은 이 솔루션의 작업 흐름이다.

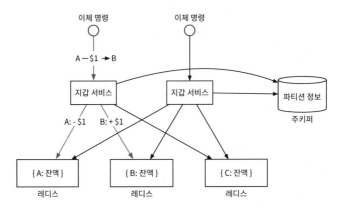

그림 12.3 메모리 기반(in-memory) 솔루션

이 예제에는 3개의 레디스 노드가 있다. A, B, C라는 세 클라이언트가 있으며, 이들의 계정 잔액 정보는 이 세 개 레디스 노드에 균등하게 분산되어 있다. 이 예제에는 이체 요청을 처리하는 지갑 서비스 노드가 두 개 있다. 그 가운데 하나가 클라이언트 A에서 클라이언트 B로 1달러를 이체하라는 명령을 받으면 두 개의 레디스 노드에 두 개의 명령이 전달된다. 즉, 클라이언트 A의 계정이 포함된 레디스 노드는 1달러를 차감하라는 명령을 받을 것이고, 클라이언트 B의 계정이 포함된 레디스 노드는 1달러를 더하라는 명령을 받을 것이다.

지원자: 이 설계에서는 계정 잔액이 여러 레디스 노드에 분산됩니다. 주키퍼는 샤딩 정보 관리에 사용합니다. 무상태 서비스인 지갑 서비스는 주키퍼에 샤딩 정보를 질의하여 특정 클라이언트의 정보를 담은 레디스 노드를 찾고, 그 잔액을 적절히 갱신합니다.

면접관: 이 설계는 작동은 하지만 정확성 요구사항을 충족하지 못합니다. 지갑 서비스는 이체할 때마다 두 개의 레디스 노드를 업데이트하는데, 그 두 연산이 모두 성공하리라는 보장은 없죠. 예를 들어 첫 번째 업데이트를 끝낸 후 두 번째 업데이트를 완료하기 전에 지갑 서비스 노드가 죽어버리면 이체는 온전히 마무리되지 못합니다. 그러니 그 두 업데이트

연산은 하나의 원자적 트랜잭션(atomic transaction)으로 실행되어야
해요.

분산 트랜잭션

데이터베이스 샤딩

서로 다른 두 개 저장소 노드를 갱신하는 연산을 원자적으로 수행하려면 어떻
게 해야 할까? 첫 번째 단계는 각 레디스 노드를 트랜잭션을 지원하는 관계형
데이터베이스 노드로 교체하는 것이다. 그림 12.4는 이 아키텍처를 설명하는
다이어그램이다. 클라이언트 A, B, C의 잔액 정보가 레디스 노드가 아닌 3개의
관계형 데이터베이스 노드로 분산된다.

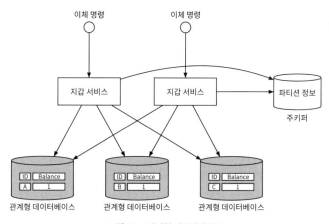

그림 12.4 관계형 데이터베이스

하지만 트랜잭션 데이터베이스를 사용해도 이런 식이면 문제의 일부만 해결할
수 있다. 앞선 절에서 언급했듯, 한 이체 명령이 서로 다른 두 데이터베이스 서
버에 있는 계정 두 개를 업데이트해야 할 가능성이 아주 높은데, 이 두 작업이
정확히 동시에 처리된다는 보장이 없는 것이다. 첫 번째 계정의 잔액을 갱신한
직후에 지갑 서비스가 재시작된 경우를 생각해 보자. 두 번째 계정의 잔액도
반드시 갱신되도록 하려면 어떻게 해야 할까?

분산 트랜잭션: 2단계 커밋

분산 시스템에서 한 트랜잭션에는 여러 노드의 프로세스가 관여할 수 있다. 분산 트랜잭션은 이들 프로세스를 원자적인 하나의 트랜잭션으로 묶는 방안이다. 분산 트랜잭션의 구현법으로는 저수준 방안과 고수준 방안 두 가지가 있다. 하나씩 살펴보자.

저수준 방안은 데이터베이스 자체에 의존하는 방안이다. 이때 가장 일반적으로 사용되는 알고리즘은 2단계 커밋(2PC)이다. 이름에서 알 수 있듯, 두 단계로 실행된다.(그림 12.5)

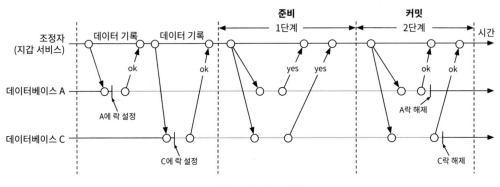

그림 12.5 2단계 커밋[5]

1. 조정자(이번 설계안의 경우에는 지갑 서비스)는 정상적으로 여러 데이터베이스에 읽기 및 쓰기 작업을 수행한다. 그림 12.5와 같이, 그 결과로 데이터베이스 A와 C에는 락이 걸린다.

2. 애플리케이션이 트랜잭션을 커밋하려 할 때 조정자는 모든 데이터베이스에 트랜잭션 준비를 요청한다.

3. 두 번째 단계에서 조정자는 모든 데이터베이스의 응답을 받아 다음 절차를 수행한다.

   a. 모든 데이터베이스가 '예'라고 응답하면 조정자는 모든 데이터베이스에 해당 트랜잭션 커밋을 요청한다.

   b. 어느 한 데이터베이스라도 '아니요'를 응답하면 조정자는 모든 데이터베이스에 트랜잭션 중단을 요청한다.

이 방안이 저수준 방안인 이유는, 준비 단계를 실행하려면 데이터베이스 트랜 잭션 실행 방식을 변경해야 하기 때문이다. 예를 들어 이기종 데이터베이스 사이에 2PC를 실행하려면 모든 데이터베이스가 X/Open XA 표준을 만족해야 한 다.[6] 2PC의 가장 큰 문제점은 다른 노드의 메시지를 기다리는 동안 락이 오랫 동안 잠긴 상태로 남을 수 있어서 성능이 좋지 않다는 것이다. 또 다른 문제는 그림 12.6에서 볼 수 있듯이 조정자가 SPOF, 즉 단일 장애 지점(Single-Point-Of-Failure)이 될 수 있다는 것이다.

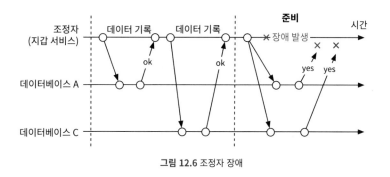

그림 12.6 조정자 장애

분산 트랜잭션: TC/C

TC/C(시도-확정/취소, 즉 Try-Confirm/Cancel)는 두 단계로 구성된 보상 트랜 잭션[7]이다.

1. 조정자는 모든 데이터베이스에 트랜잭션에 필요한 자원 예약을 요청한다.
2. 조정자는 모든 데이터베이스로부터 회신을 받는다.
   (a) 모두 '예'라고 응답하면 조정자는 모든 데이터베이스에 작업 확인을 요 청하는데, 이것이 바로 '시도-확정(Try-Confirm)' 절차다.
   (b) 어느 하나라도 '아니요'라고 응답하면 조정자는 모든 데이터베이스에 작업 취소를 요청하며, 이것이 바로 '시도-취소(Try-Cancel)' 절차다.

2PC의 두 단계는 한 트랜잭션이지만 TC/C에서는 각 단계가 별도 트랜잭션이 라는 점에 유의하자.

TC/C 사례

실제 사례를 통해 TC/C가 어떻게 작동하는지 살펴보는 편이 더 이해하기 쉬울 것이다. 계좌 A에서 계좌 C로 1달러를 이체한다고 가정해 보겠다. 표 12.2에 각 단계에서 TC/C가 어떻게 실행되는지 요약했다.

단계	실행연산	A	C
1	시도	잔액 변경: -$1	아무것도 하지 않음
2	확인	아무것도 하지 않음	잔액 변경: +$1
	취소	잔액 변경: +$1	아무것도 하지 않음

표 12.2 TC/C 예제

지갑 서비스가 TC/C의 조정자라고 가정해 보겠다. 분산 트랜잭션이 시작될 때 계정 A의 잔액은 1달러이고 계정 C의 잔액은 0달러이다.

첫 번째 단계: 시도 시도 단계에서는 조정자 역할을 하는 지갑 서비스가 두 개의 트랜잭션 명령을 두 데이터베이스로 전송한다.

1. 조정자는 계정 A가 포함된 데이터베이스에 A의 잔액을 1달러 감소시키는 트랜잭션을 시작한다.
2. 조정자는 계정 C가 포함된 데이터베이스에는 아무 작업도 하지 않는다. 이 예제를 다른 시나리오에도 적용할 수 있도록 만들기 위해, 조정자가 데이터베이스에 NOP(No Operation) 명령을 보낸다고 가정하겠다. 데이터베이스는 NOP 명령에 대해 아무 작업도 수행하지 않으며 항상 성공했다는 응답을 보낸다.

그림 12.7은 시도 단계가 어떻게 동작하는지 보여 준다. 굵은 선은 트랜잭션이 락을 건다는 뜻이다.

두 번째 단계: 확정 두 데이터베이스가 모두 예라고 응답하면 지갑 서비스는 확정 단계를 시작한다.

계정 A의 잔액은 이미 첫 번째 단계에서 갱신되었다. 따라서 잔액을 변경할 필요가 없다. 그러나 계정 C는 아직 $1를 받지 못했다. 따라서 확인 단계에서

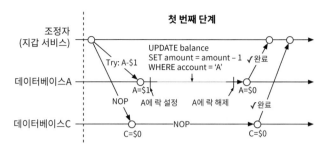

그림 12.7 시도 단계

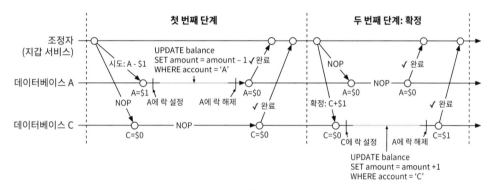

그림 12.8 확정 단계

지갑서비스는 계정 C의 잔액에 $1를 추가해야 한다.

그림 12.8은 확정 단계의 동작 절차를 보여 준다.

두 번째 단계: 취소 첫 번째 시도 단계가 실패하면 어떻게 해야 하나? 위의 예에서는 계정 C에 대한 NOP 작업이 항상 성공한다 가정했지만 실제로는 실패할 수도 있다. 예를 들어, C 계정은 불법 계정일 수 있으며 당국에서 이 계정으로 자금이 유입되거나 유출될 수 없도록 규제하고 있을 수도 있다. 그런 경우에는 분산 트랜잭션을 취소하고 관련된 자원을 반환해야 한다.

시도 단계의 트랜잭션에서 계정 A의 잔액은 이미 바뀌었고 트랜잭션은 종료되었다. 이미 종료된 트랜잭션의 효과를 되돌리려면 지갑 서비스는 또 다른 트랜잭션을 시작하여 계정 A에 1달러를 다시 추가해야 한다.

시도 단계에서 계정 C의 잔액은 업데이트하지 않았으므로, 계정 C의 데이터베이스에는 NOP 명령을 전송하기만 하면 된다.

취소 절차는 그림 12.9와 같다.

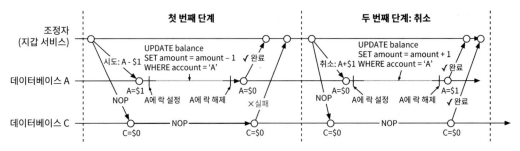

그림 12.9 취소 단계

2PC와 TC/C의 비교

표 12.3은 2PC와 TC/C 간에는 많은 유사점이 있지만 차이점도 있음을 보여 준다. 2PC에서는 두 번째 단계가 시작될 때 모든 로컬 트랜잭션이 완료되지 않은 상태이고(락도 여전히 잠겨 있음), TC/C에서는 두 번째 단계가 시작될 때 모든 로컬 트랜잭션이 완료된 상태다(락도 풀린 상태). 즉, 2PC의 두 번째 단계는 미완성된 트랜잭션을 중단하거나 커밋하여 끝내는 반면, TC/C의 두 번째 단계는 오류가 발생했을 때 이전 트랜잭션 결과를 상쇄하는 새로운 트랜잭션을 실행한다. 2PC와 TC/C의 차이점을 요약하면 표 12.3과 같다.

	첫 번째 단계	두 번째 단계: 성공	두 번째 단계: 실패
2PC	로컬 트랜잭션은 아직 완료되지 않은 상태	모든 로컬 트랜잭션을 커밋	모든 로컬 트랜잭션을 취소
TC/C	모든 로컬 트랜잭션이 커밋되거나 취소된 상태로 종료	필요한 경우 새 로컬 트랜잭션 실행	이미 커밋된 트랜잭션의 실행 결과를 되돌림(undo)

표 12.3 2PC vs TC/C

TC/C는 보상 기반 분산 트랜잭션(distributed transaction by compensation)이라고도 부른다. 실행 취소(undo) 절차를 비즈니스 로직으로 구현하므로 고수준 해법이다. 장점은 특정 데이터베이스에 구애받지 않는다는 것이다. 트랜잭션을 지원하는 데이터베이스이기만 하면 TC/C는 작동한다. 단점은 애플리케이션 계층의 비즈니스 로직에서 세부 사항을 관리하고 분산 트랜잭션의 복잡성을 처리해야 한다는 것이다.

단계별 상태 테이블

하지만 아직 이 질문에는 답하지 못했다. TC/C 실행 도중에 지갑 서비스가 다시 시작되면 어떻게 되나? 그런 일이 벌어지면 과거 모든 작업 기록이 사라질 수 있으며, 어떻게 복구해야 할지 알 수 없게 될 수 있다.

해결책은 간단하다. TC/C의 진행 상황, 특히 각 단계 상태 정보를 트랜잭션 데이터베이스에 저장하면 된다. 이 상태 정보는 최소한 다음을 포함해야 한다.

- 분산 트랜잭션의 ID와 내용
- 각 데이터베이스에 대한 '시도(Try)' 단계의 상태. not sent yet, has been sent, response received의 세 가지 값 중 하나다.
- 두 번째 단계의 이름. Confirm, Cancel 둘 중 하나다. 시도 단계의 결과를 사용하여 계산할 수 있다.
- 두 번째 단계의 상태.
- 순서가 어긋났음을 나타내는 플래그("잘못된 순서로 실행된 경우" 절에서 자세히 설명한다).

단계별 상태 테이블(phase status table)은 어디에 저장하는 것이 좋을까? 일반적으로 돈을 인출할 지갑의 계정이 있는 데이터베이스에 둔다. 이를 반영해 갱신한 설계안이 그림 12.10이다.

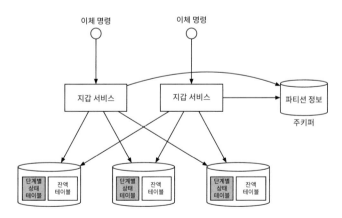

그림 12.10 단계별 상태 테이블

불균형 상태

시도 단계가 끝나고 나면 $1가 사라진다는 것을 혹시 알아차렸는가?(그림 12.11)

모든 것이 순조롭게 진행된다고 가정하였을 때, 시도 단계가 끝나고 나면 계정 A에서는 1달러가 차감되고, 계정 C에는 변화가 없다. A와 C의 계정 잔액 합계는 $0이다. TC/C 시작 시점보다 적은 값이다. 이는 거래 후에도 잔액 총합은 동일해야 한다는 회계 기본 원칙을 위반한다.

다행스럽게도 트랜잭션 보증(transactional guarantee)은 TC/C방안에서도 여전히 유효하다. TC/C는 여러 개의 독립적인 로컬 트랜잭션으로 구성된다. TC/C의 실행 주체는 애플리케이션이며, 애플리케이션은 이런 독립적 로컬 트랜잭션이 만드는 중간 결과를 볼 수 있다. 반면, 데이터베이스 트랜잭션이나 2PC 같은 분산 트랜잭션의 경우 실행 주체는 데이터베이스이며 애플리케이션은 그 중간 실행 결과를 알 수 없다.

분산 트랜잭션 실행 도중에는 항상 데이터 불일치가 발생한다. 데이터베이스와 같은 하위 시스템에서 불일치를 수정하는 경우에는 그 사실을 알 필요는 없지만, 그렇지 않다면(그러니까 TC/C와 같은 메커니즘을 사용하는 경우에는) 우리가 직접 처리해야 한다.

그림 12.11은 불균형 상태의 사례다.

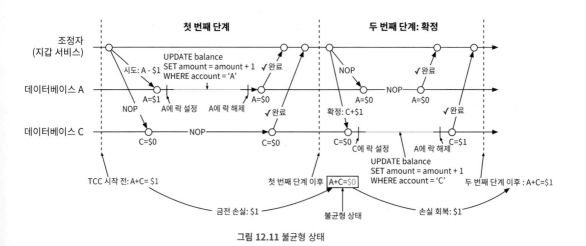

그림 **12.11** 불균형 상태

유효한 연산 순서

시도 단계에서 할 수 있는 일은 세 가지다.

선택지	계정 A	계정 C
선택 1	-$1	NOP
선택 2	NOP	+$1
선택 3	-$1	+$1

표 12.4 시도 단계에서 가능한 일

모두 그럴듯해 보이기는 하지만 일부는 유효하지 않다.

두 번째 선택지의 경우, 계정 C의 연산은 성공하였으나 계정 A에서 실패한 경우(NOP) 지갑 서비스는 취소 단계를 실행해야 한다. 그러나 취소 단계 실행 전에 누군가 C 계정에서 $1를 이미 이체하였다면? 나중에 지갑 서비스가 C에서 1달러를 차감하려고 하면 아무것도 남지 않은 것을 발견하게 될 터인데, 이는 분산 트랜잭션의 트랜잭션 보증을 위반하는 것이다.

세 번째 선택지의 경우, $1를 A 계좌에서 차감하고 동시에 C에 추가하면 많은 문제가 발생할 수 있다. 예를 들어 C 계좌에는 $1이 추가되었으나 A에서 해당 금액을 차감하는 연산은 실패하였다면?

따라서 두 번째와 세 번째 선택지는 유효하지 않다. 1만이 올바른 방법이다.

잘못된 순서로 실행된 경우

TC/C에는 실행 순서가 어긋날 수 있다는 문제가 있다. 예를 들어 살펴보자.

계정 A에서 계정 C로 1달러를 이체하는 예제를 여기서도 활용하겠다. 그림 12.12는 시도 단계에서 계정 A에 대한 작업이 실패하여 지갑 서비스에 실패를 반환한 다음 취소 단계로 진입하여 계정 A와 계정 C 모두에 취소 명령을 전송하는 과정을 보여 주고 있다.

이때 계정 C를 관리하는 데이터베이스에 네트워크 문제가 있어서 시도 명령 전에 취소 명령부터 받게 되었다고 해 보자. 그 시점에는 취소할 것이 없는 상태다.

그림 12.12는 이렇게 순서가 어긋난 실행 시나리오를 보여 준다.

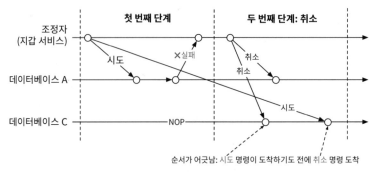

그림 12.12 잘못된 순서로 명령이 실행되는 시나리오

순서가 바뀌어 도착하는 명령도 처리할 수 있도록 하려면 기존 로직을 다음과 같이 수정하면 된다. 그러면 시도 명령을 미처 받지 못한 경우에도 취소 절차를 실행할 수 있다.

- 취소 명령이 먼저 도착하면 데이터베이스에 아직 상응하는 시도 명령을 못 보았음을 나타내는 플래그를 참으로 설정하여 저장해 둔다.
- 시도 명령이 도착하면 항상 먼저 도착한 취소 명령이 있었는지 확인한다. 있었으면 바로 실패를 반환한다.

"단계별 상태 테이블" 절에서 테이블에 순서가 어긋난 경우를 처리하기 위한 플래그를 마련했던 것은 바로 이런 이유에서다.

분산 트랜잭션: 사가

선형적 명령 수행

사가(Saga)[8]는 유명한 분산 트랜잭션 솔루션 가운데 하나로 마이크로서비스 아키텍처에서는 사실상 표준이다. 개념은 간단하다.

1. 모든 연산은 순서대로 정렬된다. 각 연산은 자기 데이터베이스에 독립 트랜잭션으로 실행된다.
2. 연산은 첫 번째부터 마지막까지 순서대로 실행된다. 한 연산이 완료되면 다음 연산이 개시된다.

3. 연산이 실패하면 전체 프로세스는 실패한 연산부터 맨 처음 연산까지 역순으로 보상 트랜잭션을 통해 롤백된다. 따라서 n개의 연산을 실행하는 분산 트랜잭션은, 보상 트랜잭션을 위한 n개 연산까지 총 $2n$개의 연산을 준비해야 한다.

그림 12.13의 예제를 살펴보자. 계정 A에서 계정 C로 $1를 이체하는 작업 흐름이다. 맨 위쪽 가로줄은 일반적인 실행 순서다. 한편 두 개의 수직선은 오류가 발생했을 때 시스템이 해야 하는 작업이다. 오류가 발생하면 이체는 롤백되고 클라이언트는 오류 메시지를 받는다. "유효한 연산 순서" 절에서 언급했듯이 입금 전에 인출부터 해야 한다.

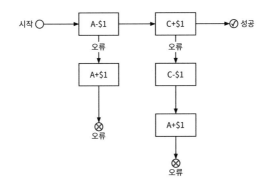

그림 12.13 사가 작업 흐름

연산 실행 순서는 어떻게 조율하나? 두 가지 방법이 있다.

1. 분산 조율(Choreography, 즉 '안무'라고도 함): 마이크로서비스 아키텍처에서 사가 분산 트랜잭션에 관련된 모든 서비스가 다른 서비스의 이벤트를 구독하여 작업을 수행하는 방식. 완전히 탈 중앙화된 조율 방식이다.
2. 중앙 집중형 조율(Orchestration): 하나의 조정자(coordinator)가 모든 서비스가 올바른 순서로 작업을 실행하도록 조율한다.

어떤 방식으로 조율할지는 사업상의 필요와 목표에 따라 정한다. 분산 조율 방식은 서비스가 서로 비동기식으로 통신하기 때문에, 모든 서비스는 다른 서비스가 발생시킨 이벤트의 결과로 어떤 작업을 수행할지 정하기 위해 내부적으로 상태 기계(state machine)를 유지해야 한다. 서비스가 많으면 관리가 어려워질 수 있는 부분이다. 일반적으로는 중앙 집중형 조율 방식을 선호하는데, 복잡한 상황을 잘 처리하기 때문이다.

TC/C vs 사가

TC/C와 사가는 모두 애플리케이션 수준 분산 트랜잭션이다. 표 12.5에 두 방안의 비슷한 점과 다른 점을 요약했다.

	TC/C	사가
보상 트랜잭션 실행	취소 단계에서	롤백 단계에서
중앙 조정	예	예(중앙 집중형 조율 모드에서만)
작업 실행 순서	임의	선형
병렬 실행 가능성	예	아니요(선형적 실행)
일시적으로 일관되지 않은 상태 허용	예	예
구현 계층: 애플리케이션 또는 데이터베이스	애플리케이션	애플리케이션

표 12.5 TC/C vs 사가

실무에서는 둘 가운데 어떤 방안이 좋을까? 지연 시간(latency) 요구사항에 따라 다르다. 표 12.5에 봤듯이 사가의 연산은 순서대로 실행해야 하지만 TC/C에서는 병렬로 실행할 수 있다. 따라서 다음 요건을 고려해 결정을 내려야 한다.

1. 지연 시간 요구사항이 없거나 앞서 살펴본 송금 사례처럼 서비스 수가 매우 적다면 아무것이나 사용하면 된다. 마이크로서비스 아키텍처에서 흔히 하는 대로 하고 싶다면 사가를 선택하면 된다.
2. 지연 시간에 민감하고 많은 서비스/운영이 관계된 시스템이라면 TC/C가 더 낫다.

지원자: 잔액 이체를 원자적 트랜잭션으로 처리하려면 레디스를 관계형 데이터베이스로 대체하고 TC/C 또는 사가를 사용하여 분산 트랜잭션을 구현하면 될 것 같습니다.

면접관: 좋은 생각입니다! 그런데 분산 트랜잭션 방안도 제대로 작동하지 않는

경우가 있을 수 있죠. 예를 들어 사용자가 애플리케이션 수준에서 잘못된 작업을 입력할 수도 있습니다. 입력된 금액 자체가 잘못될 수 있는 것이죠. 그러니 문제의 근본 원인을 역추적하고 모든 계정에서 발생하는 연산을 감사할 방법이 있다면 좋을 텐데요. 어떻게 하면 좋을까요?

이벤트 소싱

배경

실제로 전자 지갑 서비스 제공 업체도 감사를 받을 수 있다. 예를 들어 외부 감사(auditor)는 다음과 같은 까다로운 질문들을 던질 수 있다.

1. 특정 시점의 계정 잔액을 알 수 있나요?
2. 과거 및 현재 계정 잔액이 정확한지 어떻게 알 수 있나요?
3. 코드 변경 후에도 시스템 로직이 올바른지는 어떻게 검증하나요?

이러한 질문에 체계적으로 답할 수 있는 설계 철학 중 하나는 도메인 주도 설계(Domain-Driven Design, DDD)에서 개발된 기법인 이벤트 소싱이다.[9]

정의

이벤트 소싱에는 네 가지 중요한 용어가 있다.

1. 명령(command)
2. 이벤트(event)
3. 상태(state)
4. 상태 기계(state machine)

명령

명령은 외부에서 전달된, 의도가 명확한 요청이다. 예를 들어 고객 A에서 C로 $1를 이체하라는 요청은 명령이다.

이벤트 소싱에서 순서는 아주 중요하다. 따라서 명령은 일반적으로 FIFO (First-In-First-Out) 큐에 저장된다.

이벤트

명령은 의도가 명확하지만 사실(fact)은 아니기 때문에 유효하지 않을 수도 있다. 유효하지 않은 명령은 실행할 수 없다. 가령 이체 후에 잔액이 음수가 된다면 이체는 실패한다.

작업 이행 전에는 반드시 명령의 유효성을 검사해야 한다. 그리고 검사를 통과한 명령은 반드시 이행(fulfill)되어야 한다. 명령 이행 결과를 이벤트라고 부른다.

명령과 이벤트 사이에는 두 가지 중요한 차이점이 있다.

1. 이벤트는 검증된 사실로, 실행이 끝난 상태다. 그래서 이벤트에 대해 이야기할 때는 과거 시제를 사용한다. 따라서 명령이 "A에서 C로 $1 송금"인 경우, 해당 이벤트는 "A에서 C로 $1 **송금을 완료하였음**"이 된다.
2. 명령에는 무작위성(randomness)이나 I/O가 포함될 수 있지만 이벤트는 결정론적(deterministic)이다. 이벤트는 과거에 실제로 있었던 일이다.

이벤트 생성 프로세스에는 두 가지 중요한 특성이 있다.

1. 하나의 명령으로 여러 이벤트가 만들어질 수 있다(0 이상).
2. 이벤트 생성 과정에는 무작위성이 개입될 수 있어서, 같은 명령에 항상 동일한 이벤트들이 만들어진다는 보장이 없다. 이벤트 생성 과정에는 외부 I/O 또는 난수(random number)가 개입될 수 있다. 여기에 대해서는 이 장 말미에 좀 더 자세히 살펴보겠다.

이벤트 순서는 명령 순서를 따라야 한다. 따라서 이벤트도 FIFO 큐에 저장한다.

상태

상태는 이벤트가 적용될 때 변경되는 내용이다. 지갑 시스템에서 상태는 모든 클라이언트 계정의 잔액으로, 맵(map)을 자료 구조로 사용하여 표현할 수 있다. 키는 계정 이름 또는 ID이고 값은 계정 잔액이다. 이 자료 구조의 저장소로는 보통 키-값 저장소를 사용한다. 관계형 데이터베이스도 키-값 저장소로 볼 수 있는데, 그 경우에 키는 기본 키이고, 값은 레코드다.

상태 기계

상태 기계는 이벤트 소싱 프로세스를 구동한다. 크게 두 가지 기능이 있다.

1. 명령의 유효성을 검사하고 이벤트를 생성한다.
2. 이벤트를 적용하여 상태를 갱신한다.

이벤트 소싱을 위한 상태 기계는 결정론적으로 동작해야 한다. 따라서 무작위성을 내포할 수 없다. 예를 들어, I/O를 통해 외부에서 무작위적 데이터를 읽거나 난수를 사용하는 것은 허용되지 않는다. 이벤트를 상태에 반영하는 것 또한 항상 같은 결과를 보장해야 한다.

그림 12.14는 이벤트 소싱 아키텍처를 정적(static view)으로 표현한 것이다. 명령을 이벤트로 변환하고 이벤트를 적용하는 두 가지 기능을 지원해야 하므로, 명령 유효성 검사를 위한 상태 기계 하나와 이벤트 적용을 위한 상태 기계 하나를 두었다.

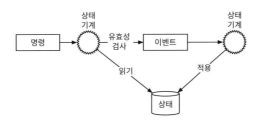

그림 12.14 정적 관점에서 표현한 이벤트 소싱 아키텍처

여기에 시간을 하나의 차원으로 추가하면 그림 12.15와 같은 동적 관점으로도 표현할 수 있다. 명령을 수신하고 처리하는 과정을 계속 반복하는 시스템이다.

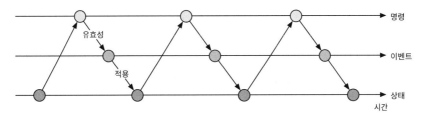

그림 12.15 동적 관점으로 표현한 이벤트 소싱 아키텍처

지갑 서비스 예시

지갑 서비스의 경우 명령은 이체 요청일 것이다. 명령은 FIFO 큐에 기록하며, 큐로는 카프카를 널리 사용한다.[10] 명령 큐는 그림 12.16과 같다.

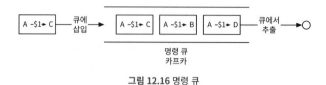

그림 12.16 명령 큐

상태, 즉 계정 잔액은 관계형 데이터베이스에 있다고 가정하자. 상태 기계는 명령을 큐에 들어간 순서대로 확인한다. 명령 하나를 읽을 때마다 계정에 충분한 잔액이 있는지 확인한다. 충분하다면 상태 기계는 각 계정에 대한 이벤트를 만든다. 예를 들어 명령이 "A→$1→C"라면 상태 기계는 "A: -$1"과 "C: +$1"의 두 이벤트를 만든다.

그림 12.17은 상태 기계가 다섯 단계로 동작함을 보여 준다.

1. 명령 대기열에서 명령을 읽는다.
2. 데이터베이스에서 잔액 상태를 읽는다.
3. 명령의 유효성을 검사한다. 유효하면 계정별로 이벤트를 생성한다.
4. 다음 이벤트를 읽는다.
5. 데이터베이스의 잔액을 갱신하여 이벤트 적용을 마친다.

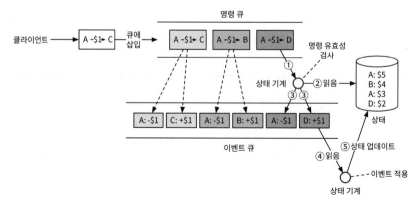

그림 12.17 상태 기계 동작 원리

재현성

이벤트 소싱이 다른 아키텍처에 비해 갖는 가장 중요한 장점은 재현성(repro-ducibility)이다.

앞서 언급한 분산 트랜잭션 방안의 경우 지갑 서비스는 갱신한 계정 잔액 (즉, 상태)을 데이터베이스에 저장한다. 계정 잔액이 변경된 이유는 알기가 어렵다. 또한 한번 업데이트가 이루어지고 나면 과거 잔액이 얼마였는지는 알 수 없다. 데이터베이스는 특정 시점의 잔액이 얼마인지만 보여 준다.

하지만 이벤트를 처음부터 다시 재생하면 과거 잔액 상태는 언제든 재구성할 수 있다. 이벤트 리스트는 불변(immutable)이고(과거에 발생한 이벤트의 이력을 변경할 수 없다) 상태 기계 로직은 결정론적이므로 이벤트 이력을 재생하여 만들어낸 상태는 언제나 동일하다.

그림 12.18은 이벤트를 재생하여 지갑 서비스 상태를 재현하는 과정의 사례다.

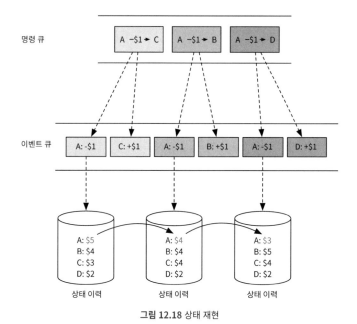

그림 12.18 상태 재현

재현성을 갖추면 감사관(auditor)이 던지는 까다로운 질문에 쉽게 답할 수 있다. 다시 정리하면 다음과 같다.

1. 특정 시점의 계정 잔액을 알 수 있나요?
2. 과거 및 현재 계정 잔액이 정확한지는 어떻게 알 수 있나요?
3. 코드 변경 후에도 시스템 로직이 올바른지는 어떻게 증명할 수 있나요?

첫 번째 질문의 경우, 시작부터 계정 잔액을 알고 싶은 시점까지 이벤트를 재생하면 알 수 있다.

두 번째 질문의 경우, 이벤트 이력에서 계정 잔액을 다시 계산해 보면 잔액이 정확한지 확인할 수 있다.

세 번째 질문의 경우, 새로운 코드에 동일한 이벤트 이력을 입력으로 주고 같은 결과가 나오는지 보면 된다.

감사 가능 시스템이어야 한다는 요건 때문에 이벤트 소싱이 지갑 서비스 구현의 실질적인 솔루션으로 채택되는 경우가 많다.

명령-질의 책임 분리(CQRS)

지금까지 효과적인 계좌 이체가 가능한 지갑 서비스를 설계했다. 하지만 클라이언트는 여전히 계정 잔액을 알 수 없다. 이벤트 소싱 프레임워크 외부의 클라이언트가 상태를(즉, 잔액을) 알도록 할 방법이 필요하다.

직관적인 해결책 하나는 상태 이력 데이터베이스의 읽기 전용 사본을 생성한 다음 외부와 공유하는 것이다. 이벤트 소싱은 이와는 조금 다른 해결책을 제시한다.

이벤트 소싱은 상태, 즉 계정 잔액을 공개하는 대신 모든 이벤트를 외부에 보낸다. 따라서 이벤트를 수신하는 외부 주체가 직접 상태를 재구축할 수 있다. 이런 설계 철학을 명령-질의 책임 분리(Command-Query Responsibility Separation, CQRS)라고 한다.[11]

CQRS에서는 상태 기록을 담당하는 상태 기계는 하나고, 읽기 전용 상태 기계는 여러 개 있을 수 있다. 읽기 전용 상태 기계는 상태 뷰(view)를 만들고, 이 뷰는 질의(query)에 이용된다.

읽기 전용 상태 기계는 이벤트 큐에서 다양한 상태 표현을 도출할 수 있다. 예를 들어, 클라이언트의 잔액 질의 요청을 처리하기 위해 별도 데이터베이스에 상태를 기록하는 등의 작업을 할 수도 있다. 이중 청구 등의 문제를 쉽게 조사할 수 있도록 하기 위해 특정한 기간 동안의 상태를 복원할 수도 있다. 이렇게 복원된 상태 정보는 재무 기록과 대조할 감사 기록(audit trail)으로 활용 가능하다.

읽기 전용 상태 기계는 실제 상태에 어느 정도 뒤처질 수 있으나 결국에는 같아진다. 따라서 결과적 일관성(eventual consistency) 모델을 따른다 할 수 있다.

그림 12.19는 전형적 CQRS 아키텍처를 보여 준다.

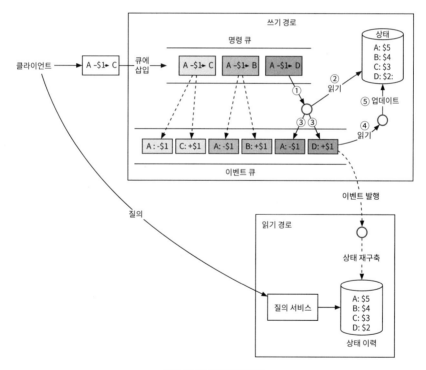

그림 12.19 CQRS 아키텍처

지원자: 이벤트 소싱 아키텍처를 사용하면 전체 시스템에 재현성을 확보할 수 있습니다. 모든 유효한 사업 기록은 변경이 불가능한 이벤트 대기열에 저장되어, 정확성 검증에 사용될 수 있습니다.

면접관: 훌륭하군요. 하지만 제안하신 이벤트 소싱 아키텍처는 한 번에 하나의 이벤트만 처리하는 데다 여러 외부 시스템과 통신해야 합니다. 더 빠르게 만들 수 있을까요?

3단계: 상세 설계

이번 절에서는 높은 성능과 안정성 및 확장성을 달성하기 위한 기술에 대해 자세히 살펴본다.

고성능 이벤트 소싱

앞선 예제에서는 카프카를 명령 및 이벤트 저장소로, 데이터베이스를 상태 저장소로 사용했다. 가능한 몇 가지 최적화 방안을 살펴보자.

파일 기반의 명령 및 이벤트 목록

명령과 이벤트를 카프카 같은 원격 저장소가 아닌 로컬 디스크에 저장하는 방안을 생각해 볼 수 있다. 이렇게 하면 네트워크를 통한 전송 시간을 피할 수 있다. 이벤트 목록은 추가 연산만 가능한 자료 구조에 저장한다. 추가는 순차적 쓰기(sequential write) 연산으로, 일반적으로 매우 빠르다. 운영체제는 보통 순차적 읽기 및 쓰기 연산에 엄청나게 최적화되어 있기 때문에 HDD에서도 잘 작동한다. 순차적 디스크 접근은 경우에 따라서는 무작위 메모리 접근보다도 빠르게 실행될 수 있다.[12]

최근 명령과 이벤트를 메모리에 캐시하는 방안도 생각해 볼 수 있다. 앞서 설명했듯 명령과 이벤트는 지속성 저장소에 보관된 이후에 처리된다. 메모리에 캐시해 놓으면 로컬 디스크에서 다시 로드하지 않아도 된다.

구체적인 구현 방법도 몇 가지 살펴보자. mmap 기술은 앞서 언급한 최적화 구현에 유용하다.[13] mmap을 사용하면 로컬 디스크에 쓰는 동시에, 최근 데이터는 메모리에 자동으로 캐시할 수 있다. mmap은 디스크 파일을 메모리 배열에 대응시킨다. 운영체제는 파일의 특정 부분을 메모리에 캐시하여 읽기 및 쓰기 연산의 속도를 높인다. 추가만 가능한 파일에 이루어지는 연산의 경우 필요한 모든 데이터는 거의 항상 메모리에 있으므로 실행 속도를 높일 수 있다.

그림 12.20은 파일 기반의 명령 및 이벤트 저장소를 보여 준다.

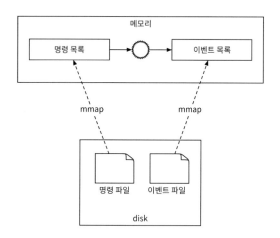

그림 12.20 파일 기반의 명령 및 이벤트 저장소

파일 기반 상태

이전 설계안에서는 상태, 즉 잔액 정보를 관계형 데이터베이스에 저장하였다. 프로덕션 환경에서는 일반적으로 네트워크를 통해서만 접근 가능한 독립형 서버에서 데이터베이스를 실행한다. 그러나 명령 및 이벤트 저장소 최적화 방안과 마찬가지로, 상태 정보도 로컬 디스크에 저장할 수 있다.

좀 더 구체적으로 이야기하자면, 파일 기반 로컬 관계형 데이터베이스 SQLite[14]를 사용하거나, 로컬 파일 기반 키-값 저장소 RocksDB[15]를 사용할 수 있다.

본 설계안에서는 RocksDB를 사용할 터인데, 쓰기 작업에 최적화된 자료 구조 LSM(Log-Structured Merge-tree)을 사용하기 때문이다. 최근 데이터는 캐시하여 읽기 성능을 높인다.

그림 12.21은 명령, 이벤트 및 상태 저장에 파일 기반 솔루션을 적용한 아키텍처다.

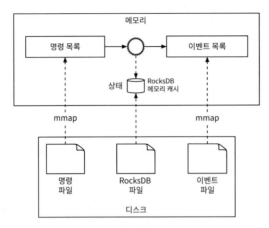

그림 12.21 명령, 이벤트 및 상태 저장을 위한 파일 기반 아키텍처

스냅숏

모든 것이 파일 기반일 때 재현 프로세스의 속도를 높일 방법을 생각해 보자. 재현성이라는 개념을 처음 소개했을 때 재현성 확보를 위해 사용한 방법은 상태 기계로 하여금 이벤트를 항상 처음부터 다시 읽도록 하는 것이었다. 그 대신, 주기적으로 상태 기계를 멈추고 현재 상태를 파일에 저장한다면 시간을 절약할 수 있을 것이다. 이 파일을 스냅숏(snapshot)이라 부른다.

스냅숏은 과거 특정 시점의 상태로, 변경이 불가능하다. 스냅숏을 저장하고 나면 상태 기계는 더 이상 최초 이벤트에서 시작할 필요가 없다. 스냅숏을 읽고, 어느 시점에 만들어졌는지 확인한 다음, 그 시점부터 이벤트 처리를 시작하면 된다.

지갑 서비스 같은 금융 애플리케이션은 00:00에 스냅숏을 찍는 일이 많다. 그래야 재무팀이 당일 발생한 모든 거래를 확인할 수 있다. 이벤트 소싱에 CQRS 개념을 처음 소개하였을 때는 처음부터 해당 시점까지 모든 이벤트를 순서대로 처리하는 읽기 전용 상태 기계를 사용해야 했다. 스냅숏을 사용하면 읽기 전용 상태 기계는 해당 데이터가 포함된 스냅숏 하나만 로드하면 된다.

스냅숏은 거대한 이진(binary) 파일이며, 일반적으로는 HDFS(Hadoop Distributed File System)과 같은 객체 저장소에 저장한다.[16]

그림 12.22는 파일 기반의 이벤트 소싱 아키텍처를 보여 준다. 모든 것이 파일 기반일 때 시스템은 컴퓨터 하드웨어의 I/O 처리량을 그 한계까지 최대로 활용할 수 있다.

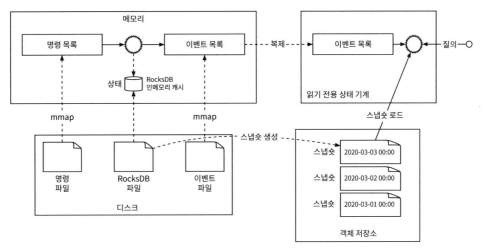

그림 12.22 스냅숏

지원자: 명령 목록, 이벤트 목록, 상태, 스냅숏이 모두 파일에 저장되도록 이벤트 소싱 아키텍처를 변경할 수 있습니다. 이벤트 소싱 아키텍처는 애초에 이벤트 목록을 선형적으로 처리하므로 HDD나 운영체제 캐시와 궁합이 잘 맞습니다.

면접관: 로컬 파일 기반 솔루션의 성능은 원격 카프카나 데이터베이스에 저장된 데이터를 액세스하는 시스템보다는 좋다고 할 수 있습니다. 하지만 로컬 디스크에 데이터를 저장하는 서버는 더 이상 무상태(stateless) 서버가 아닌데다, 단일 장애 지점이 된다는 문제가 있습니다. 시스템의 안정성은 어떻게 개선할 수 있을까요?

신뢰할 수 있는 고성능 이벤트 소싱

구체적 방안을 설명하기 전에, 시스템의 어느 부분에 신뢰성 보장이 필요한지 살펴보자.

신뢰성 분석

개념적으로 보자면 서버 노드가 하는 일은 데이터와 연산이라는 두 가지 개념에 관계되어 있다. 그러나 데이터 내구성이 보장되는 한, 계산 결과는 코드를 다른 노드에서 돌리면 복구할 수 있다. 즉, 데이터의 신뢰성이 훨씬 중요하다. 데이터가 손실되면 계산 결과도 복원할 방법이 없기 때문이다. 그러므로 시스템 신뢰성 문제는 대부분 데이터 신뢰성 문제다.

지금 설계하고 있는 시스템에는 네 가지 유형의 데이터가 있다.

1. 파일 기반 명령
2. 파일 기반 이벤트
3. 파일 기반 상태
4. 상태 스냅숏

그 각각의 신뢰성 보장 방법을 살펴보자.

상태와 스냅숏은 이벤트 목록을 재생하면 언제든 다시 만들 수 있다. 그러니 상태 및 스냅숏의 안정성을 향상시키려면 이벤트 목록의 신뢰성만 보장하면 된다.

이제 명령어를 살펴보자. 이벤트는 명령어에서 만들어지니 명령의 신뢰성만 강력하게 보장하면 충분하지 않나 생각할 수도 있다. 맞는 말 같지만 아니다. 이벤트 생성은 결정론적 과정이 아니며, 난수나 외부 입출력 등의 무작위적 요소가 포함될 수 있다. 따라서 명령의 신뢰성 만으로는 이벤트의 재현성을 보장할 수 없다.

이제 이벤트를 살펴볼 순서다. 이벤트는 상태(즉, 잔액)에 변화를 가져 오는 과거의 사실(historical fact)이다. 이벤트는 불변이며 상태 재구성에 사용할 수 있다.

따라서 높은 신뢰성을 보장할 유일한 데이터는 이벤트다. 그 방법은 다음 절에서 설명한다.

합의

높은 안정성을 제공하려면 이벤트 목록을 여러 노드에 복제해야 한다. 복제 과정은 다음을 보장해야 한다.

1. 데이터 손실 없음
2. 로그 파일 내 데이터의 상대적 순서는 모든 노드에 동일

이 목표를 달성하는 데는 합의 기반 복제(consensus-based replication) 방안이 적합하다. 이 알고리즘은 모든 노드가 동일한 이벤트 목록에 합의하도록 보장한다. 이번 절에서는 래프트(Raft) 알고리즘[17]을 예로 들어보겠다.

래프트 알고리즘을 사용하면 노드의 절반 이상이 온라인 상태면 그 모두에 보관된 추가 전용(append-only) 리스트는 같은 데이터를 가진다. 예를 들어 다섯 노드가 있을 때 래프트 알고리즘을 사용하여 데이터를 동기화하면 그림 12.23에서처럼 최소 3개 노드만 온라인 상태면 전체 시스템은 정상 동작한다.

래프트 알고리즘에서 노드는 세 가지 역할을 가질 수 있다.

온라인 온라인 온라인 오프라인 오프라인

그림 12.23 래프트

1. 리더(leader)
2. 후보(candidate)
3. 팔로어(follower)

래프트 알고리즘의 구현은 래프트 관련 논문에서 확인하기 바란다. 여기서는 개략적으로 개념만 다루고 자세한 내용은 다루지 않는다. 래프트 알고리즘에서는 최대 하나의 노드만 클러스터의 리더가 되고 나머지 노드는 팔로어가 된

다. 리더는 외부 명령을 수신하고 클러스터 노드 간에 데이터를 안정적으로 복제하는 역할을 담당한다.

래프트 알고리즘을 사용하면 과반수 노드가 작동하는 한 시스템은 안정적이다. 예를 들어 클러스터에 노드가 3개인 경우 1개 노드의 장애는 견딜 수 있다. 노드가 5개인 경우 2개 노드의 장애는 견딜 수 있다.

고신뢰성 솔루션

복제 메커니즘을 활용하면 파일 기반 이벤트 소싱 아키텍처에서 단일 장애 지점(SPOF) 문제를 없앨 수 있다. 구현 세부 사항을 살펴보면 그림 12.24와 같다.

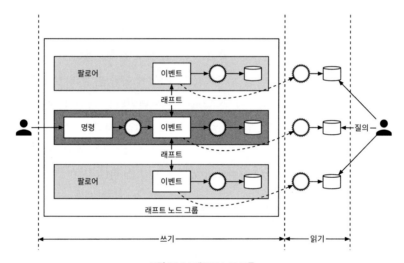

그림 12.24 래프트 노드 그룹

그림 12.24에는 세 개의 이벤트 소싱 노드가 있다. 이 노드들은 래프트 알고리즘을 사용하여 이벤트 목록을 안정적으로 동기화한다.

리더는 외부 사용자로부터 들어오는 명령 요청을 받아 이벤트로 변환하고 로컬 이벤트 목록에 추가한다. 래프트 알고리즘은 새로운 이벤트를 모든 팔로어에 복제한다.

팔로어를 포함한 모든 노드가 이벤트 목록을 처리하고 상태를 업데이트한다. 래프트 알고리즘은 리더와 팔로어가 동일한 이벤트 목록을 갖도록 하며, 이벤트 소싱은 동일한 이벤트 목록에서 항상 동일한 상태가 만들어지도록 한다.

안정적인 시스템은 장애를 원활하게 처리해야 하므로 노드 장애가 어떻게 처리되는지 살펴보자.

리더에 장애가 발생하면 래프트 알고리즘은 나머지 정상 노드 중에서 새 리더를 선출한다. 새 리더는 외부 사용자로부터 오는 명령을 수신할 책임을 진다. 한 노드가 다운되어도 클러스터는 계속 서비스를 제공할 수 있다.

유의할 것은 리더 장애가 명령 목록이 이벤트로 변환되기 전에 발생할 수 있다는 것이다. 그런 일이 생기면 클라이언트는 시간 초과(timeout) 또는 오류 응답을 받는다. 따라서 클라이언트는 새로 선출된 리더에게 같은 명령을 다시 보내야 한다.

팔로어 장애는 처리하기가 훨씬 쉽다. 팔로어에 장애가 생기면 해당 팔로어로 전송된 요청은 실패한다. 래프트는 죽은 노드가 다시 시작되거나 새로운 노드로 대체될 때까지 기한 없이 재시도하여 해당 장애를 처리한다.

지원자: 래프트 합의 알고리즘을 사용하여 여러 노드에 이벤트 목록을 복제하였습니다. 명령 수신과 복제는 리더가 담당합니다.

면접관: 네, 시스템의 안정성과 결함 내성이 향상되었네요. 하지만 100만 TPS를 처리하려면 서버 한 대로는 충분하지 않습니다. 어떻게 하면 시스템의 확장성을 높일 수 있을까요?

분산 이벤트 소싱

앞 절에서는 안정적인 고성능 이벤트 소싱 아키텍처를 구현하는 방법을 설명했다. 이 아키텍처는 신뢰성 문제는 해결하지만 다른 문제가 있다.

1. 전자 지갑 업데이트 결과는 즉시 받고 싶다. 하지만 CQRS 시스템에서는 요청/응답 흐름이 느릴 수 있다. 클라이언트가 디지털 지갑의 업데이트 시점을 정확히 알 수 없어서 주기적 폴링(polling)에 의존해야 할 수 있기 때문이다.

2. 단일 래프트 그룹의 용량은 제한되어 있다. 일정 규모 이상에서는 데이터를 샤딩하고 분산 트랜잭션을 구현해야 한다.

이 두 가지 문제를 해결하는 방안을 살펴보자.

풀 vs 푸시

풀 모델에서는 외부 사용자가 읽기 전용 상태 기계에서 주기적으로 실행 상태를 읽는다. 이 모델은 실시간이 아니며, 읽는 주기를 너무 짧게 설정하면 지갑 서비스에 과부하가 걸릴 수도 있다. 그림 12.25는 풀 모델을 보여 준다.

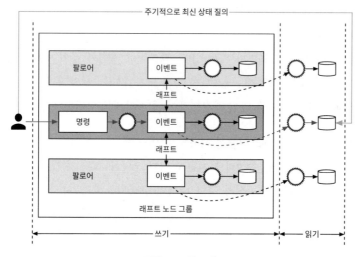

그림 12.25 풀 모델

이 단순한 풀 모델은 외부 사용자와 이벤트 소싱 노드 사이에 역방향 프락시 (reverse proxy)[18]를 추가하면 개선할 수 있다. 외부 사용자는 역방향 프락시에 명령을 보내고, 역방향 프락시는 명령을 이벤트 소싱 노드로 전달하는 한편 주기적으로 실행 상태를 질의한다. 물론 이렇게 해도 여전히 통신이 실시간으로 이루어지지는 않는다. 다만 클라이언트의 로직은 단순해진다.

그림 12.26은 역방향 프락시가 추가된 풀 모델이다.

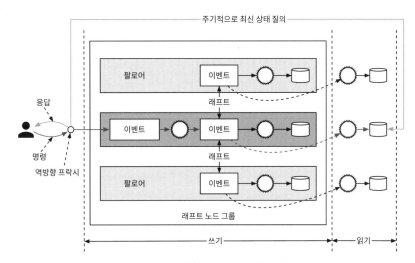

그림 12.26 역방향 프락시가 있는 풀 모델

그런데 이렇게 역방향 프락시를 두고 나면 읽기 전용 상태 기계를 수정하여 응답 속도를 높일 수 있다. 앞서 읽기 전용 상태 기계가 자기만의 특별한 로직을 가질 수 있음을 언급한 바 있다. 가령 읽기 전용 상태 기계로 하여금 이벤트를 수신하자마자 실행 상태를 역방향 프락시에 푸시하도록 한다 해 보자. 그렇게 하면 사용자에게 실시간으로 응답이 이루어지는 느낌을 줄 수 있다.

그림 12.27은 이 아이디어에 기반한 푸시 기반 모델이다.

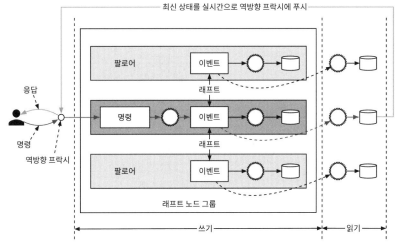

그림 12.27 푸시 모델

분산 트랜잭션

모든 이벤트 소싱 노드 그룹이 동기적 실행 모델을 채택하면 TC/C나 사가 (Saga) 같은 분산 트랜잭션 솔루션을 재사용할 수 있다. 여기서는 키의 해시 값을 2로 나누어 데이터가 위치할 파티션을 정한다고 가정하겠다.

그림 12.28이 수정된 설계안이다.

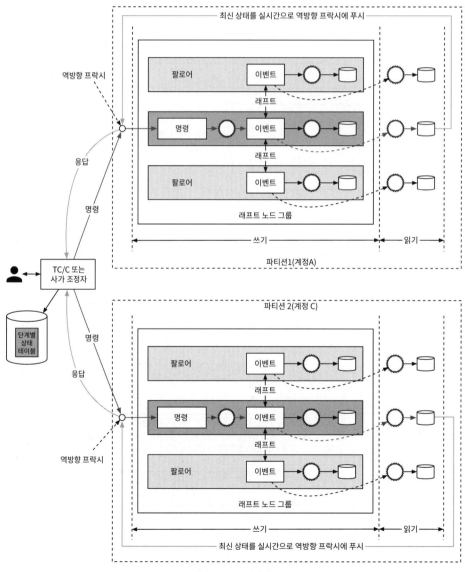

그림 12.28 최종 설계

이 최종 분산 이벤트 소싱 아키텍처에서 이체는 어떻게 이루어지는지 살펴보자. 이해하기 쉽도록 사가 분산 트랜잭션 모델을 사용하여 롤백 없이 정상 실행이 이루어지는 경로만 설명하겠다.

송금 연산에는 2개의 분산 연산이 필요하다. 즉, A:-$1과 C:+$1이다. 사가 조정자는 그림 12.29와 같이 실행을 조율한다.

1. 사용자 A가 사가 조정자에게 분산 트랜잭션을 보낸다. 두 개의 연산이 들어있다: A:-$1과 C:+$1이다.
2. 사가 조정자는 단계별 상태 테이블에 레코드를 생성하여 트랜잭션 상태를 추적한다.
3. 사가 조정자는 작업 순서를 검토한 후 A:-$1을 먼저 처리하기로 결정한다. 조정자는 A:-$1의 명령을 계정 A 정보가 들어 있는 파티션 1로 보낸다.
4. 파티션 1의 래프트 리더는 A-$1 명령을 수신하고 명령 목록에 저장한다. 그런 다음 명령의 유효성을 검사한다. 유효하면 이벤트로 변환한다. 래프트 합의 알고리즘은 여러 노드 사이에 데이터를 동기화하기 위한 것이다. 동기화가 완료되면 이벤트(A의 계정 잔액에서 $1을 차감하는)가 실행된다.
5. 이벤트가 동기화되면 파티션 1의 이벤트 소싱 프레임워크가 CQRS를 사용하여 데이터를 읽기 경로로 동기화한다. 읽기 경로는 상태 및 실행 상태를 재구성한다.
6. 파티션 1의 읽기 경로는 이벤트 소싱 프레임워크를 호출한 사가 조정자에 상태를 푸시한다.
7. 사가 조정자는 파티션 1에서 성공 상태를 수신한다.
8. 사가 조정자는 단계별 상태 테이블에 파티션 1의 작업이 성공했음을 나타내는 레코드를 생성한다.
9. 첫 번째 작업이 성공했으므로 사가 조정자는 두 번째 작업인 C:+$1을 실행한다. 조정자는 계정 C의 정보가 포함된 파티션 2에 C:+$1 명령을 보낸다.
10. 파티션 2의 래프트 리더가 C:+$1 명령을 수신하여 명령 목록에 저장한다. 유효한 명령으로 확인되면 이벤트로 변환된다. 래프트 합의 알고리즘이 여러 노드에 데이터를 동기화한다. 동기화가 끝나면 해당 이벤트(C의 계정에 $1을 추가하는)가 실행된다.

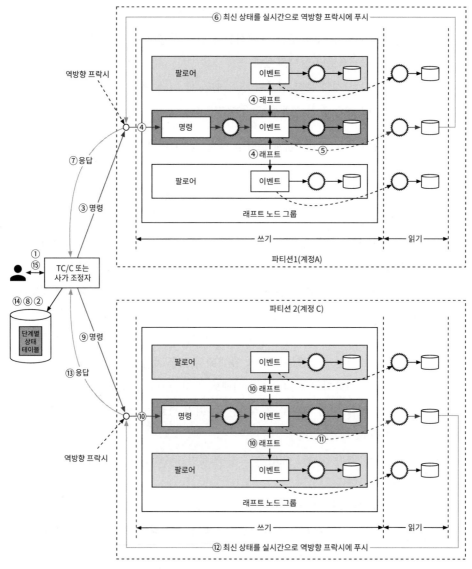

그림 12.29 최종 설계안(번호는 작업 순서)

11. 이벤트가 동기화되면 파티션 2의 이벤트 소싱 프레임워크는 CQRS를 사용하여 데이터를 읽기 경로로 동기화한다. 읽기 경로는 상태 및 실행 상태를 재구성한다.

12. 파티션 2의 읽기 경로는 이벤트 소싱 프레임워크를 호출한 사가 조정자에 상태를 푸시한다.

13. 사가 조정자는 파티션 2로부터 성공 상태를 받는다.

14. 사가 조정자는 단계별 상태 테이블에 파티션 2의 작업이 성공했음을 나타내는 레코드를 생성한다.

15. 이때 모든 작업이 성공하고 분산 트랜잭션이 완료된다. 사가 조정자는 호출자에게 결과를 응답한다.

4단계: 마무리

이번 장에서는 초당 100만 건 이상의 결제 명령을 처리할 수 있는 지갑 서비스를 설계해 보았다. 시스템 규모를 개략적으로 추정해 본 결과, 이 정도의 부하를 감당하려면 수천 개 노드가 필요하다는 결론을 내렸다.

첫 번째 설계안에서는 레디스 같은 인메모리 키-값 저장소를 사용하는 솔루션을 살펴보았다. 이 설계의 문제점은 데이터가 내구성이 없다는 것이다.

두 번째 설계에서는 인메모리 캐시를 트랜잭션 데이터베이스로 바꿔 보았다. 여러 노드에 걸친 분산 트랜잭션을 지원하기 위한 2PC, TC/C, 사가(Saga)와 같은 다양한 트랜잭션 프로토콜을 살펴보았다. 트랜잭션 기반 솔루션의 가장 큰 문제는 데이터 감사가 어렵다는 것이다.

그 다음으로는 이벤트 소싱 방안을 소개하였다. 첫 구현안은 외부 데이터베이스와 큐를 사용하는 것이었는데, 성능이 좋지 않다는 문제가 있었다. 명령, 이벤트, 상태 데이터를 로컬 파일 시스템에 저장하도록 하여 성능을 개선하는 방안을 제시하였다.

그러나 데이터를 한곳에 두면 SPOF가 되는 문제가 있으므로, 시스템 안정성을 높이기 위해 래프트 합의 알고리즘을 사용하여 이벤트 목록을 여러 노드에 복제하는 방안을 도입하였다.

마지막으로 개선한 사항은 이벤트 소싱에 CQRS개념을 도입한 것이다. 아울러 외부 사용자에게 비동기 이벤트 소싱 프레임워크를 동기식 프레임워크로 제공하기 위해 역방향 프락시를 추가하였다. TC/C 내지는 사가 프로토콜을 사용하여 여러 노드에 명령 실행을 조율하는 방법도 소개하였다.

이번 장도 성공적으로 마무리한 여러분, 축하한다! 스스로를 마음껏 격려하도록 하자!

12장 요약

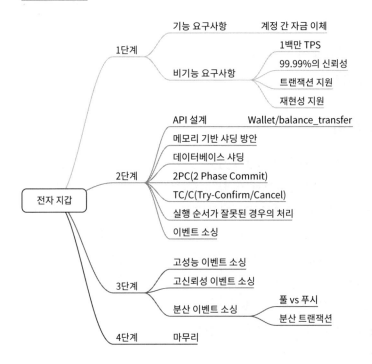

참고 문헌

[1]   트랜잭션 보증(Transactional guarantees). *https://docs.oracle.com/cd/E17275_01/html/programmer_reference/rep_trans.html*

[2]   TPC-E 최고 가격/성능 벤치마크 결과(TPC-E Top Price/Performance Results). *http://tpc.org/tpce/results/tpce_price_perf_results5.asp?resulttype=all*

[3]   ISO 4217 통화 코드(ISO 4217 CURRENCY CODES). *https://en.wikipedia.org/wiki/ISO_4217*

[4]   아파치 주키퍼(Apache ZooKeeper). *https://zookeeper.apache.org/*

[5]   마틴 클레프만(Martin Kleppmann). 《데이터 중심 애플리케이션 설계》(정재부 김영준 이도경 옮김, 위키북스, 2018년). 원제는 *Designing Data-Intensive Applications*, O'Reilly Media, 2017.

[6]   X/Open XA. *https://en.wikipedia.org/wiki/X/Open_XA*

[7]   보상 트랜잭션(Compensating transaction). *https://en.wikipedia.org/wiki/Compensating_transaction*

[8]   사가(SAGAS, HectorGarcia-Molina). *https://www.cs.cornell.edu/andru/cs711/2002fa/re ading/sagas.pdf*

[9]   《도메인 주도 설계》(에릭 에반스 지음, 이대엽 옮김, 위키북스 2011년). 원제는 *Domain-Driven Design: Tackling Complexity in the Heart of Software*, Addison-Wesley Professional, 2003.

[10] 아파치 카프카(Apache Kafka). *https://kafka.apache.org/*

[11] CQRS. *https://martinfowler.com/bliki/CQRS.html*

[12] 디스크와 메모리에 대한 무작위적 접근과 순차적 접근의 성능 비교(Comparing Random and Sequential Access in Disk and Memory). *https://delivery images.acm.org/10.1145/1570000/1563874/jacobs3.jpg*

[13] mmap. *https://man7.org/linux/man-pages/man2/mmap.2.html*

[14] SQLite. *https://www.sqlite.org/index.html*

[15] RocksDB. *https://rocksdb.org/*

[16] 아파치 하둡(Apache Hadoop). *https://hadoop.apache.org/*

[17] 래프트(Raft). *https://raft.github.io/*

[18] 역방향 프락시(Reverse proxy). *https://en.wikipedia.org/wiki/Reverse_proxy*

13장

System Design Interview Volume 2

증권 거래소

이번 장에서는 온라인 증권 거래 시스템을 설계해 보겠다.

거래소의 기본 기능은 구매자와 판매자가 효율적으로 연결될 수 있도록 돕는 것이다. 이 기본 기능은 거래소가 등장한 이래 많은 시간이 흘렀음에도 변하지 않았다. 컴퓨터가 이 연결 과정을 자동으로 처리할 수 있게 되기 전까지 사람들은 물물교환을 하거나, 소리를 지르며 거래 상대자를 찾아 눈으로 확인 가능한 상품만 거래했다. 하지만 오늘날, 주문은 슈퍼컴퓨터가 자동으로 처리하며, 사람들은 상품의 교환뿐 아니라 차익 실현, 중개 목적으로도 거래를 하고 있다. 기술은 거래 지형을 크게 변화시켰고, 온라인에서 전자적으로 처리되는 거래량은 기하급수적으로 증가하고 있다.

증권 거래소라고 하면 대부분은 생긴 지 50년 넘은 뉴욕 증권 거래소(NYSE)나 나스닥 같은 시장 선두 주자들만 떠올린다. 하지만 다른 유형의 거래소도 많다. 일부는 금융 산업의 수직적 세분화에 초점을 맞추고 기술적 측면을 특히 강조하는 반면[1], 공정성에 중점을 두는 것도 있다.[2] 설계에 뛰어들기 진에 면접관에게 질문을 던져 거래소 규모 등 중요 특징을 먼저 확인하자.

이번 장에서 다루는 문제의 규모를 짐작하는 데 도움이 될 몇 가지 사실을 언급하자면, NYSE는 하루에 수십 억 건의 거래를[3], HKEX는 하루에 약 2천억 건의 주식 거래를 처리하고[4] 있다. 그림 13.1은 시가총액 기준으로 '1조 달러 클럽(trillion-dollar club)'에 속한 대형 거래소를 보여 준다.

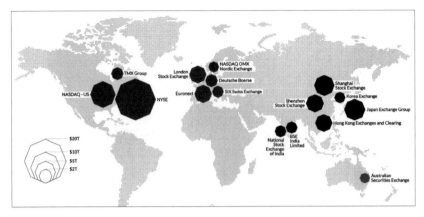

그림 13.1 가장 큰 증권 거래소[5]

1단계: 문제 이해 및 설계 범위 확정

현대적인 증권 거래소는 지연 시간, 처리량, 안정성에 대한 요구사항이 엄격한
아주 복잡한 시스템이다. 설계 시작 전에 면접관에게 질문을 던져 요구사항을
명확히 파악하자.

지원자: 어떤 증권을 거래한다고 가정할까요? 주식, 옵션, 선물 등이 가능할 것
같습니다만.

면접관: 간단하게 주식만 거래한다고 가정하도록 합시다.

지원자: 새 주문, 주문 취소, 주문 교체 중 어떤 유형의 주문을 지원해야 하나
요? 지정가 주문(limit order), 시장가 주문(market order), 조건부 주문
(conditional order) 등의 주문 유형을 전부 지원해야 하나요?

면접관: 새 주문을 넣을 수 있고, 체결되지 않은 주문은 취소할 수도 있어야 합
니다. 주문 유형으로는 지정가 주문만 가능하다고 하겠습니다.

지원자: 시간 외 거래(after-hours trading)가 가능해야 할까요?

면접관: 아니요, 시간 내 거래만 처리할 수 있으면 됩니다.

지원자: 이 거래소가 갖추어야 하는 기본 기능을 설명해 주시면 좋겠습니다.
사용자 수, 증권(symbol) 가짓수나 주문 수 등, 거래소 규모에 관한 부
분도 설명해 주시면 감사하겠습니다.

면접관: 새로운 지정가 주문을 접수하거나 기존 주문은 취소할 수 있어야 합니다. 주문이 체결된 경우에는 실시간으로 그 사실을 알 수 있어야 합니다. 호가 창(order book)의 정보는 실시간으로 갱신되어야 합니다. 호가 창은 매수 및 매도 주문 목록이 표시되는 곳입니다. 최소 수만 명 사용자가 동시에 거래할 수 있어야 하고, 최소 100가지 주식 거래가 가능해야 합니다. 거래량의 경우 하루에 수십억 건의 주문이 발생할 수 있다고 하겠습니다. 또한 거래소는 규제 시설(regulated facility)이므로 위험성 점검(risk check)이 가능해야 합니다.

지원자: 위험성 점검에 대해서 조금만 더 자세히 설명 부탁드립니다.

면접관: 간단한 점검만 가능하면 됩니다. 일례로, 한 사용자가 하루에 거래할 수 있는 애플 주식을 백만 주 이하로 제한하는 규칙이 있다고 했을 때, 해당 규칙을 위반하는 거래가 이루어지지 않도록 점검할 수 있으면 됩니다.

후보자: 사용자 지갑 관리에 대해서는 언급하지 않으셨는데요, 그 부분도 고려해야 할까요?

면접관: 좋은 지적입니다! 주문 전에 충분한 자금이 있는지 먼저 확인할 필요가 있죠. 아울러 아직 체결되지 않은 주문이 있는 경우, 해당 주문에 이용된 자금은 다른 주문에 쓰일 수 없어야 합니다.

비기능 요구사항

기능 요구사항을 확인한 후에는 비기능 요구사항을 결정해야 한다. '최소 100가지 주식', '수만 명 사용자' 같은 요구사항은 소규모에서 중간 규모 정도의 거래소를 설계해야 한다는 뜻이다. 더 많은 주식과 사용자를 지원할 수 있게 확장 가능한 설계인지도 확인해야 한다. 많은 면접관이 후속 질문 과정에서 설계의 확장성(extensibility)을 확인하는 데 초점을 맞춘다.

다음은 비기능 요구사항의 목록이다.

• **가용성(availability)**: 최소 99.99%. 거래소의 가용성은 매우 중요한 문제다. 단 몇 초의 장애로도 평판이 손상될 수 있다.

- **결함 내성(fault tolerance)**: 프로덕션 장애의 파급을 줄이려면 결함 내성과 빠른 복구 메커니즘이 필요한다.
- **지연 시간(latency)**: 왕복 지연 시간(round trip latency)은 밀리초 수준이어야 하며, 특히 p99(99th 백분위수) 지연 시간이 중요하다. 왕복 지연 시간은 주문이 거래소에 들어오는 순간부터 주문의 체결 사실이 반환되는 시점까지다. p99 지연 시간이 계속 높으면 일부 사용자의 거래소 이용 경험이 아주 나빠진다.
- **보안(security)**: 거래소는 계정 관리 시스템을 갖추어야 한다. 법률 및 규정 준수를 위해 거래소는 새 계좌 개설 전에 사용자 신원 확인을 위한 KYC(Know Your Client) 확인을 수행한다. 시장 데이터가 포함된 웹 페이지 등의 공개 자원의 경우에는 DDoS(Distributed Denial-of-Service)[6] 공격을 방지하는 장치를 구비해 두어야 한다.

개략적 규모 추정

시스템의 규모를 이해하기 위해 몇 가지 간단한 계산을 해 보자.

- 100가지 주식
- 하루 10억 건의 주문
- 뉴욕증권거래소는 월요일부터 금요일까지, 오전 9시 30분부터 오후 4시까지(EST) 영업한다. 총 6.5시간이다.
- QPS: $\dfrac{10억}{6.5시간 \times 3600} = \sim 43,000$
- 최대 QPS: $5 \times QPS = 215,000$. 거래량은 장 시작 직후, 그리고 장 마감 직전에 훨씬 높다.

2단계: 개략적 설계안 제시 및 동의 구하기

개략적 설계안을 살펴보기 전에, 거래소 설계에 도움될 몇 가지 기본 개념과 용어를 간략하게 살펴보자.

증권 거래 101

브로커

대부분의 개인 고객은 브로커 시스템을 통해 거래소와 거래한다. 찰스 슈왑 (Charles Schwab), 로빈후드(Robinhood), E*트레이드(E*Trade), 피델리티(Fi-delity) 등이 유명한 브로커 회사다(한국 기준으로는 예컨대 하나증권 등의 증권사가 브로커에 해당한다). 브로커 시스템은 개인 사용자가 증권을 거래하고 시장 데이터를 확인할 수 있도록 편리한 사용자 인터페이스를 제공한다.

기관 고객

기관 고객(institutional client)은 전문 증권 거래 소프트웨어를 사용하여 대량으로 거래한다. 기관 고객마다 거래 시스템에 대한 요구사항은 다르다. 예를 들어 연기금(pension funds)은 안정적 수익을 목표로 한다. 거래 빈도는 낮지만 거래량은 많다. 그들은 대규모 주문이 시장에 미치는 영향[7]을 최소화하기 위해 주문 분할 같은 기능을 필요로 한다. 어떤 헤지 펀드(hedge funds)는 시장 조성을 전문으로 하며 수수료 리베이트(commission rebates)를 통해 수익을 얻는다. 이들은 아주 낮은 응답 시간으로 거래하길 원한다. 일반 사용자들처럼 웹페이지나 모바일 앱에서 시장 데이터를 확인하게 하면 곤란하다.

지정가 주문

지정가 주문(limit order)은 가격이 고정된 매수 또는 매도 주문이다. 시장가 주문과는 달리 체결이 즉시 이루어지지 않을 수 있고, 부분적으로만 체결될 수도 있다.

시장가 주문

시장가 주문(market order)은 가격을 지정하지 않는 주문으로, 시장가로 즉시 체결된다. 체결은 보장되나 비용 면에서는 손해를 볼 수 있다. 급변하는 특정 시장 상황에서 유용하다.

시장 데이터 수준

미국 주식시장에는 L1, L2, L3의 세 가지 가격 정보(price quote) 등급이 있다(L은 level을 뜻한다). L1 시장 데이터(market data)에는 최고 매수 호가(best bid price), 매도 호가(ask price) 및 수량(quantity)이 포함된다.(그림 13.2) 최고 매수 호가는 구매자가 주식에 지불할 의사가 있는 최고 가격이다. 매도 호가는 매도자가 주식을 팔고자 하는 최저 가격이다.

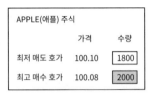

그림 13.2 레벨 1 데이터

L2에는 더 많은 수준의 가격 정보가 제공된다.(그림 13.3) 이 그림에서 '깊이 (depth)'는 체결을 기다리는 물량의 호가를 어디까지 보여 주는지 나타낸다.

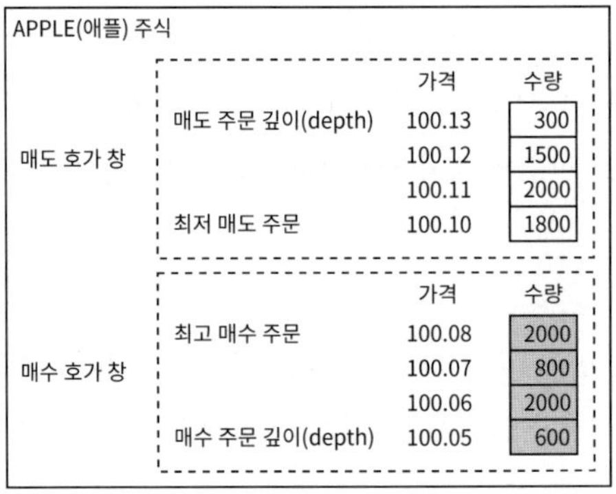

그림 13.3 레벨 2 데이터

L3는 L2에서 한 걸음 더 나아가, 각 주문 가격에 체결을 기다리는 물량 정보까지 보여 준다.(그림 13.4)

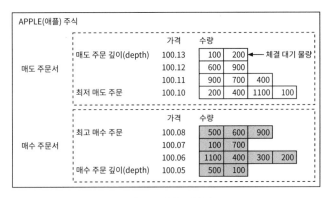

그림 13.4 레벨 3 데이터

봉 차트

봉 차트(candle chart)는 특정 기간 동안의 주가다. 일반적인 봉('캔들'이라고도 한다)의 모습은 그림 13.5와 같다. 하나의 봉 막대로 일정 시간 간격 동안 시장의 시작가, 종가, 최고가, 최저가를 표시할 수 있다. 일반적으로 지원되는 시간 간격은 1분, 5분, 1시간, 1일, 1주일, 1개월이다.

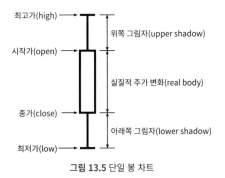

그림 13.5 단일 봉 차트

FIX

FIX는 Financial Information Exchange Protocol, 즉 금융 정보 교환 프로토콜의 약어로[8], 1991년에 만들어졌다. 증권 거래 정보 교환을 위한 기업 중립적 통신 프로토콜이다. 다음은 FIX로 인코딩한 증권 거래의 사례다. [8]

```
8=FIX.4.2 | 9=176 | 35=8 | 49=PHLX | 56=PERS | 52=20071123-
05:30:00.000 | 11=ATOMNOCCC9990900 | 20=3 | 150=E | 39=E | 55=MSFT |
167=CS | 54=1 | 38=15 | 40=2 | 44=15 | 58=PHLX EQUITY TESTING | 59=0
| 47=C | 32=0 | 31=0 | 151=15 | 14=0 | 6=0 | 10=128 |
```

개략적 설계안

핵심 개념을 살펴보았으므로, 그림 13.6의 개략적 설계안을 살펴보겠다.

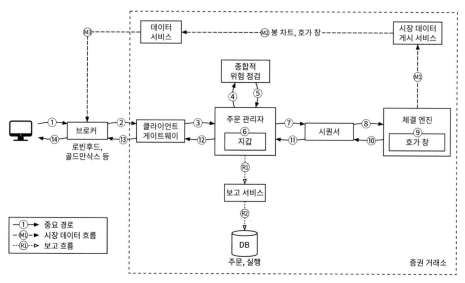

그림 13.6 개략적 설계안

하나의 주문이 이 다이어그램의 구성요소들 사이를 어떻게 흐르는지 추적하여 전체적인 동작 원리를 설명해 보겠다.

먼저 **거래 흐름**(trading flow)을 통해 하나의 주문이 어떤 절차로 처리되는지 살펴보자. 지연 시간 요건이 엄격한, 중요 경로(critical path)다. 이 경로를 따라 흐르는 모든 정보는 신속하게 처리되어야 한다.

1단계: 고객이 브로커의 웹 또는 모바일 앱을 통해 주문한다.

2단계: 브로커가 주문을 거래소에 전송한다.

3단계: 주문이 클라이언트 게이트웨이를 통해 거래소로 들어간다. 클라이언트 게이트웨이는 입력 유효성 검사, 속도 제한, 인증, 정규화 등과 같은 기본적인 게이트키핑(gatekeeping) 기능을 수행한다. 그런 다음 주문을 주문 관리자에게 전달한다.

4~5단계: 주문 관리자가 위험 관리자가 설정한 규칙에 따라 위험성 점검을 수행한다.

6단계: 위험성 점검 과정을 통과한 주문에 대해, 주문 관리자는 지갑에 주문 처리 자금이 충분한지 확인한다.

7~9단계: 주문이 체결 엔진으로 전송된다. 체결 가능 주문이 발견되면 체결 엔진은 매수 측과 매도 측에 각각 하나씩 두 개의 집행(execution. Fill(충족)이라고도 부른다) 기록을 생성한다. 나중에 그 과정을 재생할 때 항상 결정론적(deterministic)으로 동일한 결과가 나오도록 보장하기 위해 시퀀서(sequencer)는 주문 및 집행 기록을 일정 순서로 정렬한다(시퀀서에 대해서는 나중에 자세히 설명한다).

10단계~14단계: 주문 집행 사실을 클라이언트에 전송한다.

다음으로 **시장 데이터 흐름**(market data flow)을 따라서, 하나의 주문이 체결 엔진부터 데이터 서비스를 거쳐 브로커로 전달되어 집행되기까지의 과정을 추적해 보자.

M1 단계: 체결 엔진은 주문이 체결되면 집행 기록 스트림(또는 충족 기록 스트림)을 만든다. 이 스트림은 시장 데이터 게시 서비스로 전송된다.

M2 단계: 시장 데이터 게시 서비스는 집행 기록 및 주문 스트림에서 얻은 데이터를 시장 데이터로 사용하여 봉 차트와 호가 창을 구성한다. 그런 다음 시장 데이터를 데이터 서비스로 보낸다.

M3 단계: 시장 데이터는 실시간 분석 전용 스토리지에 저장된다. 브로커는 데이터 서비스를 통해 실시간 시장 데이터를 읽는다. 브로커는 이 시장 데이터를 고객에게 전달한다.

마지막으로 **보고 흐름(report flow)**을 살펴보자.

> R1~R2 단계(보고 흐름): 보고 서비스(reporter)는 주문 및 실행 기록에서 보고
> 에 필요한 모든 필드의 값을 모은 다음(예를 들어 client_id, price, quantity,
> order_type, filled_quantity, remaining_quantity 등) 그 값을 종합해 만든
> 레코드를 데이터베이스에 기록한다.

거래 흐름(1부터~14까지의 단계)은 중요 경로를 따라 진행되지만 시장 데이
터 흐름이나 보고 흐름은 그렇지 않다. 그 두 가지는 지연 시간 요구사항이 다
르다.

이제 세 가지 흐름 각각을 더 자세히 살펴보자.

거래 흐름

거래 흐름은 거래소의 중요 경로상에서 진행된다. 모든 것은 신속하게 진행되
어야 한다. 거래 흐름의 핵심은 체결 엔진이다. 이에 대해 먼저 살펴보자.

체결 엔진

체결 엔진(matching engine)은 교차 엔진(cross engine)이라고도 한다. 체결 엔
진의 주요 역할은 다음과 같다.

1. 각 주식 심벌에 대한 주문서(order book) 내지 호가 창을 유지 관리한다.
   주문서 또는 호가 창은 특정 주식에 대한 매수 및 매도 주문 목록이다. "데
   이터 모델" 절에서 호가 창 구성 방법을 자세히 설명한다.
2. 매수 주문과 매도 주문을 연결한다. 연결, 다시 말해 주문 체결 결과로 두
   개의 집행 기록이 만들어진다(매수 쪽에서 1건, 매도 쪽에서 1건). 체결은
   빠르고 신속하게 처리되어야 한다.
3. 집행 기록 스트림을 시장 데이터로 배포한다.

가용성 높은 체결 엔진 구현체가 만드는 체결 순서는 결정론적(deterministic)
이어야 한다. 즉, 입력으로 주어지는 주문 순서가 같으면 체결 엔진이 만드는
집행 기록 순서는 언제나 동일해야 한다. 이러한 결정론적 특성이 고가용성의

토대가 된다. 이에 대해서는 상세 설계를 진행하면서 자세히 알아보겠다.

시퀀서

시퀀서(sequencer)는 체결 엔진을 결정론적으로 만드는 핵심 구성 요소다. 시퀀서는 체결 엔진에 주문을 전달하기 전에 순서 ID(sequence ID)를 붙여 보낸다. 또한 체결 엔진이 처리를 끝낸 모든 집행 기록 쌍에도 순서 ID를 붙인다. 다시 말해 시퀀서에는 입력 시퀀서(inbound sequencer)와 출력 시퀀서(outbound sequencer) 두 가지가 있으며, 각각 고유한 순서를 유지한다. 시퀀서가 만드는 순서 ID는 누락된 항목을 쉽게 발견할 수 있는 일련번호여야 한다.(그림 13.7)

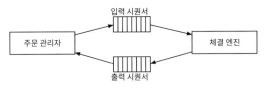

그림 13.7 입력 및 출력 시퀀서

입력되는 주문과 출력하는 실행 명령에 순서 ID를 찍는 이유는 다음과 같다.

1. 시의성(timeliness) 및 공정성(fairness)
2. 빠른 복구(recovery) 및 재생(replay)
3. 정확한 1회 실행 보증(exactly-once guarantee)

시퀀서는 순서 ID만 생성하는 것이 아니며, 메시지 큐 역할도 한다. 하나는 체결 엔진에 메시지(수신된 주문)를 보내는 큐 역할을 하고, 다른 하나는 주문 관리자에게 메시지(집행 기록)를 회신하는 큐 역할을 한다. 한편 주문과 집행 기록을 위한 이벤트 저장소로 볼 수도 있다. 이는 체결 엔진에 두 개 카프카 이벤트 스트림이 연결되어 있는 것과 비슷하다. 하나는 입력되는 주문용이고 다른 하나는 출력될 집행 기록용이다. 사실 카프카의 지연 시간이 더 짧고 예측 가능했다면 정말로 시퀀서 구현에 카프카를 사용할 수도 있었을 것이다. 상세 설계를 진행하면서, 낮은 지연 시간이 필요한 증권 거래소의 시퀀서는 어떻게 구현하는지 설명하겠다.

주문 관리자

주문 관리자(order manager)는 한쪽에서는 주문을 받고 다른 쪽에서는 집행 기록을 받는다. 주문 상태를 관리하는 것이 주문 관리자의 역할이다. 자세히 알아보자.

주문 관리자는 클라이언트 게이트웨이를 통해 주문을 수신하고 다음을 실행한다.

- 종합적 위험 점검 담당 컴포넌트에 주문을 보내어 위험성을 검토한다. 본 설계안이 지원해야 하는 위험 점검 규칙은 단순하다. 예를 들어, 사용자의 거래량이 하루 100만 달러 미만인지 확인하는 정도다.
- 사용자의 지갑에 거래를 처리하기에 충분한 자금이 있는지 확인한다. 지갑에 대해서는 12장 "전자 지갑"에서 자세히 설명한 바 있다. 거래소에서도 쓸 수 있을 만한 구현안이 제시되어 있으니 참고하기 바란다.
- 주문을 시퀀서에 전달한다. 시퀀서는 해당 주문에 순서 ID를 찍고 체결 엔진에 보내어 처리한다. 새 주문에는 많은 속성이 있지만 모든 속성을 체결 엔진에 보낼 필요는 없다. 메시지 크기를 줄이기 위해 주문 관리자는 필요한 속성만 전송한다.

또한 주문 관리자는 시퀀서를 통해 체결 엔진으로부터 집행 기록을 받는다. 주문 관리자는 체결된 주문에 대한 집행 기록을 클라이언트 게이트웨이를 통해 브로커에 반환한다.

주문 관리자는 빠르고 효율적이며 정확해야 한다. 주문 관리자는 주문의 현재 상태를 유지 관리한다. 사실 다양한 상태 변화(state transition)를 관리해야 하는 문제 때문에 주문 관리자의 구현은 아주 복잡하다. 실제 거래소 시스템이라면 수만 가지 경우를 처리해야 한다. 이벤트 소싱[9]은 주문 관리자 설계에 적합하다. 상세 설계를 진행하면서 이벤트 소싱 기반 설계안을 자세히 살펴볼 것이다.

클라이언트 게이트웨이

클라이언트 게이트웨이는 거래소의 문지기다. 클라이언트로부터 주문을 받아 주문 관리자에게 보낸다. 게이트웨이는 그림 13.8과 같은 기능을 제공한다.

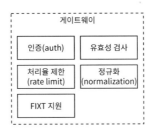

그림 13.8 클라이언트 게이트웨이 구성요소

클라이언트 게이트웨이는 중요 경로상에 놓이며, 지연 시간에 민감하다. 가벼워야 한다. 가능한 한 빨리 올바른 목적지로 주문을 전달해야 한다. 그림 13.8에 다룬 기능은 중요하지만 신속하게 처리될 수 있어야 한다. 어떤 기능을 클라이언트 게이트웨이에 넣을지 말지는 타협적으로 생각해야 한다. 일반적으로 적용 가능한 원칙은, 복잡한 기능이라면 체결 엔진이나 위험 점검 컴포넌트에 맡겨야 한다는 것이다.

고객 유형별(개인 고객/기관 고객)로 클라이언트 게이트웨이는 다양하다. 주요 고려 사항은 지연 시간, 거래량, 보안 요구사항이다. 예를 들어, 시장 조성자(market maker) 같은 기관은 거래소에 유동성의 상당 부분을 공급하는데, 매우 낮은 지연 시간을 요구한다. 그림 13.9는 거래소에 연결된 다양한 클라이언트 게이트웨이를 보여 준다. 한 가지 극단적인 사례는 코로케이션(colocation, colo 라고도 함) 엔진이다. 이 엔진은 브로커가 거래소 데이터 센터에서 임대한 서버 일부에서 실행하는 거래 엔진 소프트웨어다. 이 경우 지연 시간은 말 그대로 빛이 코로케이션 서버에서 거래소 서버로 이동하는 데 걸리는 시간 정도다.[10]

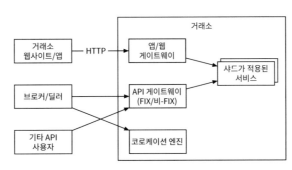

그림 13.9 클라이언트 게이트웨이

시장 데이터 흐름

시장 데이터 게시 서비스(Market Data Publisher, MDP)는 체결 엔진에서 집행 기록을 수신하고 집행 기록 스트림에서 호가 창과 봉 차트를 만들어 낸다. 나중에 데이터 모델 절에서 설명하겠지만, 호가 창과 봉 차트를 통칭하여 시장 데이터라고 한다. 시장 데이터는 데이터 서비스로 전송되어 해당 서비스의 구독자(subscriber)가 사용할 수 있게 된다. 그림 13.10은 MDP가 어떻게 구현되어 있는지, 그리고 시장 데이터 흐름의 다른 구성 요소와는 어떻게 조화를 이루는지 보여 준다.

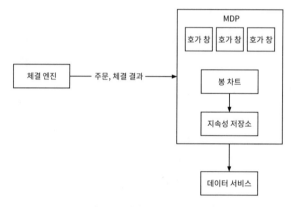

그림 13.10 시장 데이터 게시 서비스

보고 흐름

거래소에서 필수적인 부분 가운데 하나는 보고(reporting)다. 보고 서비스는 거래의 중요 경로상에 있지는 않지만 여전히 시스템의 중요한 부분이다. 보고 서비스는 거래 이력, 세금 보고, 규정 준수 여부 보고, 결산(settlement) 등의 기능을 제공한다. 거래 흐름에는 효율성과 짧은 지연 시간이 중요하지만, 보고 서비스는 그렇지 않다. 오히려 정확성과 규정 준수가 핵심이다.

　입력으로 들어오는 주문과 그 결과로 나가는 집행 기록 모두에서 정보를 모아 속성(attributes)들을 구성하는 것이 일반적 관행이다. 들어오는 새 주문에는 주문 세부 정보만 있고, 나가는 집행 기록에는 보통 주문 ID, 가격, 수량 및 집행 상태 정보만 있기 때문이다. 보고 서비스는 그 두 가지 출처에서 오는 정보를 잘 병합하여 보고서를 만든다. 그림 13.11은 보고 흐름의 구성 요소가 서로 어떻게 결합되는지 보여 준다.

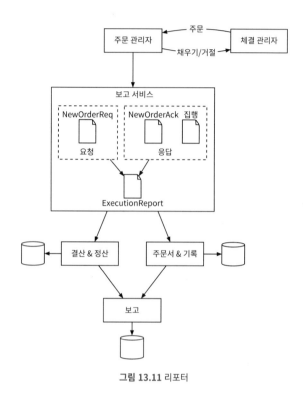

그림 13.11 리포터

눈썰미 좋은 독자라면 "2단계: 개략적 설계안 제시 및 동의 구하기" 절의 구성이 다른 장과 약간 다르다는 것을 눈치챘을 것이다. 이번 장에서는 "API 설계" 그리고 "데이터 모델" 절을 개략적 설계 다음에 두었다. 개략적 설계안에서 소개한 몇 가지 개념이 있어야 설명이 가능해서다.

API 설계

이제 개략적 설계안은 살펴보았으니 API 설계를 검토할 차례다.

고객은 브로커를 통해 증권 거래소와 상호 작용하여 주문, 체결 조회, 시장 데이터 조회, 분석을 위한 과거 데이터 다운로드 등을 수행한다. 브로커와 클라이언트 게이트웨이 간의 인터페이스 명세 작성에는 RESTful 컨벤션을 사용한다. 아래 언급하는 자원(resource)들에 대해서는 "데이터 모델" 절을 참고하기 바란다.

RESTful API로는 헤지 펀드와 같은 기관 고객의 지연 시간 요구사항을 충족하지 못할 수도 있다. 이러한 기관에 공급되는 특수 소프트웨어는 다른 프로토콜을 사용할 가능성이 높지만, 프로토콜이 무엇이든 아래 언급한 기본 기능은 동일하게 제공되어야 한다.

주문

POST /v1/order

이 엔드포인트는 주문을 처리한다. 인증이 필요하다.

인자
  symbol: 주식을 나타내는 심벌(symbol)이다. 자료형 String
  side: buy(매수) 또는 sell(매도). 자료형 String
  price: 지정가 주문의 가격. 자료형 Long
  orderType: limit(지정가) 또는 market(시장가). 이번 장에서는 지정가 주문만 지원함에 유의하자. 자료형 String
  quantity: 주문 수량. 자료형 Long

응답

본문(body):
  id: 주문 ID. 자료형 Long
  creationTime: 주문이 시스템에 생성된 시간. 자료형 Long
  filledQuantity: 집행이 완료된 수량. 자료형 Long
  remainingQuantity: 아직 체결되지 않은 주문 수량. 자료형 Long
  status: new/canceled/filled. 자료형 String
  나머지 속성은 입력 인자와 같다.

코드:

　200: 성공

　40x: 인자 오류/접근 불가/권한 없음

　500: 서버 오류

집행

```
GET /v1/execution?symbol={:symbol}&orderId={:orderId}&startTime={:sta
rtTime}&endTime={:endTime}
```

이 엔드포인트는 집행 정보를 질의한다. 인증이 필요하다.

인자

　symbol: 주식 심벌. 자료형 String

　orderId: 주문의 ID. 선택적 인자(optional). 자료형 String

　startTime: 질의 시작 시간. 기원 시간(epoch) 기준.[11] 자료형 Long

　endTime: 질의 종료 시간. 기원 시간 기준. 자료형 Long

응답

본문:

　executions: 범위 내 모든 집행 기록의 배열. 자료형 Array

　id: 집행 기록 ID. 자료형 Long

　orderId: 주문 ID. 자료형 Long

　symbol: 주식 심벌. 자료형 String

　side: buy(매수) 또는 sell(매도). 자료형 String

　price: 체결 가격. 자료형 String

　orderType: limit(지정가) 또는 market(시장가). 자료형 String

　quantity: 체결 수량. 자료형 Long

코드:

　200: 성공

40x: 인자 오류/해당 자원 없음/접근 불가/권한 없음

500: 서버 오류

호가 창/주문서

GET /v1/marketdata/orderBook/L2?symbol={:symbol}&depth={:depth}

이 엔드포인트는 주어진 주식 심벌, 주어진 깊이 값에 대한 L2 호가 창 질의 결과를 반환한다.

인자

symbol: 주식 심벌. 자료형 String

depth: 반환할 호가 창의 호가 깊이. 자료형 Int

startTime: 질의 시작 시간. 기원 시간 기준. 자료형 Long

endTime: 질의 종료 시간. 기원 시간 기준. 자료형 Long

응답

본문:

bids: 가격과 수량 정보를 담은 배열. 자료형 Array

asks: 가격과 수량 정보를 담은 배열. 자료형 Array

코드:

200: 성공

40x: 인자 오류/해당 자원 없음/접근 불가/권한 없음

500: 서버 오류

가격 변동 이력(봉 차트)

GET /v1/marketdata/candles?symbol={:symbol}&resolution={:resolution}&
startTime={:startTime}&endTime={:endTime}

주어진 시간 범위, 해상도(resolution), 심벌에 대한 봉 차트 데이터("데이터 모델" 절의 봉 차트 참조) 질의 결과를 반환한다.

인자

symbol: 주식 심벌. 자료형 String

resolution: 봉 차트의 윈도 길이(초 단위). 자료형 Long

startTime: 질의 시작 시간. 기원 시간 기준. 자료형 Long

endTime: 질의 종료 시간. 기원 시간 기준. 자료형 Long

응답

본문:

candles: 각 봉의 데이터를 담은 배열. 자료형 Array

open: 해당 봉의 시가. 자료형 Double

close: 해당 봉의 종가. 자료형 Double

high: 해당 봉의 고가. 자료형 Double

low: 해당 봉의 저가. 자료형 Double

코드:

200: 성공

40x: 인자 오류/해당 자원 없음/접근 불가/권한 없음

500: 서버 오류

데이터 모델

증권 거래소에는 세 가지 유형의 주요 데이터가 있다. 하나씩 살펴보자.

- 상품, 주문 및 집행
- 호가 창/주문서
- 봉 차트

상품, 주문, 집행

상품(product)은 거래 대상 주식(즉, 심벌)이 가진 속성으로 정의된다. 상품의
유형, 거래에 쓰이는 심벌, UI에 표시될 심벌, 결산에 이용되는 통화 단위, 매매
수량 단위(lot size), 호가 가격 단위(tick size) 등이다. 이 데이터는 자주 변경되

지 않는다. 주로 UI 표시를 위한 데이터다. 아무 데이터베이스에나 저장 가능하며, 캐시를 적용하기 좋다.

주문은 매수 또는 매도를 실행하라는 명령이며, 집행 기록은 체결이 이루어진 결과다. 집행 기록(execution)은 충족(fill)이라고도 부른다. 모든 주문이 집행되지는 않는다. 체결 엔진은 하나의 주문 체결에 관여한 매수 행위와 매도 행위를 나타내는 두 개의 집행 기록을 결과로 출력한다.

그림 13.12는 이 세 정보 사이의 관계를 보여주는 논리 모델 다이어그램이다. 데이터베이스 스키마가 아니라는 점에 유의하자.

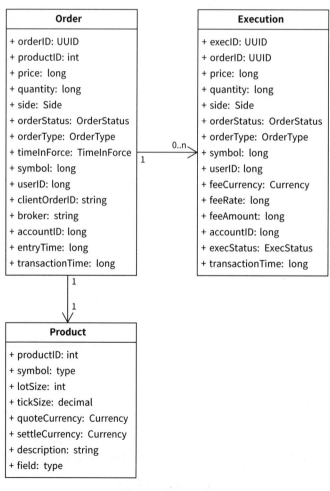

그림 13.12 상품, 주문, 집행

주문과 집행 기록은 거래소가 취급하는 가장 중요한 데이터다. 개략적 설계안에 포함된 세 가지 중요 흐름에서 해당 데이터가 아주 조금씩 다른 형태로 이용되는 것을 살펴본 바 있다.

- 중요 거래 경로는 주문과 집행 기록을 데이터베이스에 저장하지 않는다. 성능을 높이기 위해 메모리에서 거래를 체결하고 하드디스크나 공유 메모리를 활용하여 주문과 집행 기록을 저장하고 공유한다. 특히 주문과 집행 기록은 빠른 복구를 위해 시퀀서에 저장하며, 데이터 보관은 장 마감 후에 실행한다. 시퀀서의 효율적 구현 방안은 상세 설계안을 설명하면서 살펴보겠다.
- 보고 서비스는 조정이나 세금 보고 등을 위해 데이터베이스에 주문 및 집행 기록을 저장한다.
- 집행 기록은 시장 데이터 프로세서로 전달되어 호가 창/주문서와 봉 차트 데이터 재구성에 쓰인다. 이에 대해서는 다음에 상세히 살펴본다.

호가 창

호가 창은 특정 증권 또는 금융 상품에 대한 매수 및 매도 주문 목록으로, 가격 수준별로 정리되어 있다.[12][13] 체결 엔진이 빠른 주문 체결을 위해 사용하는 핵심 자료 구조다. 호가 창의 자료 구조는 다음 요구사항을 만족할 수 있는, 효율성이 높은 것이어야 한다.

- 일정한 조회 시간: 이 요건을 만족해야 하는 작업에는 특정 가격 수준의 주문량 조회, 특정 가격 범위 내의 주문량 조회 등이 포함된다.
- 빠른 추가/취소/실행 속도: 가급적 $O(1)$ 시간 복잡도를 만족해야 한다. 여기 해당하는 작업에는 새 주문 넣기, 기존 주문 취소하기, 주문 체결하기 등이 있다.
- 빠른 업데이트: 여기 해당하는 작업에는 주문 교체 등이 있다.
- 최고 매수 호가/최저 매도 호가 질의
- 가격 수준 순회(iteration)

그림 13.13의 호가 창 예제를 통해 주문이 어떻게 집행되는지 알아보자.

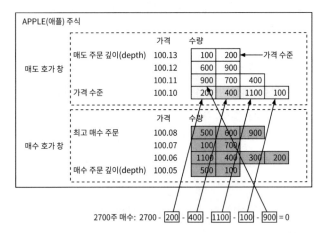

그림 13.13: 지정가 주문 호가 창

이 예제에서 애플 주식 2,700주에 대한 대량 시장가 매수 주문은 어떻게 처리될까? 최저 매도 호가 큐의 모든 매도 주문과 체결된 후에 호가 100.11 큐의 첫번째 매도 주문과 체결되며 거래가 끝난다. 이 대량 주문의 체결 결과로 매수/매도 호가 스프레드, 즉 둘 간의 가격 차이가 넓어지고 주식 가격은 한 단계 상승한다(최저 매도 호가는 100.11으로 바뀐다).

다음 코드는 호가 창이 실제로 어떻게 구현되는지 보여 준다.

```
class PriceLevel {
    private Price limitPrice;
    private long totalVolume;
    private List<Order> orders;
}
class Book<Side> {
    private Side side;
    private Map<Price, PriceLevel> limitMap;
}
class OrderBook {
    private Book<Buy> buyBook;
    private Book<Sell> sellBook;
    private PriceLevel bestBid;
    private PriceLevel bestOffer;
    private Map<OrderID, Order> orderMap;
}
```

이 코드는 앞서 살펴본 모든 설계 요구사항을 만족할 수 있을까? 예를 들어, 지정가 주문을 추가/취소하는 시간 복잡도가 $O(1)$인가? 일반 연결 리스트를 사용하고 있으므로 대답은 '아니요'다(private List<Order> orders). 보다 효율적인 호가 창을 만들려면 "orders"의 자료 구조는 이중 연결 리스트(doubly linked list)로 변경하여 모든 삭제 연산(주문 취소나 체결 처리에 필요)이 $O(1)$에 처리되도록 해야 한다. 이런 연산들의 시간 복잡도가 어떻게 $O(1)$가 되는지 알아보자.

1. 새 주문을 넣는다는 것은 PriceLevel 리스트 마지막(tail)에 새 Order를 추가하는 것을 의미한다. 이중 연결 리스트에서 이 연산은 $O(1)$에 처리된다.

2. 주문을 체결한다는 것은 PriceLevel 리스트의 맨 앞(head)에 있는 Order를 삭제한다는 것과 같다. 이중 연결 리스트의 경우 이 연산의 시간 복잡도는 $O(1)$이다.

3. 주문을 취소한다는 것은 호가 창, 즉 OrderBook에서 Order를 삭제한다는 뜻이다. OrderBook에 포함되어 있는 도움(helper) 자료 구조 Map<OrderID, Order> orderMap을 활용하면 $O(1)$ 시간 내에 취소할 주문을 찾을 수 있다. 주문을 찾았더라도 orders가 단일 연결 리스트였더라면 전체 목록을 순회하여 이전 포인터를 찾아야 주문을 삭제할 수 있으므로 $O(n)$의 시간이 걸렸을 것이다. 하지만 이중 연결 리스트를 사용하는 경우에는 발견된 Order 안에 이전 주문을 가리키는 포인터가 있으므로 전체 주문 목록을 순회하지 않고도 주문을 삭제할 수 있다.

그림 13.14는 이 세 가지 연산이 어떻게 작동하는지 보여 준다.

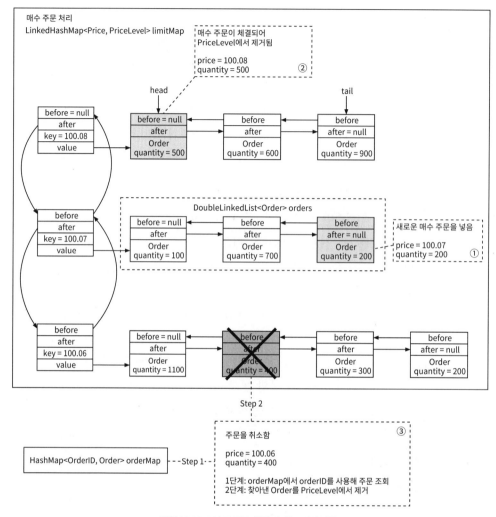

그림 13.14 $O(1)$로 주문, 체결 및 취소 연산 실행

자세한 내용은 [14]를 참고하기 바란다.

호가 창 자료 구조는 시장 데이터 프로세서도 많이 사용한다는 점에 유의하자. 체결 엔진이 생성한 집행 기록 스트림에서 L1, L2, L3 데이터를 재구성하기 위해서다.

봉 차트

봉 차트(candle chart)는 시장 데이터 프로세서가 시장 데이터를 만들 때 호가 창과 더불어 사용하는 핵심 자료 구조다.

봉 차트를 모델링하기 위해서 Candlestick 클래스와 CandlestickChart 클래스를 사용한다. 하나의 봉이 커버하는 시간 범위가 경과하면 다음 주기(interval)를 커버할 새 Candlestick 클래스 객체를 생성하여 CandlestickChart 객체 내부 연결 리스트에 추가한다.

```
class Candlestick {
    private long openPrice;
    private long closePrice;
    private long highPrice;
    private long lowPrice;
    private long volume;
    private long timestamp;
    private int interval;
}
class CandlestickChart {
    private LinkedList<Candlestick> sticks;
}
```

봉 차트에서 많은 종목의 가격 이력을 다양한 시간 간격을 사용해 추적하려면 메모리가 많이 필요하다. 어떻게 최적화할 수 있을까? 두 가지 방법이 있다.

1. 미리 메모리를 할당해 둔 링(ring) 버퍼에 봉을 보관하면 새 객체 할당 횟수를 줄일 수 있다.
2. 메모리에 두는 봉의 개수를 제한하고 나머지는 디스크에 보관한다.

이 최적화 방안에 대해서는 "시장 데이터 게시 서비스" 절에서 자세히 살펴보겠다.

시장 데이터는 일반적으로 실시간 분석을 위해 메모리 상주 칼럼형 데이터베이스(가령 KDB[15])에 둔다. 시장이 마감된 후에는 데이터를 이력 유지 전용 데이터베이스에도 저장한다.

3단계: 상세 설계

이제 거래소가 어떻게 작동하는지 개략적으로 이해했으니, 현대의 거래소가 어떻게 진화하여 오늘날의 모습을 갖추게 되었는지 살펴보자. 현대의 거래소는 어떤 모습인가? 이 질문에 대한 대답에 아마 많은 사람이 놀랄 것이다. 일부 대형 거래소는 하나의 거대 서버로 거의 모든 것을 운영한다. 극단적으로 들릴 수 있겠으나, 거기서 좋은 교훈들을 얻을 수 있다.

자세히 알아보자.

성능

비기능 요구사항과 함께 설명한 것처럼, 지연 시간은 거래소에 아주 중요한 문제다. 평균 지연 시간은 낮아야 하고, 전반적인 지연 시간 분포는 안정적이어야 한다. 지연 시간이 안정적인지 보는 좋은 척도는 p99(99% 백분위수) 지연 시간이다.

지연 시간은 아래 공식과 같이 구성 요소별로 분할할 수 있다.

$$지연 시간 = \sum 중요 경로상의 컴포넌트 실행 시간$$

지연 시간을 줄이는 방법에는 두 가지가 있다:

1. 중요 경로에서 실행할 작업 수를 줄인다.
2. 각 작업의 소요 시간을 줄인다.
   a. 네트워크 및 디스크 사용량 경감
   b. 각 작업의 실행 시간 경감

첫 번째 방법부터 살펴보자. 개략적 설계안에서 설명하였듯이, 중요 매매 경로에는 다음과 같은 컴포넌트가 포함된다.

$$게이트웨이 \rightarrow 주문 관리자 \rightarrow 시퀀서 \rightarrow 체결 엔진$$

중요 경로에는 꼭 필요한 구성 요소만 둔다. 심지어 로깅도 지연 시간을 줄이기 위해 중요 경로에서는 뺀다.

이제 두 번째 방법을 살펴보자. 종전에 살펴본 개략적 설계안에서는 핵심 경로의 구성요소가 네트워크를 통해 연결된 개별 서버에서 실행된다고 가정하였다. 왕복 네트워크 지연 시간은 약 500마이크로초다. 핵심 경로에 네트워크를 통해 통신하는 컴포넌트가 많으면 총 네트워크 지연 시간은 한 자릿수 밀리초까지 늘어난다. 또한 시퀀서는 이벤트를 디스크에 저장하는 이벤트 저장소다. 순차적 쓰기의 성능 이점을 활용하여 효율적으로 설계한다 해도 디스크 액세스 지연 시간은 여전히 수십 밀리초 단위다. 네트워크 및 디스크 액세스 지연 시간에 대해 자세히 알고 싶다면 [16]을 참고하기 바란다.

네트워크 및 디스크 액세스 지연 시간을 모두 고려하면 총 단대단(end-to-end) 지연 시간은 수십 밀리초에 달한다. 거래소 초창기에는 이 정도도 놀라운 값이었지만, 모든 거래소가 지연 시간을 극도로 낮추는 경쟁에 나서면서 더 이상 충분하지 않게 되었다.

경쟁에서 앞서 나가기 위해 거래소는 주로 네트워크 및 디스크 액세스 지연 시간을 줄이거나 없애는 방안을 통해 중요 경로의 단대단 지연 시간을 수십 마이크로초로 줄였다. 오랜 시간 동안 검증된 그 설계안의 요체는, 모든 것을 동일한 서버에 배치하여 네트워크를 통하는 구간을 없애는 것이다. 같은 서버 내 컴포넌트 간 통신은 이벤트 저장소인 mmap[17]을 통한다(자세한 내용은 곧 설명하겠다).

그림 13.15는 모든 구성요소를 단일 서버에 배치하여 낮은 지연 시간을 달성하는 설계안이다.

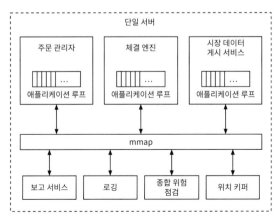

그림 13.15 지연 시간이 낮은, 단일 서버 기반 설계안

이 그림에는 좀 더 자세히 살펴보면 좋을 몇 가지 흥미로운 기술이 포함되어 있다.

우선 애플리케이션 루프부터 살펴보자. 애플리케이션 루프는 흥미로운 개념이다. 이 애플리케이션 루프의 주된 작업 실행 메커니즘은 while 순환문을 통해 실행할 작업을 계속 폴링(polling)하는 것이다. 엄격한 지연 시간 요건을 만족하려면 목적 달성에 가장 중요한 작업만 이 순환문 안에서 처리해야 한다. 이 메커니즘의 목표는 각 구성 요소의 실행 시간을 줄여 전체적인 실행 시간이 예측 가능하도록(가령 p99 지연 시간을 낮추어서) 보장하는 것이다. 다이어그램의 각 상자는 컴포넌트를 나타낸다. 컴포넌트는 서버의 프로세스이다. CPU 효율성을 극대화하기 위해 애플리케이션 루프(주 처리 루프라고 생각하면 된다)는 단일 스레드로 구현하며, 특정 CPU 코어에 고정시킨다. 주문 관리자를 예로 들면 그림 13.16의 다이어그램과 같다.

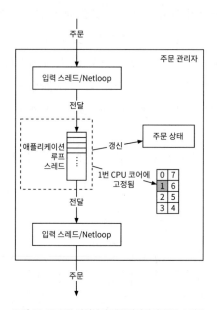

그림 13.16 주문 관리자의 애플리케이션 루프 스레드

이 다이어그램에서 주문 관리자의 애플리케이션 루프는 CPU 1에 고정되어 있다. 애플리케이션 루프를 CPU에 고정하면 상당한 이점이 있다:

1. 문맥 전환, 즉 컨텍스트 스위치(context switch)가 없다.[18] CPU 1이 주문 관리자의 애플리케이션 루프 처리에 온전히 할당된다.
2. 상태를 업데이트하는 스레드가 하나뿐이라서 락을 사용할 필요가 없고 잠금 경합(lock contention)도 없다.

이 두 가지 모두 p99 지연 시간 경감에 기여한다.

CPU를 고정하는 방안의 단점은 코딩이 더 복잡해진다는 것이다. 엔지니어는 각 작업이 애플리케이션 루프 스레드를 너무 오래 점유하지 않도록 각 작업에 걸리는 시간을 신중하게 분석해야 한다. 그렇지 않으면 후속 작업을 제때 실행하지 못할 수 있다.

다음으로, 그림 13.15 중앙에 'mmap'이라고 표시된 긴 직사각형 컴포넌트에 대해 좀 더 자세히 알아보자. 'mmap'은 파일을 프로세스의 메모리에 매핑하는 mmap(2)라는 이름의 POSIX 호환 UNIX 시스템 콜(system call)을 일컫는다.

mmap(2)은 프로세스 간 고성능 메모리 공유 메커니즘을 제공한다. 메모리에 매핑할 파일이 /dev/shm에 있을 때 성능 이점은 더욱 커진다. /dev/shm은 메모리 기반 파일 시스템이다. dev/shm에 위치한 파일에 mmap(2)을 수행하면 공유 메모리에 접근해도 디스크 I/O는 발생하지 않는다.

최신 거래소는 이를 활용하여 중요 경로에서 가능한 한 디스크 접근이 일어나지 않도록 한다. 서버에서 mmap(2)를 사용하여 중요 경로에 놓인 구성 요소가 서로 통신할 때 이용할 메시지 버스를 구현하는 것이다. 이 통신 경로를 사용하면 네트워크나 디스크에 접근하는 일은 없으며, 메시지 전송에 마이크로초 미만이 걸린다. 이렇게 mmap(2)을 활용하여 만든 이벤트 저장소에 다음에 설명할 이벤트 소싱 설계 패러다임을 결합하면 거래소는 서버에 지연 시간이 낮은 마이크로서비스들을 구축할 수 있게 된다.

이벤트 소싱

이벤트 소싱에 대해서는 12장 "전자 지갑"에서 설명했다. 자세한 내용은 12장을 참고하기 바란다.

이벤트 소싱의 개념은 이해하기 어렵지 않다. 전통적 애플리케이션은 상태를 데이터베이스에 유지한다. 이런 구조에서는 문제가 발생하면 원인을 추적하기가 어렵다. 데이터베이스는 현재 상태만 유지할 뿐, 현재 상태를 초래한 이벤트의 기록은 없다.

이벤트 소싱 아키텍처는 현재 상태를 저장하는 대신 상태를 변경하는 모든 이벤트의 변경 불가능한(immutable) 로그를 유지한다. 이 로그를 절대적 진실의 원천으로 삼는 것이다. 그림 13.17은 두 아키텍처의 차이점을 보여 준다.

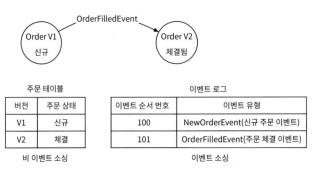

그림 13.17 비 이벤트 소싱 아키텍처 vs 이벤트 소싱 아키텍처

왼쪽은 일반적인 데이터베이스 스키마다. 주문 상태를 추적하지만 현재 상태에 도달하는 방법에 대한 정보는 포함하지 않는다. 오른쪽은 이벤트 소싱 아키텍처를 따르는 경우다. 주문 상태를 변경하는 모든 이벤트를 추적하므로, 모든 이벤트를 순서대로 재생하면 주문 상태를 복구할 수 있다.

그림 13.18은 mmap 이벤트 저장소를 메시지 버스로 사용하는 이벤트 소싱 설계안이다. 카프카의 펍섭(Pub-Sub) 모델과 아주 비슷하다. 사실, 지연 시간에 대한 엄격한 요구사항만 없었으면 카프카를 사용할 수도 있었을 것이다.

다이어그램에서 외부 도메인(external domain)은 "증권 거래 101" 절에서 소개한 FIX를 사용하여 거래 도메인(trading domain)과 통신한다.

- 게이트웨이는 빠르고 간결한 인코딩을 위해 FIX를 SBE(FIX over Simple Binary Encoding)로 변환하고, 각 주문을 이벤트 저장소 클라이언트를 사용하여 미리 정의된 형식의 NewOrderEvent 형태로 전송한다(다이어그램에서는

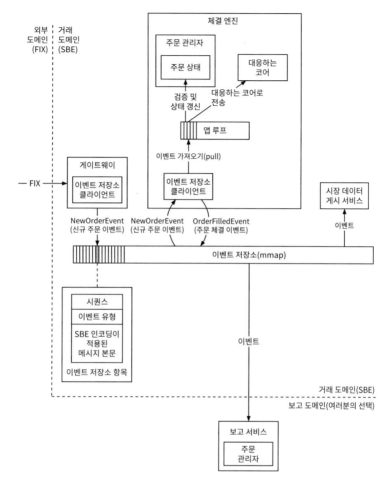

그림 13.18 이벤트 소싱 설계

'이벤트 저장소 항목' 부분을 보기 바란다).

- 체결 엔진에 내장된 주문 관리자는 이벤트 저장소로부터 `NewOrderEvent`를 수신하면 유효성을 검사한 다음 내부 주문 상태에 추가한다. 그 후 해당 주문은 처리 담당 CPU 코어로 전송된다.
- 주문이 체결되면 `OrderFilledEvent`가 생성되어 이벤트 저장소로 전송된다.
- 시장 데이터 프로세서 및 보고 서비스 같은 다른 구성요소는 이벤트 저장소를 구독하고, 이벤트를 받을 때마다 적절히 처리한다.

이 설계는 앞서 살펴본 개략적 설계안에 대체적으로 부합하지만, 이벤트 소싱 아키텍처에서 더 효율적으로 동작할 수 있도록 조정한 부분이 몇 가지 있다.

첫 번째 차이는 주문 관리자다. 이벤트 소싱 아키텍처에서 주문 관리자는 컴포넌트에 내장되는 재사용 가능 라이브러리다. 주문 상태는 많은 컴포넌트에 중요하므로 이런 설계가 말이 된다. 다른 컴포넌트가 주문 상태 업데이트 또는 질의를 위해 중앙화된 주문 관리자를 이용하도록 할 경우, 지연 시간은 길어질 수 있다. 보고 서비스처럼 중요 거래 경로에 있지 않은 컴포넌트는 더욱 그렇다. 각 컴포넌트가 주문 상태를 자체적으로 유지하기는 하겠으나 이벤트 소싱 아키텍처의 특성상 그 모두는 전부 동일하며 재현 가능할 것이다.

또 다른 주요 차이점은 이 다이어그램에서는 시퀀서가 없다는 점이다. 어떻게 된 것일까?

이벤트 소싱 아키텍처를 따르게 되면 모든 메시지는 동일한 이벤트 저장소를 사용한다. 이벤트 저장소에 보관되는 항목에는 sequence 필드가 있다. 이 필드의 값은 이벤트 저장소에 있는 시퀀서가 넣는다.

각 이벤트 저장소에는 하나의 시퀀서만 있다. 시퀀서가 여러 개 있으면 이벤트 저장소에 쓰는 권한을 두고 경쟁하게 되므로 좋지 않다. 거래소 같이 바쁜 시스템의 경우에는 락 경합에 낭비할 시간이 없다. 따라서 시퀀서는 이벤트 저장소에 보내기 전에 이벤트를 순서대로 정렬하는 유일한 쓰기 연산 주체다. 개략적 설계에서 살펴본 시퀀서는 메시지 저장소 역할도 하였지만 지금 살펴보는 시퀀서는 한 가지 간단한 작업만 수행하며 아주 빠르다. 그림 13.19는 메모리 맵(mmap) 환경에서의 시퀀서 설계를 보여 준다.

이 시퀀서는 각 컴포넌트에 고유한 링 버퍼에서 이벤트를 가져온다. 각 이벤트에 순서 ID를 찍은 다음 이벤트 저장소로 보낸다. 주 시퀀서가 다운될 경우를 대비해, 백업 시퀀서를 두면 가용성을 높일 수 있다.

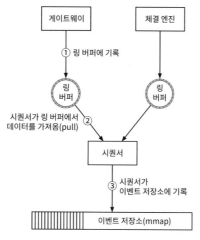

그림 13.19 시퀀서 설계 사례

고가용성

본 설계안은 99.99%의 가용성을 염두에 두고 설계하였다. 거래소가 다운될 수 있는 시간은 하루에 8.64초를 넘으면 안 된다는 뜻이다. 따라서 서비스가 다운되면 즉각 복구해야 한다.

가용성을 높여야 할 때는 다음과 같은 사항을 살펴보아야 한다.

- 첫째로, 거래소 아키텍처의 단일 장애 지점(SPOF)을 식별해야 한다. 예를 들어 체결 엔진에 발생하는 장애는 거래소에는 재앙이다. 따라서 주 인스턴스를 다중화해야 한다.
- 둘째, 장애 감지 및 백업 인스턴스로의 장애 조치 결정이 빨라야 한다.

클라이언트 게이트웨이와 같은 무상태(stateless) 서비스의 경우, 서버를 추가하면 쉽게 수평적 확장이 가능하다. 하지만 주문 관리자나 체결 엔진처럼 상태를 저장하는 컴포넌트는, 사본 간에 상태 데이터를 복사할 수 있어야 한다.

그림 13.20은 데이터를 복사하는 사례다. 주 체결 엔진은 소위 주 인스턴스이고, 부 체결 엔진은 동일한 이벤트를 수신하고 처리하지만 이벤트 저장소로 이벤트를 전송하지는 않는다. 주 인스턴스가 다운되면 부 인스턴스는 즉시 주 인스턴스 지위를 승계한 후 이벤트를 전송한다. 부 인스턴스가 다운된 경우,

일단 재시작 하고 나서 이벤트 저장소 데이터를 사용해 모든 상태를 복구한다. 이벤트 소싱 아키텍처는 거래소에 적합하다. 그 결정론적(deterministic) 특성 때문에 상태 복구가 쉽고 정확하기 때문이다.

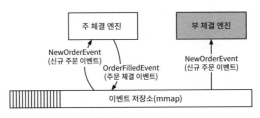

그림 13.20 주/부 체결 엔진

이 아키텍처에서는 주 체결 엔진의 문제를 자동 감지할 메커니즘이 필요하다. 하드웨어와 프로세스를 모니터링하는 일반적인 방안 외에도, 체결 엔진과 박동 메시지를 주고받는 방안도 생각해 볼 수 있다. 박동 메시지를 시간 내에 받지 못하면 체결 엔진에 문제가 있는 것으로 판단하는 것이다.

이 주/부 체결 엔진 설계안의 문제점은 단일 서버 안에서만 동작한다는 것이다. 고가용성을 달성하려면 이 개념을 여러 서버 또는 데이터 센터 전반으로 확장해야 한다. 주/부 체결 엔진이 아니라 주/부 서버의 클러스터를 구성해야 한다는 뜻이다. 아울러 주 서버의 이벤트 저장소는 모든 부 서버로 복제해야 한다. 이벤트 저장소를 여러 서버로 복제하는 데는 시간이 걸린다. 안정적 UDP(reliable UDP)를 사용하면 모든 부 서버에 이벤트 메시지를 효과적으로 브로드캐스트(broadcast)할 수 있다.[19] 그런 사례로는 [20]에서 다루는 에어론(Aeron)의 설계를 참고하기 바란다.

다음 절에서는 주/부 체결 엔진 기반의 설계안을 개선하여 가용성을 더 높이는 방안을 살펴보겠다.

결함 내성

위의 주/부 설계안은 비교적 간단하다. 비교적 잘 작동하지만 부 서버까지 전부 다운되면 어떻게 될까? 확률은 낮지만 치명적인 상황이 발생할 수 있으므로 이에 대비해야 한다.

이는 대형 기술 기업이 직면한 문제다. 이런 기업들은 핵심 데이터를 여러 지역의 데이터센터에 복제하여 이 문제를 해결한다. 이를 통해 지진이나 대규모 정전과 같은 자연재해의 위험을 완화할 수 있다. 결함 내성(fault-tolerant) 시스템을 만들려면 많은 질문에 답해야 한다.

1. 주 서버가 다운되면 언제, 그리고 어떻게 부 서버로 자동 전환하는 결정을 내리나?
2. 부 서버 가운데 새로운 리더는 어떻게 선출하는가?
3. 복구 시간 목표(Recovery Time Objective, RTO)는 얼마인가?
4. 어떤 기능을 복구해야 하는가(Recovery Point Objective, RPO)? 시스템이 성능 저하 상태로도 동작할 수 있는가?

이 질문에 하나씩 답해 보자.

먼저, '장애가 생겼다는 것', 즉 다운되었다는 것이 실제로 무엇을 의미하는지 이해해야 한다. 생각만큼 간단하지 않은 문제다. 다음과 같은 상황들을 고려해보자.

1. 시스템에서 잘못된 경보를 전송하면 불필요한 장애 극복 절차, 즉 부 시스템으로의 자동 전환이 발생할 수 있다.
2. 코드의 버그로 인해 주 서버가 다운되었다면 부 서버로 자동 전환되더라도 같은 버그 때문에 부 서버까지 다운될 수 있다. 그 결과 모든 주/부 서버가 중단되면 시스템은 더 이상 사용할 수 없는 상태에 빠진다.

이는 해결하기 어려운 문제다. 몇 가지 해결책을 생각해 볼 수 있다. 새 시스템을 처음 출시할 때는 수동으로 장애 복구 조치를 수행한다. 충분한 시그널, 운영 경험을 축적하여 시스템에 자신이 생기면 그때 자동으로 장애를 감지하여 복구하는 프로세스를 도입하는 것이다. 카오스 엔지니어링(chaos engineering)[21]은 드물게 발생하는 까다로운 사례를 수면으로 이끌어내고 운영 경험을 빠르게 축적하는 데 좋은 방법이다.

이제 장애 복구 조치를 시작한다는 결정은 자동으로 올바르게 내릴 수 있게 되었다고 하자. 어떤 서버가 주 서버 역할을 인계 받을지는 어떻게 정하면 좋을까? 다행히도 이것은 잘 알려진 문제다. 실전에서 검증된 리더 선출 알고리즘이 많다. 여기서는 래프트(Raft)를 예로 들어 보겠다.[22]

그림 13.21은 자체 이벤트 저장소가 있는 5개의 서버가 있는 래프트 클러스터 사례다. 현재 리더는 다른 모든 인스턴스, 즉 팔로어(follower)에 데이터를 전송한다. 래프트에서 작업 수행에 필요한 최소 투표수는 $\frac{n}{2} + 1$이며, 여기서 n은 클러스터의 구성원 수다. 따라서 이 사례의 경우, 최소 투표수는 $\frac{5}{2} + 1 = 3$이다.

그림 13.21은 팔로어가 RPC를 통해 리더로부터 새 이벤트를 수신하는 과정을 보여 준다. 수신된 이벤트는 팔로어의 자체 mmap 이벤트 저장소에 저장된다.

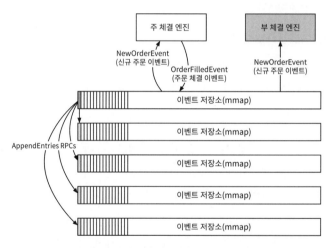

그림 13.21 래프트 클러스터에서의 이벤트 복제

리더 선출 과정을 간단히 살펴보자. 리더는 팔로어에게 박동 메시지(그림 13.21에 표시된 것처럼 내용이 없는 AppendEnties 호출)를 보낸다. 일정 기간 동안 박동 메시지를 받지 못한 팔로어는 새 리더를 선출하는 선거 타이머를 시작한다. 가장 먼저 그 타이머가 타임아웃된 팔로어는 후보가 되고, 다른 나머지 팔로어에게 투표를 요청한다(RequestVote 호출). 그 팔로어가 과반수 이상의 표를 받으면 새로운 리더가 된다. 첫 번째 팔로어의 임기(term) 값이 새 노드보다 짧으면 리더가 될 수 없다. 여러 명의 팔로어가 동시에 후보가 되는 경

우는 '분할 투표(split vote)'라고 한다. 이 경우 기존 선거의 타임아웃을 선언하고 새로운 선거를 시작한다. '임기'에 대한 설명은 그림 13.22를 참조하라. 시간 축이 정상 운영 기간과 선거 기간을 나타내는 임의 구간으로 분할되어 있으며, 이 각 구간이 어떤 리더의 임기다.

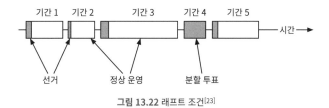

그림 13.22 래프트 조건[23]

다음으로 복구 시간을 살펴보자. 복구 시간 목표(Recovery Time Objective, RTO)는 애플리케이션이 다운되어도 사업에 심각한 피해가 없는 시간의 최댓값이다. 증권 거래소의 경우, 2등급(second-level) RTO를 달성해야 하는데 그러려면 서비스의 자동 복구가 반드시 가능해야 한다. 이를 위해 우선순위에 따라 서비스를 분류하고 최소 서비스 수준을 유지하기 위한 성능 저하 전략(degradation strategy)을 정의한다.

마지막으로 데이터 손실이 허용될 수 있는 범위를 파악해야 한다. 복구 지점 목표(Recovery Point Objective, RPO)는 비즈니스에 심각한 피해가 발생하기 전에 손실될 수 있는 데이터의 양, 즉 손실 허용 범위를 의미한다. 실무에서는 '데이터는 자주 백업해야 한다'는 것과 같은 뜻으로 받아들인다. 증권 거래소는 데이터 손실을 용납할 수 없으므로 RPO가 거의 0에 가깝다. 래프트 메커니즘을 사용하면 데이터 사본은 많다. 모든 클러스터 노드가 같은 상태를 갖도록 보장할 수도 있다. 현재 리더에 장애가 생기면 새로운 리더가 중단 없이 작업을 계속할 수 있다.

체결 알고리즘

잠시 방향을 틀어, 체결 알고리즘을 자세히 살펴보자. 다음 의사 코드(pseudo code)는 체결이 어떻게 이루어지는지 개략적으로 설명한다.

```
Context handleOrder(OrderBook orderBook, OrderEvent orderEvent) {
  if (orderEvent.getSequenceId() != nextSequence) {
    return Error(OUT_OF_ORDER, nextSequence);
  }

  if (!validateOrder(symbol, price, quantity)) {
    return ERROR(INVALID_ORDER, orderEvent);
  }

  Order order = createOrderFromEvent(orderEvent); switch (msgType):
    case NEW:
      return handleNew(orderBook, order);
    case CANCEL:
      return handleCancel(orderBook, order);
    default:
      return ERROR(INVALID_MSG_TYPE, msgType);
}

Context handleNew(OrderBook orderBook, Order order) {
  if (BUY.equals(order.side)) {
    return match(orderBook.sellBook, order);
  } else {
    return match(orderBook.buyBook, order);
  }
}

Context handleCancel(OrderBook orderBook, Order order) {
  if (!orderBook.orderMap.contains(order.orderId)) {
    return ERROR(CANNOT_CANCEL_ALREADY_MATCHED, order);
  }
  removeOrder(order);
  setOrderStatus(order, CANCELED);
  return SUCCESS(CANCEL_SUCCESS, order);
}

Context match(OrderBook book, Order order) {
  Quantity leavesQuantity = order.quantity - order.matchedQuantity;
  Iterator<Order> limitIter = book.limitMap.get(order.price).orders;
  while (limitIter.hasNext() && leavesQuantity > 0) {
    Quantity matched = min(limitIter.next.quantity, order.quantity);
    order.matchedQuantity += matched;
    leavesQuantity = order.quantity - order.matchedQuantity;
    remove(limitIter.next);
    generateMatchedFill();
  }
```

```
    return SUCCESS(MATCH_SUCCESS, order);
}
```

이 의사 코드는 FIFO(선입선출) 체결 알고리즘을 사용한다. 특정 가격 수준에서 먼저 들어온 주문이 먼저 체결되고, 마지막 주문이 가장 나중에 체결된다.

체결 알고리즘은 많다. 이런 알고리즘들은 선물 거래에 흔히 사용된다. 예를 들어, FIFO에 LMM(Lead Market Maker)을 결합한 알고리즘의 경우, FIFO 대기열보다 LMM에 먼저 일정 수량을 할당한다. 그 비율은 LMM 회사가 거래소와 협상하여 결정한다. CME 웹사이트에 가면 체결 알고리즘으로 어떤 것이 있는지 확인할 수 있다.[24] 체결 알고리즘은 다른 많은 시나리오에도 이용되는데, 대표적으로 다크 풀(dark pool)이 있다.[25]

결정론

결정론(determinism)에는 기능적 결정론(functional determinism)과 지연 시간 결정론(latency determinism)이 있다. 기능적 결정론에 대해서는 앞서 설명한 바 있다. 시퀀서나 이벤트 소싱 아키텍처를 도입함으로써 이벤트를 동일한 순서로 재생하면 항상 같은 결과를 얻을 수 있도록 보장하였는데, 그것이 기능적 결정론이다.

기능적 결정론에서는 이벤트가 발생하는 실제 시간은 대체로 중요하지 않다. 중요한 것은 순서다. 그림 13.23에서는 시간 축 위에 불규칙하게 나열된 타임스탬프들이 연속된 점들로 변환되었는데, 그렇게 되면 재생과 복구에 소요되는 시간이 크게 줄어든다.

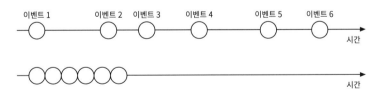

그림 13.23 이벤트 소싱 시간

지연 시간 결정론은 각 거래의 처리 시간이 거의 같다는 뜻이다. 사업에서 가장 중요한 부분이다. 이를 측정하는 수학적인 방법은, 99번 백분위수 지연 시간(p99)이나 99.99번 백분위수 지연 시간을 재는 것이다. 지연 시간 계산에는 HdrHistogram을 활용할 수 있다.[26] p99 지연 시간이 낮다는 것은 거래소가 거의 모든 거래에 안정적인 성능을 제공한다는 뜻이다.

지연 시간 변동 폭이 커지면 원인을 조사해야 한다. 자바의 경우에는 안전지점(safe points)이 원인인 경우가 많다. 핫스팟 JVM의 Stop-the-World 쓰레기 수집 알고리즘이 그 사례다.[27]

이것으로 주요 거래 경로에 대한 상세 설계는 마친다. 이번 장의 나머지 지면에서는 거래소의 다른 흥미로운 측면을 자세히 살펴보도록 하겠다.

시장 데이터 게시 서비스 최적화

체결 알고리즘에서 알 수 있듯이 L3 호가 창/주문서 데이터를 보면 시장을 더 잘 파악할 수 있다. 구글 파이낸스(Google Finance) 사이트에 가면 하루치 봉 차트 데이터는 무료로 얻을 수 있지만 더 자세한 L2/L3 호가 창 데이터를 얻으려면 돈이 많이 든다. 많은 헤지 펀드가 거래소 실시간 API를 통해 데이터를 직접 기록하여 봉 차트를 비롯해 기술적 분석을 위한 많은 차트를 자체적으로 구축한다.

시장 데이터 게시 서비스(Market Data Publisher, MDP)는 체결 엔진의 체결 결과를 받아 이를 기반으로 호가 창과 봉 차트를 재구축한 다음 구독자에게 그 데이터를 게시(publish)한다.

호가 창 재구축 과정은 위의 "체결 알고리즘" 절에서 다룬 의사 코드와 유사하다. MDP는 다양한 수준의 서비스를 제공한다. 예를 들어 개인 고객은 기본적으로 다섯 레벨의 L2 데이터만 볼 수 있으며 열 개 레벨을 보려면 추가 비용을 지불해야 한다. MDP의 메모리는 무한대로 확장할 수 없으므로 봉 차트에는 상한선을 두어야 한다. 봉 차트에 대해서는 데이터 모델 절을 참고하기 바란다. 그림 13.24는 MDP 설계를 보여 준다.

이 설계안은 링 버퍼를 활용한다. 원형 버퍼(circular buffer)라고도 하는 링 버퍼는 앞과 끝이 연결된 고정 크기 큐다. 여기에 생산자는 계속 데이터를 넣고, 하나 이상의 소비자는 데이터를 꺼낸다. 링 버퍼의 공간은 사전에 할당된 것이다. 객체를 생성하거나 삭제하는 연산은 필요 없다는 뜻이다. 또한 이 데

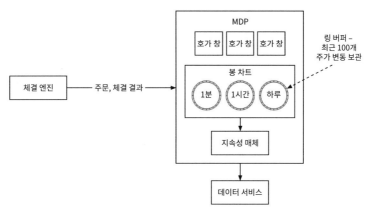

그림 13.24 시장 데이터 게시 서비스

이터 구조는 락을 사용하지 않는다. 그 외에도 데이터 구조를 더 효율적으로 만들 방법들은 있다. 예를 들어 패딩(padding)은 링 버퍼의 순서 번호가 다른 것과 같은 캐시 라인(cache line)에 오지 않도록 한다. 상세한 내용은 [28]을 참고하기 바란다.

시장 데이터의 공정한 배포

거래소에서 다른 사람보다 지연 시간이 낮다는 것은 미래를 예측할 수 있다는 것이나 같다. 규제를 받는 거래소의 경우 모든 수신자가 동시에 시장 데이터를 받을 수 있도록 보장하는 것이 중요하다. 왜일까? 예를 들어 MDP는 데이터 구독자 목록을 갖고 있는데, 구독자 순서는 게시 서비스에 연결한 순서에 따라 결정되며, 항상 첫 번째 구독자가 먼저 데이터를 수신한다고 하자. 그러면 어떻게 될까? 똑똑한 고객들은 시장이 열리면 첫 번째 구독자가 되기 위해 달려들 것이다.

이를 완화할 수 있는 몇 가지 방법이 있다. 안정적 UDP를 사용하는 멀티캐스트(multicast)는 한 번에 많은 참가자에게 업데이트를 브로드캐스트 하기 좋은 솔루션이다. 구독자가 연결하는 순서로 데이터를 주는 대신, 무작위 순서로 주는 방법도 있다. 그 가운데 멀티캐스트 방안에 대해 더 자세히 알아보도록 하자.

멀티캐스트

인터넷에서 데이터는 세 가지 유형의 프로토콜을 통해 전송된다.

1. 유니캐스트(unicast): 하나의 출처에서 하나의 목적지로만 보내는 전송 프로토콜이다.
2. 브로드캐스트(broadcast): 하나의 출처에서 전체 하위 네트워크로 보내는 방식이다.
3. 멀티캐스트(multicast): 하나의 출처에서 다양한 하위 네트워크상의 호스트들로 보내는 방식이다.

거래소 설계에 보편적으로 이용되는 것은 멀티캐스트다. 같은 멀티캐스트 그룹에 속한 수신자는 이론적으로는 동시에 데이터를 수신한다. 그러나 UDP는 신뢰성이 낮은 프로토콜이며 그 데이터그램(datagram)은 모든 수신자에게 도달하지 못할 수도 있다. 재전송을 처리하는 방안이 궁금하다면 [29]를 참고하기 바란다.

코로케이션

앞서 공정성을 강조하기는 하였으나, 많은 거래소가 헤지 펀드 또는 브로커의 서버를 거래소와 같은 데이터 센터에 둘 수 있도록 하는 코로케이션 서비스(colocation service)를 제공한다. 체결 엔진에 주문을 넣는 지연 시간은 기본적으로 전송 경로 길이에 비례한다. 코로케이션 서비스가 공정성을 훼손한다고 보지는 않는다. 유료 VIP 서비스로 본다.

네트워크 보안

거래소는 일반적으로 몇 가지 인터페이스를 공개하고 있으므로 DDoS 공격에 대응할 수 있는 능력을 갖추는 것이 중요하다. 다음과 같은 기술이 흔히 사용된다.

1. 공개 서비스와 데이터를 비공개 서비스에서 분리하여 DDoS 공격이 가장 중요한 클라이언트에 영향을 미치지 않도록 한다. 동일한 데이터를 제공해

야 하는 경우에는 읽기 전용 사본을 여러 개 만들어 문제를 격리한다.

2. 자주 업데이트되지 않는 데이터는 캐싱한다. 캐싱이 잘 되어 있으면 대부분의 질의는 데이터베이스에 영향을 미치지 않는다.

3. 디도스 공격에 대비해 URL을 강화한다. 예를 들어 `https://my.website.com/data?from=123&to=456`과 같은 URL을 사용하면 공격자가 질의 문자열을 변경하여 다양한 요청을 쉽게 만들 수 있다. `https://my.website.com/data/recent`와 같은 URL이 더 효과적이다. CDN 단에서 캐시할 수도 있다.

4. 효과적인 허용/차단 리스트(safelist/blocklist) 메커니즘을 사용한다. 많은 네트워크 게이트웨이 제품이 이런 기능을 제공한다.

5. 처리율 제한(rate limiting) 기능을 활용한다. DDoS 공격 방어에 자주 사용되는 기능이다.

4단계: 마무리

이 장을 읽고 나면, 여러분은 대형 거래소를 위한 이상적인 배포 모델은 모든 것을 하나의 거대한 서버 또는 단일 프로세스에 배치하는 것이라는 결론에 도달할 것이다. 실제로 일부 거래소는 이런 방식을 따른다.

최근 암호화폐 산업이 발전함에 따라 많은 암호화폐 거래소가 클라우드 인프라를 사용하여 서비스를 배포한다.[30] 일부 탈중앙화 금융 프로젝트는 AMM(Automatic Market Making) 개념을 기반으로 하며, 심지어 호가 창도 없다.

클라우드 생태계가 제공하는 편리함은 설계의 방향을 바꾸었을 뿐 아니라 업계 진입 문턱도 낮추고 있다. 이런 흐름은 금융업에 혁신적인 에너지를 불어 넣을 것이다.

이번 장도 성공적으로 마무리한 여러분, 축하한다! 스스로를 마음껏 격려하도록 하자!

13장 요약

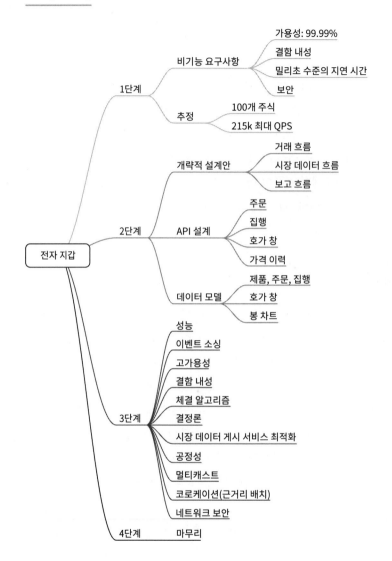

전자 지갑
- 1단계
  - 비기능 요구사항
    - 가용성: 99.99%
    - 결함 내성
    - 밀리초 수준의 지연 시간
    - 보안
  - 추정
    - 100개 주식
    - 215k 최대 QPS
- 2단계
  - 개략적 설계안
    - 거래 흐름
    - 시장 데이터 흐름
    - 보고 흐름
  - API 설계
    - 주문
    - 집행
    - 호가 창
    - 가격 이력
  - 데이터 모델
    - 제품, 주문, 집행
    - 호가 창
    - 봉 차트
- 3단계
  - 성능
  - 이벤트 소싱
  - 고가용성
  - 결함 내성
  - 체결 알고리즘
  - 결정론
  - 시장 데이터 게시 서비스 최적화
  - 공정성
  - 멀티캐스트
  - 코로케이션(근거리 배치)
  - 네트워크 보안
- 4단계
  - 마무리

참고 문헌

[1] LMAX 거래소(LMAX exchange was famous for its open-source Disruptor). *https://www.lmax.com /exchange*

[2] 거래 공정성(IEX attracts investors by "playing fair", also is the "Flash Boys Exchange"). *https: //en.wikipedia.org/wiki/IEX*

[3] NYSE 거래 체결 규모(NYSE matched volume). *https://www.nyse.com/markets/us-equity-volumes*

[4] HKEX 일일 거래 규모(HKEX daily trading volume). *https://www.hkex.com.hk/Market-Data/Statistics/Consolidated-Reports/Securities-Statistics-Archive/Trading_Value_Volume_And_Number_Of_Deals?sc_lang=en#select1=0*

[5] 전세계 거래소 규모 순위(All of the World's Stock Exchanges by Size). *http://money.visualcapitalist.com/all-of-the-worlds-stock-exchanges-by-size/*

[6] DDoS 공격(Denial of service attack). *https://en.wikipedia.org/wiki/Denial-of-service_attack*

[7] 시장 영향(Market impact). *https://en.wikipedia.org/wiki/Market_impact*

[8] FIX 트레이딩(Fix trading). *https://www.fixtrading.org/*

[9] 이벤트 소싱(Event Sourcing). *https://martinfowler.com/eaaDev/EventSourcing.html*

[10] CME 코로케이션 및 데이터 센터 서비스(CME Co-Location and Data Center Services). *https://www.cmegroup.com/trading/colocation/co-location-services.html*

[11] 기원 시간(Epoch). *https://www.epoch101.com/*

[12] 호가 창(Order book). *https://www.investopedia.com/terms/o/order-book.asp*

[13] 호가 창(Order book). *https://en.wikipedia.org/wiki/Order_book*

[14] 고속 지정가 주문 호가 창 구축법(How to Build a Fast Limit Order Book). *https://bit.ly/3ngMtEO*

[15] kdb+와 q 언어를 통한 개발(Developing with kdb+ and the q language).
      https://code.kx.com/q/

[16] 모든 프로그래머가 알아야 하는 지연 시간 수치(Latency Numbers Every
      Programmer Should Know). *https://gist.github.com/jboner/2841832*

[17] mmap. *https://en.wikipedia.org/wiki/Memory_map*

[18] 컨텍스트 스위치(Context switch). *https://bit.ly/3pva7A6*

[19] 안정적인 UDP 프로토콜(Reliable User Datagram Protocol). *https://
      en.wikipedia.org/wiki/Reliable_User_Datagram_Protocol*

[20] 에어론(Aeron). *https://github.com/real-logic/aeron/wiki/Design-Overview*

[21] 카오스 엔지니어링(Chaos engineering). *https://en.wikipedia.org/wiki/
      Chaos_engineering*

[22] 래프트(Raft). *https://raft.github.io/*

[23] 이해 중심적 설계: 래프트의 합의 알고리즘(Designing for Understand-
      ability: the Raft Consensus Algorithm). *https://raft.github.io/slides/
      uiuc2016.pdf*

[24] 지원되고 있는 체결 알고리즘 목록(Supported Matching Algorithms).
      https://bit.ly/3aYoCEo

[25] 다크 풀(Dark pool). *https://www.investopedia.com/terms/d/dark-pool.asp*

[26] HdrHistogram: A High Dynamic Range Histogram. *http://hdrhistogram.
      org/*

[27] 핫스팟 가상 머신(HotSpot virtual machine). *https://en.wikipedia.org/wiki/
      HotSpot_(virtual_machine)*

[28] 캐시 라인 패딩(Cache line padding). *https://bit.ly/3lZTFWz*

[29] NACK 기반의 안정적 멀티캐스트(NACK-Oriented Reliable Multicast).
      https://en.wikipedia.org/wiki/NACK-Oriented_Reliable_Multicast

[30] AWS 코인베이트 사례 연구(AWS Coinbase Case Study.) *https://aws.amazon.
      com/solutions/case-studies/coinbase/*

맺음말

이번 면접 가이드를 성공적으로 끝낸 것을 축하한다. 복잡한 시스템을 설계할 기술과 지식을 습득한 것이다. 여기까지 올 수 있는 사람은 많지 않다. 스스로를 잘 다스릴 수 있는 사람만이 해낼 수 있는 성취다. 잠시 스스로를 칭찬하는 시간을 가져보자. 지금까지 들인 노력은 반드시 보상 받을 것이다.

원하는 직업을 갖는 것은 힘든 여정이다. 많은 시간과 노력이 필요하다. 완벽함은 노력의 결실임을 잊지 말자. 행운을 빈다.

이 책을 구매한 모든 독자에게 감사의 뜻을 전한다. 여러분이 없었다면 이 책은 존재할 수 없었을 것이다. 즐겁게 읽으셨기 바란다.

책 내용에 대한 제언이나 질문은 hi@bytebytego.com으로 보내주기 바란다. 다음 판본에 반영할 수 있도록, 잘못된 내용을 발견한다면 바로 알려주기를 부탁드린다.

독자 커뮤니티

회원제 디스코드 그룹을 운영 중이다. 다음 주제에 대한 독자 토론을 위해 만든 그룹이다.

- 시스템 설계 기본
- 설계안 공개를 통한 피드백 수집
- 모의 설계 면접 동료 모집
- 그룹 사용자 간 친목

아래 링크나 QR 코드를 이용하여 지금 가입하기 바란다!

http://bit.ly/systemdiscord

찾아보기